菜根譚

洪自誠——原著
釋聖印——譯注

前　言

一、本書要旨與內容

本書一般人看作是聖典，但一提到聖典兩個字，就以爲是二千年以前的釋迦牟尼、耶穌、孔子、老子或莊子等的經典，又或是其他一宗一派的祖師寫成的宗派聖典，其實這本「菜根譚」根本不是那樣古老的書籍。這本書大概是三百年以前的著作，著者並非大宗一派的祖師，而是一個涉獵過道教、儒教，尤其是對佛教特別通達的人，故他能引用各教的教義詞句，這可以說是一部澈研三教眞理的結晶。著者不但把三教的思想化爲己有，更把三教的道理，平易地闡述出來，使人讀了咀嚼翫味體會其中具有困苦艱辛的經驗，清冷淡泊的趣味，對於人的正心修身養性育德，有不可思議的潛移默化的功量。所以它是一部萬古不易、教人化世的聖典。著者的一言一語都含義很深，字句雖是片斷的，但它卻很能警世感人，眞正是一本有益於世道人心的書籍。

菜根譚共分前後二集，前集有二百二十五章，後集有一百三十五章，計共三百六十章。其體裁是一種隨筆，也有人看做是語錄，其根本思想是中國的思想，是儒教的現實主義，老莊的玄旨，以及佛教的道法，所謂三教合一，集結儒釋道各派的精華，冶於一爐，誠爲曠古稀世之奇箴寶訓。

二、本書的著者及由來

本書著者隱逸者洪自誠，明代人，號叫還初道人。可惜關於他的事蹟，沒有正史可稽，所以很難斷定他是一個怎樣的人。當時社會局勢十分混亂，他對於功名富貴看得很淡薄，而專心埋首於著述。他的著述很多，如「聯瑾」、「樵淡」、「筆疇」、「傳家寶」等書，都是當時的警世教言，雖然後世無傳，但這本「菜根譚」卻放著不朽的光明，歡喜讀它的人不少。從「菜根譚」中見出著者的思想、文辭、性格等，絕不是一般學者如膠柱鼓瑟或侈言清談者流所可比擬的。

本書名叫「菜根譚」，宋儒汪民嘗說，「得常咬菜根，即做百事成」。胡康侯聽了這話，極爲擊節歎賞。菜根者，即青菜的根，如蘿蔔頭、蕃芋等粗食，咬得菜根，即表示能夠受艱難困苦，才會做成偉大事業。洪先生取斯語以爲書名，其寓意是在淡淡乏味的菜根中有著無限眞味的存在，故本書是修身處世不可缺少的精神食糧。

三、代表東方文藝特色

如果把東洋與西洋的文章作一比較，西洋的文章是較爲客觀寫實的，描寫生動而有力，但蘊藉的意味並不深遠。東洋的文章，用字雖然不多，含意卻特別雋永豐富。因此西洋的文意如油畫一樣，東洋的文章則如文人的墨寶，不著華麗而韻致無窮。東洋文章解釋方面不大注重，叫人自己去省悟，去自覺，這可說是民族性的自然趨向。因此，菜根譚充分代表了東方文藝的特色，這大概沒有人能夠否認吧。

四、菜根的意義之推究

推究菜根的意義，菜就是普通所謂青菜的菜葉，菜根如蘿蔔、大根、牛蒡、苺菜等，是一種粗俗淡泊的食品，在「鶴林玉露」一書說：「士大夫不可一日離菜根，百姓不可一日無色水。」這是當時貼在寺廟的門框上，教人去咬菜根味的刺戟語，其意義是老百姓如無菜可吃，徒嗅菜根以療饑渴，那麼這就是政治家的不是了。故看一般老百姓的面色即知當時執政者的成績如何。因此「菜根」二字，當時十分流行。用此二字警告世人，以堅忍、清苦磨練身心，栽培灌溉，充實自我。這是作者洪自誠親身體驗孕育出來的結晶。故本書頗通人情世態，裡面包蘊甜、酸、苦、澀等之人間味道。

五、菜根譚之異類和參考書

「菜根譚」也有同名異類的，如乾隆五十九年，以還初堂主人的識語爲冠的洪應明之著作便是，這與本講話所用的底本，雖然有人說是同人異名，其實不管是內容、編纂等都有懸殊的差異。洪自誠的「菜根譚」分爲二集，洪應明的「菜根譚」不但分爲修省、應酬、評議、閒適，概論五項，尤其裡面散見清朝石惺齊之「續菜根譚」的語句，故我們可以斷定洪應明的「菜根譚」是後人的合纂，唯洪自誠的著作才是正宗。

本書問世後，博得許多人的讚賞，學者間皆爭先恐後地著了很多續篇，或類似的書籍，就中以清石惺齊的「續菜根譚」二卷，劉子載的「吾家菜根譚」二卷比較出色。

菜根譚目次

〈後　集〉

前集

一、弄權一時，淒涼萬古。

棲守道德者❶，寂寞一時❷；依阿❸權勢者❹，淒涼萬古。達人❺觀物外之物❻，思身後之身❼，寧受一時之寂寞，毋取萬古之淒涼❽。

【注釋】

❶棲守：堅固的遵守。❷寂寞：冷落，孤單，孤寒。❸依阿：諂媚，巴結，奉承。❹權勢：權威和勢力。❺達人：精明的人，好手，妙手，能手。❻物外之物：物質以外的東西，即是不迷於物質，有道德之意。❼身後之身：死後的名譽。❽毋：莫，勿，不要。

【語譯】

遵守道德的人，雖然一時覺得孤零。依賴權勢的人，看來好像榮華，但他們將來會受萬古的冷落。

對世事精通的人，能夠徹觀物質以外的東西，和觀察到死後的名譽問題。所以我人寧可遵守道德，受一時的孤零，莫要遭受身後萬古的冷落。

【講話】

我們人類生存世間，要了解最美與最尊貴的人生意義，並不是在外表的衣食住行等等的物質享受。住的是高樓大廈，穿的是綾羅緞綢，吃的是山珍海味，終日花天酒地，醉生夢死，如果以爲這種人生才是美滿的，尊貴的，那就實在太可憐了。我們如果把眼光向遠處觀察一下，便能體會到古今歷史上的偉人，他的所以爲人景仰，是因爲他的人格與學識的偉大，並不是因爲地位和富貴的關係。是要看他的人格德行之美，並不是外表形態之美。祇是看一個人是否遵守人倫、道德，肯爲大眾服務，犧牲個人的享受，而有益於人群。古人說：「世上最尊貴的莫過於道，最美善的莫過於德。」由此可知一個人能遵守道德，人格高尚，一定是爲人所尊重、敬仰，還有人對他輕視，誣謗嗎？反過來說，一個人不講道德，不修品行，趨炎附勢，諂媚奸佞，他雖然官高祿厚，衣食豪華，這還能叫做美嗎？我相信這樣的人一定給當世人咒罵，遺臭名於後世。所以說不肯修持德行的人，任你是萬乘的公侯宰相，甚或是帝王，也還不如一個有道德有人格的平民。

現在拿古人來做證明。古時有孤竹君的兩個兒子，叫做伯夷、叔齊，都是很有道德的人。以之比人，人人都歡喜，是喜歡他們的道德。桀、紂、幽、厲，乃無道的人君，以之比人，人人忿怒，乃怒他們的無德。所以我們想在世間做個好人，必須要有道德。所謂「患道德之不充乎身，不患勢位之不在乎己」。我們最憂心的是道德不足，不必因爲聲勢不集於我身而懷憂憤。須知道充德備，每個人都欽佩他，「德高望重」名存千古。這樣看起來，是聲威與富貴重呢，還是自身的道德重呢？就不難明白了。

印度釋迦牟尼捨了父母妻兒，悄悄離開了迦毘羅城去到跋伽婆仙人住的山林中，剃了鬚髮，服僧伽梨，是爲了求眞理。他看見當時印度四姓——(一)婆羅門，即負責宗教之祭師。(二)刹帝利，爲獨占軍政的武士。(三)吠舍，是業農工商的平民。(四)首陀羅，是被奴役的奴隸。這四種族的不平等。繼而有一日，悉達多太子跟父親淨飯王郊遊，看到農人耕田的情況。農夫光了身體辛苦勤勞的在田裡工作，那枯瘦的形體被太陽晒得流汗，困乏疲倦又餓又渴而不得休息。耕地的牛也疲困了，受鞭子打擊和繩索的羈勒之苦。在用犁撥土的時候有許多蟲子被掘出來，鳥雀飛來爭著吃了牠。太子感傷那農奴的貧賤疾病和眾生互相殘害的苦惱，慈悲心不禁油然而發，便到閻浮樹下坐著靜思，悟求改革不平等種姓制度和擺脫生死痛苦以求解脫，兼求淨化世間人生妙法。這就是釋迦佛放棄王位出家的動機，他出家以後教化凡四十九年，足跡遍及恆河流域兩岸一帶，被渡眾生不知有多少。富貴榮華是誰都愛的，釋迦佛的父王在他十五歲給他舉行灌頂大典立爲太子，並爲娶善覺女郎輸陀羅爲妃，闢寒暑溫三時之殿，給他種種五欲之樂。但佛仍無動於中，他是出於污泥的蓮花而不被污泥所染，這是寧受一時寂寞不願萬古淒涼的一個最好的例子。

二、抱樸守拙，涉世之道。

涉世淺❶，點染亦淺❷；歷事深❸，機械亦深❹。

故君子❺與其練達❻，不若樸魯❼；與其曲謹❽，不若疏狂❾。

【注 釋】

❶涉世：閱歷塵俗社會浮囂的生活。❷點染：沾染不良的習氣。❸歷事：遭遇了世間種種的經驗。❹機械：諸般奸詐計謀。❺君子：超群的優秀才德，指學德兼優的人。❻練達：精通世間萬般的能手。❼樸魯：正直，老實。❽曲謹：曲是委曲，謹是謹厚，就是有禮貌，對事物深思熟慮。❾疏狂：不隨俗浮沈的意思。

【語 譯】

處世經驗較淺的人，所染受的惡習一定較淺，而處世經歷較深的人，其所染的惡風自亦較深。

爲此，君子如果要老練通達，事事順利，倒不如做個老老實實的人。如果巧言令色對人阿諂或在人前表示拘謹，則不如狂放一點反不失其忠誠。

【講 話】

站在社會崗位上，處世經驗淺，被社會感染的惡習也一定比較淺，這種人自然也比較天眞。反過來說，經過了世間種種的驚濤駭浪，閱盡了種種的艱難險阻，經驗比較多，世故也比較深，就很可能種種的壞事都敢去做。故此作爲一個君子人，不要一味的祇求事情的熟練通達，而忘記了抱樸守拙的忠誠作風。例如禮儀是必要的，但如太無禮儀或超越了禮儀，都有失做人之道。太講求練達，反而變成老奸巨滑。

所以做一個君子與其太練達反不如不必裝飾虛假或太客氣，而以清醒、坦白、誠摯、樸實爲佳。

三、心事宜明，才華須韞。

君子之心事天青日白❶，不可使人不知。君子之才華❷玉韞珠藏❸，不可使人易知。

【注釋】

❶心事：心意的活動。❷才華：華美的才智。❸玉韞珠藏：像珠玉似的寶物收藏起來，不輕於示人。

【語譯】

君子的內心活動像青天一樣，也像太陽般，那樣清白明朗，沒有什麼不敢使人知道的，就是沒有不能告人的事；可是君子的才華應該像玉石那樣保藏得很好，不容易給人發現。

【講話】

君子的內心像青天白日一般明朗，光明正大，沒有一絲一毫的陰影與黑暗。君子上不欺天，外不欺人，內不欺己。就是一個人在私室或暗處也不欺自己。普通人在獨居隱密之處，最容易做欺心的事。而君子能不欺心，給人家一看便能明瞭。其次，君子的才華如玉藏石中，不可以隨便給人知道。君子兩個字的意思常是男子的尊稱，即是道德學問超越於一般人之上的叫做君子。君子有超人的智慧，能辨別是非善惡，做事不隨便，是把他的才能智慧保藏起來，要等需要時才施展出來。他深謀遠慮，志節高超無比，瀟灑逸脫。在平時，如果見到鄰里人家困苦，就拿出錢來佈施，有不懂詩書不明事理不識字者，便要在精神上予以教化。所以君子的才華是高於一切的，君子的人格是非常偉大的，君子所想所做的如天那樣青，日那樣白，沒有一絲烏雲，沒有凹面，沒有內底，可謂光明透徹，全無瑕疵。小人則不然，小人平日閒居，專做壞事，等到看見君子，就遮遮蓋蓋，隱藏他的壞處，顯揚他的假善，豈知別人看他，清楚得如見腑肺，他那樣做法又有何益？這就是說，裡面的誠實，沒有不表現到外面來的。曾子說：「十目所視，十手所指。」就是說雖是一人獨處，也要像有十隻眼睛注視著自家，十隻手指點著自家那樣，這樣嚴密監督，自然不會作惡了。君子就是那樣，嚴密的注意自己的缺點，有則改正，此心如日之光，如月之明。山川之水，越淺越起波浪，但水底深處反而越爲澄清。這表示小才小智的人比較容易輕佻浮薄，君子則處處隱藏，大智若愚。這就是君子與小人的區別。

四、出污泥而不染，明機巧而不用。

勢利❶紛華❷，不近者爲潔❸，近之而不染者爲尤潔。智械機巧❹，不知者爲高，知之而不用者爲尤高。

【注釋】

❶勢利：勢力與利欲，就是權勢富貴。❷紛華：浮華，排場，奢華，奢侈。❸潔：潔白。❹智械機巧：智慧與才氣的活動，即才智的策略。

【語譯】

權功與名利，富貴與豪華，任何人都想去接近，可是一經接觸就會遭受污染，人格變得庸俗，心理變得卑劣，所以不去近它的才算是高潔。接近它，而不被它感染，則尤爲高潔。又有些人利用權謀術數那些小才小智，暗中作祟，以求滿足他的貪欲和利益。

這種小人的行爲當然不如不懂那種欺騙手段的正人君子的行爲正大。但是比較更高尚的行爲，就是知道小人的不正行徑和一切壞的打算，而能絕對不去做它。總之我人的心要放得直，放得誠，正心而誠意，超然於物外，任它環境惡劣，種種誘惑，決不爲所動。好像出污泥而不染的蓮花，是最值得尊貴欣賞的。

【講話】

人間非分利益之事，人人都像螞蟻一樣想貪一點甜頭，這原因就在有權勢的人家，天天集滿了趨炎附勢的人，好像市場一樣的熱鬧，大家都懷著貪心而來，不是求名，就是求利。等到權勢喪失，生活貧苦的時候，大家就此一鬨而散了。這就是所謂人情冷暖。過去有一個瞿公在做官時，賓客盈門，退官時，門前祇剩了很多的痲雀跳躍，可以用網去網牠們，所謂「門可羅雀」的慘澹情況。人都好權勢，有了權勢而能不受它束縛，自然是人格高尚，對於勢利榮華的誘惑不去接近的，或是接近了它而能不爲它所染，就更加清潔高尚了。

我們住在權勢豪華的環境裡，爲了自己正心修身，最好是不與它接近。接近了它而能不被它所染，就可以看出這個人是有高尚人格的。比如農村的青年，一向品行方正，等一到了都市中，耳習目染都是動心亂性的，嗅到的是白粉香氣，聽到的是淫蕩歌聲，這種種聲色貨利的引誘，原本品行端正，志向高潔的青年，也會失志墮落。又比方說，石頭都有稜角，但在流水中的沖激之下，石的稜角久而久之就變成圓的，人又何嘗不是那樣，原本稜角方正的人，經浮世的折磨，也就完全失掉了他的稜角，而成爲又圓轉又滑脫的輕薄之人了。所以說不要接近勢利紛華，那個人的心志是高尚清潔的。然而更進一步，如果接近了而不被它染污的，就更是高尚清潔無有比並的了。從前有一位修道者經過花街柳巷，有人指責他說：此非修道人應來之所在，修道者回答的很妙：「太陽不是也照到塵芥嗎？」倘若持太陽的清心來修行，則絕不被勢利紛華所誘惑。即是說雖處於紛華的誘惑場合，也能夠不被這種環境染著。因此說接近了以後不爲所染的，才是眞正的超塵脫俗。

智械機巧是從智慧或才能鍛鍊而來，但如果爲了自私自利而使用智械機巧，這樣還不如那些不知道智械機巧的人反而有高尚氣節。然而過份的正直與清高，又容易變成頑固，反而不能救人渡世。今天世上的人，弄智械機巧，密算奸謀的是太多了。當然我們不反對以正直行事。然而陷入過份的傻瓜般的正直也是不好的，做人應該不是愚昧無知，而是正大光明：不是惡，而是善，不是不知道智械機巧，是知道而不去使用。我們該作的事，就一點也不用智械機巧的去做，而不必顧慮個人利害得失。古來稱爲仁人志士的人，只要他認爲與人有益的事便捨身去做，更不顧慮個人。他是以眞誠的心，表現他高潔的行爲。

五、良藥苦口，忠言逆耳。

耳中常聞逆耳之言❶，心中常有拂心之事❷，纔是進德修行的砥石❸。若言言悅耳，事事快心，便把此生❹埋在鴆毒中矣❺。

【注　釋】

❶逆耳之言：即忠言、格言、忠告、金玉良言。語出孔子家語六本篇「良藥苦口利於病，忠言逆耳利於行。」❷拂心之事：拂是不平或不滿的意思。❸進德修行：磨其德，修其行的意思。❹此生：這一輩子。❺鴆毒：鴆是有毒的鳥，此鳥的羽浸入酒中飲了即死，故鴆毒是劇烈的毒藥。

【語　譯】

忠言往往是逆耳的，故此常常聽到使人不順耳的話，又或者平常心裡頭有什麼不平或不滿，都是精進道德磨勵身心的砥石。

相反的，他人講的話都使我聽了愉快，心裡歡喜，那無疑的等於自沈於鴆毒，實在是萬分可怕的事！

【講　話】

良藥苦口，忠言逆耳的格言，證實它是眞實不虛。我們聽到忠告諫言，往往心懷不平，殊不知由於人家的勸告，我如能反省自己，所思所爲，是否有過失，因而能注意改進，那樣，就無形中可以修養一己的道德，走到正路上去了。因此聽逆耳的話不要不平，處逆境也不必埋怨，因爲逆境是鼓勵我們向上的精神。俗言，「天無絕人之路」，我們自以爲已走到末路，但上天有好生之德，一切靠我們去創造，就沒有作不通的。「山窮水盡疑無路，柳暗花明又一村」，是前人經驗之談，我們應深信不疑。

相反，假若人家拼命奉承我，一味誇獎我，耳裡聽的是爽快的話，生活也過得放恣自由，在自己以爲滿足，認爲一切享受我都有了，於是就揚揚得意，不可一世。

在君子眼光來看，這樣的人實在已經沈墮於不拔的深淵中了。這種人等於自己投入了毒藥，要毀掉自己的生命，就算活著，也失去了生存的價值。

六、和氣致祥，喜神多瑞。

疾風怒雨❶，禽鳥戚戚❷，霽日光風❸，草木欣欣❹。可見天地不可一日無和氣❺，人心不可一日無喜神❻。

【注釋】

❶疾風怒雨：即狂風暴雨。❷戚戚：心動，憂慮之貌。❸霽日光風：晴和的天氣，穩和的風。❹欣欣：喜歡不勝貌。❺和氣：平和的氣氛。❻喜神：歡喜、滿足的心緒，神是精神。

【語譯】

狂風暴雨的時候，不僅人的心情不痛快，就是無情的禽鳥，也現出痛苦和憂傷的樣子。當晴和的天氣，穩和的風吹來，不僅使人心清氣爽，就是無心的草木也不勝歡喜。從這裡我們知道天地間不可以一日缺乏和平的氣氛，像那草的青秀，花的芳香，鳥的歌唱等等，都是表現出在人間社會裡，不能一日沒有歡喜快樂。

【講話】

狂風暴雨的日子，天氣陰霾，鳥類都顯得可憐而悲傷，但天氣平和而澄清的日子，和風習習，草木也欣欣向榮。故天地間的確不能一日無和靄的氣氛，猶如人間社會，不能一日缺少歡喜快樂。要知道人世間喜、怒、哀、樂，全是反映自己心緒的一面鏡子，以不平的心觀事物，一切呈出憂怒懊惱；反之以喜歡的心情接待事物，不講不平之語，不發脾氣，那就不會被社會其他的人所嫌忌排斥，一切就呈現快樂歡喜。俗語說，知足常樂，和氣得福，這話實在不假，不可以整天愁眉苦臉混日子，要滿懷喜心，生活才有意義。

七、淡中知眞味，常裡識英奇。

醲肥❶辛甘❷非眞味❸，眞味只是淡❹；
神奇❺卓異❻非至人❼，至人只是常❽。

【注釋】

❶醲肥：醲是味濃的酒，肥是很肥美的肉。❷辛甘：辛是辣口之意，如辣椒、胡椒等；甘是甜口之意，如砂糖、冰糖等。❸眞味：眞正適口的味。❹淡：澹泊也。❺神奇：不可思議，不可以用人事測知。❻卓異：出類拔萃，與尋常人的行爲兩樣。❼至人：道德練道的理想人物，出自莊子的逍遙遊篇，「至人是無己，神人是無功，聖人是無名。」❽常：通常，即是平凡的常人之意。

【語譯】

濃味的酒，肥美的肉，辛辣如椒，甘口如糖等，這些實在都不眞正適合我們的口味，眞正的口味應該是清淡的，如菜根滋味很香。人要是做種種神怪不可思議的事或做與世人迥異的人物，這不算是個極有道德理想的人。有道德理想的人應該是行普通的道，不談玄奧，他是與通常人的作風，並沒有什麼兩樣。

【講話】

濃的酒，肥的肉，辛辣的辣椒或是甜口的糖，這些使人饞涎嗜好的東西，是何種濃厚美味！這些美味反不及一味淡泊清純的食品，像蔬菜一味適宜我們的胃腸，才是眞正的口味。要知道少吃多滋味，多吃少滋味，吃了過飽的濃酒肥肉，不及吃少數的菜根來得香甜合口。

人也是一樣，有的人往往以爲自己有神變幻術或高超出衆的才藝與衆不同，這些人不算是理想人物，也不值得人家的崇仰與尊敬。一個有著圓滿的人格和究竟品德的人，自然沈默地守著自己的本分，和平常人沒有兩樣的去行他自己的道理，這樣悄悄地耐心地修道，不驕不亢，他的行爲有一天達到理想的境界，那才是理想中的人物，是我們做人應當引以爲模範的一種人。佛教教主釋迦牟尼成道以來對衆生說法，決不以深遠理論或苦行奇事惑眾，惟以簡明切實的方法，教人易行的中道，務使聞法的人，都能隨分隨力，去惡進德，以日淨其心，便是學佛修善的法門了。

八、閒時喫緊，忙裡悠閒。

天地寂然不動❶，而氣機無息少停❷；

日月晝夜奔馳❸，而貞明萬古不易❹。

故君子閒時❺要有喫緊的心思❻，忙處要有悠閒❼的趣味❽。

【注釋】

❶寂然：寂寞、肅靜，沒有聲息。❷氣機：氣是天地陰陽的氣，機是活動，氣機二字，即是天地的活動。❸奔馳：奔跑之意。❹貞明：貞是貞操，堅固而始終不渝，明是光明，貞明二字指日月光明亙古不變之意。❺閒時：暇時也，即閒散無事的時候。❻喫緊：喫是喫驚，緊是緊急，或火急不待之意。❼悠閒：有餘暇，悠然自在。❽趣味：興緻也，趣向之意。

【語譯】

天高地博，萬籟俱寂，肅靜得沒有一絲一毫的動態。其實陰陽乾坤之氣，始終在活動著，晝夜運行，東升西沒，沒有停止，而且它的光明自古至今，永久不渝。故實是動中有靜，靜中有動，動靜兩相調和，便成爲完全的天體活動。人的道理也是一樣，所以君子於閒散無事時要準備應變；忙碌時也要忙中有暇，悠然自在。這樣心廣體胖，養心修身，自然就有有餘不盡的趣味。

【講　話】

東洋與西洋的思想有種種不同的地方，尤其對天地自然活動的看法。西洋人說神是造天地萬物人類的，又說利用自然的潛力，以科技去征服自然。東方人認爲天地是養育我們的父母，天地的道理往往與人的道理相吻合。如蘇東坡詩云：「溪聲便是廣長舌，山色豈非清淨身。」對溪聲山色，以爲是釋迦牟尼的現身，此微妙的自然眞理深印人心。中庸上說得好，「誠是天上道，亦爲人之道。」可見天道與人道一脈相通，現在我再來講「靜中之動」。

所謂天地，是寂然肅靜，天長而高，地寬而廣，一點沒有活動，而實在的乾坤氣象是在不停運行著，隨著光陰的隙行，如同白駒似的奔馳，今天是夏的氣象，不多時已挑起秋風。這些是不變化的變化，不動中的動，可是日月的光明永久存在著，這又是「動中的靜」了。

有這動中靜，靜中動，反應於人心之上，人感到靜中的動，如同感到動中的靜一樣。空暇的時候，應於靜時持有常動的心念，即「閒時要有喫緊的心思」。喫緊是任何場所時間都能應付，日常不得不有這樣的準備，這是君子的行爲。所以這平常喫緊的心是要時時存著的，譬喻一家人平日沒有一點小心火燭的心思，一旦火燒房子，才急忙說，「那是火災」！趕著去買滅火器，已經太遲了。應該早就買回來，一到危難時可以拿出來應用，火禍就免了。無事常存有事心，還要加上平常心，「未雨綢繆」，可以應付非常的事而悠然綽有餘裕。石天基這人說，獅子捕兎子，不用九牛二虎之力便可成功。但要捕大象，就須在平常注意，臨時對象那樣大敵，就不存一絲一毫害怕的心，而能安心捕到。由此可知平時的準備，非常時才有用處。

至於人的非常時，到底是怎麼一回事？這講的是死的事。死是人的非常時，所以應在平常有死的覺悟等無常來到，就不會有所恐懼。關山國師曾說，「我這裡無生死」，應這樣的看破，生與死是沒有區別的。盤珪禪師將要死時，弟子們皆請遺偈以辭世。「老僧住世七十三、度化四十四年，前後半生每天教你們的道理，悉爲遺偈，此外不必別的遺偈了。」這是禪僧的話。其他聖僧臨終對人辭世也是一樣，所謂「昨日發句，今日辭世，今日發句，明日辭世。」即是平生發句悉是辭世。

統上來看，暇時過暇時生活，忙時沒有悠靜的習性，卻全賴平時的修養與覺悟。在非常時不可光講非常時，這非常時的覺悟即由於平常時的準備。天地自然的成謝，是靜中有動，也是動中有靜：而我等應在悠閒時有著喫緊的覺悟。於此可見這是教人在忙處應有悠閒的趣味，便能體會到人生的眞諦了。

九、靜中觀心，眞妄畢見。

夜深人靜獨坐觀心❶，始覺妄❷窮❸而眞獨露❹，每於此中得大機趣❺；既覺眞現而妄難逃，又於此中得大慚忸❻。

【注釋】

❶觀心：反省、觀察自己的心。❷妄：妄念，妄生煩惱之意。❸窮：盡也。❹眞：本心不被煩惱染污，即本來的良心。❺大機趣：澈底覺悟的機運和情趣。❻大慚忸：羞恥之心，很大的忸怩與慚愧。

【語譯】

深夜萬籟俱寂，靜得沒有一點聲息。這個時候，自己觀察自己的心，就歸復到本眞的面目，消失了求外欲的妄心，一切煩惱殆盡，獨留一顆眞心。此時這本性眞如，光明如月，現出無限的機趣；這種悠然自在的心境通向十方，可是要想滅掉所存的妄心，仍然是很難的，因此又覺得眞妄相雜不勝其忸怩與慚愧。而慚愧心是向上的出發點，因靈根慧性的覺悟，下意識地趣向大大的慚愧。

【講話】

晝間不停活動，靜不下來。到了夜晚，四鄰無人，萬籟俱寂，沒有半點聲音的時候，獨坐孤燈下，把自己的心深深按下來看。這時，時常在騷動的心一下子靜下來，就可發掘那心靈之泉。恰如濁污的桶水，如把它攪動，那水是決不會澄清的，但如把它放靜，過些時候，濁污自然就漸漸沈底。孟子說「夜氣存養」，夜氣是深夜的氣，彼時外界接觸少，本心亦即眞心就慢慢顯露，這是一種修養的功夫，夜深人靜，獨坐觀心！

既消除了外物妄心，就現出眞來。眞與妄是相對的。「大乘起信論」很詳細地說明眞是眞如，所謂眞如是我心的本體，這眞實如常的心的本體，叫做本覺。本覺是說，本來自性清淨，從本來就覺，無一點曇心的本體。我們如持這我心的本體，就得到了寂樂。反之，心忽然現出曇來，動起了你我的差別，那就是你不好，我好；你可愛，他可憎的迷妄、煩惱，把眞如的我心拋棄了。故此，一失眞便現出妄，而妄到極就現出眞，是循環的人生！「大乘起信論」把順序分明記得十分詳細，其中比喻，眞如本覺，光明如鏡，澄清似水，因被無明煩惱的風吹動，才起了微波，這波又被吹成大波，大波再經一再的吹襲波波相逐，而成狂瀾怒濤。這是說我們的心向迷的順序而行，無明動眞如，然後生妄心，妄心無明相應而生妄境界。

又如夜行的人，因趕夜路跑得很快，也就不覺得什麼。如果心中起了一點寂寞淒涼氣氛，這氣氛就會引起恐怖。恐怖一起，鬼怪精靈隨之而至，就嚇得逃無可逃了，以後再一看，才知那根本不是什麼幽靈，而是枯尾花。這樣知道了以後就能表露出眞來，這叫做始覺。這始覺中最初是凡夫覺得「這不是幽靈而是枯尾花」。想是這樣想，還擔心著會跳出其他的幽靈來，其實幽靈是不會出現的，心裡這樣想，就覺得又進了一段了，這叫做相似覺。殘留恐怖的心，變而爲無，就開了另一種的覺，叫隨分覺。但是還有殘留「淒涼」恐怖的心，說不知幽靈會否出來，從此說不定又成了迷。直到無這淒涼的心如同開始夜行時什麼也不覺得一樣，這叫始覺，與本覺成爲一體這叫做究覺竟，即始本不二。這樣，妄盡歸於始，一點也無翳(曇)。如對明鏡，花映出花，鳥映出鳥，心的反映亦復如是不被曇遮，就能大開境地運用自在，這是說得到大機趣，但要行到這地步是很難的事。

本心雖已現出，但妄想難去，這就是「既覺眞現而妄難逃」。佛教說的妄想分做兩種，叫做見惑，思惑，見惑是知識上的惑，即是理。飲酒是惡事，誰都知道，但偏有些醉鬼不知，或實在頭腦愚拙的人也不知，這是見惑。譬如知道了喝酒不好，要「停止」或「不停止」，感情上難以決斷，這叫做思惑。人生如夢，思惑難斷。佛教「見惑頓斷如破石」，思惑「如同斬斷藕絲」。藕絲極細，不易切斷。眞現而覺妄難逃，有大慚忸是知恥，就是感到很大的恥辱。

爲什麼要露出本心？是要現出自己本心而有恥的氣氛，這起恥才是人間向上的第一步。世上人雖爲惡不知是惡，雖知罪還要犯罪，沒有想到自己「啊，做惡了！」那太可憐。能自知罪惡而警醒的，才是非常。遺教經中說：「慚愧是服於諸莊嚴最爲第一。」恥是妝飾中最好的飾物。在此不能不想到的是，此恥心何從而起？應知心是眞如本體，悟的當體，心應當如同鏡的光明。但光明的東西常被翳遮上，這是要留心的事。「水若無波則自定，鏡未被翳則自明。」故心不可不清，去其混污自必現出清來。外界的誘惑是翳，內心的妄想是錆，去其翳、除其錆，就現出本心。「啊，做惡啦，不該如此做的！」這樣的慚恥心，實是晶瑩綺麗的本心，大機趣的自在境涯。以種種來戟指其本心，終得大慚忸，得此大慚，如夢醒覺眞，悟何者爲是，何者不是，欲望不能束縛，煩惱袪除，心情自然就喜悅不勝了。

一〇、得意須早回頭，拂心莫便放手。

恩裡❶由來生害❷，故快意時❸須早回首❹；敗後或反成功❺，故拂心❻處莫便放手❼。

【注釋】

❶恩裡：蒙到恩惠中之意，即是受到君主或主人的恩寵，而得意揚揚。❷由來：本來，從來，原來。❸快意時：得意時也。❹回首：即回頭注意前後左右。❺敗後：失敗了以後。❻拂心：不能依所想而行事。❼放手：把手放下，事即中止。放，停止也，禪語說「放下著」。

【語譯】

一個人蒙受了上級或主管的恩寵，而得意揚揚的時候，很容易出意外的災害，故得意的時候，應常警醒自省，注意避免災害。失敗時萬勿消極，因爲失敗是成功之母，反省自己所以失敗的原因，改正錯誤，愈挫愈奮，以百折不回的精神去向前精進，就沒有那一件事不成功的。

【講話】

由主管上級蒙受了種種恩寵，揚揚自得地自我陶醉，大都不顧慮有什麼可能發生的災難，等到遭遇了災難，就一蹶而不振，失敗倒臺了。所以我人生於這個社會的時代，早回頭自省不爲禍殃所侵。要事先預防，不要等到事後追悔。其次是更不可因事情稍有失敗，就灰心洩氣。語云，「失敗是成功之母」。我人必須具備百折不撓的精神向前勇猛邁進。然後才能到達眞正成功之域。所以不要因爲挫折就中止努力，這樣的話任何事也不會成就。應當鼓足勇氣，對於所做的事，不論怎樣不遂心也不放鬆，也不罷手，抱定了恆心毅力去做，必定能收非常美滿的效果。也就是說，能夠在艱難困苦中奮鬥，才能得到偉大的成功！

總而言之，得意時自己能誇張就會生災害；失意時要有魄力，向目的地加倍努力。這樣，總有成功的時候，而未來的勝利與輝煌的前途才可以實現！

二一、澹泊明志，肥甘喪節。

藜口莧腸者❶，多冰清玉潔❷。袞衣❸玉食者❹，甘婢膝奴顏❺。蓋志以澹泊明❻，而節❼從肥甘❽喪也❾。

【注釋】

❶藜口莧腸：藜的葉，可做羹食，莧菜可作湯飲。以藜、莧充滿腸胃，即粗食也。❷冰清玉潔：如冰的清，玉的潔，是說人心清淨潔白，一塵不染。❸袞衣：是天子的禮服。❹玉食：

是美食，即指美衣美食。❺婢膝奴顏：婢是下女，丫環；奴是奴僕，下男。意指下女屈膝在主人前的畏懼，奴僕和氣順從主人的面孔，即是說下面的人對上面的人順從與尊敬。❻澹：很清淡的心意，沒半點功名利欲之念。❼節：氣概。❽肥甘：很肥美可口的食物，就是美食。❾喪：失掉之意。

【語　譯】

以藜的葉來充飢，以莧菜來潤腸，甘願粗食而不埋怨，其心如同冰清、玉潔。這種人的志向是堅定的。爲求華衣美食而甘心在主人面前屈膝，順從主人的顏色，這樣的奴婢行爲是卑鄙的。人若無功名利欲之念，就能夠淡泊清白，心地光明，生活快樂。反之，如果常以華衣美食是求，而喪失了志節，則行爲卑鄙，前途可悲了！

【講　話】

對於這種藜莧粗食生活而能滿足的，就決不抱一點野心，其心如冰之清，如玉之潔。和這相反的，以美食來充腹的富豪人家，就甘願以奴顏婢膝，來搏取其所求的榮華名利。這樣可看出做人若沒有名利的心，就沒有向人低頭的必要，其志操是淡白潔清不著一塵，堅志而不渝。相反，求美衣美食欲念旺盛的人，就會使手段來獲得他的要求，不自覺地態度卑鄙。心一卑鄙就失去了丈夫的氣節，節因「肥美甘食」而喪失！所以說，粗食者志堅，華美者心卑。

一二、眼前放得寬大，死後恩澤悠久。

面前❶的田地❷要放得寬❸，使人無不平之歎；
身後❹的惠澤❺要流久❻，使人有不匱之思❼。

【注釋】

❶面前：眼前也，又可謂生前。❷田地：心田也。心地作出種種煩惱不一而足，如同大地五穀，雜草生起。釋氏要覽，眾生猶若大地，就是這意思。❸寬：寬闊，寬大。❹身後：死後也。❺惠澤：恩惠德澤。❻流久：流傳之意，流得，即得傳後世。❼不匱：匱，缺乏也，即沒有缺乏之意。詩經大雅，孝子無匱，指孝子對父母的供養是沒有缺乏的。

【語譯】

現在的心田放得寬大，任何人就沒有不幸不滿不樂的事。恩惠德澤要潤及後來的人。就是死了也要能長久傳留於後世。所以生前儘量做善事，把愛給別人，使人對你沒有不平的心，也不感到事情的缺乏和不滿。到了死後的聲名就永遠留芳百世，所謂惠澤流得很久。

【講話】

佛教把人生分爲過去，現在，未來。因此，面前就是講「現在」的事，田地也就是佛書裡所說的「心地」，意思是說人的心實在是能作出種種煩惱的土地。人生於世，如幻如夢，如白駒過隙，如過眼煙雲。然則，爲人應該怎樣？應該放開心田，持心寬大！無論善人，惡人，賢者，愚者，或長幼，或內外，都得無差別心悉是包容，這種胸襟寬大、一視同仁之心，就不會引起他人的不平之鳴了。

又對於死後遺留的恩澤，總希望永久流傳，這在生前就儘量汲汲施惠於人，牢記服務人生的宗旨——「乃役於人」，永久永久！使人家不覺有缺乏，使人家不會不平反而滿意，就是你死了，你的芳名萬世永垂不朽，你的精神永遠活在人們的心中！

一三、路要讓一步，味須減三分。

徑路❶窄處❷，留一步與人行；滋味❸濃的❹，減三分讓人嘗❺。此是涉世一極安樂法❻。

【注釋】

❶徑路：裡路(狹)，即是小路之意。❷窄處：幅狹之處。❸滋味：口味好的意思，就是甘味，美味。❹滋味濃的，味道好的食物。❺減三分，十分之中，七分是自己的，分三分給他人之意。❻極安樂：是身心平安快樂。此處的極，是說渡世得安樂最上的方法。

【語　譯】

一方是斷崖絕壁，一方是千仞谿谷，這是說臨於深淵的狹小山路，自己不可大踏步先進，要停留一步，讓他人先通過才好。有滋味的食品，不要全部獨吞，要分給人家去享受三分。

以這種謙讓的心來待人接物，才是安樂渡世的最好方法。

【講　話】

走山邊的小路，不能二人同時通過，如果爭強搶先，就有墜落深谷的危險。處於這樣的場所，自己要停留一步，先讓他人過去，這才合乎禮儀，而又是最安樂的辦法。還有對於有滋養成份的美味食物，你不可一個人獨食，要分三分給人家去吃。這樣的做法，就是謙讓之德，對於作人處世，不但一點沒有危險，反而是得到安樂的無上法門。

易經云：「天道之盈也虧，乃視益謙之有無。」故此，假設把他人壓倒而自己先登，橫取他人之物以滿足自己，這種一時的利益，實是變爲痛苦的根源。也可以說是違背天道。天是抑惡揚善的。邪到底不能與正匹敵。日本的古人武田正信說：「誰也見到圓滿的月，但是十六夜就虧了。人生在世，亦復如是。」這含有哲學的意味，可給我們警惕。正直的事才是「天道」，而「邪惡」（邪僻，偏狹，妄佞）的行爲，絕不能得到安全。

一四、脱俗成名，超凡入聖。

作人❶無甚高遠事業❷，擺脱❸得俗情❹，便入名流❺。爲學❻無甚增益功夫❼，減除得物累❽，便超聖境❾。

【注釋】

❶作人：成爲一代的人物。❷高遠事業：高尚而遠大的事業。❸擺脱：是除去，宣和畫譜「擺脱李邕舊，習而筆力新」。❹俗情：世俗利欲的情，功名利欲的事。❺名流：有名譽地位的人，如世說：「有孫綽，許詢，此皆一時之名流」。❻爲學：學問與修行的事。❼增益功夫：功夫同於工夫，以種種的心來計劃考慮，猶之增才、增智的工夫，乃積極的修養與鍛鍊之意。❽物累：心爲外物所牽累。❾聖境：聖人的境界。

【語譯】

想做人上之人，成爲一代的人物，得到高遠偉大事業的成功，必須除去世俗的情欲，擺脱功利的束縛，這種人才能入名士行列。至於治學修行，做增才增智的功夫，雖然沒有積極的修養與鍛鍊，但外物不能搖動吾心，牽累吾欲，保得心性的獨立存在，這個人可以說已經到了聖人的境界。

【講話】

人有超群的手腕及聰敏的見識的，固然能成就一代偉大的事業。但也有平凡至極的人，縱然没有完成轟轟烈烈的大事業，但因能專心致力於一己的事業，不被功名利欲所左右，而終於成爲知名於社會的聞人。又人在治學或修養上，應該抱著遠大的理想，站穩了腳根，積極的去改造社會，這社會事業固然有賴非常人去做，但是普通人也好，假如眞能修心養性，其心不爲外物所奪，全副精神於修學積德上努力，他雖然没有能如偉大人物那樣的轟轟烈烈的事功，但終久也是能夠達到聖人賢者的地位的。

一五、義俠交友，純心做人。

交友須帶三分俠氣❶，做人❷要存一點素心❸。

【注釋】

❶俠氣：助弱抑強的男子氣，就是義俠心。❷做人：成爲一等人物。❸素心：純潔而不爲外物所染的心。

【語譯】

與朋友交際應酬，要帶有三分的義俠心，能助弱而不為強者所屈的男子氣。如果僅為利益去交際，等到有了損害就想絕交，這不是眞的交友之道。

如想成為偉大的人物，必須要適應時代潮流，同時又必須存有素心。所謂素心，即不染外物而純潔的心，如明鏡一般能夠反映出萬物。所以我們的心要像鏡子一樣不染一點污塵才好。

【講話】

「有朋自遠方來，不亦樂乎？」這句話，是指眞正的良友比骨肉還要親近得多。而眞朋友是不易得到的。

泛泛酒肉之交，不能算是眞正的交誼。眞誠為朋友的人，要互相勸善規過，互切互磋，互琢互磨，遇到了禍患則共同去擔負，喜樂幸福也共同去享受，同悲共喜，難兄難弟一般。這樣才能算得上有義俠心。交際的原則，這樣才合宜。如果只為一己利益去交際，不能叫眞誠的交誼。

其次做人是要有積極修養的功夫，磨煉自己的人格，不為外物玷染了純潔的心。在惡俗的社會裡去行善渡世，對於惡俗就不得不忍受到一個程度，如果只為一己的超然，不問世道的興衰，這樣的人最多也不過獨善其身，決不能得到普遍的敬仰。所以一個人如果入世交往俗人，自己也必得變俗，與社會的步調一致。然而其心也被染成了世俗情態，就沒有用了。在俗中而不失一點心，不因外物而污穢了本心，這樣纔是一個純眞的覺者。

總而言之，與友人交際，遇到其人的患難，要去拯救，即是與人交往必須要帶三份的義俠心。一個非常人物的活動，任憑遇到如何的變故，也要抱定堅固的意志，勿失其本然的心。

一六、德在人先，利居人後。

寵利毋居人前❶，德業❷毋落人後❸；
受享❹毋踰分外❺，修爲❻毋減分中❼。

【注釋】

❶寵利：寵是寵幸，又叫寵愛；利是名利，或稱利益。❷德業：有利社會的德行事業。❸落人後：在人的前面而被落後了。李白詩句有「風流豈肯落人後？」❹受享：受與享就是承受恩惠，這裡是一個人的生活享受。❺分外：限外的程度。❻修爲：學問與道德的修養。❼分中：自己能力的分限。

【語譯】

從人受到寵榮或利益，不要過份無理的貪求。這是說對於個人利得的事最好不要去做，然而有德行的事業，必定要作在人的前頭。又從他人給與的享受物品或待遇，如應該是我所得的東西，則決不要貪求到分限以外。對於修身作事，則要盡能力所及之限度去努力，決不要只圖減少分限，以卸責任。

【講話】

從他人受得榮譽或得到利益，切不可爭搶到人的前頭，應該先讓他人而後自己再領受。不這樣做就會引起人家的怨尤。反過來說，對於社會國家有利益的事，或有關個人的道德修養，則不要落在他人的後面，要自己爭著前進去做。

又從君上受了爵祿的恩寵，或是從他人處受到物品的享受，即使是應當得到的，自己也要捫心自問，反省自己的身份和勞力，應不應當得這一份享受，一定不要超過分限的程度。不論什麼事都要保留餘地，就是這個意思。

對於自心的修養或實踐道德的事，必須要盡自己所有能力去刻苦努力。

宋范仲淹說：「先天下之憂而憂，後天下之樂而樂。」這句話，也是同樣的教訓。主要就是要「樂讓人、苦己取」。如此才是修養道德的本旨，修養心性的根本。苦樂原是綯的繩。樂的結果是苦，苦的結果是樂。苦樂相循是自然的法則，與日月星辰之轉動原理相同。所以現在的苦是爲將來的樂放散種子。古人有云：「吃得苦中苦，方爲人上人。」不能吃苦的人，恐怕事事都不會成功，苦盡甘來也是不移的道理。

但是，君子不是爲求將來的樂而現在甘心受苦的，他只是爲社會、國家、民眾有利，而自己吃苦取苦，把樂讓他人。這樣他才心安理得。君子生活如同食淡菜，一切講淡而不講濃。既淡然了，才能看破實相眞如，也自然能達到超凡入聖的境界了。所以說，有德行和善根的人，能夠處處留心做善事，謀衆人的福利，連一分一秒的時間都不輕易的放過。

一七、退即是進，與即是得。

處世❶讓一步爲高❷，退步即進步的張本❸；
待人❹寬一分是福❺，利人實利己的根基❻。

【注釋】

❶處世：生活在世間。❷高：高尚的人格。❸張本：基本，猶言基礎或根基。❹待人：對人的關係。❺寬一分：對待別人不要過份嚴格，要十分中寬一分爲妙。❻根基：即根本、基礎之意。

【語譯】

我人要想渡世，第一不要和人爭長短。無論做什麼事，都要讓人一步。寧可自己吃虧。也不要壓倒他人。這樣就提高了自己的人格，受到人家的尊敬。故此自己退一步而讓人，結果無形中自身就有了進步了。

對待別人不要過於嚴格，不可不有一分的寬厚，因過份的嚴厲就使人和你相遠了。寬一分就使他人感到不受拘束，用寬大的心思去接物，自己也就得到自由的幸福。天對人類是一律平等垂惠的，僅僅的作自己一個人有利益的事即是違反天理，所以必須要以自己的利益和他人的利益看作一樣。釋尊說，「利他就是利己。」有利於他人也就是自己獲益的根本。

【講話】

待人處世有兩種方法——一是把人壓倒自己佔先，還有一種是與人爲善互讓互諒；前者是競爭的行爲，後者是謙讓的行爲。這兩種態度完全不同。我國學者辜鴻銘認爲，西洋人的生活乃是建立在物質上面，談不到什麼文明。他們是憑著相互競爭的思想，而發展進步起來。可是我們再看看東洋方面，以我們中國而論，是在物產特別豐富的黃河、揚子江流域一帶。我們的文化發展即以互相忍讓的精神而發。今天的世間許多人都以爲別人的頭痛可以忍耐，而自己的腹餓就不能忍耐。以這種作風，獨行其是的個人主義，排斥他人什麼都不行而以爲自己什麼都行。這種利己而不平等的主張，不能互助互讓的行爲，人類的和平，又安有保障？當然爲了社會共同生活，就應當有不落人後的覺悟。例如研究學問或改良社會，必須站得穩，立得定，大踏步向前邁進，但我們若於日常共同生活上互相排斥，互相爭奪，而不能互相協和，就不能共同生存下去。

其次，說到「處世讓一步爲高」，渡世能讓一步，就表現氣節崇高，道德高上，即符合老子所說的三寶，「一曰慈，二曰儉，三曰不敢爲天下先。」誰持有這三樣就如同持有三寶。慈是慈悲，就是同情心，也就是爲別人著想的心，處世待人的根本思想。儉是儉約，亦即是節儉省用的意思，對物不要用之過度，八分就夠了，這便是「恭儉持己」了。現在的人不論什麼事情都是十分中之十分的以暢行其志，從這裡就生出了煩惱。因此在世間。人若自滿的話就會生出缺乏，希望十分必至招致了失望。如能在人間努力十分有八分的生活，纔是安定生活的良方。現在的人在生活方面是努力八分就當作已做完了十分，那就發生了兩分的缺陷。所以老子的儉豈不是渡世三寶麼？再說到不敢爲天下先這意思是說讓與儉兩字，對人要讓，持己要儉，不敢爲天下先就是讓的意思。以上是老子思想，指明讓一步是高明的。

「退步即進步的張本」，也就爲進步的根基。這句話乍看像矛盾，實際上退步的事包括著深奧的意味，就是精進自身的道路，也是救渡眾生的眞理。佛家所說「上求菩提，下化眾生」，就是向上求得菩提之道，向下要成濟度眾生的菩薩道，更進而成爲偉大的如觀音、地藏等菩薩。可見已開悟到佛的境界，而更要退步下來爲一切眾生服務，去濟渡眾生，行菩薩道，這就成爲進一步成佛證道而具備了的基礎。

人類皆以腳跑路，跑時一定一足向前，一足繼之於後，一腳停步。如果兩足齊出，就違反了跑路的方法，會顛仆倒下，所以爲了安全跑路就不可不注意。而退一步正可免除七顛八倒的痛苦，如同安份守己是進步的基礎。

待人不要過份苛酷，責備人太過份了是不大好，因爲會引起他人反抗而招自己惹禍的根源，這一點是不可不注意的。俗語云，「窮鼠咬貓」。故對人實應寬大，待人寬一分即是福田。古人說得好：「自肅如秋霜，接人如春風」。意思是說自己如同秋天的寒涼，對待人如同春風的溫和，這就是交際上要寬一分，結果就會得到自己的幸福。

再說「利人實利己的根基」。從表面看，世間那裡有那樣的傻瓜，利益給了別人而使自己喪失利益的呢？可是人只爲自己的利益打算，結果卻反而不能爲利自己，而爲利他計劃的人反而是和利己一樣。舉一個例子來說，做商人的只是爲自己的利益打算，把壞的物品高價賣出，如果存這不良的心理，雖一時賺錢，但時間久了誰也不來買他的貨了。相反的好的東西要賣得便宜的話，自己固然得到的利益較少，可是漸次地買的人加多，生意就繁盛而永久了，利益不就越來越大了嗎？所以買賣生意要使買的人喜歡而賣的人也喜歡，皆大歡喜。這是道德的標準，也是利益的根基，人又何樂而不爲呢？因此，不難了解，利人實實在在便是利己。

一八、驕矜無功，懺悔滅罪。

蓋世功勞❶，當不得❷一個矜字❸；

彌天罪過❹，當不得一個悔字。

【注釋】

❶蓋世功勞：功蓋一世的大功勞，即天下萬民共同仰慕的大功。❷當不得：就是經不起，不恰當。❸矜：誇張之心，猶言驕慢的心。❹彌天罪過：是天人共同厭惡，天地都不容許的大罪惡。彌是充滿了的意思，如彌漫。

【語譯】

樹立普天下萬民所共仰的蓋世大功勞，有不得一個矜字。驕慢的心一起，不但沒有一點好處，反而前功盡棄，失去人們的敬仰，算不得什麼英雄好漢了。反過來說，人所共厭，天地不容的有大罪惡的人，如果能夠心內存著一個「悔」字的改邪歸正，轉入正道，罪惡便都消滅了。

【講 話】

對國家樹立大功，並且是天下萬民崇敬的英雄人物們，若是自誇自己的功勳，念頭一起，他的功勞就要完全從人們心中失掉了。古人所謂「一將功成萬骨枯」，就是說要死去多少的兵士，才能成就一名大將的功勳。能時時有這個念頭，就是道德高尚的人。因此，切切不可自己內心持有一個「矜」字，使聲名受到惡劣的影響。

再說到天與人都憎恨，宇宙間不容的大惡人，如果能心底發出最眞誠的懺悔，改過自新，洗心革面，那麼一正其心，惡念便消，所有罪過也就免除淨盡了。佛經說：「罪性本空由心造，心若滅時罪亦亡，心亡罪滅兩俱空，是則名爲眞懺悔。」意思是要我們自內心改造，淨化，建設才有辦法。

故從善惡完全繫於一心，由一念的動機而成。一念會變爲善，一念也能爲惡，所謂一念之差，可以上天堂，可以入地獄，眞個可懼可戒。雖然善惡在表面不同，但都是心在作祟而左右搖動，犯罪與作惡的人，設若一旦幡然醒悟，痛定思痛，改過自新，同時也可把罪孽消去，而遺留下來的便仍是本來的善心。所謂人之將死，其言也善，就是復見了他的本性。

所以，過去有一句「憎恨罪，不憎恨人」的話，因爲犯罪的人也具有善根，若能發動善心，改過向善，就變成無罪的人了。最不好的莫過於存罪而不知悔過自新，不能重新做一個正大光明行爲磊落的人，這才是莫大的恥辱啊！

總之，不驕慢，不邀功是很要緊的，而做人最重要的是時常檢討一己的行爲功過，不論何時，要虔誠懺悔罪過，日新又新，作一個新生的人，善良的人和安貧樂道的人。

一九、完名讓人全身遠害，歸咎於己韜光養德

完名❶美節❷，不宜獨任❸，分些與人❹，可以遠害全身❺。辱行❻污名❼，不宜全推，引些歸己，可以韜光❽養德❾。

【注釋】

❶完名：完全而沒有瑕疵的大名譽。❷美節：成美事的節義，偉大的節操。❸獨任：獨自一人引受。❹分些：分做幾部分之意。❺遠害：遠離及身之害，不起不平怨嘆的聲音。❻辱行：行恥辱沈湎酒色之類。❼污名：污穢的名，如貪污。❽韜光：隱藏自己的才智和名譽，不顯露於外，孔融詩云：韜美玉之光。❾養德：涵養道德。諸葛亮誡子書云：「君子之行，以靜養身，以儉養德。」

【語譯】

完全的名譽或者高尚的節義，總是容易受到他人的猜忌嫉妒的，所以決不可自己一人獨占，以免遭受無妄之災。在十分的事物裡分出一兩分給人，自己占八分便可，

這樣就不至於使別人起了不平的怨言或是諷刺的誣蔑，這樣一來害處就會遠離開自身了。其次受辱的行爲或是污穢的惡名，都是人所厭惡嫌棄的，自己能引受幾分，負起蒙恥之責，不要悉數推付別人。有了這種修養工夫，便能一生保身如玉，成爲完善的人。

【講　話】

偉大的聲名或勳功偉業，總是容易受到他人的嫉妬，猜疑，怨瞋的。故此作爲一個君子，便要明哲保身，不能一人獨占，使人生怨恨誹謗。在十分裡能分一兩分給別人，自己雖留下七八分也就不至於使別人怨恨，並且可以保住自己的安全，離開重大的危害。

完名美節的反面便是敗德亂行，任何人都喜歡有榮譽而怕被污名。受污辱損害名譽固然可恨，但也不能完全都推給別人承當，自己的清淨潔白之身，固然不願有一點的污名，但爲了偉大的犧牲成仁的道德，最好給人以美譽，自己負起來罪辱。那麼表面上雖然不太光彩，內心卻光明。能夠這樣涵養德性成爲更完善的清高脱俗的人，這才可以俯仰無愧。

二〇、天道忌盈，卦終未濟

事事留個有餘不盡的意思❶，便造物不能忌我❷，鬼神不能損我。若業必求滿❸，功必求盈者❹，不生內變❺，必召外憂❻。

【注 釋】

❶有餘不盡的意思：就是所做事不要完全出盡自己所有之力，多少存一點餘裕的心。❷造物：造物者，即造化神之謂。❸滿：是盈滿，十分之意，即達事物的極點。❹功：功績，功動。❺內變：從內部發生的變亂。❻外憂：從外部來的憂患。

【語 譯】

對任何事皆不盡出自己之力，故意留個餘地的心，那造物的神也不會忌嫌，鬼神之類也不能來損害，故此永不至於有失敗的情勢。誇張自己的名聲，盡求大的功績與十分滿足的事，結果是自苦其身，遭到了造物鬼神的嫌忌，從內部翻起了事變，從外部湧來了憂患。

【講 話】

人人對於事情都想求得美滿的結果，於是人人都用盡十分的力量以求成功。但若能夠不用盡全力，留下幾分的餘地，則造物的神也不會加害。做事要求其十全十美，圓滿無虧，那就爲天地鬼神所忌憎，內憂或外患必要紛至沓來。

古人說：「滿即虧」，又說「滿招損」，意思是指無論何事達到絕頂的時候，很快就會向下坡走，所以做事不能十全十美，不如預備幾分餘裕則比較安全。這種聖賢教誡我們的名言，是不可不注意的。

二一、人能誠心和氣，勝於調息觀心。

家庭❶有個眞佛❷，日用❸有種眞道❹。人能誠心❺和氣❻，愉色❼婉言❽，使父母兄弟間，形骸兩釋❾，意氣交流❿，勝於調息觀心萬倍矣⓫。

【注　釋】

❶家庭：一家之內。❷眞佛：眞正的佛。❸日用：每日遭遇的種種事物。❹眞道：眞正的道理。❺誠心：誠實眞摯的心。❻和氣：和靄安祥的氣氛。❼愉色：愉是悅，即愉快的顏色。❽婉言：嬌柔而溫和，優雅而婉麗的話，出自禮記祭義篇，「孝子有親愛必有和氣，有和氣必有愉色，有愉色，必有婉容」。❾形骸兩釋：形骸是外貌或身體，兩是指自己與他人而言，釋是釋合而沒有絲毫隔離。❿意氣：是心意，氣是合氣，即意志互相流通。⓫調息觀心：這是坐禪修行的功夫，乃坐禪調理呼吸，內觀自己的心意而加以反省叫觀心。

【語　譯】

一家之內有一個眞正的佛，日常事物間仍存有一種眞正的道理，這是怎麼解釋？就是說，人人若持誠實不僞十分眞摯的心，正直和靄，帶著快樂的顏容與溫和的話語，因此家庭間均能彼此融洽異常，舉家決沒有任何隔閡，只是和氣雍容，在情感上毫無衝突而水乳交融。居家能夠如此，就可以快樂無慮的過幸福日子。就是現眞正的佛，行眞正的道，的確是勝過那些坐禪養息觀心修行的功夫，其效果自亦不可同日而語。

【講　話】

說學佛是有何妙法或修道要向深遠之處去求，那是莫大的錯誤。佛家所說的眞正的道並不一定向遠處求，而是在家庭或是日常生活上作人做事皆可以具有的，因家庭中就有一個眞正的佛。而日常遭遇的種種事相中，就存有一種眞正的道。那是什麼？就是我們一家相處要互以誠實的心，和靄的氣氛，表露出優雅的話語，臉上是愉快的神采。一家同居，一點沒有隔閡宛如形骸合在一起，心氣融成一片，這樣下去，一定能過異常快樂豐富的生活。這等於直取眞正的佛，也就是眞正的道，不一定要持坐禪調息觀心的功夫，而且勝過坐禪等千倍的實用功效。

佛家常說成佛或得道，非要坐禪，調息，觀心等積此種種功夫不可，但是捨此而比較又重要一籌的是教我們注意在日常生活上有眞佛與眞道的存在。換句話說：是教我們將佛法實現於日常生活中。禪宗有一句話，「迴顧腳下」，就是這個道理。說得更淺易，就拿笑顏象徵了佛的道，因和靄的笑就顯出慈祥的心。相反的，怒時的心就形成了地獄、惡鬼之道了。故道是近者，只在本身周圍，不必求之於遠。時人多不知此理。誠可哀嘆。

「心即是佛；佛即是心。」由上以觀，可知此言不虛。我們爲三寶弟子，要牢記我們要求一個眞理，就是我們生存於世的目的。孔子也說過：「朝聞道，夕死可矣」。大家要揚棄迷妄的思想，直趨眞理生命之道。

二二、動靜合宜，道之眞體。

好動者❶，雲電風燈❷；嗜寂者❸，死灰槁木❹。須定雲止水中❺，有鳶飛魚躍❻氣象❼，纔是有道的心體❽。

【注釋】

❶好動者：活動的人，乃常爲俗事營營奔走的人。❷雲電風燈：雲電是從雲裡閃出的電光，是瞬即消逝的東西。風燈是風前的燈火，搖曳不定，隨時可以熄滅。❸嗜寂者：寂是不動，靜寂的人。❹死灰槁木：死灰是火滅以後冷卻的灰。槁木，枯槁的樹木，沒有生機的死物。莊子的齊物論篇說：「形固勿如槁木，心固勿如死灰。」❺定雲止水：定雲是停止不動的雲，

止水是停止不動的水，都是靜的境界。❻鳶飛魚躍：鳶飛在天，魚躍於水，都是活動的狀態。詩經的大雅旱麓篇：「鳶飛於天，魚躍於淵。」❼氣象：中庸引「察其上下之意」。朱註：「化育流行，上下昭著。」但這裡所說的是見其活動狀態而已。❽有道心體：有道即具有道德身，心體是心的實體，或叫本體。乃行眞實的道，德高者的心的本體之意。

【語　譯】

好活動的人，營營爲俗事奔走，像閃耀在雲間的電光，燦然一下，隨之即行消失，但又復行明亮。又如風前燈火陸續搖動不停。這是形容忙人的活動。好寂靜的人，如燃燒過的冷灰或枯立的樹木一般，死氣沉沉。這二者各走極端，不合乎中庸之道。人究應如何才好？太活動不好，太靜寂也不宜，這應該從兩方面去看，例如停雲止水，絕對不是靜止。高飛的鳶鳥，靜水中魚躍，也不是完全的動，都是在靜中有動，動中有靜。從這兩方面去觀物，才是道德人的心體，具有明辨清晰的理智。

【講　話】

本節對靜與動的兩面，以啓迪人的修養方法。好活動的人，如雲間閃出來的電光或風前搖搖擺擺的燈火，始終動而沒有片刻的停止。與這相反的，好靜寂的人像火後沒有一點暖氣的冷灰或是好像乾枯的樹木，毫無生氣。這等人都是偏在一方，無中正之可言。然而人是需要靜止如一朵不動的雲或一灣的水，在靜的境界中同時也如雲鳶飛在天空，魚在水中活躍一樣眞存著活動氣象。「靜如處女，動如脫兎。」那就是說人生於世，必須動中有靜，靜中有動，積此動靜二方面的修養，才可說是有道者的堅忍不撓的心體，和具有高尚理智的人。

二三、攻人毋太嚴，教人毋過高

攻人之惡❶，毋太❷嚴❸，要思其堪受❹。
教人以善，毋過高❺，當使其可從❻。

【注釋】

❶攻：攻是攻擊，與人爲難。❷太：與甚字同。❸嚴：是嚴酷。❹堪受：雖是忠言，但要對方能接受得了。❺過高：過於高深。❻可從：能夠得以實行。

【語譯】

攻擊他人惡事，批評或責難，不要過份嚴格，要考慮其人能否受得了；要他能容受方可。教人家做善事要他能實行，切不可論調過高，應以其人能夠聽從實行的程度爲準繩。

【講話】

處世須注意的，是和朋友交，能常見到他的不當行爲，然後忠告他，使他改過，不過不可過份的嚴格或使人難堪。要事先考慮一下，我的忠告，我的責難，其人到底能否接受而去改正。故此當場的胡亂攻擊，過於爲難的責備都是不適宜的。而適度的諫言卻足以使人爲善去惡！

至於教導他人向善，不要論調過高，必須要考慮他的能力，以至他能否遵從，能否服膺為原則。這樣能使人因其不同的才智而達於至善，就他的性格給以適當的啓示，必能發生很大的效果。

二四、淨從穢生，明從闇出。

糞蟲❶至穢❷，變為蟬而飲露於秋風❸。
腐草無光❹，化為螢而翻采於夏月❺。
因❻知潔常自污出❼，明每從晦生也❽。

【注釋】

❶糞蟲：糞是糞土，即是塵土：糞土，糞蟲是塵芥土中生的蛆蟲，這裡指的是蠐螬。蟬即是從蠐螬所變化成的。酉陽雜俎的前編云：「蟬未脫殼時名叫復育，相傳為蛆蟯所化。」蛆蟯又名穢蟲，因為食人糞之故，蛆蟯與蠐螬是同物而異名，俗稱糞蟲。❷至穢：甚為污穢的事。❸飲露於秋風：陸士龍的寒蟬賦說蟬有五美：「左頭上有緌是文，含氣而飲露是清，不享黍稷是廉，不處巢居是儉，應候而常守是信」。蟬不吃食物，唯吸露而生。蠶食而不食，蟬飲而不食。❹腐草：是腐爛的草。化為螢是中國古來的傳說。禮記的月會云：「季夏之月，腐草成螢。」又格物論云：「螢是從腐草及爛竹根而化生，初猶未成蟲。但腹下有光，數日便變化能飛」。❺采：光彩，即光的意思。❻因：是從一起始之意。❼潔污：潔是潔淨，污是污穢。❽明晦：

明是明朗，晦是晦闇。

【語譯】

從糞土所生的蛆蟲雖則是很污穢的，但卻能蛻變而爲蟬，在秋風吹來時，居在樹枝頂吸飲如瓊液般的天露而生存。腐爛的草固然是絕不會發光。可是這腐草能變化爲螢火蟲，在一閃一爍的放著光飛行，由此看來，就可知道潔的東西常常從污穢中所生，明朗的東西卻時時在晦暗之中所出。同此道理，世上偉人豪傑常從貧苦窮乏裡出身，後來成就功名的。我們既明瞭污中能生潔，晦中可生明，便要知道如何對待逆境，高尚其志，走向成功的大道。

【講話】

糞土中所生蛆蟲是比任何東西來得污穢，但久之卻能蛻變爲蟬，停住於樹梢上，被秋天涼爽的風蕩拂著，去吸飲那美甜的露水而生活著。那枯朽而腐敗的草如同塵土一般的無光無色，但一旦也會變爲螢，在初夏之夜的空中飛翔，自由自在，一閃一爍放出燦爛美麗的光芒。關於「腐草化爲螢」，有禮記「季夏之月，腐草化爲螢」的傳說，是否事實不得而知，但常常被人引用作譬喩。

由前面說法，便可知宇宙間存在的東西由大至小，由貴至賤，甚至糞蟲與腐草一類的東西都各有其價值，那也就是指天地間沒有一件東西是沒有用的，「暴殄天物」是最要不得。更主要的是說明了潔淨的東西乃自污穢中生，光彩的物品從晦暗中出，我們由以上的例子思考一下就可以了解其中的眞理。例如，糞尿是極穢的東西，但把它拿做肥料施於田園時，就成爲五穀或青菜等潔淨有用供人的食料，這時候決不再是污穢東西，而成爲美味的物品了。但五穀或青菜通過我們的體軀，又成爲排泄的穢物了。

如此看來，在清淨與污穢中，簡直沒有何等的區別，故清淨即污穢，污穢即清淨。事相如此，萬物在循環變化，表面與裡底亦不致相差太甚。推演下去，善、惡、明、暗、上、下、高、低、貴、賤、天國與地獄，神佛與邪魔：一切一切，萬物的差別本來是沒有的，但是站的立場不同，看法就不一樣了。這從一方看來爲善；他方看來是惡，同樣，一方看來是惡他方看來則善，兩個即一個，一個是兩個，本來無有差別。即有差別，也不是事相，而是心境的變化罷了。但這樣說，可又會被無差別的觀念所因，陷於「平等觀」，這就又錯了。如說殺人及救人無差別的話，那麼殺人豈不也好？絕沒這種道理。這點倒是要認識清楚的。因爲我們是萬物之靈的人類，應時時刻刻記取以理智來辨別是非，認識眞理，去惡行善。

二五、客氣伏而正氣伸，妄心殺而眞心現

矜高❶倨傲❷，無非客氣❸，降服得客氣下，而後正氣伸❹。

情欲❺意識❻，盡屬妄心❼，消殺得妄心盡❽，而後眞心現❾。

【注釋】

❶矜高：傲慢，狂傲，自以爲偉大。❷倨傲：對人驕矜傲慢。魏書陳群傳云：「魯國孔融才倨傲」。❸客氣：即虛張聲勢，指沒有眞勇的血氣之勇。客是「客人」，客氣即不是心的主人，從他處而來之意，其出左傳的定公八年「陽公曰，盡是客氣」。宋書的顏延之傳：「客氣虛張，曾不愧畏」。❹正氣：（公明正大之氣，支配人體的本來的心）與客氣相反，在天地之間，自然存有的至大至剛之氣，孟子說的所謂浩然之氣，文天祥的正氣歌云：「天地有正氣，雜然賦流形，下則爲河嶽，上則爲日星，於人曰浩然，沛乎塞蒼溟。」❺情欲：欲求，可憎，可愛，可惜等欲念，是說欲望的意思。❻意識：利害得失等的分別，有判斷辨別是非好壞的智能。❾妄心：是指虛妄的，沒有誠實的心，即妄念妄想。以上情欲與意識皆屬妄心。❽消殺：被消滅的事，殺是加強語勢之助辭。❾眞心：吾人眞實本來的心，書經的大禹謨：「人心惟危，道心惟微」。道心即是佛教說的菩提心。宋儒說這是本然的性，又叫做未發的「中」等，都是同一之物。

【語譯】

自以爲崇高，即是矜高；對人高傲驕慢，態度不佳便是倨傲，這不是眞的勇氣，而是所謂「客氣」，是附在元氣下的假勇。如把元氣提出降服此假的無謂的客氣，才能把自身存於天地間的正大之氣發揮伸張。這種浩然之氣能自由發動，也就生出眞正的勇氣。

又可憎、可愛、可惜等等心的活動全是虛妄的心，把這些虛妄不實的欲心統統滅掉了，始能現出人間眞摯、本如的道心。

【講話】

凡是自以爲崇高得「了不起」的人，其傲心充斥於心靈之上，總感到自己是智者，是英明，是偉大，就無論做什麼事都會引起這樣的高傲，對人都是那般的驕慢不遜，那即使他有很大的勇氣，也祇是假的，無用的無價值的，而決不是眞勇的顯露。一切一切，無非是客氣。客氣是不好的，如能以一本眞的元氣，來降服此一附在元氣裡的可卑的客氣，就可以伸張正氣了。故我們應以眞如的元氣來抵制邪惡的客氣。身體是一個小宇宙，一個小天地，能支配公明正大的心，就是正氣。正氣就是孟子所說的浩然之氣。浩氣長存，百邪自然避去，這是眞理。

又說到我們心中存在的憎惡，愛好，憐惜等等的情欲，或執著，或判斷人間是非善惡的意識，通通都是妄心作祟，當然也就顯示出眞心來。故此吾人若把虛妄心去掉，滅掉；始能顯現出潛在的眞實不虛的本心來。這眞實的本心，我們可以名之爲眞摯的純明的道心。

總而言之，我們人是被客氣所驅，被妄心所動，在無明的闇道，在執著的偏徑徬徨，就失去了大勇的心。我們要絕對把它消殺降服自然地能伸浩然的正氣，現眞實心，以達於菩提的境界。

二六、事悟而癡除，性定而動正。

飽後思味❶，則濃淡之境都消❷；色❸後思婬❹，則男女之見盡絕。故人常以事後❺之悔悟❻，破臨事❼之癡迷❽，則性❾定❿而動無不正⓫。

【注釋】

❶飽：喫了滿腹食物之謂。❷濃淡之境：濃是濃厚，淡是淡薄，境是境界，就是指有濃淡區別境界。❸色：房事。❹婬：婬欲的事，是說男女間的情欲，見是見解，觀念：乃是有關男女結交之觀念。❺事後：事件終了後的感覺。❻悔悟：後悔。❼臨事：著手做事時。❽痴迷：迷妄與愚癡。❾性：本然的性，指前說的眞心。❿定：安定，乃本然的性，端然居定，毫不動搖。⓫動：活動的事，就是指一般的動作。

【語譯】

食物吃得一飽之後，再去想濃的淡的或酸甜苦辣，可以說都分不出他的區別來。色欲滿足之後再去想婬欲的事，對男女間的性交樂味也完全消失了。由此看來，可知我們人常常是事情完畢之後起了前非的心念。今將尚未著手進行的事，先行打破愚癡與迷妄固守其本眞的天性，他的行爲就絕對不會有不正的表現了。

【講話】

食物通常在飢餓的時候吃得可口甘甜。要是大吃一飽之後，美味濃淡一點都分不出來。同樣，房事以後筋疲力盡，那時絶對不會再想男女性欲之事，因爲暫時已經滿足了。

上面固然指的是食欲與色欲二種，其實無論做什麼事都是不可過貪，過份貪圖享樂，所得往往適得其反，所謂「樂極生悲」，這道理一點也不假。因此人們通常在做某件事後產生後悔的念頭。我們要做到八風吹不動的境界進而修學菩薩道，必先正其心去其癡。「正心」不是易事，必先打破愚癡與迷妄的執著。唯有這樣才能固天然的本性，本性是善良的心，善良的心能端正沉著，那一舉一動也就不會不正了。

二七、軒冕客志在林泉，山林士胸懷廊廟。

居軒冕之中❶，不可無山林的氣味❷。
處林泉之下❸，須要懷廊廟❹的經綸❺。

【注釋】

❶軒冕：軒是中國做大夫以上身份的人所乘之車，冕是大夫以上者所被之禮冠，二者合在一起是指的高位高官。❷山林的氣味：住在山林閒居的處士或隱者的雅緻，氣味與趣味同。❸林泉：原來是林或泉，雖不是庭園之意，但意與田舍同。❹廊廟：廊下，廟是宮中廊下，廟是宗廟。這裡的廟堂是指朝廷之意，史記貨殖列傳，賢人深謀廊廟。❺經綸：經是經絲(經線)，綸是掌理，掌管。經綸乃是整理絲線之意，以喻治國。易經屯卦，「君子以經綸」。廊廟的

經綸是做大臣宰相治理國家，關於政治上的識見。

【語 譯】

現做高官顯爵的人，身份固然居國家重要的地位，但必應有處士隱者居於山林的閒情樂趣和高尚志向，不求榮華富貴，努力克己復禮。相反的，住在山中泉下的處士隱者，也不能忽略國事的大局，要關懷國事，如果眞正沒有志爲天下的話那就不能稱爲高潔得道的人。

【講 話】

如今，高位的政治大員擔當國家重要責任的人，每當面臨國家利害的關頭，應當以國事爲己任，非行滿腹的大經綸不可。然就人情上來說，人類的原性好貪，私心很重。有了私心的執著，便沉淪歧途而不自知，這是十分可慨歎的。因此身爲達官貴人。必須要擺脫自以爲「了不起」或「超人」的心理，要知道人類或禽獸都「強中自有強中手」金錢本是「生不帶來」之物，名譽在我們死後也就「煙消雲散」。在惡濁的世界上。什麼是可留戀的呢？因此，必須要捨去名利，學習山林隱士們的高潔風流與雅量。「富貴於我如浮雲」，那就能領悟無上哲理，知道人生的眞價值了。

相反地說，從宦途退居於山莊野嶺過著閒雲野鶴自由自在生活的人，不可以完全忘記了國家，要時時刻刻關心國事，政治上有卓越的識見，對愛國救國的抱負十分眞切，如此才能顯出自己是個高風亮節，明禮知義的人。

二八、無過便是功，無怨便是德。

處世不必邀功❶，無過便是功；
與人❷不求感德❸，無怨便是德。

【注　釋】

❶邀功：邀是求，就是不可求的東西要強求之意。功是功績。邀功爲無功求功或冒功。❷與人：施恩澤於他人。❸德：恩德。集韻，「德是行而得」。德是吾人的行爲所生的結果。正韻，「凡言爲德者乃善美，正大，光明，純懿之稱也。」這裡是指恩德。

【語　譯】

處在這世間，想做一番大事業，不虛此生，原是不錯的。但過份的不擇手段，損人利己，卻反而有過，不如不必去邀功，能無過失的度過一生，較有功績還爲美滿。對人施予恩德，在道德上是善的行爲，但施恩不望報，心要放開，謹慎地做到不受人怨，才是可頌的功德。

【講　話】

我人生在世間，尤其是大丈夫本應立功建業，但是不要過份被功名心所驅使，或以齷齪低下的手段去做不可告人之事，增加自己的光榮與威嚴，這樣是會引起種種禍端的。不如腳踏實地，老老實實的去爲一生事業努力，才是偉大的功業。

對他人施恩惠也是很好的善行，但我們施捨的時候應以仁心施捨，並且了解「捨」的眞義。眞正的捨，絕不是捨一點小惠於人，而心中抱一種希望報酬的心理，如有一絲一毫這樣的心理，就是貪不是捨了。眞正的捨，要像臘燭的犧牲自己給人以光，又如太陽的光熱照著大地，都是沒有任何的條件。不望代價，不望酬勞，如此才符合施捨的眞義。否則施恩求報反而招怨，要無怨心才是恩德。

佛教所說六度，第一度是布施，財施、法施、無畏施。在行菩薩道時，左手施人，右手沒有想受報。總之，佛經上說：「但願眾生得離苦，不為自己求安樂」。此是不朽的名言，我們要好好遵守去做，發揚我們的德澤。

二九、作事勿太苦，待人勿太枯。

憂勤❶是美德❷，太苦則無以適性❸怡情❹；澹泊❺是高風❻，太枯❼則無以濟人利物❽。

【注釋】

❶憂勤：憂愁的心，勤苦的事。❷美德：偉大的德行。❸性：自己有然的性。適性便是適於己，與本性不相反的事。❹情：心情的意思。❺澹泊：私欲少而心地坦白。❻高風：即超

然，高尚的氣度。夏候湛的東方朔畫贊序，「想先生之高風」。❼枯：是枯枝，可作冷淡解。❽物：物事，利物的事是有利於世間的物事。

【語　譯】

憂愁本是不好，但能一心一意致力於勤勞國事，以苦其心志，困乏其身，這倒是一種良善的美德。但憂勞到了極苦的程度，就不能修養本然之性，心情也就不愉快了。泊澹私欲，滌除污穢，存心原是很高尚的，但是過於澹泊則變成枯槁，也是不能濟人利物的。所以無論做什麼事不要趨極端，要行中道才好。

【講　話】

注意更注意，用心更用心，這樣勤於自己的事業，原是很好的事。然而也有其一定的限度，超過之限度，如過於憂愁，就不能保養自己的身和性，不能愉快，不能健康了。

又對於事物不可過份執著，所謂執一己的偏見或過於熱情都是不當，要以淡泊的態度減免私欲。所謂「明月清風不要錢」，人心像這般澹泊，富貴公侯非我所願，心境自清涼，會無憂無慮，何等高逸。但什麼事都不可走向極端，假如太澹泊了，沒有一點熱中，冷面冷心，這樣就不能廣救世人，有利社會，豈不枉生一世。一個人必須要爲國家爲人民謀福利，不然就喪失生活的意義了。

總之，採取中庸的態度處世作人是最可稱頌的，最值得效法的。

三〇、原諒失敗者之初心，注意成功者之末路。

事窮勢蹙之人❶，當原其初心；功成❷行滿之士❸，要觀❹其末路❺。

【注　釋】

❶事窮勢蹙：事窮，事物至究極。勢蹙，勢是形勢，趣向、自然；蹙是迫蹙之意，即進退維谷。《書薛宣傳》：「心爲原定其罪」。❷功成：即事業成功之意。老子：「功成名遂，身退乃天道」。又《史記范蔡傳》：「四時之序，功成者去」。❸行滿：行如事業，行滿是事業達到了十分。❹觀：思考，觀察之意。❺末路：人生的末境，即指晚年，老後。《宋史趙蕃傳》：「既老至，猶患難末路」。

【語　譯】

人處在世上，事業失敗了，勢力窮蹙了，那麼就應當靜心追溯最初著手其事的時候，思考其原來的用心是善是惡。從以前至現在事情有無錯誤，乃至招致事業失敗的原因爲何。其次就是所做的事業獲得了成功，必須思考其將來的末路如何才好。故古人云：「得進且退，退即天道」。人的出處進退是要緊的，因一朝而誤其機，得污名於千載的例子很多，故聰明之士皆能於功成名就之時急流勇退是爲上策。

【講話】

社會從事生活謀大事業，誰也沒有開始就預期失敗的，可是在實際上，成功的人很少，失敗的人反而太多。失敗的人，途窮勢蹙，雖有手足，雖有才華，亦徒增悲觀，徒嘆奈何了。這時候，最妥當的辦法要一心清靜，想想原來謀事的居心是否善良正直，是否合乎天理人意，有無缺點落後之處？如最初出發點錯了，其事失敗是一定的「好的開始是成功的一半。」如有當初出發的正心，則必定成就光輝燦爛的事業。而一失敗就陷於悲觀，如此自暴自棄的人是沒有前途，沒有希望的。這種人無論如何總歸失敗的。

人在成功之時，絕想不到日後會否有遭失敗之處，那顧首不顧尾，思一而忘十的人，其後果不堪想像。「人無千日好，花無百日紅。」人生在世，最要緊的是在功成時急流勇退。在得意的時候，當思末路的來臨，最好是退讓給更賢明的人繼其事業，自己則善治其身，靜心修養。如能知退靜修，他日明心見性，直證菩提，實是最上極佳的良策。

三一、富者應多施捨，智者宜不炫耀。

富貴家宜寬厚❶，而反忌刻❷，是富貴而貧賤其行矣，如何能享❸。聰明❹人宜斂藏❺，而反炫耀❻，是聰明而愚懵❼其病矣❽，如何不敗❾。

【注釋】

❶寬厚：寬仁厚情，即是寬大而厚平。❷忌刻：猜忌與刻薄，乃苛刻無慈悲。❸享：受也，即受祿之意。❹聰明：即才智銳敏，所謂耳目聰敏是也。《易經》之〈繫辭上傳〉：「古之聰明睿智，神武者不殺」。❺斂藏：把一己的才智深斂，而不顯出外部。《周禮》：「以時而斂藏」。❻炫耀：對人顯示自己的光耀之處。❼愚懵：懵是暗，即愚暗不通事理。❽病：弊病，即缺點，惡弊。❾敗：猶言失敗。

【語譯】

富貴之家對人應該寬厚，而事實上適得其反，其猜疑忌嫉心理深且苛刻，沒有慈悲的人性，衹有自私的心念，這樣的人很多。這等人雖說身處富貴，但其行爲恰如貧賤者同樣，這種人豈能享受一生福禄？過常久安樂的生活？然而，聰明的才子應深藏其才藝，所謂深藏不露，謙而受益。如果見了人便把自己所有的才華一概表現出來，而自我揚揚得意，這樣子自以爲了不起的人是何其可憐。這類自作聰明，又如何保得以後不失敗呢？

【講話】

有很多財產、身份很高的人，應該是對人寬大平厚，而實際上世間有不少富貴之人重疑多忌，對人苛刻冷酷，而毫無慈悲者居多。這就是說：其身雖然富貴，可是其心地行爲則貧賤。像這種人哪裡能常久保持富貴，又哪能享受一生的福祿？倒是自己捨棄自己應當享受的福祿，而與貧賤者爲伍，反而好些。

再說，賢明聰穎有才華的人士對事物的道理本很通達，就應當把自己的才華藏而不露，以備取之不盡，用之不竭。而事實上一般所謂聰明的人，大都把自己才能顯示給他人看，很少有隱蔽才華而善自保其身的，這雖說是聰明，卻與愚笨的人行爲沒有兩樣。要知「聰明反被聰明誤」，如是下去，豈有不失敗的？故聰明的毛病在於自以爲「太了不起」。我人處世，應以虛懷若谷的態度，才可以明哲保身。

三二、居安思危，處亂思治。

居卑❶而後知登高❷之爲危❸，處晦而後知向明之太露❹；守靜❺而後知好動之過勞❻，養默❼而後知多言之爲躁❽。

【注釋】

❶居卑：是指地位居於卑下之所。❷登高：登到地位很高的地方。❸危：猶之危險，危難。❹晦：暗也。❺守靜：山林寺院閒居靜寂的心理。❻好動：參加世事而好活動。❼養默：絕思世事，默守少言。❽躁：擾也。《禮記月令》：「君子文而戒，處必掩身，毋躁也。」

【語譯】

居高位時自己不感其高，便不覺所處地位的危險。如一旦置身於卑下的地方看看，就知道高位是何等危險了。居暗處，才明瞭光明之處的刺激。同一道理，身處靜閒之境，而後見世人的好動，知其熙熙攘攘，不過徒勞可笑而已。人心沈默而獨守，才知道多講話是過於牢騷。要修心養性，健身長壽，切戒多言的毛病。

【講話】

這一章是指高卑，晦明，靜動，默躁的對比。站在相反側面的任何一方觀察，感覺人生不過是如此，那就體會到這段誡訓的主題何在了。

居高位的人，在高位上得意，被物欲眩惑而不自覺，自然不知他處境的危險。一旦去其地位，改立在低下的地面時看見原來的高位，就明白高處的危難，無異是一陷阱，就不由自主的而驚心動魄了。

居暗處成了習慣，光明世界的事只能由想像得知，想像卻非事實。但由暗所看光明實際比由光明處的更加清楚。

因此人在社會上活動，熱中時什麼都忘得一乾而淨，一旦脫離社會，閒居隱世，謝絕交際，不願應酬，就知道當時的活動原屬辛苦徒勞，擾攘一世，能得些什麼，有何益處？

又在與人談話不感其牢騷討厭，等到獨自時沈默反省，知道牢騷之無益了。這就是「雲中不見雲」，「臭處不知臭」。我們有善、惡，有眞、愚，有清、暗，但不自知，如能撇開主見，置身客觀立場，即可以看到自己所做的是什麼。因而我們要想成功偉大事業，應時時離開主觀的立場，客觀而審愼地反省，並深思熟慮才好。

三三、人能放得心下，即可入聖超凡。

放得功名富貴之心❶下❷，便可脫凡❸；放得道德仁義之心下❹，纔可入聖❺。

【注　釋】

❶功名富貴之心：望功名富貴的心，爲功名富貴所困之心。❷放得下：放棄不顧之意。❸凡：凡夫，凡俗，凡俗的境界。❹道德仁義之心：以道德仁義爲懷的本心，常爲外境所囚。❺聖：聖人賢者之域。

【語　譯】

功名富貴並不是人間最高貴的東西，可是人人都在追求，那就是此心爲功名富貴所囚了。如能把這功名富貴的心全然放下，成爲全然超脫的人物離開了那塵俗的境界。感覺到道德仁義全是值得歌頌的，但我們的心如果被道德仁義所囚，便不能成爲眞正有道德的人，要行道德並不是口說道德，放下被道德仁義所囚的心，用事實行動實現理想，才能達到聖人的崇高境界。

【講　話】

功成名遂，富貴榮達，是人人希求的。具此向上心，便要奮鬥，不斷增進自己的學識，不但有益自己，也有益別人，更有益於國家。故求功名富貴本是善事。無奈因爲有人不擇手段，企圖以種種不道德的行爲以求達到目的，這樣便成了功名富貴的奴隸，豈不可悲可歎！故爲人不要在功名富貴上用心，要心存善念，身行善事，切不可因小而失大，眼光要遠，不要坐井觀天，成爲野心的奴隸。

仁義道德是非常重要的，如置仁義道德於不顧，就如同禽獸了。但滿口仁義道德，心卻被仁義道德心所囚繫，想成爲一個人人讚美的道德君子，事實上自己卻無此修養，於是不惜戴上假面具，僞成君子人物，脫了面具就是男盜女娼。這樣的「僞君子」，是最壞不過的。故眞正有道德的人絕不空口說謊話，凡事都以實際行爲表現。永不掛羊頭賣狗肉的自欺欺人。我人必須努力放下虛假之心，做眞正「仁心」之事，才能達到聖人的境界。

三四、我見害於心，聰明障於道。

利欲未盡害心❶，意見❷乃害心之蟊賊❸；聲色❹未必障道❺，聰明乃障道之藩屏❻。

【注釋】

❶利欲：利欲之念，乃得利益的心。❷意見：自己精神傾向的邪見見解，非正見的見識，即佛家所說「我見」。❸蟊賊：蟊同「蝥」，即穀物或草木的害蟲。引伸爲蟊賊是害良民的惡人。出自《詩經大雅》的「蟊賊之內訌，昏蟊共靡」。❹聲色：好的聲好的色，即指音樂女色而言。❺障道：道德的障礙物。❻藩屏：乃指四方的藩籬，不許他人隨便進入。此有障礙物之意《左傳昭公二十六年》：「建母弟，以周藩屏」。

【語譯】

所謂利欲之念，不一定指限於害己的心，或障道之心。凡出於自己精神傾向而固執執著，「自以爲是，實是荒謬」的見解，更甚於利欲。這種有害於心的障礙，好比那食枯樹木的害蟲。美的音聲或女色也不盡然是妨害德心，祇有半生半熟一知半解那種自以爲聰明的人，輕視別人，過份重視自己，那樣便做事不取其直，不聽諫言，不努力向上，才是道德的最大障礙物。

【講話】

人類都愛利好欲的，這利欲在惡的方面活動，即成爲圖私利私欲的貪婪者。在善的方面活動，就能奮發致力於社會利益的事。所以利欲不能盡說是壞的，也有它好的一面。

那麼最可怕的是人的我見邪解了。所謂我見，便是不正的意識，這是最害人的心。以我見待人接物，不僅害自己的心，做出不道德的行爲，更足以惑亂社會人心。女性的聲音美，容貌好，世上爲女色溺身的男子太多了，從這一點說女色是很可怕的。然而仔細的思考，男性需要女性，有時爲女性所溺，這應該說是男性追求女性的不對，不能盡怪女色害人。而「食色性也」，誰也不能說是完全不對。何況在誘惑方面，祇要有志操堅固的話，那就不至於沈迷聲色了。這樣看來，最可怕的是自以爲聰明實則糊塗的人，被聰明見塞了頭腦，什麼事都不往上求進步，不努力，所持的見解也都不正確，故不能入道。因此入道的障礙物無他，可說完全害在聰明二字，有如吃樹的蠹蟲一樣。

三五、知退一步之法，加讓三分之功。

人情反覆❶，世路崎嶇。行不去處❷，須知退一步之法；行得去處❸，務加

讓三分之功。

【注釋】

❶人情反覆：人情的輕薄易變。反復與翻覆相同。王維詩：「人情翻覆似波瀾」。又杜甫之句：「翻手爲雲覆手雨，紛紛輕薄何須數」。「世路崎嶇」，世路是不平的，如同浮世。崎嶇是山道有高低險阻，乃形容渡世困難重重疊疊。❷行不去處：不能通過的地方。❸行得去處：容易通過的地方。讓三分，在十分之中讓他三分。

【語譯】

人情反覆無常，今日是朋友，到明天說不定轉爲敵人。人心很難測度，好像雲雨的翻騰。渡世之道，有如〈樂天詩〉所說的「行路難，比山難，比水也險」。途路有高低凸凹，有缺崩毀阻，渡世何等困難。那麼要如何去渡世呢？要知謙讓，如有不容易通過的話，自己便退一步，讓他人先走。這是一個最妥善的方法。容易通過的路，自己也該十分中退讓三分，給人家便利，方是上策。

【講話】

人心不是簡單的而是複雜無比的。故人心之變化也奧妙無窮；今日所看見美的物品，明天就覺其醜，今日認爲可愛的明日也許認爲可恨，故實在不可依賴。王維詩云，「人情翻覆似波瀾」。故人情世故不可不知。有云，「人情薄，紙更薄？」依賴別人，看人家的臉色過活，那就太難了。而世上的道路險阻不平，走的時候必須小心，一步之差便將墮落，那麼應該怎樣做才能安然渡世呢？說起來很簡單。便是謙讓之德。見通不過，便退一步讓人。就是行得通的地方，也該十刀讓其三分。如是謙讓，不但是美德，也是惟一不招人怨的渡世上策。

三六、對小人不惡，待君子有禮。

待❶小人❷，不難於嚴❸，而難於不惡；不難於恭❹，而難於有禮。

【注釋】

❶待：待遇，對待。❷小人：普通的人，平凡的人。❸嚴：嚴格，嚴謹。❹恭：恭敬，謙遜而鄭重。

【語譯】

小人過失多，故與其相處非嚴責忠勸不可，要他改過也不困難。聖人之教，是憎其惡而不憎其人。這憎的一事，就很困難，因爲一般人總是憎其人的。相反的，對彬彬有禮的君子，必須抱持和靄的態度去接待。恭敬溫和、有禮待人，本不算難事。問題在於恭敬謙遜，卻成爲阿諂奉迎，故諂媚爲吾人所不取。對待君子能做到不過份，超越禮儀以外，就顯得困難了。

【講話】

精神的修養欠缺，不能達到有聖德的境域。一般人總是過失很多的，故對人責備他的過失，嚴詞訓誡，誰也知道，誰也會做，並不是困難的事。但對人應該持有憎其罪而不憎其人的態度，以正道去教化，才是合理。

其次，對於有道德的君子來講，誰都會恭之敬之，但太謙遜或太恭敬的出乎範圍之外，就容易成爲諂媚。對人敬重的過度，自賤自卑，那不是應有的禮儀，所謂「過猶不及」。但超越禮儀之外，對人疏忽冷淡，也是不應該的。最好能採取中庸之道，禮貌風度要用得適當。所以說接待君子是一件困難的事。

總而言之，對小人憎惡，對君子尊敬，是人之常情。但做事務要適中，對人要不越禮，以孔子「中庸之道」去問世，不論對小人也好，對君子也好，一定不會招致什麼怨尤或失禮了。

三七、留正氣給天地，遺清名於乾坤。

寧守渾噩❶而黜聰明❷，寧謝紛華而甘澹泊❸，遺個清名❹在❺乾坤❻。

【注　釋】

❶渾噩：是渾渾噩噩之略。揚子《法言》：「虞夏之書渾渾爾、商書是灝灝爾，周書是噩噩爾」。司馬光註：「渾渾是樸略，即難知之貌，灝灝是富大之貌，噩噩是明直之貌。」渾噩是樸略明直，即樸納而不飾掩。❷聰明：口齒伶俐，敏捷過人。正氣：天地的正氣，即指浩然之氣，也就是宇宙至大至剛的氣。❸紛華：紛是形容多，華是華美。蘇轍之詩：「幽軒離粉華，惟有一叢竹」。❹清名：清淨潔白的名譽。❺在：猶言「置」，如存在。❻乾坤：天地之謂。

【語　譯】

天地間的正氣，往往常被聰明人對人掩月浮誇，囂張驕傲，甚至於以種種卑污的手段投機取巧，以致天地的正氣就表達不出來了。所以我們應效法君子，寧渾噩樸納，勿驕枉過飾，不自作聰明，不爲聰明所誤，然後才可以保留一點天地的正氣。至於處世方面，以謝卻紛華，甘於澹泊，雖或一時被人輕視，死後卻可以留下一個清白的名譽。

【講　話】

人每每說到天地間的正氣，實際上天地間的正氣即存在於每人的心中，而自作聰明的人往往抹殺了這股正氣。聰明人喜好掩飾罪行，巧詐、浮誇不實，於是正氣在墮落人格中表現不出來。故此說聰明誤人。我們要伸張正氣，普照人心，必須從每個人做起，也就是要人渾渾噩噩，樸質納實。太古時候的人，渾渾噩噩，不知欺瞞。這便是眞、是美與善了。同樣地，我們應該抱著澹泊的心情去處世，因爲澹泊自有崇高的眞理存在，而紛華奢侈祇能使人墮落。人做了不名譽以及各種壞事，以圖換取不該得的享受，都是這紛華奢侈的欲念所促成的。人寧可澹泊一生，最後留下一個清廉高潔的名譽。紛華奢侈，則不過是眼前一時的雲煙而已。

三八、伏魔先伏自心，馭橫先平比氣。

降魔者❶，先降自心❷，心伏則群魔退聽❸；
馭橫者❹，先馭此氣❺，氣平則外橫不侵❻。

【注釋】

❶魔：是惡魔，魔本來是梵語，叫魔羅之略，譯爲能奪命障礙，擾亂破壞，又障礙人之善事者。《智度論》云：「除諸法實相，餘殘一切法，盡名爲魔。問曰：何以名魔？答曰：奪慧命，壞道法功德善本，是故名爲魔。」這裡指礙修道的利、樂、欲、怒、惱、詐等之總稱。❷降：是降伏。❸退聽：退去，而聽自己本心之命令。❹馭：是制馭，駕馭。❺氣：氣質或客氣。❻外橫：從外界來的橫道者，這是說橫道者不限於人。

【語譯】

要降伏惡魔而得自由自在之身者，須先把自心降伏。世間惑人苦人者，不是外物而是本心。這個心，佛家叫它做惱魔。釋尊當時能修成正道，也就是能降伏此心的魔。故心能伏，魔便除，群魔隱去，不敢相侵，就可以得到光明，也徹底的除掉了障道的利、樂、欲、惱、怒、詐種種的心。由此也就可以得道，所謂得大解脫，趣無上樂。

因此，違背道理任我橫者，是非常妨害修養的。求道的人和求眞善美的君子，必須要立志去除我橫之心，也就要制馭自己心中的客氣。一切煩惱迷物外魔皆由此一客氣之心，驕橫之心，我慢之見而來。那麼能平伏了此客氣心，自然外橫魔就絕對無法可以侵入了。

【講　話】

惡魔是可怕的，但實際上心魔才可怕。魔有兩種，此處不是指外來之魔，而是指心中之魔，即須先降伏自己的心魔，群來之外魔也自然而然退散了。所以俗語說，除山中賊易，除心中賊難。心中的魔，障礙了我們的修道，使我們見不到眞，摸不到善，觸不到美。使我們失卻了光明，見到的是黑暗，昏然一片，不能清醒。凡臨事即迷，非事物迷人也，自己作祟，不能降伏內心除去內在可懼的「惡魔」，其餘外魔不論有多少，皆能退後，聽本心命令，就無害於自身了。故當初釋迦佛的得道，是去除魔障證向涅槃的。我們要效法佛陀降魔的精神才能成道。

其次，想制馭橫著的心，必先制馭自身的客氣，外界事物便不能影響於我，但是我人的心猿意馬跳躍不已，做出迷惑狂妄的行爲而不自覺，這就難免有不測之禍。這樣故所謂制平客氣，就是降伏這跳躍不已的心猿意馬，以免一失足而著迷受惑。這樣心既平了，百邪不入，寒暑不侵，外魔外橫，對我就沒有絲毫的辦法，何愁不能修道證果呢？

三九、種田地須除草艾，教弟子嚴謹交遊。

教弟子，如養閨女❶，最要嚴出入，謹交遊❷。若一接近匪人❸，是清淨田中❹下一不淨的種子❺，便終身難植嘉禾矣❻。

【注釋】

❶閨女：深閨中之處女。❷交遊：交際也。❸匪人：不正、無道的惡人。❹清淨田中：在被耕種好了的清淨田中。❺不淨種子：雜草的種子。❻嘉禾：禾是穀類的莖，這是指良好的稻。《事文類聚前集》：「光武生時，嘉禾一莖雙穗，縣境大成熟」。

【語譯】

教育子弟恰如養育深閨的女子一樣，應當嚴謹她的出入，注意她所交遊的朋友。不讓她交壞朋友，要獎勵她交好朋友。交了匪徒惡類，無異於清淨良好的田中，散播下雜草的種子，野草叢生包圍著禾苗，就種不出好的莊稼了。這是何等的可怕。所以教育不可任其自由，放任的結果容易造成悲劇，惟有嚴於教管才能使他成器！

【講話】

教育子弟如同教養深閨的處女，不能稍爲放鬆，因爲偶一放鬆，青年人便易入於歧途。更須密切注意她的出入，謹愼她所交的朋友，「近朱者赤，近墨者黑」，一次與惡人交，感染了惡習，就有墮落的危險。因爲青年人大都血氣方剛，意志易於動搖，古語云，「與善人交，如入芝蘭之室；與惡人交，如入鮑魚之肆」。這關係是何等的重大。

譬如一次交了惡友，如同已耕好了潔田中，應當放下清淨的穀物種子，才有良好的收穫。如果誤播下雜草的種子，就會使雜草蔓佈，不能植出好的禾苗了。一染惡習，定結惡果，同時訓誡子弟如不顧及教育的方向，其後果也容易發生缺憾。所以要以悲天憫人的心情，磊落光明的心地，密切注意教養的有效辦法。然後才能造就出好的子弟來。

四〇、欲路上勿染指，理路上勿退步。

欲路上事❶，毋樂其便❷而姑爲染指❸，一染指，便深入萬仞❹。理路上事❺，毋憚其難而稍爲退步❻，一退步便遠隔千山❼。

【注釋】

❶欲路上事：與情欲有關係的事，即五欲煩惱之意。❷便：便利。❸染指：是嚐試。《左傳宣公四年》：「子公(公子宋)怒，就鼎染指，嘗出之。」方孝孺的〈鄭靈公論〉：「子公怏怏而染指」。❹萬仞：極言甚高。仞是八尺，或謂四尺。❺理路上事：義理，或道理上的事，學問道德等，凡是有關理智的方面都叫「理路」。❻難：困難也。❼千山：很多的山，即相隔很遠。

【語譯】

關於情欲的事任何人都需要的，這種嗜好甚至比其他的嗜好都強。故適可而止，不要貪戀，不顧一切。或遇有染指之便，便妄圖享受於一時，不知一染指間，已墮入萬仞的深谷之中了。

相反的，學問道德是要向義理的路上前進尋求，不可畏難而有一點退縮的心理。一退步，就如同退了千重的深山，再向前進就更加困難了。

【講話】

情欲的事，都是人人想求得的，但無論對什麼都要有個分寸，不可一味貪圖快樂，被誘惑成了它的奴隸，恰如跌陷到山谷裡面，不能自拔了。例如酒之一物，只要一點代價即可入手，使用的地方又非常普遍，如婚喪嫁娶等儀式都要用酒，醫藥上亦需採用，如用得適度就興奮情緒，增進情感，醫治疲勞，促進健康，俗語說「一醉解千愁」。或「酒是百藥長」利用之過度，即被誘惑陷入深淵，俗語說「酒後無德」，又說「酒為萬病之基」，不但有害，且致夭壽，結局是害人不淺。

其次是當我們走著義理的坦途，無論有多少困難也應當去克服它。佛家說「一寸道，九寸魔」。又說「道高一尺，魔高一丈。」可見修養練道之難。但我們不能怕麻煩，不能顧忌任何困難。在個人物質精神方面也應以精神爲主，物質爲從，如以物質爲主便是本末顛倒。故本著精神良知走向前面的大道，就能得道了。修道如登山，不可退後一步，不然就如隔了萬重高山，不能達到了。而學道修道最要緊的要把握時間，所謂「莫待老來方學道，孤墳盡是少年人」。很多人往往要待到明天才肯努力，這很可悲。西諺說得好「一個今天，值過兩個明天」。我人要把握著今天，求無上的大道。

四一、不流於濃艷，不陷於枯寂。

念頭濃者❶，自待厚❷，待人亦厚❸，處處皆濃❹；念頭淡者❺，自待薄，待人亦薄，事事皆淡❻。故君子居常嗜好❼，不可大濃艷，亦不宜太枯寂❽。

【注釋】

❶念頭：心念、動機。❷自待厚：對自己很厚。❸待人：即對待他人。❹處處：到處之意。

雍陶的詩有「處處春風枳殼花」。❺淡者：淡泊，冷淡也。❻事事：所有的事，萬事之意。❼居常：平常，亦即平生。❽枯寂：枯淡與寂寞，猶如說無味，沒有半點生機的樣子。

【語譯】

念頭即是心的思維。心念較厚者，自身固然寬厚，對他人亦甚寬厚，相反的，心念淡薄無味的人，對自己尚談不到寬厚，待人家自然就更不會寬厚了，對人如此，事事如此，故此君子人平常居住嗜好，不可以過於濃艷，但也不要過於枯淡乏味。

【講話】

每個人都有思維，這個思維也就是心念。心念有寬厚也有淡泊，殊不一致。寬厚是心念濃艷所致，淡泊則未免近於刻薄。那麼，應該採寬厚還是採淡泊呢？何去何從，這是值得我們思考的。

人的心念總不離衣、食、住、行，那我們採濃厚一些的方針，充實衣、食、住、行，使其豐裕。推及萬事，使什麼事都因之充盈，這是無可厚非的。但心志過於濃厚的人，盡情講求嗜好，忽略了正道的發展，則容易被人厭棄。所以濃艷太過，也不是應該採取的態度。

至於淡泊呢，由於一己的居處飲食以至一切，都淡而無味，生活自然就陷於枯寂，興趣低落，又如何能達到成功的境域呢？君子不應枯寂的。

應以佛家中道的眞理作爲南針，不要太過也不應不及。「過猶不及」是一般應當遵守的原則，不流於濃艷的一面，也不傾斜於淡泊的一方。

四二、超越天地之外，不入名利之中。

彼富我仁，彼爵我義，君子固不爲君相所牢籠；人定勝天，志一動氣，君子亦不受造化❽之陶鑄❾。

【注　釋】

❶彼富我仁：彼臨物質的富貴，我向精神的仁德。❷爵：即公、侯、伯、子、男五等爵，這裡泛指爵位，官職。❸義：節義，養氣。❹君相：君是君主，相是宰相。❺牢籠：牢是牢籠牢獄；籠是樊籠。牢籠是堅固封鎖，禁止自由，關閉囚犯的所在。❻人定勝天：人的意志如不堅定，就不能戰勝自然力；堅定則必能戰勝，開拓命運，做事便能有所成就了。❼志一動氣：志是志氣，人的志氣集中，氣質也就變動，甚而弱轉爲強，怯化爲勇。公孫丑語：「志變爲一，即能動氣」。❽造物：造物者，創造大自然的主宰，即上天之稱謂。❾陶鑄：陶是黏土所製的瓦器，鑄是金屬熔解造型製模之意，此處解說爲化育栽培的意思。

【語　譯】

見他人富貴，而不心動神搖，待人以仁義的德性；見他人居官受爵，毫不眼紅，輕視那高官厚祿，重視那一介義氣，所謂義氣也就是浩然正氣。作爲一個君子人，不被君主宰相的富貴名位所迷惑；君子要有爲有守，節義分明。

「人定勝天」這話是不假的，祇要專心致志，就可以戰勝自然，克服自然，所謂志一則氣動，氣質也可以發生變化，性格也可以轉弱爲強，轉怯爲勇了。所以君子不受造物者的模型所限制，能征服命運，寧可變通，兇可化祥，爲造物者所不能支配。

【講話】

人以物質爲榮，走向富貴高官，我則必然故我，毫不爲達官貴人的職位感到一點的羨慕或動搖了本來的志趣。這就是說，我們要做君子，走向仁的一途，以仁愛待人，以道德爲尺度。君王啦，宰相啦，高高的地位不過是樊籠一樣，寧爲自由人，不爲富貴榮華所囚縛。做個高風亮節的君子，勝於爭名奪利的小人，人到了最終不免兩脚一伸，黃泉路引，那時名利皆空，只有君子的盛德才永遠爲後人懷念。

《史記》伍子胥言：「人衆能多勝天，天定亦被人破」，洵非虛語。人的志氣是最利害的，成功失敗繫於此志氣一動之間，志氣一旦集中，無攻不克，至於人的氣質變化也全賴這志氣的一動與一定。

造物者鑄定了人的模型，惟君子則超乎其外。人既能勝天，君子的意志，常不被任何事物所左右，即造物者亦無法來支配它。所以佛家說，一心惟心造，自力創造非他力。

四三、立身要高一步，處世須退一步。

立身不高一步立，如塵裡振衣❶，泥中濯足❷，如何超達❸？處世不退一步處，如飛蛾投燭❹，羝羊觸藩❺，如何安樂❻？

【注釋】

❶塵裡振衣：新浴者必振衣，新沐者彈其冠，是人之常情。著衣時振落塵埃，是爲了清潔。在塵土中振衣，便沒有任何用處。意思是徒勞無效。❷泥中濯足：必益形污穢，與塵裡振衣是同一道理。《孟子離婁篇》：「滄浪之水濁兮，可以濯吾足」。❸超達：超越他人。❹飛蛾投燭：蛾是一種喜歡撲火的蟲類，喻自取滅亡。劉溉謂：「如飛蛾赴火」，指愚人所爲，與蛾蟲相同。❺羝羊觸藩：羝羊是牡羊，其性剛直，健壯魯莽，歡觸物，逢藩即觸，致羸其角。是說進退維谷之意，喻人過於剛直，則如羚羊之觸藩一般，必遭遇挫折。❻安樂：心中安然快樂。

【語譯】

立身於世，要不隨俗浮沈，便該高人一著。如不講求高尚超逸，即如塵中振衣污泥之中洗足必愈洗愈髒，如何有好的結果？如何得到廣大的成就？待人接物，該讓步就讓步，否則便如蛾之投火，終於滅亡。如羚羊之觸藩，角被倒掛，怎有平安穩實快樂無憂的日子得過呢？

【講話】

人生在世，自己本身要立得穩，站得牢；心地要放寬，要高超，不可與世人一般俗見雷同。那是說，要認識眞理，修身養性，如若不然，同凡夫俗子一樣，時時刻刻在泥淖裡打轉，一似塵中振衣泥中濯足，又怎能成一個不凡的人呢？

同樣地，處世待人，謙讓爲高，退後一步可進十步，若是如一般魯莽滅烈之徒恃一己無謀之勇，一味盲目，必如飛蛾投火，被火燒死。又如羚羊的勇猛，只知直衝向前，頭角觸著了藩離，拔都拔不出來，前進不能，後退也不得，後悔就遲了。因此，我們爲達成目的，絕不能盲目努力，一方面要具有高超無比的赤子之心，另一方面要加上謙虛求進的修養之道，然後成功可期，光明在望。

四四、修德須忘功名，讀書定要深心。

學者❶要收拾精神❷，併歸一路❸。如修德而留意於事功名譽❹，必無實詣❺。讀書而寄興❻於吟詠❼風雅❽，定不深心❾。

【注釋】

❶學者：修養學問的人。❷收拾：收集一處。❸併歸一路：被歸著一方，即一心實踐。❹事功：事業與功績。❺實詣：眞實的造詣，即實在學問修養到家的意思。❻興：趣味也。❼吟

詠：作詩賦。❽風雅：在《詩經》六義裡：「風、雅、頌、賦、比、興」，是指〈國風〉與〈大小雅〉。風是諸國的民謠，雅是大夫等所作諷刺政事的詩。風雅二字，猶言「作詩」之意。❾不深心：即不深刻，淺薄心。

【語譯】

求學的人應該以實踐道德爲主體，精神切莫散亂，散亂了便一發不可收拾，於身心無益。收拾起精神使其統一，並且研究精神應著重於一方面，然後適當的去發揮，自然事半功倍。假如不這樣，修德者本意是爲自己留名譽留事業，取他人的讚許，這就不會有德業可言，因爲他的目的已不是修學進德了。

讀書人應該專心研究學問，求取眞才實學，有學成而利天下的本懷。假如不是這樣；祇是尋章摘句，附庸風雅，必無所成。自然也就沒有深度，流於淺薄了。

【講話】

大凡求學問的讀書人，是爲了深明事理。那就應把散亂的精神收拾起來，統一起來，而用之於研究事理一方面，這是很重要的。就是說，求學最大的目的還是爲了更高尚的道德，發揮道德與加強學識是應齊頭並進的。現在一般人，多藉修德之名，爲他個人的名利，事業的前途而努力，這樣便失去爲學的本意，沒有深入的學問可求了。

讀書人往往祇知道吟詩弄賦但求風雅不求實學的，這種人，哪裡是眞正的求學呢？沒有深入的學問，祇求一些膚淺的皮毛，那是何等可憫啊！明乎此，要修養一心，求最眞實的學問，不是風雅一番就可以了事的，爲了眞正的得益，我們便應該發菩提心，修無上道，去做渡世救人的大事業。

四五、眞僞之道，只在一念。

人人有個大慈悲❶，維摩❷屠劊❸無二心也❹；處處有種眞趣味❺，金屋❻茅簷非兩地也❼。只是欲閉情封❽，當面錯過❾，便咫尺千里矣❿。

【注釋】

❶大慈悲：能予他人以快樂叫「慈」，拔除他人的痛苦叫「悲」。《觀無量壽經》：「佛心是大慈悲」。❷維摩：梵語維摩羅詰之簡稱，是印度大德居士，漢譯叫淨名。佛在世時，他身雖在俗，但輔佐釋迦的感化，被稱爲菩薩化身的慈悲心最深的人。❸屠劊：屠是屠殺牛馬的人，劊是斬殺罪人爲業的劊子手。都是多穢賤業之輩。❹無二心：指人心沒有兩個，心心相同意。❺眞趣味：眞實的趣味。❻金屋：富家住宅，金壁閃耀。白居易〈長恨歌〉有「金屋妝成嬌侍夜」。《漢武故事》：「若得阿嬌，當以金屋貯之」。❼茅簷：茅葺之家，貧家低屋也。❽欲閉情封：爲貪欲所蔽，爲私情所封。❾當面：目前，即眼前。❿咫尺：咫是八寸，尺是十寸，咫尺指極短的距離。《說文》：「周之制，寸尺咫尋，皆以人體爲法，中婦人的手，長八寸，這叫咫亦是周之尺。」

【語　譯】

人皆有一顆仁慈之心，印度的大德維摩居士認爲即使是屠牛宰馬，斬人之首級的劊子手，也未嘗不有一顆善心，祇是未覺悟時，善心隱匿，惡心顯露而已。人生於世，無論何處皆有一種眞的趣味，像金殿玉樓堂皇之家與茅蓬矮小的低屋其實沒有什麼差別。因各有其情趣，祇是外貌不同而已。它令人感到這是可憎，那是可愛，是因心爲貪欲所蔽，被喜怒哀樂的私情所封，以致錯過了天地間的眞趣味，咫尺之遙的差別，便如遠隔了千里。

【講　話】

任何人都有一顆本性的善心，推而廣之即成爲大菩薩心，維摩是印度的佛門大德，其實他的心與屠夫和劊子手並無差別，因放下屠刀，醒悟前非，則眞如性現，仍可成佛。

眞、善、美充滿了宇宙，這天然的趣味雖在貧寒破舊的低矮茅屋中，一樣可以得到與富人高樓大廈各有不同的情調與趣味，然則，金屋同茅屋幾乎沒有多少太大的差別。

人類的心本是善良的可惜爲情欲所縛，蒙蔽了眞如之心，混沌污濁不知自救。有此欲心，一切善良已被七情六欲的惡賊據守，一轉眼間錯失了修養的道心，如咫尺之差便隔去十萬千里之遙，有道的人卻因情欲而成爲非道的人，好像光明的人忽然盲目，不是太可悲了嗎？

所以，欲心不可使其高漲，努力抑制元始以來的欲心，堅持示退的道心，則菩薩之道不遠矣。

四六、道者應有木石心，名相須具雲水趣。

進德修道，要個木石的念頭❶，若一有欣羨❷，便趨欲境❸。濟世經邦，要段❹雲水的趣味❺，若一有貪著❻，便墮危機❼。

【注釋】

❶木石的念頭：如木石的冷淡，而不被爲外物所動的心，即是冷淡而不爲利欲所迷的心。❷欣羨：欣望並欽羨。❸趨欲境：走向人欲的境界。不被欲望左右的心境。❹段，是一段，一層，一片。❺雲水趣味：是指行腳僧。《虛堂語錄》：「尋常的雲水家，或是凝，或是流，沒有從初的同心。」《虛南錄》註：「雲水家是指僧家，凡是沙門的處世，如風雨流水，故去住無心。」〈豐干詩〉：「一身如雲水，悠悠任去來。」這雲水的趣味是指水僧（托鉢僧）不爲物欲所束縛的淡泊趣味。❻貪著：貪（富貴）物而執著。❼危機：危險的機會，即危害將發的時機，蘇軾的詩：「晚覺文章眞小技，早知富貴有危機」。

【語　譯】

有志修道的人，要有一顆木石般冷淡的心，是必要的。如果此修道的心境一度被世間的富貴或權勢所奪走，則見他人的榮華富貴，便容易墮入了迷惑的欲境。

治理國家大事的政治家，要有一片如同修行的雲水僧那種清高淡泊的情緒與興趣，如果有了一點貪執妄想的念頭，便陷於危險不拔的途境了。

【講　話】

一個有志修道的人，應該有木石那般地不能移動他的修行恆志，既不會一味貪圖世俗富貴名利，更不致趨炎附勢，如果稍有一點貪戀富貴的心，一心求權勢功名，那麼這人便變成了欲望的奴隸，而進入了迷惑可憐可哀的欲境。

政治家統治天下，亦必須具有一片清淡如雲水僧的趣味。所謂雲水僧，即是托鉢雲遊四海的僧人，他們身穿染墨的法衣，戴著三度笠，手中托著鉢，那種無憂無掛的風度，和恬淡超逸脫世出塵的清高志趣，是平凡人所萬萬不及的，政治家能具有那種心，政事定可辦得有條不紊，政風清廉，舉世推崇。不然，貪執富貴榮華，那就等於一個本想向上的人，忽然失足跌落無底深淵，不僅不能治好國事，恐怕連一己的身命都保不住了。

四七、善人和氣一團，惡人殺氣騰騰。

吉人❶無論作用❷安詳❸，即夢寐神魂❹，無非和氣❺。凶人❻無論行事❼狼戾❽，即聲音咲語❾，渾是殺機❿。

【注　釋】

❶吉人：善的人，幸福的人，道德全備福壽俱足的人。❷作用：平素行爲或動作。❸安詳：平安而穩當。❹夢寐神魂：睡眠間的神魂之意。❺和氣：和樂氣氛。❻凶人：即惡人，兇狠之人。❼行事：平生的行爲。❽狼戾：暴戾如狼，違背道德。狼性殘暴喻人性殘毒如狼。《戰國策》：「趙王之狼戾而無親，是天王明見知所」。❾咲語：笑語也。❿殺機：帶著殺氣的動機。

【語　譯】

善良的人，是福德兼備的，行動具有古風，德性深厚，所以一舉一動甚至睡眠的時候都和氣一團，使人覺得可親；相反的，兇狠的人，平時動作瘋狂，不論什麼事都是兇暴殘虐不仁至極，即連他的聲音笑語，都充滿了可畏的殺機。

【講　話】

君子善人，因福德甚足，故每一個動作，每一句言語，都顯得和氣，顯得容易親近。就是睡眠時他的夢魂似乎也是那樣的和氣。「吉人天相」，善良的人、修養好，道德高，天也庇佑。

惡人便大不相同。惡人兇狠暴躁，狂虐放肆的言行不知不覺地就露出來了。就是他的笑聲言話，也使人不寒而慄，因爲裡面充滿了殺機，殺氣騰騰！其實，這樣的人又怎能有好的結果呢？

四八、欲無禍於昭昭，勿得罪於冥冥。

肝受病，則目不能視❶；腎受病，則耳不能聽。病受於人所不見，必發於人所共見。故君子欲無得罪於昭昭❷，先無得罪於冥冥❸。

【注釋】

❶肝受病，目不能視：《史記扁鵲倉公列傳》：「肺氣通鼻，鼻治即知臭香。肝氣通目，目和即知白黑。脾氣通口，口和即知穀味。心氣通舌，舌和即知五味。腎氣通耳，耳和即聞五音。」基於五行之說，五臟應五感，這是中國古代醫學的大要。本文據之而成說。❷昭昭：光明，人眼可見之處。❸冥冥：墨暗，人眼看不到之處，意指神靈。

【語譯】

肝臟一旦罹病，眼就視而不見；腎臟若遭病，聽覺就失去效能。此種比喻是說我們的眼耳是外部的一部份，而肝腎都是內部五臟的一環。內部一壞，外部也不保，病的來源多由內部而起。等到病發，才爲人所看到，故小心謹愼至爲重要。

曾子說：「十目所視，十手所指」。所以君子不能犯罪，不但在昭然若揭的白日下不犯罪，就是在冥暗晦如地獄的場所或別人看不見的地方也不能稍動邪念，犯罪是不分時間、地點和環境的，祇是人心一念之轉罷了。作爲君子必須謹愼從事，不管何時何地，都不能胡作非爲。一失足成千古恨，再回頭已百年身。

【講話】

人的內臟以肝爲最重要，肝臟有一點毛病，視力便受影響，如再爲嚴重可能變成盲人。腎臟病了，耳朵漸漸失靈，最後會什麼都聽不到。這是何等的可怕！可是，病源發於內，我們不知多半種因在我們不注意的時候。等到發作起來，病情嚴重，救治也來不及了。爲什麼我們早不留意，而作徹底防治，等到病重時才後悔莫及呢？

要做一個君子，一個循著眞理正義去做人的人，以不犯罪爲原則。明哲保身，不能犯一絲的過錯，留下一點瑕疵。要不犯罪，不但在白日人見到的時候不犯、即使在夜晚，晦暗處，一切人們看不到的地方都不能犯，千萬不要以爲人見不到我便起犯罪的念頭。曾子說到好：「十目所視、十手所指。」冥冥中有神靈監視著我們，有良知譴責著我們，如一念之差，就墮入萬劫不復的深淵了。爲什麼要以一時的錯失換來永久的沉淪？那不是世上最傻的人嗎？要做一個君子，豈可不謹愼！豈可不小心！祇有堂堂正正的做人，胸懷光明，少向墨暗的方面去想，才不至於失足。

四九、多心招禍，少事爲福。

福❶莫福於少事❷，禍莫禍於多心❸。
唯苦事者❹，方知少事之爲福；
唯平心者❺，始知多心之爲禍。

【注釋】

❶福：幸福。❷少事：勿多管閒事，乃無事息災的意思。❸多心：心亂，片片零散，一時也收不回的心境。❹苦事：事多而困苦之意。❺平心：心境寧靜平和。

【語譯】

人生的幸福在於減少無謂的災殃事端，最大的禍患在於多心散亂，思想叢起，這就難免萌生邪歹之念，那禍患又怎能避免呢？因而，惟有經過無邊苦難，或被紛雜的事務所困，苦於不知如何的人，反而知道越少事情越幸福。惟有心平氣和的人，才知道三心兩意的多心人，實易招致禍端。

【講話】

人的一生最大幸福在那裡？富嗎？貴嗎？功名嗎？福壽嗎？很容易找到一個答案，那就是少惹無謂的禍端，以避無妄之災難。災難原由多事而招來的。

人生的禍患與不幸，大部由多心而起，心猿意馬，易放難收。便易走入邪念之途，殊不知作惡者有災殃乃是天理，天理是不假的。

多心是招禍的最大根源，聰明人就應該從此抑制心的散亂，千萬不要多疑猜，不要妄想，不要有任何不正的念頭或不當的企圖。

誠然，唯有經歷過千辛萬苦的人，越知道減少是非發生，也就越平靜安寧，越有幸福。一般苦於事做不通的人，認爲少一點事就少一點麻煩，不願多去爭逐，計較是非，自找煩惱了。

祇有心平氣和的人，心如止水，再也不會引起什麼災禍。反過來説心多氣浮，則一切善惡之象，都由此而生。這明顯的地告訴我們，世間種種煩惱，無非由於我心所造。知足少欲，去私心，存天理，以道義公正的心去待人處世，災禍自然也就不會臨身。

五〇、處世要方圓自在，待人要寬嚴得宜。

處治世❶宜方❷，處亂世❸宜圓❹，處叔季之世❺，當方圓並用。

待❻善人宜寬❼，待惡人宜嚴❽，待庸衆之人❾，當

寬嚴互存。

【注 釋】

❶治世：政治清明之世，也就是太平盛世。❷方：是方正，正派或行爲正當的意思。❸亂世：騷擾動亂之世。❹圓：沒有稜角，圓轉圓滑之謂。❺叔季：伯仲叔季，古代昆弟的次序，此處指的末世，所謂澆季之世。❻待：待遇。❼寬：寬大，寬仁、和緩。❽嚴：嚴厲、嚴重、嚴格。❾庸眾之人：平庸的凡俗人。

【語 譯】

處太平之世，最好以方正的行爲；處混亂之世，最好以圓滑的行爲。處叔季之世，要方圓並用。

對待善良的人應以寬仁的態度，對待惡人應以嚴謹的態度，對待平庸世俗的人要寬嚴並施。

【講 話】

太平之世，有明君賢相採納善言，表彰善行，政治方面是非常公平的，所以祇要公正的行爲舉止，不用任何的躊躇，什麼事都可以順利進行。

相反地，在混亂不安的世上，善言不會被採用，善行無從得表彰，許多地方恐怕都是違反民意而不公平的，祇好圓滑一些，才能避免小人的忌妒與陷害。

尤其處末世，必須不露稜角，不顯才華才能安全，方圓並用是最好了。就是說，有的地方須以正氣正行表現人格，另一方面以圓滑之至的手段去應付艱難的局勢，這樣做沒有不成功的。

其次談到世道，在世風日下人心不古的社會，道德不被尊重，正義也不受人歡迎。因此，在做事方面固不能偏袒於任何一方面，而有時以方正，有時以圓滑。至於待人也要有常識了。那就是有時緊迫，有時鬆弛。對於善良誠篤的人應該採取寬厚，因爲他們的言行無可責備。反之，惡人所犯過失太多，如果太寬待了，就造成他的放縱，助長他的罪惡，所以應當以嚴厲來對付他，改正他的惡德惡行。

又有一種人不曾達到善人程度，又沒有像惡人那樣壞法，這樣的人就要看在什麼場合什麼時間，隨時寬嚴併用，以巧妙中和的方法指引他以正確的路向。

五一、忘功不忘過，忘怨不忘恩。

我有功於人不可念❶，而過則不可不念，
人有恩於我不可忘❷，而怨則不可不忘。

【注釋】

❶念：念頭，思想之意。❷恩：是恩惠，慈德。

【語譯】

我對於人家有功勞，不可念念不忘，但對人有了過失，則要常常念著不忘；受了他人的恩惠不論所受恩惠的大小，必定要永不忘記；至於他人對我的怨讎，卻要把它忘得乾乾淨淨才好。

【講話】

人免不了對人施恩惠或受人的恩惠。如果我對人施了點恩惠，不要念念在心，因爲君子是不計名利祇求實是的，做了對得起良知的事，心裡應該感到安慰。可是我對人家有了一絲一毫的過失，就要捫心自問：爲什麼我要造成此一錯誤呢？痛切反省，然後對自己才有眞正進步，理智才能趨向更善的境界。

總之人施恩於我，我不能一刻忘記，古人一飯之恩尚且圖報，可爲榜樣。反過來說人家留下給我的怨讎，我就要忘得一乾二淨，以培養我們坦蕩遼闊的心胸。一個胸中不能容物的人，又怎能成功偉大的事業呢？

五二、無求之施一粒萬鍾，有求之施萬金無功。

施恩者，內不見己，外不見人，則斗粟❶可當❷萬鍾之報❸。利物者❹，計己之施❺，責人之報，雖百鎰難成一文之功。

【注釋】

❶斗粟：斗是一斗，粟俗稱小米，盛產於我國大陸北方。斗粟之米形容數量不多。❷當：相當之意。❸萬鍾：鍾是六斛四斗，一說等於八斛或十斛，「萬鍾」指多量也。❹利物：給與他人利益。❺計己之施：自己計算施之於人的恩惠。百鎰：一鎰二十兩，另一說是二十四兩，或三十兩，「百鎰」指金多的意思。

【語譯】

施恩與人，內心要不存我施惠於人的心理。如此，即使一斗的粟米，也可以抵得住萬鍾的報酬。

濟人以物，假使事先計算好自己佈施的多少，希望得到人家的報告。這樣的話，雖然給了百鎰之金也是一文不值了。

【講話】

對於施捨恩惠給人家，不能有一點點虛榮作祟的心理，要完全發自心處的同情心，眞誠的，內心切不可存有已經施捨了的念頭。對外也不能有他人已受了我的好處的想法存在。只要以這種虔誠佈施的人，縱使是一小斗米，也勝過施萬鍾米的功德！

還有，以東西救濟他人的，自己如果計算好所施的物品有多少，代價怎樣，希望將來得到別人同樣價值或超此價值的回報，這樣有求報念頭的施捨，雖然是以百鎰的巨金施惠於人，實際上卻連一文的功德也不會有。

五三、推己及人，方便法門。

人之際遇❶，有齊有不齊❷，而能使己獨齊乎？己之情理❸，有順有不順❹，而能使人皆順乎？以此相觀對治❺，亦是一方便法門❻。

【注釋】

❶際遇：遭遇，遇合。❷齊：整也，無參差錯雜者。❸情理：心緒，心情，也就是精神狀態。❹順：適合於道理的事情。❺相觀對治：互相對照，取其均衡而施行治理。❻方便法門：手段方法的意思，這是佛語，和眞實法門是相對的。《嘉祥法華義疏》：「理之正者曰方，言之巧者稱便，此即爲其義深遠，其語巧便，文義合舉，故云方便。」又：「眾生所緣之域爲方，如來適化之法稱便。蓋因病而欲授藥，藉方以施便。機教兩舉，故稱方便。」註《維摩經》八：「言之爲世則，此之謂法，眾聖所由，此之謂門。」

【語譯】

人的環境遭遇有齊全也有不齊全的，各有不同。如何能單獨地使自己都是齊全的呢？自己所持的情理有通順也有不通順的，怎能勉強人都來順從我呢？

如果人人都能將我心比人心，把自他兩者關係互相對照觀察一下，我心的不齊全與外界的不順從，都是給予我修養的一個方便手段，使我能啓發正智。

【講話】

人的境遇眞是千差萬別，形形色色，正所謂「人心不同，各如其面」。富貴、健康、地位，都是人所要求的，但這些幸福畢竟很少能齊全，而齊全的又未必是我。因此，這種欲求難達的妄想心最好放下。

其次，反省自己的精神狀態，有時合理，有時不合理，而不合理的時候居多。自己有很多很難做得好的事情，自然就不應該苛求人家，怎能怪人家做事那樣的不合理呢？

好好的思考上面的道理，把人與我作一比較，就可以發覺眞理原就在其中，這就是修養的方便法門。

五四、惡人讀書，適以濟惡。

心地❶乾淨❷，方可讀書學古。不然，見一善行，竊以濟私❸，聞一善言，假❹以覆短❺，是又藉寇兵，而齎盜糧矣❻。

【注釋】

❶心地：佛經上說：心爲萬法之本，能生一切諸法，故比喻爲地，稱曰「心地。」❷乾淨：清淨潔白之意。❸濟私：遂其私欲。❹假：假借。❺覆短：隱蔽短處和缺點。❻藉寇兵齎盜糧：借給寇賊以武器，使賊盜得到食糧，這都是爲害之甚者。《史記・列傳》李斯上書：「臣聞逐吏客之隊，竊以爲過，云云。今乃棄黔首以資敵國，卻賓客以業諸侯，使天下之士退而不敢西向，裹足不入秦，此所謂藉寇兵而齎盜糧者也。」

【語譯】

心地乾淨的人，也就是心性潔白的人，方可以讀書，學習古人的操守。不然的話，他所作的一言一行都是以公濟私，假藉公義以飽私欲的。他所講的話也是假藉來掩護他的短處，這種作法和給與強盜兵器和糧食，以養其惡，是一樣的道理。

【講話】

學問，在一個心地清正德性潔白的人來研究，如加以善用，可以修身治國獲益無窮。可是一個心術不正的人得到了學問，反而會利用學問去作出種種壞事，所以說，必須心地正當心性清白的人方可以讀書求學。

那些心懷不測的人讀了書，如同得到了武器，他可以利用這武器去作不好的勾當，盜取他人的名譽，逞私人的欲行。他們又以學問作爲掩飾短處，口裡說的是善行，所作的卻全是壞事，眞是「好話說盡壞事做盡」。故此給惡人以知識學問，無異供強盜以糧食，那將增長他的罪行。

五五、崇儉養廉，守拙全眞。

奢者富而不足❶，何如儉者❷貧而有餘❸。
能者❹勞而府怨❺，何如拙者❻逸❼而全眞❽。

【注釋】

❶奢者：富而驕縱浪費的人。❷儉者：節用惜物。❸有餘：儉省之人，存貯而有剩餘。❹能者：有才能的人。❺府怨：府是儲物的倉庫，此處是集結之意。❻拙者：拙笨的人，愚直之人。❼逸：是安逸，無憂無愁。❽眞：是天眞，人的本然之性。

【語譯】

奢侈的人，富而不足，不如那節儉的人貧而有餘。有能力的人往往勞而埋怨，不如拙笨的人安逸而終其天年。

【講話】

生活奢侈的人無論有多少家產，總是無益的浪費，表面看來好像很快樂，實際上內心是常常不滿足的。因爲欲念跟著富貴無止境的貪求妄想。節儉的人，量入爲出，物質上並不感到不足，欲想上也不敢有非份之想，所以他們平平安安的過著快樂無憂的生活。這樣看來，富貴而又奢侈的人，生活永久不能滿足，反不如節儉貧窮而安穩逸餘的生活了。

頭腦發達，知識能力超人一等的人，固能擔當事業，但往往犯了目空一切的毛病。行爲太過，便侵害了別人的利益。結果不但工作勞苦，而且結怨於一身。這樣看來，就不如那些悠哉游哉不失其天真本性的笨拙的人，雖然腦筋簡單，能力差些，卻不致與人結怨，可以安然無事的生活。

五六、讀書希聖講學躬行，居官愛民立業種德。

讀書不見聖賢❶，如鉛槧傭❷；

居官不愛子民❸，如衣冠盜❹；

講學不尚躬行❺，爲口頭禪❻；立業❼不思種德❽，爲眼前花❾。

【注釋】

❶見聖賢：洞察古代聖人賢者的眞精神，叫做見聖賢。❷鉛槧傭：鉛是塗抹文字用的一種鉛花粉，「槧」是搗不壞的硬板，從前沒有紙筆的時代，是在板子上用鉛粉寫字。「鉛槧」兩字的意義，就是代表筆紙與文墨的意思。傭是給人作雇傭使喚的人，「鉛槧傭」合起來的意義就是寫字生，充其量不過是紙筆的奴隸而已。❸子民：就是人民。❹衣冠盜：「衣冠」是作官人穿的服裝，「衣冠盜」是穿著衣冠而盜取祿位的人。❺尙躬行：道德貴乎實踐與躬行。❻口頭禪：只在口頭上說禪語，而不能親自參悟與實地躬行。❼立業：建立起大事業，所謂建功立業。❽種德：撒下道德的種子，他的功德永遠及於後世子孫和社會民眾。❾眼前花：一時在目前所開的美麗的花，但不能保持常久不謝。

【語譯】

讀書的人，如果不能洞知古聖先賢的眞精神，徒事於循章摘句的末節，這和一個謄錄生沒有什麼兩樣。

作官的人，如果不能愛撫人民，而只知道貪圖俸祿，那就和穿著衣冠的盜賊是一樣的。

又如空講學問的人，儘管理論深邃玄妙，如果不能躬行實踐，就僅僅成爲口頭禪，沒有絲毫的益處了。

比方說一個人縱然建立了豐功偉業，如果不能布施恩德，及於後世與社會，則他的功業也不過曇花一現罷了。

【講　話】

讀書不僅僅爲了認識幾個字，記住了幾篇文章，就算達到目的了。讀書的眞正目的在於體會出古代聖賢的一言一行，把他們的精神變成自己的精神，進而作到修身齊家的工夫，然後去爲國家社會盡力服務。

讀書如果偏向鑽研文字章句的末節，而不能體會古聖先賢的眞精神，結果也不過是一個鉛槧板的傭者而已。

鉛槧的槧子是木板，鉛是用來在木板上寫字的鉛丹(紅色)。中國在後漢以前，還沒有紙的發明，用綢絹和木板來代替紙，以鉛丹寫字在綢或板的上面。傭是僱用的人，所以「鉛槧傭」就是寫字匠的意思，是說他一生一世都沒有什麼價值了。

做官不是爲一身一家的名利，而是爲謀國家富強和社會幸福。有些做官的人，天天在想怎樣陞官，怎樣發財，凡事都爲他個人的利害打算，沒有替國家和人民著想，這樣做官的人，簡直就是穿著官吏衣服的盜賊。

既然具有盜賊的心腸，爲了逐其私欲，自然就不惜使用傷天害理的手段，來達成他的目的了。國家安能不亂，社會安能不亂，社會又安能不壞呢？

古人治學，並非僅僅以懂得文字爲目的，而是要注重躬行實踐。所謂學以致用，總以能對國家社會有所貢獻。假如學與行不能相輔相成，那就成了口頭禪了。比喻修禪的人天天只在絞盡腦汁，去作理論上的戰鬪，而不去實行那參禪悟道的工夫，結果是一點用處都沒有，一點成就也沒有。

人生在世，建立起一件事業，並不單是爲了自己的名利，必須是爲社會謀利益，爲人群造幸福，把功業傳之後世，才能名垂千古。可惜一般大人先生，往往只圖自己的榮華富貴，不思施恩德於天下，則他之一生，也只是過眼雲煙，死後什麼也遺留不下來。

五七、讀心中之名文，聽本眞之妙曲。

人心有一部眞文章❶，都被殘編斷簡❷封錮了❸。有一部眞鼓吹❹，都被妖歌艷舞❺湮沒了❻。學者須掃除外物❼，直覓本來❽，纔有個眞受用❾。

【注釋】

❶一部眞文章：一冊眞正像樣的好文章。❷殘篇斷簡：古人寫剩下的書籍，內容殘缺不完整的書籍，內容殘破不完。所謂古書，換言之，就是無用的糟粕。❸封錮：封是封鎖，錮是禁錮，就是堅固的封閉起來。❹一部眞鼓吹：一隻曲子或者是一組好音樂，鼓吹是鳴鼓吹笛表示吹奏音樂的意思。❺妖歌艷舞：誘惑人妖艷淫蕩的歌舞。❻湮沒：消滅、埋沒的意思。❼外物：外界的誘惑。❽本來：指的是本來的眞文章和眞音樂。❾眞受用：有眞正的用處，

受用是享用的意思。

【語　譯】

在人的心中，本來都有一部眞正很好的文章，這文章可說是人所具有的智慧和理性。然而世人常爲古人糟粕文章殘篇斷簡所封錮，因此看不出本來自性的眞文章了。

還有人的心中本來都有一部眞正的音樂，這音樂本是天籟的妙音，由很早的時候就在人的心裡響奏著，也可以叫做人的心中之旋律。可惜的是被一些卑俗怪誕的歌舞音曲所埋沒，此天然的眞音樂反而不能聽得見了。

因此學者學習古聖先賢之敎，必須掃除外界一切魔物之誘惑，應當直接尋覓本來之文章，天然之眞音樂，去玩味其中的妙趣。然後無論何時都能夠受用不盡。

【講　話】

任何一個人的心靈中，都具備一部天賜給的闡述眞理的文章，祇要讀這部眞文章，就沒有再講其他文章的必要。(也就是發現了這一個眞實，心應該隨從著他的指導，再沒有另求他道的必要了)。要是只去讀古人糟粕的古書，並且收藏到心底的深處，被這些書籍的思想給牢牢的束縛封閉著，對於自己心裡的眞文章而不注意，這是非常可惜的(就是把可貴的眞實心爲古人之言所迷惑，而妨礙了心靈的作用與發展)。

人的心靈中都有一部本眞的音樂，只要聽了這部音樂而體會得其中的話，就再沒有聽取其他音樂的必要了。可惜的是人們被外來的聲色所迷，埋沒了本眞，便聽不見了。世人只知念觀世音菩薩的聖號，而不知觀世音的意思是什麼？所謂觀世音就是要人們修得了觀見世人本眞之音，而去救苦救難的菩薩道(這個比喻是說人心都懷有本眞的眞理，如果能夠靜靜體會這一眞理的微妙旋律，就再沒有聽聞其他各種言辭的必要）。最可惜的是受了外界種種言詞之掩蔽而生出了迷惑，這樣一來，本眞之音就聽不見了。

對於修學之道，如果能不爲古書的言詞所蔽，不受邪說異端所侵擾，能夠明心見性直向心靈中所藏的眞理去探求，不受外界的文章與音樂誘惑，那他將有眞文章與眞音樂受用的妙趣。所以能夠體會得本來的眞理，才是眞正的受用。

由上可知，眞理無待他求，應當直接指向自己的心中，因爲自己的心中有一個本來的眞理。本篇的旨趣即是爲求本來的眞理，必須把外來的誘惑物全然掃去。

五八、苦中有樂，樂中有苦。

苦心中❶，常得悅心之趣❷。
得意時，便生失意之悲❸。

【注釋】

❶苦心：陷於困難環境，內心非常的苦楚。❷悅心之趣：使心中喜悅而有趣味。❸失意之悲：失望的結果，發生了悲哀。

【語譯】

人們當某一事陷入非常困難與苦心焦慮之中，因爲自己所持的態度和方法如何，而也常能求得使心中快樂的趣味。反之，人們當好運達到了極點，最得意的時候，也常常會有旁人不知道的苦惱，和失意的時候所嚐到的悲痛相同。因此苦中有樂，樂中也有苦，最好是能夠超然於苦樂以外的境地，才能收到修養的眞正效果。

【講　話】

這一個世界可以叫做是「憂世」，也就是佛說娑婆世界，譯爲「堪忍世界」。在這一世界裡本是苦惱不能斷絕的人生。任何事都不能合乎理想去做，當以爲很合適的時候，意料不到的節外生枝的事情出來了。所以佛陀告訴我們，活在這世界上，遇到任何的惡劣環境與打擊時，能夠堪忍才能活得下去。我們常常聽人說：「天下不如意的事，常是十有八九」。苦惱的上面還有苦惱，當苦惱到了極致，一切身世都不存在的時候，精神上反而得到衷心安慰，不免有置身於事外的快樂的感覺。

人世是悲苦是無情的，用這樣的心情來看人生，則入於耳映於眼者都是苦痛和悲哀。其結果就陷於悲觀的深淵了，於是造成了厭世自殺憤世嫉俗的人生觀，而葬送了一生，這樣的人，一生是沒有什麼趣味的。結果是把一顆脆弱的心靈，不得不回返自然了。人們必須抱著勇氣，以這個有限的身力去嚐試那無限的憂愁。本來人生是多苦的，但人必須征服這些苦惱，不可以抱著失敗的心情。天上的月亮如果人以悲哀的心情去看它，就成了以淚眼觀月，而月亮也就帶著憂愁了。如果心歡悅的心情去看月，而月亮也就帶著微笑了。人生尋求幸福的唯一道路，就是把時間苦放起來，而由苦的裡面找出樂趣來，所以說「苦中有樂」。

人生是苦痛的業力現場，而其中又被命運的力量奇妙的支配著，有時自己走到奇妙的環境，在一般人的眼光看來，認爲是非常幸福，在這一個得意的舞臺上，任何人都很容易忽略了過去的苦痛，而把它忘卻，這時候在得意之中就散佈下了失意的種子，所謂「苦是樂的種子，樂是苦的根苗」，如果不能及時割去苦惱的根苗，則得意之時一過，而失意之悲哀便馬上接踵而來。

五九、

無勝於有德行之行爲，
無劣於有權力之名譽。

富貴名譽：自道德來者，如山林中花❶，自是舒徐❷繁衍❸；自功業來者，如盆檻中花❹，便有遷從❺廢興❻；若以權力得者，如瓶鉢中花❼，其根不植，其萎❽可立而待矣❾。

【注　釋】

❶山林中花：在山林之中自然生長的花草。❷舒徐：枝葉得以充份發展。❸繁衍：繁盛綿延不絕。❹盆檻中花：在瓦盆木鉢之中或是花壇之中所種植的花。❺遷從：這裡那裡各處的移動。❻廢興：表示盛衰的意思。❼瓶鉢中花：插在瓶鉢裡的花，是無根之花。❽萎：枯槁之意。❾可立待：時間暫短不長。

【語　譯】

富貴與名譽是任何人都希望的：但因其得來的原因不同，其結果也就相異了。由行仁修德而得來的富貴名譽，好像是在山林裡天然生長的花草，它的根深且得以茂盛與舒暢，氣味馨香馥郁可以長久保持而不凋謝。其次是由於功績事業的結果而得來的富貴名譽，這好比是在盆畦之中所栽的花草，它的根淺且枝葉也微少，可以隨時移植，因而時盛時衰，但也能夠保持相當時間的壽命，最後是由於權勢和威力所得到的富貴名譽，多半不合乎道理，因之也不能持久。如同在花瓶中所插的無根花草一樣，它的根已斷，不過可供人留覽一時，很快的就凋謝枯萎了。

【講　話】

富貴名譽，有由道德而來，有由功業而得來，更有由權力而得來。因其原因之不同，所以有悠久與短暫的區別。

先說有道德的人，自己不敢乞求富貴名譽，而富貴與名譽自然就集於他的身上，有德的人比之爲山林中自然生長的花草，受天然的栽培，它的根深而蒂固，枝葉也茂盛，壽命也長久。

其次是建立戰功成就大事業的人們，享受人間的富貴榮華，雖然不如有德之人的悠久，彷彿是山林的花草受到天然培養的力量深厚，但是也能媲美於田畦之花草茂盛於一時，可是隨著移植的環境氣候的不同而有盛衰久暫的差別了。這完全是根基不如天然的豐富的緣故。

最後談到由權力而得來的功名富貴，多半是從他人手中用強力而奪取的，這樣的人不但不受他人的敬仰反而要受萬人的唾罵。因而這種功名富貴是不能悠久的，好像曇花一現，沒多久就失敗了。同瓶子裡面插的花，水上的浮萍，不過茂盛於當時，絕難希望其長久。

六〇、人死留名，豹死留皮。

春至時和❶，花尚鋪一段好色❷，鳥且❸囀幾句好音❹。士君子❺幸列頭角❻，復遇溫飽❼，不思立好言❽，行好事❾，雖是在世百年恰似未生一日❿。

【注　釋】

❶春至時和：春天來到天氣溫和。❷鋪一段好色：敷上一段美麗錦繡的顏色。形容花草開放時候的美麗景色。❸且：是並且，而且和再又，如何之意。❹幾句好音：幾句和幾曲的意義相同。唱出幾句的美妙旋律。❺士君子：就是有學問而又道德高尚的人。❻頭角：首腦的意思。頭角崢嶸是出頭露臉。❼溫飽：即是溫衣飽食之略，所謂穿得暖吃得飽，豐衣足食自由的生活。《宋史·曾傳》中有「平生志不在溫飽」之言。❽好言：善言之意，有作爲有識見的議論。❾「好事」：有益於國家社會的大事業。❿「未生一日」：等於一天也沒有生存，也就是虛度了無用的一生。

【語　譯】

春天到來的時候，季節溫和，一切的花草樹木都在爭美鬥妍，在天地鋪上了錦繡的顏色。鳥雀於無心之中，在山間樹上唱出牠們天賦美好的旋律。至於一般君子士大夫們有幸的生於今世裡，得以嶄露頭角，豐衣足食，處於自由自在境遇裡，如果不能作世人的模範，立不朽的言論，更不想去擔當國家社會有裨益的大事業的話，那就是枉生於世間，空活了一世，不過是如一個行屍走肉無用贅瘤一樣的東西，縱然是活了一百年也等於是一天也沒有生存了。

【講　話】

寒冬過去了，溫暖的春天來了。大地上現出了活潑生氣，花也現出美麗的顏色，鳥也叫出清脆的聲音。人們對此景色，更覺得春色增加了許多的情趣。無心的花草和天眞的雀鳥他們都不斷的給自然增加了許多美感。何況人是萬物的靈長，生在這一個世界，我們便不該沒有作爲。人如果生來既不覺得自己是爲何而生，更不想爲社會去盡點力量，這所謂是醉生夢死之徒，把自己可尊可貴的一生當作破鞋履一般的扔掉，這可以說人不如草木與雀鳥了。

君子生與此世，不但是處身於社會的上等行列，而且衣食溫飽無缺，如果只過著那無爲的生活，就有虧於作人之道。必須要發奮修學，進德修業，一切所言所行都必須能爲人們的師法，受人們的尊敬，所作的事業，都必須是頂天立地繼往開來的。如果只圖物質上的享受，無聲無嗅的終此一生，雖然保得了百年的歲月，也等於一天都沒有生存，這眞是所謂和行屍走肉，土像木偶一樣了。

六一、寬嚴得宜，勿偏一方。

學者有段❶兢業的心思❷，又要有段瀟灑的趣味❸。若一味❹斂束清苦❺，是有秋殺❻無春生❼，何以發育萬物。

【注釋】

❶段：一段略稱。❷兢業的心思：兢業是兢兢業業之略，兢兢是戒愼之貌，業業是危懼之貌，也就是表示出戰戰兢兢戒愼恐懼的心理。❸瀟灑的趣味：瀟灑是灑脫不拘於小節。也就是灑灑落落有飄逸出塵的趣味。孔稚圭的〈北山移文〉中有「瀟灑出塵之想」。❹一味：一種味道之義，沒有變化的一樣事情。❺斂束清苦：斂束是收束的意思，合起來是緊縮潔白太過了，一點趣味都沒有。❻秋殺：氣象凜烈毫無溫情，秋氣肅殺萬物枝死。❼春生：溫和的氣象，春天氣象溫暖，萬物發育。

【語譯】

學道的人，是經常懷著一個兢兢業業的精神，也就是一方面要時時刻刻的戒愼敬懼，另一方面要不拘小節灑灑落落的有海闊天空飄逸超群的趣味。

如果光是一味的斂束清苦，沒有溫潤之情，就好像是秋天的天氣秉著肅殺的景色，萬物當之都凋落枯死是一樣的道理。自古迄今，無春氣就不能發育萬物，人儘都是秋氣而無春氣，又怎麼做出濟世安民的事情呢？

【講話】

研究學問的人，爲了要成就他的事業，應當要謹言愼行刻苦自勵，如果沒有這種發奮努力的精神和奮鬥的心思，想在社會上成就偉大的事業是不可能的，所以作人與作事之道就不能夠四時日夜相同而不變，必須分清楚事物的輕重緩急和先後，所謂因人事時物的不同，而使之咸得其宜。比方說尺蠖之蟲，想伸展身體之前必定先要把身體捲曲起來，這就是說作事要緩急合宜然後才能操之勝算。平時人的休息，並非爲了休息而休息，實在是爲了活動而休息，這樣才能體會休息的眞正意義。

學者爲了修業，日夜顫顫兢兢戒愼恐懼而不怠惰這當然是很好的了。但這樣不能算完全夠了，必須在另一方面要顯示出灑灑落落不拘小節的風度，凡事須要寬嚴得宜，剛柔相濟，如果對事嚴格過度毫無溫情，則無論他的行爲如何的純潔，生活如何的清苦，總是如秋天的氣候一樣，一味的寒冷肅殺，使萬物凋零枯死。所以天造四時必須是有春有秋，春氣溫潤滋長萬物，有發育成長的生機，而人的修養學問也和春天的氣候一樣，使它發榮滋長蒸蒸日上，然後學問有了成就，才能夠談到救世益民啊！

六二、大智若愚，大巧似拙。

眞廉無廉名❶，立名者正所以爲貪❷。
大巧❸無巧術❹，用術者乃所以爲拙。

【注釋】

❶眞廉：眞正的清廉者，利欲非常澹泊的人。❷立名：顯露功名之意，爲世人所稱道。❸大巧：偉大技巧者。❹巧術：巧妙的手段與方法。

【語譯】

眞正清廉潔白的人，決不擔當清廉之名，爲人們所稱頌的負有清廉潔白的名聲的人，未必是眞正的廉潔自好者。所謂立名者正所以是貪名。同樣的道理，身懷巧妙技術的人們，決不隨便弄他的技巧，而所謂弄巧術的人，正是尚未能親見巧妙堂奧，其中拙笨庸劣者大有人在，所以眞正清廉與大巧反而超越了廉貪巧拙之上，正所謂大智若愚大巧似拙。

【講　話】

從道德的立場來看，心中清廉潔白的人，在名義上超越了清廉潔白之上，一般的世人反而看不出他是一個清廉潔白之人。而一般世人所稱道的清廉潔白者，他的眞正所言所行未必都是清廉潔白。表面上掩蓋一層清廉的名譽，而實際說來卻是貪求名譽，這與盜名欺世者並沒有什麼兩樣。比方有些慈善家名義上負著慈善的美名，而實質上是在圖私行不正當的利益！

同樣的道理，眞正有技巧妙的人，並非是他的手段方法有什麼巧妙，而是他的心和他的行爲是自然的巧妙，他本人對於他的巧妙反而不加注意，就是別人也不能特別認識出他的巧妙。還有一種人自己想出種種的手法，而自以爲巧妙的不得了，這不是眞正的巧妙正是表現他的拙笨。眞正的巧妙，是不講手段與方法的。

六三、謙虛受益，滿盈招損。

欹器以滿覆❶，撲滿❷以空全❸。故君子寧居無❹不居有❺，寧處缺不處完❻。

【注釋】

❶欹器：一種宥坐之器，當中空的時候它向一面欹斜，裝入一半水就成了端正的直立，水傾倒得很滿的時候，它就翻倒。古代把它放置在人君的坐位右邊以爲勸戒之器。孔子家語，孔子入魯桓公廟觀欹器，以之爲宥坐之器。孔子曰：「吾聞宥坐之器，虛則欹，中則正，滿則覆」。言人君以爲誡，故置於坐側。❷撲滿：土製之器，上有狹口，由其口入錢以貯之。」《西京雜記》：「撲滿土製之器，以之蓄錢，有入口而無出口，滿則撲之。」❸全：完全，即是其形不壞保持原狀。❹無：無爲的境界。❺有：有爲的境界是「缺」，缺失而不完全之意。❻完：完全圓滿之處。

【語譯】

所謂欹器，當中是空的，裝上半分水它就直立而不傾斜，如果盛滿了水，便立刻傾覆倒下。所謂撲滿，當中也是空的，古時候的人用它盛錢，當著錢裝滿了，便把撲滿打破而將錢取出。這一種滿溢而招損的道理，一般人雖然懂但多不留意。天地間的事物，在完滿的時候就要發生缺欠，而在不完全的時候反而可以保全。所以君子寧可處於無爲的境界，而不居於有爲之地。甘心抱殘守缺，而不願完全圓滿。也就是謙虛受益滿盈招損的道理。

【講話】

耶穌教的聖經對於以上的道理，他們也有如下所講的話：即就是：「心裡貧窮的人是幸福的」。這是教人心中常懷著空虛，如果被妄想和邪念充滿了心中的話，便馬上有了障礙，而不接受他人的金玉良言了。所謂滿心與慢心的音差不多，雜念充滿了心頭，便失去了眞心，代之而起了傲慢心就是心滿了以後的狀態。

從物質方面來說，處於無有的環境是無害無礙的。因爲無害與無礙，就具有向上發展的生氣。反之，有的境界是有害有礙的，因爲有物之處必定要生出來種種的障礙與爭奪，結果悲慘不幸的事就發生了。何況滿足正是缺欠的開始，世間小人是以無爲苦，因而就多行不善與不義的事，惟有君子能夠安貧樂道以爲進德修業修業的基礎。

六四、名利總墮庸俗，意氣終歸剩技。

名根❶未拔者❷，縱輕千乘甘一瓢❸，總墮塵情。
客氣未融者，雖澤四海利萬世，終爲剩技。

【注釋】

❶名根：以名利爲重的心之根源，也就是功名心野心。❷未拔：沒有完全取淨的意思。❸千乘：中國周代能出兵車千乘的國家是爲大國，即是諸侯之國。此處是指的王侯之家的富貴。

在書言故事裡說：古之天子居千乘。

【語　譯】

名利的念頭如果不能完全根除，縱使把王侯的富貴看輕，甘心滿足如顏子一簞食一瓢飲的清苦生活，這也不過是外表上的看法，實際上內心還是燃燒名利的念頭，所謂外表清潔裡面骯髒，終究不免墮落於世俗的情態。

其次是客氣未能完全融化的人，縱使他的德澤能夠施之於天下，給與千年萬世的後代以利益，雖然有這樣大的事業成就，但這也只不過是點綴世間體面的行爲而已，結局仍是一種無用的技倆，無益的事業。

【講　話】

無論一個人磨練了多大的智慧，修養了多大的學問，如果好名譽和求利益之心沒有能夠完全除掉，雖然他不把王公伯侯的富貴在眼裡，甘心於簞養瓢飲的清苦生活，但終究不免墮落於世俗的名利之中。

無論一個人成就了多少的偉大事業，如果他不是眞正的勇者，而只是假借勇，所謂客氣未融，縱使他的恩德施之於天下，傳留萬世利益他人，因爲這種事業是因人意氣而成事，時勢所造成的，終究他的事業是白白的費了力氣，而沒有什麼價值可言。

六五、心地須要光明，念頭不可暗昧。

心體光明❶，暗室中有青天❷。
念頭❸暗昧❹，白日❺下有厲鬼❻。

【注釋】

❶心體：心的本體，然而這在精神的裡面不一定有本體，古代是假定在心中是有本體。此地是解作智慧和良心的意思。❷青天：晴朗的天空。❸念頭：心有所念的思想。❹暗昧：心地不光明，陰私黑暗的思想。❺白日：白晝。❻厲鬼：幽怨的鬼魂，可以說是惡鬼。

【語譯】

心的本體毫無一點暈曇，常常是光明磊落的胸懷，雖然居處在黑暗的房屋裡面，也和在青天白日之下一樣的光輝，所謂暗室不欺，絕不使雜念妄想掩蔽了本來的光明。

反過來說，心如果被雜念妄想所掩蔽，那心就生出了暗昧，雖然在光天化日之下，惡魔也必定要陸續的出現，成爲修道的魔障。

【講話】

一切的善惡正邪美醜等的外界現象，不過是自己心的反映，心善的人把惡也看做是善，心美的人把醜也解釋成美。可是心中惡醜的人卻恰恰相反，看見人家的善行他也以爲是惡，而人家的正言，他也以爲是邪。正好像心中快樂時看見落花仍然欣賞以爲美觀。心中憂慮看見落花就感覺無情。常言說：「布袋戲箱裡的傀儡人面，有佛祖也有惡鬼」。所以萬事都是自己的心像所生。

六六、勿羨貴顯，勿憂饑餓。

人知名位爲樂❶，不知無名無位之樂爲最眞❷。

不知饑寒爲憂❸，不知不饑不寒之憂爲更甚❹。

【注釋】

❶名位：名譽和官位。❷最眞：最快樂的意思，眞正的快樂。❸饑寒：饑餓寒冷，就是貧困無衣無食。❹更甚：富貴而有更大的憂愁。

【語譯】

世上的人只知道求得名譽和官位爲無上之樂，而不知道無名譽和無有官位的境遇處處都有趣，這才是眞正無上的樂趣。

人只知道無食無衣饑寒的痛苦，卻不知道不饑不寒富貴身份之人，他的憂愁更超過常人。

【講話】

人都以爲得到名譽和地位是快樂，然而這名譽和地位並非是人生的至樂，因爲隨伴著名譽和地位而有困難和危險存在著，有時候又爲了得這名譽和地位，而持權任勢多作不善的事情，這於人道和天理有所虧損了。

由此看來沒有名譽沒有地位的平凡境遇反而是安全幸福。由進德修業的立場來看，可以說是最快樂的境地，大多數的人都不知道這一種樂土，實在是遺憾的事。

還有在實際上無食無衣的貧賤境遇，實在是非常的痛苦，所以人人都討厭貧窮而尋求富貴，但是得了富貴後又怎樣呢？依舊是不快樂。富貴的人雖在物質上有享受但精神卻是貧窮，有他人想像不到的憂愁和痛苦，一般人是不會了解的。可以肯定地說，富人的憂心和勞苦，往往遠比貧窮人感覺衣食不足的痛苦還來得大些。

六七、陰惡之惡大，顯善之善小。

爲惡而畏人知，惡中猶有善路❶。

爲善而急人知，善處❷即是惡根❸。

【注釋】

❶善路：向善的方面前進之路。即是行善之心。❷善處：作善事的行爲。❸惡根：作惡事的根源。

【語譯】

作壞事的人，恐怕人家知道了他所作的壞事，這一點羞惡之心，說明了在惡的當中還有善的觀念存在，所謂貧窮而作強盜，他的行爲雖然是可惡，但他的心尚可原諒。反過來說，作善事惟恐人家不知道他所作所爲的人，就是醉心熱衷於名利之徒，在他善的地方卻埋藏著惡的根苗。世間有一種人，稍微作了一點救濟貧人慈善事業，便逢人炫耀誇張，沽名釣譽，惟恐人家不知道他的姓名，說到他的行爲雖然是一件慈善的行爲，但觀察他的心地，卻實在是一個僞裝善人的惡人心地。

【講話】

人作了惡事之後，心裡怕人家知道他的過惡，這樣的人證明他還有良心存在，雖然作了一次惡事，如果給他悔過的機會，他仍然可以歸到善的道路上來。至於良心泯滅了的人，他作了惡事還不知道是在作惡，這樣的人已經是到了不堪救藥的地步了。

行善雖然是好的事情，無論任何人都應該努力爲善，但是如果作了善事後，希望把這種作善事的行爲趕快叫人家知道的話，這樣就不是眞心爲善，不過是爲了虛榮和野心而爲善，這種人的善行之中掩藏著惡心的種子。

六八、君子居安思危，天亦無用其技。

天之機緘❶不測❷。抑而伸❸，伸而抑，皆是播弄英雄❹，顛倒豪傑處❺。君子是逆來順受❻，居安思危❼，天亦無所用其伎倆❽矣。

【注釋】

❶機緘：機是機械，緘是封閉的意思。天地自然界，是由於造物者的巧妙，深密的機關而造成，實是不可思議。❷不測：不能推測的意思。❸抑而伸：抑是困窘他，伸是使他顯達，就是有時抑之使他陷入悲境，有時伸之使他置身於得意的境地。❹播弄：翻覆的播動如同簸箕播物，弄是玩弄，播弄就是玩弄人生。❺顛倒：顛是傾覆，倒是倒下去，顛倒是翻轉起伏的意思。❻逆來順受：即是逆境來了以後，就要安心的去迎接忍受這逆境的痛苦。❼居安思危：在安穩的時候不忘危險的事。常常的戒慎敬懼。《易經繫辭傳下》：「君子居安不忘危」。❽伎倆：手術，腕力，動作的技巧。《山堂肆考》：「伎倆乃多智較計之意。」

【語譯】

天機的奧妙，造物的機巧，是人的智慧所不能探測得到的。它最初使人陷於飢寒困窮的環境受天的抑制，然後又使人享受功名與富貴而得到了伸展，或者還有先伸而後抑或先抑後伸，這都是天播弄英雄顛倒豪傑之處。至於說天道無常，君子唯有逆來而順受，在平安無事的時候，必須要經常顧慮危難困厄的將要到來，所謂居安而思危，謹愼而戒懼，就是天亦無所用他的伎倆，也莫奈我何，英雄豪傑之人因爲野心太大，所以受運命的播弄來磨難他，而君子則能安貧樂道，無論順逆窮達，都能處之自如，而不受環境的牽動。

【講　話】

天機的構造實在是巧妙，不用說將來的事情是不可以測知，就是在今日，目前的事情也一樣不得而知，最初有的人是遭遇艱難辛苦的境遇，這是造化的力量先對他加以抑制，到了後來得到了功名富貴，這又是上天對他的栽培。又有在最初使一個人的命運達到了幸福的頂端，而到了收場卻是落入到不幸的深淵之底，就是那英雄豪傑多麼偉大的人物，也逃不脫上天的安排，所謂三起三落七顛八倒的生活歲月，都要使他們經過一番。

在日本的古時候出生於尾張國中村貧賤之家的豐臣秀吉，對於後日作了天下的大主宰，而抱著呑天奪地的大志願，當初他本人是絕對沒有想到能夠有如此的大事業，在他的幼年家境非常的貧寒，受盡了許多的困苦，使他磨練增長了志氣，而後離開了他的家鄉，投到松下嘉兵衛的麾下，沒有經過了幾年，受了迫害使他不得不脫離松下嘉兵衛而逃走了，他到在織田信長那裡當了一名小使，受盡了折磨，在幾次的出生入死境遇當中，他的才智終於被織田信長所賞識，提升於武士的行列當中，後來成爲掌握天下大權，享受十萬石俸祿的大諸侯。在山崎的一戰之下，扶搖直上，功名更無人能與倫比，最後代替了主君信長而成爲了諸侯的首領。這誠然是上天的機緘先抑而後伸的一個最好例子。

其次是由哥西加一個孤島出身的拿破崙，趁著法國的大革命的機會，不數年的工夫便直上青雲，終於坐上了法蘭西的大皇帝寶座，征服了歐洲的各國，可是誰能過料得到在滑鐵盧一戰敗績，被英軍逮捕遠送到大西洋的聖海倫的一個孤島之上，度那悲慘的厄運終生遺恨而死去了呢？這又是天的機緘先伸而後仰的一個最的例子。

君子如果能夠辨明這個道理，天運逆來之時而要去順以安之。在遇到悲運厄境，絕不失望喪膽，反而要歡喜的去迎接這一悲運，努力不懈的準備扭轉厄運爲幸運，所謂轉禍爲福，在平安的時候，應當考慮到危難困厄的到來，所謂居安而不忘危，如此則能窺破天機，不爲愚弄與顛倒，雖然天有靈妙的手法，但對君子亦無所用其技了。

六九、中和爲福，偏激爲災。

燥性❶者火熾❷，遇物則焚。
寡恩者❸冰清❹，逢物必殺。

凝滯❺固執者❻，如死水腐木❼，生機已絕❽。俱難建功業而延福祉❾。

【注釋】

❶燥性：燥急的性質，性急之人。❷火熾：如火的燃燒之勢。❸寡恩者：即是性質冷酷無人情味的人。❹冰清：如冰一般的冷清寒涼。❺凝滯：凝結滯澀，推移不動。❻固執：堅固執著，和頑固意義相同。❼死水：無出口不流動的水叫做「死水」。❽生機：有生生之意，草木春生而欣欣向榮，比之爲有生機。❾福祉：有幸福的意思。

【語譯】

性情急躁的人，好像火的燃燒，一切的東西遇到了都被燒毀了，刻薄寡恩的人，好像冰一樣的寒冷，一切的東西遇到了都被他的寒氣所殘殺了。執拗而又凝滯不通的人，遇到了事固持著自己的意見，頑硬而不化，好像死水的阻塞，朽木的陳腐，毫無一點生機和活氣，這樣的人想要建功立業使他的幸福綿長是很難作得到的。

【講話】

世間有三種不能和他同心合力的人，第一種是性急而不沈著的人，第二種是對人無情無義的人，第三種是固執成性的人。性急的人對於任何一件事都無有準備，一任自己的浮燥之氣去作事，毫無沈著穩重的精神，這種人好像一團烈火燒東西，事業上稍稍有了一點的成就，不久也就會塌下來。其次是對人無情無義的人。他對事是非常的冷淡，他的心是冰冷而寒酷的，一切的物質遇到了他，全都被凍結了。最後是固執的人，凡事沒有商量的餘地，一點也不能讓人。這種人的心性，好像是死水朽木，毫無生氣，一切事業是只有退步而無進展。

如果和以上三種人去協力同心建功立業，可以斷定不會有什麼成就，恐怕就是連本身的幸福也得要犧牲而不會有什麼悠久綿長的希望。

七○、多喜養福，去殺遠禍。

福不可徼❶，養喜神❷，以爲召福之本而已❸；
禍不可避，去殺機❹，以爲遠禍之方而已。

【注釋】

❶徼：招致求得的意思。❷喜神：歡悅的心情，喜悅的精神。❸召：和「招」是同一個意義。❹殺機：殺是害人之心，機是心將活動的狀態，即所謂是害人的動機。

【語譯】

幸福是不可以強求的，只有不起不平的念頭，常常心存喜樂的思想，這就是召致幸福的根本。世間一般人只知道尋求幸福而不知道修養幸福，這是捨本逐末的舉動。

災禍之來，有時也難以避免，如果能夠去掉害人之心，不動嗔殺的惡念，這就是遠禍消災的最好方法，世間一般人常常起了嗔恨心而動了殺機。不想這殺機一動，災禍就隨之而來了。

【講話】

幸福不是勉強可以求得的，應當作的事而不去作，妄想求得幸福，在上天也絕不能把幸福給予這樣無所作爲的人。世人想要求得幸福，首先要勤勉的工作，以愉快的心情，興奮的精神去作事，只問耕耘而不問收穫，這樣幸福慢慢的就會培養出來了。所謂養喜神以爲召福之本的意義也就在於此。

世人有了災禍，就想要逃避，殊不知這福與禍都是上天賜給的，不是人力所能爲的，一切災禍橫逆之來，當然不能說沒有原因，如果平日不起害人之心，以平穩安靜的態度去待人處世，這就是遠禍消災的良好方法，災禍就是來了也可以避重而就輕，化大而爲小，甚至化小爲無了。

七一、謹言慎行，君子之道。

十語九中，未必稱奇❶，一語不中，則愆尤駢集❷；十謀九成，未必歸功❸，一謀不成，則訾議❹叢興❺。君子所以寧默❻毋躁❼，寧拙❽毋巧❾。

【注釋】

❶奇：想入非非的意思，與眾不同也叫做「奇」。❷愆尤：愆是錯誤，尤其是罪咎。也就是過失的意思。張衡〈東京賦〉：祇以昭其愆尤」。❸歸功：將功績歸之於他。❹訾議：訾是毀謗。議是議論。由四面八方所起的非議。❺叢興：不斷地興起。❻默：是沈默。❼躁：是浮躁。急躁。❽拙：拙劣，拙笨。❾巧：巧妙，技巧。

【語譯】

說十句話中，說對了九句並不算稀奇。如果有一句話說錯了，就招致人家許許多多的攻擊與責難。作十件事中有九件都順利的完成了也未必就有功，如果有一件事不成功，就很容易惹人家批評與誹謗。所以君子處世必須謹言而慎行，做人寧守沈默切忌燥急多言，作事寧守拙樸切忌投機取巧。

【講話】

大凡預言推斷一件事，十句話裡有九句都推測對了，可以說是巧合了吧？但是世間一般人對於十句話裡言中九句的功績，並不加以稱讚，反而對於其中有一句話沒有說對，倒要向四面八方的宣傳出去，對他加以非難。

作十件事有九件都成功了，依著通常的想法，這不能不算做極大的成功了吧？可是許多的人對於成功的事實反而不去注意，倒是對於他十件事裡失敗的一件事卻常常提出加以惡意攻擊。人多半是愛說人家的壞話，批評人家的短處，正所謂「好事不出門，惡事傳千里」，君子如果了解了這一層道理，那就要多看少說，寧守拙而不取巧，使他人無隙可乘，無法向你進攻，這是處人作事的要道啊！

七二、殺氣受薄，和氣福厚。

天地之氣❶，暖則生，寒則殺。故性氣❷清冷者❸，受享❹亦涼薄❺。唯和氣熱心之人❻，其福亦厚，其澤亦長❼。

【注釋】

❶天地之氣：天地間的氣候。❷性氣：人的氣質。❸清冷：清潔冷淡。❹受享：享受天賜

的幸福。❺涼薄：薄而且少。❻和氣熱心：和藹而心情溫厚，對事有熱誠。❼澤：恩澤。

【語譯】

天地的氣候，在春天和夏天的時候，非常溫暖，一切的花草樹木都得到了發育滋長，茂盛繁榮，到了秋天和冬天寒冷的時候，一切的昆蟲草木都被殺傷枯死，天道如此，人事比之於天道也是如此。

性質清冷的人，好比是秋冬的氣候，其氣寒涼凝斂，所以他的享受也必定寡少淡薄。

性質溫和熱情的人，好比是春夏的氣候，其氣雍融和樂，所以他的福澤也必定厚重綿長。

【講話】

天地自然的道理，實在是奇妙的不可思議，以氣候的變化來說吧，極寒和極熱是兩個極端，對於人生都不算是有益的，惟有春天的溫暖和秋日的涼爽，氣候對人有益，萬物都受到了恩惠，所謂春種而秋收一切事物都有始終有因果。所以說天地之氣暖則生寒則亡，似乎是一定的道理，以人的性情比之於天道也是一樣的道理，性情過於清冷的人好像是寒冬的氣候，一切萬物都不能生長，如人的性情如此，他的福祉怎能夠悠久厚重呢？反過來和氣熱情的人，好像是春天的溫暖，一切萬物發育滋長欣欣向榮，所以他所享的福澤也必然是長久而深厚的啊！

七三、正義路廣，欲情道狹。

天理路上❶甚寬❷，稍❸游心❹，胸中便覺廣大宏朗❺。人欲路上❻甚窄❼，纔寄跡❽，眼前俱是荊棘❾泥塗❿。

【注釋】

❶天理路上：適合於天地自然的道理所行的道路。❷寬：廣大寬闊。❸稍：稍微的一點。❹游心：把心放到某處上面。❺宏朗：寬廣開闊的意思。胸中廣闊廓然的狀態。❻人欲路上：關係於人間的欲望之路。❼窄：狹窄狹小。❽寄跡：足跡所踏入的地方。❾荊棘：有刺的植物，比喻爲困難的環境。❿泥塗：泥濘的道路。白居易詩：「失足陷泥塗。」就是這個意思。

【語譯】

天理的大道是很寬廣的，人能夠時常把心放在天理的路上，那麼心地光明而胸襟開朗。無論走到什麼地方或者作一件什麼事情，都能夠自由自在一往直前而沒有阻礙。

反過來說違反天理而走向人欲的途程之中的人，他所走的路就很窄狹了，稍稍一揷到人間的欲海之中，眼前無非是許多的荊棘和遍地的泥塗。使人陷落到困苦的深淵進退不得，所以人人都應該走上合乎天理的大道，而不可以步入到人欲的邪途才好！

【講　話】

合乎天理的大道，無論什麼時候都毫無障礙的在人的面前擺著。人能循著這一條路走去，胸襟開朗志向恢宏，無處不顯示光明的，而前途自然就日盛遠大。反之，人世間充滿了欲望，這欲望的道路是充滿了窮曲和陜隘，人心一到了這個地方就被利所欲所矇蔽，而處處都受利欲的驅使，不要說前途不廣，就是擺在他眼前不能自拔，都是一片的荆棘滿路的泥塗。向前一行就滿身都受了惡濁污穢的薰染，久而久之就愈陷愈深，使人墮入到無底的深淵，爲善或是作惡，在最初的一步是不能不加以謹慎的。最初要是一步走錯了道路，踏入邪途，到了最後再想回到原來的正路那就非常的困難了。作壞事的人最初偷了一文錢，認爲這是開玩笑，人見著也沒有關係，接著又偷了一塊錢認爲這也不會構成多大的犯罪。到了最後犯了搶劫殺人的大罪，那時追悔就來不及了。因此作惡正是由淺入深一步步的走上了惡路。

日本古代有一個著名的強盜叫做石川五史衛門，在他的兒童時代，也是一個富豪之家養大的公子哥兒，有一天他家來了客人，石川以開玩笑的態度偷了客人的錢物。他的乳母不但不責備他，反而稱讚他的機敏。五史衛門漸漸養成了偷盜的惡習，最後受了他人的賄買，行刺豊臣秀吉大關白被捉住而正法了。

作惡是由漸而來。上面即是一個例子。作惡並不限於所謂犯罪的行爲，由道德的立場而言，連拒絶施捨心性吝嗇的人都不是正常之道。作惡雖然與先天的性格有關係，但是人生最初出發點的善惡關係是極爲重要。多數的人初踏入人欲的道路，第一步走錯了，便鑄成了終生的大錯。

七四、磨練之福久，參勘之知眞。

一苦一樂❶相磨練❷，練極而成福者，其福始久；一疑一信❸相參勘❹，勘極而成知者，其知始眞。

【注釋】

❶一苦一樂：有時痛苦有時快樂。❷磨練：與鍛鍊的意義相同。❸一疑一信：有時疑惑，有時相信。❹參勘：彼此互相比較參考，斟酌。

【語譯】

人生眞正的幸福，須由磨練而得來，有時經過了苦境，有時經過了苦樂交替，磨練人的身心，達到了極點，最後所得到的幸福，才能保持的常久。對於求得知識也是同一個道理，固執信念於一端的人，不算做到了眞實的知識，其間必須經過疑惑再達到信認，在這一信一疑當中，反覆的參考斟酌，以至達到了極點，然後對於所成就的知識不再發生懷疑，這樣得來的知識，才得算做眞正的知識。

【講 話】

人生有時是苦有時是樂，在這苦樂相尋的環境當中，我們應鍛鍊自己的身體，修養自己的精神，而由不斷的努力和體驗所得到的幸福，才是眞的幸福，這樣的幸福，一時也不會泯滅的。如果能夠體念來之不易善爲保持，則必定能夠永久。

研究一事物的道理，就必須抱誠摯的態度向上不斷的追求，發生了疑問的時候，就要質詢這個疑問，解決這個疑問，由互相參考發明的結果而得來的知識，是經過了苦心努力的結晶，其所種的根基必定是很深，這樣的知識，才算是眞正的知識。

知識是由讀書得來的，有時聽到旁人的言論，有時親察周圍的事態，也可以得到知識。但是僅僅由讀書或見聞得來的知識仍然不免發生錯誤，必須要廣求博覽，彼此對照，這其中一定會發生許多的疑問，然後再進一步去質詢這些疑問，研究這些疑問，解決這些疑問，才能得到正確的知識。

一般來說，學問淺，疑問的地方也少，學問越向深處研究，而疑問也就越來越多。這就是所謂「學無止境博學等於無學」的道理。所以自己認爲很了不起，其實正是證明他是無有學識。眞正的學者是常常的抱著沒有學識的感覺。

如果身爲學生，對自己學業不起疑問，證明他對於學問的不熱心不研究。反之，對於學問熱心研究的人，他必定是有很多的問題發生，而進一步去求得解決，這樣才能夠得到眞正的知識。

七五、虛心明義理，實心卻物欲。

心不可不虛❶，虛則義理來居❷；
心不可不實❸，實則物欲不入❹。

【注釋】

❶虛：空虛。❷義理：正義與眞理。❸實：充滿充實。❹物欲：物質上的欲望。

【語譯】

人心不可不空虛，因爲人心不起私情不生邪念，常常保持著空虛無物，於是正義和眞理同時可以進來塡補這個空虛；但是人心又不可不充實，因爲心常常保持著充實的緣故，所以物欲就不能侵入到心裡，不能夠佔有這心中的地位了。

【講話】

心如果能夠志向於道，就能常常保持著空虛，物欲和邪念就侵不進心裡來，物欲和邪念既然不能侵入，代之而入的當然是正義和眞理的觀念了。而心就成了有德的器皿。

同時心又不可以不充實，所說充實是充滿了正義和眞理，整個的心既然充滿了正義和眞理，當然物欲和邪念就無隙可乘了。於是所說出來的是善言，而所做出來的是德行。

七六、厚德載物，雅量容人。

地之穢❶者多生物❷，水之清者常無魚❸。故君子當存含垢納污之量❹，不可持好潔獨行之操❺。

【注　釋】

❶地之穢：塵埃散在的污穢土地。❷物：種種的產物。❸水之清者常無魚：水清則魚難養。這是東方朔答客難：「水至清則無魚，人至察則無徒」。❹含垢納污之量：有容納污穢，不論清濁皆併包容的雅量。「含垢」有忍恥的意思。❺操：節操，操守。

【語　譯】

萬物都是由污穢的土質裡產生出來的。水如果是太清了魚就難以生存。君子應當有雅量以含垢納污，隨緣來處世，行爲不可以過於潔癖孤獨了，招人家的怨恨，古時候的伯夷叔齊餓死在首陽山，屈原沈溺到汨羅江，這都是自己持有清淨潔白的操行而不能見容於世的。

所以君子應當有雍容大度，才能建功立業於當時，留名傳芳於後世。

【講　話】

在肥料多的土地上面，草木容易生長，反之在貧脊沒有肥料的新土地上面，草木反而不容易生育。同樣的道理，在泥水的裡面，有水草有岩石，污穢的水也流到裡面，魚生長在這裡面，既有藏身的場所，也有產卵的地方。對於他們的食物也不感覺缺乏，有的是草子蟲蝦，反之一股透明見底的美麗的河流裡面，既無有岩石泥土，也沒有水藻蟲蝦，魚在這裡面當然就難以生存了。所謂「水之清者常無魚」。這句話源出於是漢代東方朔答客難文裡面的話：「水至清則無魚，人至察則無徒」。

君子只是清淨潔白索然獨居便不能成就大業。世間本來就是正邪善惡交錯的社會，我人立身處世在這社會裡面，必須要有清濁並包的雅量，如果僅只是選擇潔白而排斥污濁，就形成了孤立獨守，在小的範圍之內，與世不能相容，當然也就不能成就大的事業了。

七七、憂勞興國，逸豫亡身。

泛駕之馬可就馳驅❶，躍冶之金❷終歸型範❸。只一優游❹不振❺，便終身無個進步❻。白沙云❼：爲人多病未足羞❽，一生無病是吾憂❾。眞確論也❿。

【注　釋】

❶泛駕之馬：泛是顚覆的意思。駕是駕車。泛駕之馬是不守軌轍。顚覆車輛，有烈性的悍馬。漢書武帝本紀：「夫泛駕之馬，跖弛之士，此亦皆可御之耳。」❷躍冶之金：鑄錢幣熔解金屬往模型裡面傾倒的時候，金屬有時突然躍出到模型外面。❸型範：鑄型規範。❹優游：悠悠於歲月，而沒有事做。❺不振：不奮發，不振作。❻無個進步：一點進步也沒有。❼白沙：明朝學者陳獻章，門人都稱他白沙先生，字公甫，號石齊，廣東新會人，明正統十二年考試官吏登用及第。但是他未曾作官。棲隱在白沙地方講性命之學。學德都很受當時的稱道。弘治十三年卒享七十三，著有白沙集十二卷。❽多病：身體多病。❾無病：精神無有苦痛。❿確論：正確的議論。

【語　譯】

性情頑劣凶悍的馬，如遇到了很好的騎手，牠就會服貼供乘者馳騁在長途的原野。濺躍出爐子外面的殘餘金屬，如果經過了妙手的爐師，就能把它溶鑄成爲精美的器物。以人來說也是如此，性情頑劣的人，經過了訓練與個人的奮發，可以成爲有修養和有作爲的人物。反之如果人的一生只優游歲月，不知道向上求進步，終身便一無所成，平凡了此一生，是可悲的事情。

明朝有名的學者陳白沙說：「爲人多病未足羞、一生無病是吾憂」。這是說人不怕有缺點和毛病，只要能夠努力克服缺點矯正毛病，反可成建功爲立業的基礎。要是一個人既無什麼缺點，也不知道奮發努力求事業上的進步，那才是可憂可慮的事情。

【講　話】

孟子說過：「憂勞足以興國，逸豫足以亡身」。又說：「天將降大任於斯人也，必先苦其心志，勞其筋骨，困乏其身，惡其體膚，行拂亂其所爲，所以動心忍性增益其所不能。」這是說人要建大功立大業必定先要經過艱難險阻的環境，磨練他的身心，看他是否經得起困難，然後才能賦與他重責大任。這好比說頑劣不馴的野馬在你要叫他馴服駕車之前，必須要請良師調教來操縱它，然後他才能馳騁千里。又比方說頑金不純粹，遇到了爐火鍛鍊的時候，噴出爐外向四下裡濺躍，經過冶金工人把它巧妙納入爐中一煉再鍛，終於使它入於鑄造的模型之中成了有用的器皿。

人要想成爲偉大的人物，建立豐功偉績，也必須要經過一番磨煉才能有事業上的成就，所謂百煉千磨眞鐵漢。我們不怕生來有任何毛病，只要能夠奮發修養，去掉了本身的缺點，沒有不能成功的。最怕的是一個人生來就悠遊歲月無所事事，這樣荒廢一生實在是可悲可憐。

明朝的學者白沙先生說：「爲人多病未足羞，一生無病是吾憂」。這誠然是至理名言，這是比喻人有過能改不算是羞恥，怕的是無病優遊的人，孟子所說的鄉願也就是這一流的人，一個國家這樣的人多了，則這個國家一切，都沒有進步，那不亡國又將何待呢？

七八、一念貪私，萬劫不復。

人只一念❶貪私❷，便銷剛❸爲柔❹，塞智❺爲昏❻，變恩爲慘❼，染潔❽爲汚❾，壞了一生人品❿。故古人以不貪爲寶⓫，所以度越一世。

【注釋】

❶一念：突然之間的念頭。❷貪私：貪欲私欲，也就是利己心。❸銷剛：剛毅的氣象都消失下去。❹柔：弱。❺塞智：妨礙了明智。❻昏：昏愚。❼慘：慘酷，悲慘。❽染潔：汚穢了潔白的心。❾汚：汚穢。❿一生人品：一生的人格品性。⓫古人：指司城子罕而言，蒙求上卷左傳曰：「宋人得玉獻諸司城子罕，子罕弗受」獻玉者曰「以示於玉人，玉人以爲寶。故以之獻」子罕曰：「我以不貪爲寶，若以與我，則寶皆喪，不若人言有其寶。」這是以不貪爲寶，不貪身外之物才是貴重之寶。

【語譯】

貪欲這個觀念是可怕的東西，因爲私心一起，就失去了剛健中正的氣節，閉塞了明智，成爲了昏庸。本來的恩惠之心，變成了慘酷之念，使廉潔的行爲染上了汚點。一生的人格就破產了。

所以古人以不貪金銀財貨，不愛身外之物爲至寶，能夠超越於普通人之上，受到旁人的尊敬。

【講話】

明朝王陽明先生主張致良知，他說：「良知無待他求儘人皆有，只是被物欲汨沒了它。」可見人不能動心，要是貪心一動，良知就泯滅，良知一泯滅，就失去了是非與邪正的觀念，剛毅之氣也化爲烏有，光明的智慧也變成昏暗了。對人施行恩惠的仁愛之心，也變作了殘酷刻薄的念頭，清淨潔白的品德也染上了污點，如此一念之差，使一生的人格破產。

古來的聖賢教人不起貪心提倡天下爲公的大道理，也就是這個道理。所以聖賢能過超人的生活，居於常人之上，受到後世無比尊崇。

七九、心公不昧，六賊無踪。

耳目見聞❶爲外賊❷，情欲意識❸爲內賊❹。只是主人翁❺惺惺不昧❻，獨坐中堂❼，賊便化爲家人矣❽。

【注釋】

❶耳目見聞：用耳聽聞，用目看見。是五官的作用。❷外賊：由外部而來的賊人。❸情欲意識：情欲是男女相愛的欲念，在佛教叫做貪欲執著之心。意識是心的作用。❹內賊：由內部所起的賊人。❺主人翁：指人的本身是人身的主人翁。❻惺惺不昧：惺惺是心的鎮定狀態，

不昧是覺悟道理。惺惺不昧是形容心本體的光明。❼中堂：這裡是指堂上南北中間的屋舍。有時也可作一家之中最裡面的房屋。❽家人：家中的僕人。

【語譯】

眼睛喜歡看好的顏色，耳朵喜歡聽聞美的聲音，由於耳目執著於聲色的關係，就生出來種種的妄念。這耳目的所見所聞，是外來的賊人，至於說到情欲諸種的分別。由於這些分別也生出種種的妄念。

這些個情欲意識就是身內的賊人，無論是外賊或是內賊，只要人本心這個主宰的主人公能夠醒覺，而不要沈睡，它能夠不偏不倚的坐在人的身體裡面，那麼無論內賊和外賊，不但不能作怪爲害，反而可以化成一種幫助身體的力量，正好像佛家所說的：「煩惱即是菩提」，以及「見捉賊如捉吾子」是一樣的道理。

【講話】

一切外界的誘惑，多半是由耳，目的接觸而來。所謂耳之於聲，目之於色，耳所聞的是種種悅耳的聲音，眼所見的是種種美麗的色彩，在這耳習目染不知不覺的中間，人的本身就受了誘惑，這耳與目兩者對人的修養上來說，是外在的最強的敵人。不僅有這外在的敵人還有內在的敵人，那就是爲了貪得利欲的念願而起的一種意識，因爲有貪的念頭，心的修養就失去了本質而走入了迷途。

這內外兩種敵人對人來說，實在是可怕的兩個賊人。一旦遇見了機會，他就來乘人的缺點向人進攻，人處在這種危險的環境當中，一點都不能鬆懈，必要時刻的加以注意和防範，這就得由人身體的主人公——心靈也即是人的精神，要本著嚴肅的態度時時的謹愼不眠不休的警覺，使內外的賊人不敢任意侵犯，心靈反而可以降伏了他們，使他們聽命於心，爲心來工作，化惡行爲善行，變惡念爲善念。

八〇、勉勵現前之業，圖謀未來之功。

圖❶未就之功❷，不如保已成之業❸；悔既往❹之失❺，不如防將來之非❻。

【注釋】

❶圖：是計劃的意思。❷功：是功績，也就是事業。❸保：保守、保持的意思。❹既往：過去的事情。❺失：失敗或者過失。❻非：不正當的行爲過失或是缺點。

【語譯】

打算使將來的功業有所成就，那就不如保持住已往已經成就的事業使他繼續向前有所發展。後悔以往的過失，不如防止將來不再發生錯誤。後悔雖然不是壞事，但是只是後悔無益，更應注意往後不再蹈覆轍。佛家常說「懺悔」這一名詞，也含有以上兩方面的意義。所謂是懺來悔往，也就是後悔已往過錯的同時，還要懺誓將來的不再犯過，這樣才能收懺悔的功效。不然僅僅追悔而不改過是無益的。

【講話】

古人說：「前事不忘後事之師」這話的意思是把已往的得失，作爲將來的借鏡，也就是追溯以往，而策勵將來的意思，至於說到爲了將來事業上有所成就，那就更不能從眼前現在的事業上著手，如果在目前事業毫無基礎和成就，則在未來的前途也絕對不會出現什麼奇蹟。即使有了好的機會給我們，也因爲我們對於這機會在過去沒有基礎而把握不住它，難免會發生錯誤，遭受失敗。所以說想要開展新的環境，計劃新的事業之前，不如先把已成的事業好好的經營，使它有相當的基礎後，再去發展新的事業。

有些人追悔過去的過失，有些人宣揚過去的得意，但如果僅止於追悔與宣揚過去，而不覺悟到將來過失的重演或是得意的時候已不能再來了的話，那就無補於將來事業的成就，我人必須以已往的成敗爲人生之借鑑、防止將來錯誤的發生，不再蹈過去的覆轍，那才是有益之舉。

八一、養天地正氣，法古今完人。

氣象❶要高曠❷，而不可疏狂❸；
心思要縝密，而不可瑣屑；

趣味要沖淡，而不可偏枯；操守要嚴明，而不可激烈。

【注　釋】

❶氣象：氣度，心情，氣量。❷高曠：高廣的意思。❸疏狂：世事生疏，出逸常規。白居易有詩「疏狂屬年少」。

【語　譯】

做人的氣質，要有高尚曠達的偉大風度。不可拘泥小節固執己見。更不可疏狂放蕩，踞傲粗暴。做人的心思要周詳縝密，總以不越乎尺度不近乎瑣碎爲相宜。心思如果過於疏狂，就是越度，心思如果過於細密則近於瑣碎。對於一切事物的趣味不要太熱中得過度，總以淡然處之爲宜，然而過於恬淡易流於偏枯和清冷；人如果心性如同枯木死灰一樣的乏味，人生就無有一點生趣了。講到人的操守，必須要公正嚴明，但也不可過於激烈，總以不失正當的尺度才好。

【講　話】

這一段是說明人心的動作，趣味和主張，也就是說人應當保持怎樣的一顆心，第一，人必定要高潔廣大，氣質卑鄙的人則決不能受人尊敬，也不足以擔當起大的事業，然而眼睛只知道向上面看，和世間的事物脫了節，這種行動也就超出了常軌；心思考慮一件事情當然需要精密愼審，但是也不能只注意到小的問題更而忽略了大的方面，對於某種事物發生經過應當從多方面去了解它，而後才能獨樂其樂。反過來說對於任何事物都不感覺興趣的人，所謂過於清冷淒涼的思想，這好像枯木死灰無有一點生氣對於人生更不相宜。其次心要有固定見解，把持一個主義而要嚴肅固執的去做。否則就容易動搖，但是如果太固執了，也容易走上偏激的道路，同樣是不合中庸之道。

八二、不著色象，不留聲影。

風來疏竹❶，風過而竹不留聲；
雁度❷寒潭❸，雁去而潭不留影。
故君子事來❹而心始現❺，事去而心隨空❻。

【注釋】

❶疏竹：稀疏不密而生長的竹子。❷度：和渡過的渡字相同，這裡的意思是由空中飛過去。❸寒潭：寒冷的深淵。❹事來：出現在眼前的事物。❺現：表現出來的活動。❻空：任何事物不留痕跡的意思。

【語譯】

在稀疏的竹林裡，清風吹來竹葉瑟瑟的作響，一旦風吹過去了之後，竹葉所發的聲音，靜悄悄的而寂然無聲了。大雁從寒潭的上空飛過去，他的影映照到潭水裡面，而雁影則隨雁形以去，而不復返回。君子的心也和這竹林與潭水一樣，事物出現到眼前的時候，心就活動，事物一過心就恢復原狀了。

【講話】

佛家說：「象由心生象隨心滅」。看了上面一段話，也就證明這兩句話的正確性。當風來的時候，這是竹子與風有因緣而遇合到一處，風過之後緣盡了而一切皆空，所以說風過而竹不留聲。如果聲音永久停息，那就萬事的因緣，永久不散。一切諸法之象不空。就是天地宇宙將來也容納不下這一切。所以一切諸法是空象，都是過而不留的。雁過寒潭而潭不留影，也與竹不留聲的意義相同。這兩件事使人看過之後，有一個大覺和穎悟，就是說萬事萬物無論是常是短是苦是樂，到頭來都有個散場的時候，所以君子應隨緣而住，事情來了就現出心象去服務，事情去了立刻的寂靜下來，以保攝自己的本性，不使本性失掉。

八三、君子德行，其道中庸。

清❶能有容❷，仁❸能善斷❹，明❺不傷❻察❼，直不過矯❽。

是謂蜜餞不甜，海味不鹹，纔是懿德。

【注釋】

❶清：清廉潔白。❷容：有容納他人意見的雅量。❸仁：即是寬仁大度。❹善斷：善於決斷。❺明：是聰明。❻不傷：不過度，對於人無有損害。❼察：對於細小之事而嚴加探索。❽正直：正直之人。

【語譯】

清廉潔白的人，往往沒有容人的雅量，寬仁大度的人，往往又缺乏果斷的決心，聰明的人容易失之苛求嚴察，正直的人容易陷於矯枉過正。反過來說，清廉潔白的人能夠兼有容人的雅量，寬仁大度的人又兼有果斷的決心，聰明的人不失之苛求嚴察，正直的人不陷於矯枉過正，此所謂君子德行不失中庸之道。

那就好像是在食物的裡面雖然加入了蜜汁，但不要使它過於甘甜，在海鮮原味裡面放入了鹽質，不要使它過於太鹼了。能夠這樣就沒有過猶不及的毛病，這樣的人就可以稱之爲懿德的聖賢。

【講話】

清廉潔白是禮讓尊敬的行爲，有清廉潔白行爲的人，固然可以把自己的人格很有規律的提高，可是往往他們嫉惡如仇，器量狹小而沒有容人的雅量。反之有度量而又寬仁的人當然是很受人愛戴，可是他又多半是缺乏決斷力，聰明的人如果沒有智慧來指導他，那麼聰明的人有時反被聰明所誤。正直的人多有和一般人不相同的作法，這作法有時也可以是正直人的短處。

從上看來，清廉潔白的人必須要兼有容人之量，寬仁大度的人必須要富有決斷力，聰明的人必須不要有害於他的聰明，正直人不要有奇怪矯情的行爲，能夠如此，就好像是食物裡加蜜而不過甜，海產鮮味裡加鹽而不過鹹，人能如此就沒有過猶不及的弊病了。

八四、君子窮當益工，勿失風雅氣度。

貧家淨掃地❶，貧女淨梳頭❷，景色❸雖不艷麗❹，氣度❺自是風雅❻。士君子一當窮愁❼寥落❽，奈何❾輒❿自廢弛哉⓫。

【注釋】

❶掃地：把地上和庭院掃除乾淨。❷梳頭：用木頭把頭髮梳好然後結成髻鬟。❸景色：外觀的顏色模樣。❹艷麗：濃妝的美麗。❺氣度：人品，品格。❻風雅：風流雅緻。❼窮愁：窮困憂愁。❽寥落：寂寥落寞，失意的境遇。❾奈何：與如何相同，何必爲何的意思。❿輒：

輕易的。⓫廢弛：弛緩荒廢，就是自暴自棄的意思。

【語譯】

貧窮之家要常常掃乾淨了地上的塵土，貧苦的婦女要時時的梳洗潔淨了頭髮，在表面上雖然看不出來什麼艷麗華美的景象，在氣質風度上卻別有一番清雅之趣。君子一旦遭遇了窮愁潦落的境遇，就應當努力奮發，窮而益工，持身濟世，更需要嚴謹正大，萬不可妄自菲薄，廢弛事業，而自暴自棄的潦倒一生。

【講話】

貧窮的人家雖然是住在茅屋草舍裡，衣食困苦，但如果能夠講求清潔，整頓好屋裡屋外，那麼在貧苦環境中不失清雅的風格。貧家的婦女雖然衣服穿得襤褸，但頭髮梳得乾淨，衣服穿得整潔，雖然看不出華麗美觀的形象，也自然別有一番雅緻的風度氣質。

君子生在天地間，其心的潔白清明，氣質品格的高尚，即使流落到困窮失意的境遇，也千萬不可頹靡懈怠自暴自棄，如果妄自菲薄墮落了品格，那就等於明珠埋於糞土，美玉出了瑕疵，是多麼可惜的事啊！

八五、未雨綢繆，有備無患。

閒中❶不放過❷，忙處有受用❸；
靜中不落空，動處有受用；
暗中不欺隱，明處有受用。

【注釋】

❶閒中：閒暇的時候。❷放過：茫然把光陰白白的過去。❸忙處：多事繁忙的時候。

【語譯】

在閒暇無事的時候，不要放心空過了日月光陰，在平時常常預先作準備，等到了繁忙多事的時候，就可以自由自在的應付裕如，而不至於張惶失措了。又在安靜的時候，不要使心地落了空，要用心的養精蓄銳，充實自己的力量，等到他日活動的時候，才不至於心慌意亂。又在暗處不自欺亦不去欺騙他人，更不隱蔽自己的過惡，常以光明磊落青天白日的心胸去待人處世，那麼就俯仰不虧，決無愧怍之處。

【講話】

所説「受用」兩個字，就是在閒暇無事的時候，不要白白的空過光陰，如果能夠事事預先準備，到了繁忙的時候，也就有餘裕的工夫，這就是「受用」兩個字的意義。至於談到「落空」兩個字，本來是説人當居處在寧靜的環境裡，不要如死灰一般的心中無所事是，這樣就是不落空，然後每當一有了活動的轉機，或者遭逢了動亂，在動的中間而能自在的活動，這就是靜中不落空，動處才有受用。古來的名將馳騁於千軍萬馬之中，而泰然自若，運用他的神籌妙策來作戰，雖然出入於九死一生中，尚且能悠悠自得毫不急迫，這就是閒中不放過靜中不落空的結果。如果平時全不注意和毫無準備，誠如諺語所說的「臨陣磨槍，臨渴掘井」那就來不及了。古人所謂「太平原是將軍致，不許將軍看太平」。也就是同一道理，至於說「暗中」兩個字的意思，乃是說人所不見之處。一個人當深夜寂寞，此時認爲人不能見人不能知而做不正當的事情，像那些偷盜邪淫，作奸犯科等等的行爲，在他自己認爲可以瞞過他人的耳目，其實是欺人自欺，一旦事情敗露的在人前丟人現眼。所以作一個君子應當心如青天白日之光明，俯仰無愧於天地。雖置身於千萬人面前，也堂堂正正自在自如的言行動作。

八六、臨崖勒馬，起死回生。

念頭起處❶，纔覺向欲路上去❷，便挽❸從理路上來❹。

一起便覺，一覺便轉，此是轉禍爲福，起死回生的關頭，切莫輕易放過。

【注　釋】

❶念頭：和心頭的意義相同，也就是一念之間。❷欲路：私欲方面的道路。❸挽：挽轉引曳回來。❹理路：適合於道理方面的道路。

【語　譯】

當著我人意念初動，自己感覺到是趨向於私欲的方面，那就要趕快用正理的念頭把它扭轉過來，如果任著私欲的滋長而不予挽救，那就要陷落到貪欲的深坑而不能自拔，就遭致不測的災禍，說不定還有送掉生命的危險。

所以當著意念初起之時，便要立刻自覺，一經覺悟之後，這私欲之念，就轉到了正理方面，在這一覺和一轉之間，便可以轉禍爲福，起死回生。這是禍福生死分野的關頭，我人應當時時刻刻的留心注意，切莫輕易放過。

【講　話】

「窮理於事物始生之際，研機於心意初動之時」，這兩句話的意義，是教人要卻私欲存天理，我人當臨事動心的時候，如果感覺到心傾向私利私欲方面，那就要趕快扭轉方向，改往眞理的方面前進。

當這個心意初起而能夠覺悟到不對，立刻向善的方向轉換之一念，這就是轉禍爲福之道，也就是起死回生的關頭。所以說生死禍福在乎自己，一念之差萬劫不復，所以這一個爲善去惡的念頭，千萬不要輕易的放過。

人有物欲是人的本能，無論是誰，看見了眼前的利益，都想要伸手取得，在這一刹那之間，不起善惡的判斷，冒然去取得後，覺得是不正當的行爲，這時候如果能夠靜靜的考慮一下，就發現了這事是私利私欲不合乎眞理，趕快的放手不去作它仍不算太晚。如果執迷不悟繼續的做去，那就愈陷而愈深，終至不能自拔了。所以無論對於什麼事，總要注意到心意初動的時候，切莫因私欲而種下禍根，更不可不加思考而冒然去作，就不致於作錯事壞了人品。

八七、寧靜澹泊，觀心之道。

靜中念慮❶澄澈❷，見心之眞體❸；閒中氣象從容❹，識心之眞機❺。淡中❻意趣❼冲夷❽，得心之眞味❾。觀心證道❿，爲如此三者。

【注釋】

❶念慮：心，精神，思想，都可以解釋成念慮。❷澄澈：澄淸見底。❸心之眞體：心的眞正的本體，即是心本來的面目。❹從容：不慌不忙，不急不迫。❺心之眞機：心的眞正機用，也就是自由自在的妙用。❻淡中：淡泊質素的裡面。❼意趣：心意的趨向。❽冲夷：夷是平和，冲夷是淸靜平和。❾心之眞味：心的眞正趣味。❿觀心：自己觀省心的本體「證道」覺悟

天地之大道。

【語譯】

人當萬念俱靜的時候，思想不起。如水之清，如月之明。此時才能得見出人心的眞體。人在悠閒鎭定當中，氣象從容有度，此時才能認識出人心的眞機。人的意念對外界一切都以淡然的態度處之，那麼一切的意趣都沖刷平了，也就不起什麼波折與起伏，這樣才能看出心中的眞味，我人要想觀心證道，就不出乎這三種境地之外。

【講話】

心靜的時候，就不起一點污穢的灰塵，這時候的心好像是一面光明平滑的鏡子，無所不照，而自身的本體，也就呈現出來。心在安閒的時候，心是非常的從容沈著，這時候去考慮一件事情，就能夠沈思默考發現其中的奧妙道理，這時候也就現出來心的眞機。心處於淡泊的狀態，趣味是平淡廣闊，心趣總是平穩自得，這時候就見出來心的眞趣，而沒有什麼掩飾的地方。觀心悟道的方法，也就在於靜中念慮，閒中從容，淡中心平氣定。三國時諸葛亮寫：「寧靜以致遠，淡泊以明志」兩句話作爲他的座右銘，也就是觀心的道理。

八八、動中靜是眞靜，苦中樂見眞樂。

靜中靜非眞靜❶，動處靜得來，纔是性天❷之眞境❸；
樂處樂非眞樂❹，苦中樂得來❺，纔是心體之眞機❻。

【注釋】

❶眞靜：眞正的寂靜。❷性天：人心譬喩爲一個小天地。所以叫做「性天」。❸眞境：本來的境地，眞正的境界。❹眞樂：眞正的樂趣。❺苦中樂：處於苦境之中而悠然自得其樂。❻眞機：眞正的妙用。

【語譯】

在四下裡沒有一點聲音的靜寂的地方，心自然可以保持著平靜，也就是說，在靜處得靜，任何人都可以作得到的。所以這不能算作眞實的平靜，心如果能在喧囂吵鬧的聲音當中，保持住本心的平靜，這才是得到了性本來的眞境域。

在快樂的境域裡感覺快樂，任何人都認爲理所當然，但還不算是眞樂，如果人在苦的境遇裡不悲觀，反而能夠優遊自適求得樂趣，這可以說是得到了人心的眞正妙用。

【講話】

一個人不聽見車的音動，以及人的喧嘩，居處在深山幽谷中，保持著安靜的心情，這樣還不能算作是眞的靜。必須要在槍林彈雨，殺聲震天的戰爭動亂中，仍能夠保住靜肅鎭定，心不爲它所動，這樣才算是達到了心性成眞的靜的境界。

在晉朝的時候竹林七賢人之中有一位嵇康子得罪了權門下獄論死，臨刑的時候卻高歌一曲，這也可以說是苦中作樂，足證他的心體是全眞，所以能悠然自樂。

八九、捨己毋處疑，施恩毋望報。

捨己❶毋處❷其疑❸，即所捨之志多愧矣；施人毋責其報❹，責其報❺，併所施之心懼非矣❻。

【注釋】

❶捨己：捨棄自己的利益，爲他人計算，即就是自我犧牲而利他的行爲。❷處：處置，結束。❸疑：對於自己有利無利的疑惑與打算。❹報：酬報，報答。❺責：求的意思。❻非：非理，非道，即是不合於道理。

【語譯】

當我們犧牲了自己的利益去救助別人的時候，如果計較到這是於人有益而於己有損、利害的心思一起身就入於疑惘的境地了，而他人對我人的犧牲和幫助也就懷疑是否出於眞誠。於是我人雖然犧牲了自己的利益，也於志行有愧。當我們對他人施捨金錢物品的時候，切不要求人家的報答，如果希望人家的報答，則我人所施捨的本心，也就失去了眞善的意義，而成了一種悖理的行爲。

【講話】

一個人爲社會爲國家，抱定了犧牲自己的決心，去從事工作，決不思想對自己有利無利，如果對於利害觀念一有躊躇，就處於疑慮的環境中，被這一疑惑觀念所束縛，那對於任何事的努力，都與自己最初的志願相違背，並且不能貫徹到底，這實在對不起自己的良心！

其次是對人施捨恩惠，不可存希望報酬心，希望報酬而施捨的恩惠，那就無異商業買賣的行爲，即或最初的施捨是由於同情心所發生的，那結果也就成了悖情滅理的行爲了。

九〇、厚德以積福，逸心之補勞，修道以解阨。

天薄我以福❶，吾厚❷吾德以迓之❸；
天勞❹我以形❺，吾逸吾心以補之；
天阨❻我以遇❼，吾亨❽吾道以通之❾。
天且奈我何哉？

【注釋】

❶薄：薄與，薄待。❷厚：厚積，厚遇。❸迓：迎接的意思。❹勞：勞苦。❺形：形態，身形。❻阨：墮落到困厄的境遇，❼遇：境遇，❽亨：通達，亨通。❾通：通過。

【語譯】

天不給我以厚福，我以積德去迎接福祉的到來，天使我勢苦以困乏我的身體，我則常常保持精神上的安逸以補償身體上的疲乏。天使我陷於困厄的境遇，我則以修道的精神以打通這一個苦境，這樣一來是既不違背天命，亦不屈服於環境，於是我就可以自由自在的左右我的命運。

就是天又能奈我何？

【講話】

天對我太偏私給我的福分太少，那麼我就應當積厚我的德行，不可以抱怨天，如果我能夠持久的自張不息，幸福自然而然會到來的。我們再來比較幸福分量的深淺，如果我的身體勞動得太多，那麼我就更有養心的工夫來補救這體力的不足而不可輕易放棄，徒然傷損精神，影響身體的健康。如果天給我的際遇太壞，使我痛苦，我就應當以守正道的精神開拓自己的命運，以最大的決心，渡過眼前難關，使我脱離這命運魔掌的支配，反而可以自由的來左右我自己的運命，那就是天對我也没有法子，自然而然也就福賜於我了。

西哲說：「天助自助」天運是給與自強不息的人的。天雖然能夠生出很多的福運，但決不給與怠惰的人，幸福的命運是要我們自己用鐵鍬去把它挖掘出來的。但是我們的努力必須要站在道德的立場之上。由自己純正的眞心而發出來的。天對於利欲之念太深的人也是非常憎惡嫌恨的，天福善人而打擊壞人這差不多成了千古不磨的定律。有時候也有所行非道的人用不正當的手段奪取了福運，但這種違反天意的假造的福運，不但不能繼續於永久，最後必定遭遇到悲慘的結果的啊！

九一、天福無欲之貞士，而禍避禍之憸人。

貞士❶無心徼福❷，天即就無心❸處牖❹其衷❺；憸人❻著意避禍❼，天即就著意中奪其魄❽。可見天之機權最神❾，人之智巧何益。

【注　釋】

❶貞士：貞節之士，守節義而不變志向的人。❷徼：徼得。求得。❸無心：沒有幸福的心。❹牖：與窗字的意義相同，開啓，就是開啟了運命的窗戶。❺衷：中心，本心。❻憸人：心性奸邪陰險的人。❼著意：留意，注意到一點。❽奪魄：喪失精神，驚懼以至於氣絕身死。左傳：「原叔必大咎，天奪之魄。」❾機權：機用，機能。

【語　譯】

忠義貞節的人，決不爲自己的利益而打算，上天就在他那無心之處來打開他衷心所欲成就的事。反之奸邪險惡的小人時時爲非作歹，雖然留意避免禍患，但是上天卻偏偏要在他留心處，褫奪他的精神魄力，使他在不知不覺的當中身陷法網，所以說天的機能權力誠然是神妙不可思議，任是人工技巧，也難與之抗衡，從前的人講善惡的循環報應，也無非說明了這一個道理。

【講　話】

忠貞的人士，節烈的婦女，只知道守著忠義節操，不求有什麼幸福奇遇，可是上天卻體恤他們的苦衷，在他們無心求福反給予了他們很大的幸福，使他們心中充滿了快樂，雖然他們在一生中前半段是受盡了折磨，到了晚年卻多半是享福無窮的。即或是中途發生不幸遭遇大的變故，或是爲國盡忠而死或是孤苦守節而亡，但也必傳留於千古，爲後世所敬仰。

心地陰險的小人，只圖獲得利益，多方面作著壞事想方法躲避災禍，而他們也天天在求保佑他，上天對於這種人不但不會給他幸福反而要降下災禍，教他們受了報應，這就是所謂天機莫測，世間有些謀害人命的人，事情經過了幾十年，終究還會被人發現，受到刑法的制裁，這就是天的智慧實在不是人力所能及的。

九二、人生重結果，種田看收成。

聲妓❶晚景❷從良❸，一世之胭花❹無礙；貞婦❺白頭❻失守❼，半生之清苦❽俱非❾。語❿云：看人只看後半截⓫，眞名言也⓬。

【注釋】

❶聲妓：以聲曲歌舞度世的女人。藝者歌妓。❷晚景：夏陽落後的景色，喻人的晚年。❸從良：是良人，即是女人的丈夫。❹胭花：胭脂花粉是女人的化裝品。❺貞婦：守節堅貞的婦人。❻白頭：白髮的老年人。❼守：守著操守。❽清苦：經過清操艱苦而來的節義。❾非：任何事都不成，無效。❿語：世間的諺語。⓫後半截：截與切斷是同意義，後半截即是後半生。⓬名言：正當適切的話。

【語譯】

歌妓舞女在年輕的時候，塗脂抹粉，倚門賣笑，終日輕歌艷舞，過著放蕩的生活，但是他們到了晚年嫁了男人後，卻能守著婦女的貞操，料理家務，以前的胭花生活都沒有了，成爲一個正派的婦女。

反之，守貞操清苦的婦人，到中年以後，忽然放蕩起來，作出邪淫的行爲，使他前半生守貞操的清譽都成了泡影。古語說的好：「看人只看後半截。」誠然是有道理的話。

【議話】

歌妓舞女在年青的時候作歌妓舞女的人，到了晚年嫁人從良之後，如果能夠過著清苦的生活，守著婦道，那麼她那前半生的放蕩淫亂的生活，對於她是沒有什麼妨礙的。反過來說妙齡守節的婦女，到了老年失貞操，有了越軌的行爲，她那前半世所受的清寒辛苦，一旦都成了泡影。不僅婦人女子是如此，男人又何嘗不是如此？人在年輕生活放蕩不羈，到了晚年覺悟錯誤，一變而成爲廉謹正直的人，正是「浪子回頭金不換」，社會的輿論，對他的下半生作爲自必大加以讚揚，反之正直廉明的人到最後失了忠貞的節操，從前一切的辛苦，都化爲烏有。古語有：「看人只看後半截」眞是至理名言，這就是人生重結果種田看收成的道理，不然的話，人生在世間就沒有是非與公理，那人和禽獸就沒有什麼分別呢？

九三、多種功德，勿貪權位。

平民❶肯❷種德施惠❸，便是無位的公相❹；
士夫❺徒貪權❻市寵❼，竟成有爵的乞人。

【注釋】

❶平民：普通的人，無官位爵祿的平民。❷肯：自願的，自發的。❸種德：積累陰德。❹無位的公相：沒有官位的王公宰相。❺士夫：士大夫，有階級官位的人。❻貪權：任意玩弄權勢威力。❼市寵：在上者使其下屬感恩邀寵。就是把恩寵賣給了下屬。

【語譯】

既無有官爵又平淡出身的平民，如果能夠自積陰德，對人廣施恩惠，我們可以說他是一個無位的王公將相，反之，有學問又有知識的士大夫官吏們，每天只醉心於貪權弄勢，而不想去種德施恩，播植福田，無論他作到了多大的官爵，也不過是一個有祿位的乞丐罷了。

【講話】

人的尊卑與高下，不在於地位和爵祿的大小，而在於他的德行如何，雖然是一位沒有地位和爵祿的大小，而在於他的德行如何，雖然是一位沒有地位沒有爵祿的平民，他如能夠行仁修德，施恩於人，在名義上雖沒有地位官階，在精神上卻是一位有品的大臣。反之，站在庶民上面的官吏們，濫用權勢與地位，貪圖高官與厚祿，對上爭寵邀功，對下頤指氣使，其至貪污受賄，利己自肥，這樣的人實在是有爵位的乞丐，他天天在那裡所叫的無非是錢與權兩個字，不過是貪得無厭的小人行徑。

九四、當念積累之難，常思傾覆之易。

問祖宗❶之德澤❷，吾身所享者是，當念其積累之難❸。問子孫之福祉❹，吾身所貽者是，要思其傾覆之易❺。

【注釋】

❶祖宗：祖是先祖，宗是中興的祖先。❷德澤：恩德，恩惠，恩澤。❸積累：修，累積。❹福祉：福是幸福，祉是神授的幸福。❺傾覆：倒下，翻轉。

【語譯】

如果要問祖宗有沒有德澤，那就要看本身所享受的厚薄，然後才知道祖先積德的難處，給我遺留的餘蔭是何等不易。要知道子孫福祉的大小，那就要看我所傳留給子孫餘慶有多少，如果我本身德薄福淺，則傳留給子孫的餘慶也就不會有如何厚重。到了子孫的一代，不能夠好好的守成，家運隨時有傾覆的危險。所以君子應該要居安思危，未雨綢繆，以防子孫後代的顚簸。

【講話】

佛家嘗説：「若問前世因，今生受者是，若問來世果，今生作者是。」因果的報應，是毫釐不爽，現世我身所受的幸福果報，也可以説是前生所作所爲的結果。有時候我本身的功德不足，就必須要問一問祖先是不是給我遺留下了恩澤。如果我祖先德行深厚，就是我本身没有什麼功德，也可以享受祖先的德澤，而蒙受了生活的幸福，所以我人應當感念祖先積德累業之難，同時自己加緊的修身積德以爲後世子孫遺留餘慶。俗語説：「積善之家必有餘慶，積不善之家，必有餘殃。」子孫所蒙受幸福的深淺多少，不但要看我人的修積與遺留的多少，同時就是我人於現世本身的幸福吉祥，跟危險災難，也莫不是要看自己的進修德業的功夫大小而定。所以人必須時時思想子孫守業維艱，對子孫要善爲教導，總要以戒愼敬懼的態度以從事，方可上昭祖業的光大，下及子孫的榮耀。

九五、只畏僞君子，不怕眞小人。

ㄓˇ ㄨㄟˋ ㄨㄟˋ ㄐㄩㄣ ㄗˇ，ㄅㄨˋ ㄆㄚˋ ㄓㄣ ㄒㄧㄠˇ ㄖㄣˊ。

君子而詐善❶，無異小人之肆惡❷。
君子而改節❸，不及小人之自新❹。

【注 釋】

❶詐善：表面上表示善行，而裡面貪圖私利，所謂僞善者。❷肆惡：任意爲惡。❸改節：即是變節，改變了節操。❹自新：悔悟前非，重新做人。

【語 譯】

世間的人，多在外表上講學問，文質彬彬的好像一個君子，而實質上是圖名與求利。這樣外貌君子內實小人的僞善者，往往使人迷惘不察，誤認爲他眞有善的行爲，這種僞裝的君子，還不如那無學識的小人。小人雖然是不顧他人的利害，任意作壞事。但是他的惡行卻明白的顯露在外面，人人對他望而生畏，加以警惕防範，而不至於受他的欺騙與凌辱。此外還有學識有節操的士君子，一旦被名利所誘惑而改變了他的行爲，作出寡廉鮮恥敗德亂行的事，這種改變節操的君子，還不如那悔過自新的小人。小人雖沒有學識，不知廉恥，如果一旦悔悟了以前的錯誤，能夠洗心革面痛改前非，這豈是那變節改操的君子所能趕得上呢？所以說只畏僞君子，不怕眞小人。

【講 話】

君子是能夠修學問、求知識、明是非、辨善惡，可以作民衆的表率，如果靠著自己的學問去作那些外面良善內裡奸詐的事情，這就是假善人僞君子。這和沒有學問缺乏知識的小人公然作惡沒有什麼兩樣，再說君子明白事物的道理，竟然作惡，這不能不說比小人犯罪的行罪還要深些。

君子常被人尊敬是因爲君子能守節義。如果捨棄了節操而走向利益，這還不如小人悔過自新改邪歸正的可貴了。況且君子棄捨了節操就不稱其爲君子，只稱得上是假貌爲善的人。小人能夠改過，也就不再是小人，而是君子了。人能明白這個道理，對君子小人的分別，也就可以清楚的分辨了。

九六、春風解凍，和氣消冰。

家人有過❶，不宜暴怒❷，不宜輕棄❸，此事難言，借他事隱❹諷之❺。今日不悟，俟來日❻再警之❼；如春風解凍，如和氣消冰，纔是家庭的型範❽。

【注釋】

❶家人：家裡的人。❷暴怒：盛氣怒暴。❸輕棄：輕易的棄置而不顧慮。❹隱：不明顯的。

❺諷：不直接的勸告，用比喻來告誡。❻來日：後日，以後，將來。❼警：警告的意思。❽型範：典型規範，與模範相同。

【語譯】

家裡的人有了過失，不可以大發脾氣，也不可以輕輕的放過去不問。如果對於某一件事，不好明說，或有難言的地方，那就應當借著另外一件事作譬喻來規勸。如果一次不能夠理解和改正，則等他日有了機會再加以勸告。這樣一來，就好像春天的風吹來，使得凍解冰消，一切乖戾之氣都化為詳和之氣，這才可以算做家庭的模範。

【講話】

在一個家族裡面，家裡的人有了過失，就立刻冷言厲色的加以譴責，不但不能使對方改過，反而引起了反感，不能收到改過遷善的效果。但是家裡的人有了過也不能夠輕輕的放過不問，因為姑息過錯，就是養奸為惡，等到一錯再錯，到了不堪收拾的地步，要改正挽救都來不及了。所以家裡人有了過錯，就必須要加以糾正。如果對於他的過錯，認為是屬於不便於明白說出來的，那就必須要假著別的事情，打個比喻說給他聽使他了解，希望他將來不要再犯錯誤，如果他仍不了解，那只有暫時放下不談，留著等到以後，有機會再說給他聽。一直等到他漸漸的了解了為止。這好像是春風解凍的情形一樣，以春天的和暖氣候，逐漸的把嚴寒凍結的堅冰，次第的消化掉。如果能夠有這樣的永久的氣度，家裡的人過失就能改正的。家庭中既沒有爭吵的氣氛，同時又不發生極大的過失，所謂春風化雨一團和氣，這樣的家庭，能說不是家庭的模範嗎？

九七、能徹見心性，則天下平穩。

此心❶常看得圓滿❷，天下自無缺陷之世界❸；此心常放得寬平❹，天下自無險側之人情❺。

【注釋】

❶此心：自己的本心。❷圓滿：沒有缺欠的意思。❸缺陷：缺損，不圓滿。❹寬平：寬大平穩。❺險側：陰險傍側不正的事。

【語譯】

明心見性的人，把世間一切事情明白看透了，總是心安理得，無往而不自如。無論對什麼事情，也沒有不平和平滿。正是：「知足者常樂，能忍者自安。」佛家說：「知足的人身雖臥在地上也覺得安樂。不知足的人，身雖處在天堂也覺得不如意。」人能夠把自己的心放在寬大平穩的地方。自然而然的天下也就成了寬大平穩的天下，無論你走到什麼地方，都沒有險惡的現象發生了。所謂：「走遍了天下也不見有鬼。」就是說明這一個道理。

【講話】

人能明白的觀察自己的心，去安心立命，就不會有什麼不平和不滿了，於是眼所見的心所感的都是很和平很圓滿的世界，紛亂不堪的世界也就不出來了。因此可說象由心生，心感覺著和平圓滿的話，世界也就成了圓滿的世界了。

人對於外界的事物能往安隱寬大的地方去想，就是無論你走到什麼地方，以你對任何人都一樣寬大平穩，而感覺不出來有什麼險惡的人情存在了。因爲你能對於人寬平，則人家也能以寬平的態度對待你，常言說的好，與人方便自己方便。所以說旁人對於我的態度不管好壞都應該把它看做很平常的事。對人抱著不平的態度，人家也就對他還以顏色。並且還要招致人家的不信用。世上有的人喜歡背後批評人說壞話或是對於人用惡言惡聲，那麼人家也就反轉過來以同樣的言行來對付他。

至於觀心的方法，也就在於要時時注意周圍的人對自己的態度，人對我很友善，表示我對人也很友善。把我的本身和人認爲是個別的存在，是一種錯誤的觀念，人能夠達觀，則人我就成了一體相繫不分離的。

九八、操履不可少變，鋒芒不可太露。

澹泊之士❶，必爲濃艷者所疑❷；

檢飾之人❸，多爲放肆者所忌❹。君子處此，固不可少變其操履❺，亦不可露❻其鋒芒❼。

【注釋】

❶澹泊之士：淡泊質素不喜奢華的人。❷濃艷者：濃粧艷抹的化裝起來好奢豪華的人。❸檢飾之人：凡事謹愼嚴格的人。❹放肆者：放縱不羈，放蕩遊惰的人。❺操履：固守操行踐履篤實的人。❻露：表現外露，露出來。❼鋒芒：刀鋒，此處是說一個人的主義和主張很鋒利。

【語譯】

清白澹泊的人，往往是不合乎世俗的氣味，所以多被醉心功名利祿的人所嫉，愼審拘謹的人，他的行爲正直，所以多被肆無忌憚的人所嫌怨。士君子處在這種情形之下，既不可改變操守與行爲但也不可鋒芒太露。如能夠既不變操履又不露鋒芒，融通自在的去待人接物才是處世的妙法。

【講話】

性質淡泊行爲檢束的人，本來是會被尊重的，然而世間有嫉有嫌怨他人的小人，因此對於設身處世的方法，便不能不作進一步的研究了。君子處世固然不可以改變了自己的操守，去諂媚別人或是改變了正當的行爲，與人同流合污，但因爲受正義觀念的驅使，爲了保持正義固守操行，就難免和別人衝突，所以處世的方法在某些情況之下，就不得不走曲線作出僞裝來與世俗相交。如此就可以安全的生活，與人也可以和睦相處，慢慢的再用道德去感化那一般小人，自然而然就可以達到完滿的效果。如果只顧超然境地脱離了社會，就如同魚離了水，就要與社會隔絕了。

九九、順境不足喜，逆境不足憂。

居逆境中❶，周身❷皆鍼砭❸藥石❹，砥節礪行❺而不覺❻。處順境內❼，滿前❽盡兵刃戈矛❾，銷膏❿靡骨⓫而不知⓬。

【注釋】

❶逆境：凡事不如意的境界。❷周身：我身體的周圍。❸鍼砭：鍼是金針，砭是石針，都是治療疾病的用具。❹藥石：藥是藥材，石是石針。也都是治病之物。❺砥節礪行：砥與礪都是砥石即是磨過的石頭。節是節操，行是行爲，❻不覺：自己什麼都不明白。❼順境：任何事都很得意的境界。❽滿前：與目前相同。❾兵刃戈矛：都是武器的名字。❿：銷膏：膏是膏肓，在胸膛的下部俗稱心口窩兒。銷膏就是貫通了自己的胸膛，日見削瘦的意思。⓫靡

骨：靡是粉靡碎骨。是骨髓粉碎成的粉末。⓬不知：自己不注意。

【語譯】

人當著處於不順利的環境，對於周圍一切的遭遇，不要認爲是苦惱，那都如鍼砭藥石一樣的有效力，都是砥礪人的節義品德的東西。使我們成爲一個堅忍有爲的人。至於人處於順境，眼前所遭遇的事物，不要認爲都是幸福，那都是兵刃戈矛一樣的東西，對於自己有害處而人不覺得罷了。等到那飽暖淫靡的生活使你形銷而骨立之時，遂一蹶而不振，再想恢復，也都來不及了。

【講話】

喜好順境而討厭逆境是人之常情。從精神修養上來看，順境也不一定是喜事，而逆境也不一定是壞事。

人當處於逆境中掙扎，好像患病的人周圍充滿了藥腥味，所謂良藥苦口利於病，鍼刺石砭是消毒化膿最好的方法。所以人在逆境中生活雖然痛苦，可是由痛苦中就培養成節操，鍛鍊了行爲，這正是有利於精神修養的地方。反之人在順境，一切事情都合乎理想，於是久而久之驕傲奢侈放縱不羈種種的行爲就都發生了。這由精神修養上來說，好像一個人在刀槍林立兵戈滿前的環境當中，一不注意就被這些殺人利器穿透了胸膛而肝腦塗地。因此越安全就越不可大意。

從前有父子兩人砍樹，父親老了不能上樹頂去折枝，於是兒子上去，兒子在樹的高頭折斷樹枝，樹幹搖曳的擺動著兒子的身體，看來是危險萬分，但是老人一聲也不響看他的兒子工作，等到兒子工作完了下來的時候，到了樹幹的最低枒桐的地方，老人卻頻頻呼喊小心，兒子下來後對老人說，爲什麼在最高的時候不說注意而快到了平坦地上卻反要說注意呢？老人說人當危險的時候，誰都會仔細注意自己的生命安全。而不敢大意。等到自己認爲安全的場所反到粗心大意起來，這時候就容易發生意外了。

一〇〇、富貴而恣勢弄權，乃自取滅亡之道。

生長富貴叢中❶的，嗜欲如猛火❷，權勢似烈燄❸。若不帶些冷氣味❹，其火燄不至焚人，必將自爍矣❺。

【注　釋】

❶富貴叢中：生於富貴人家，叢是積聚之意。❷嗜欲：物質的欲望。喜好酒色等物。❸權勢：使他人服從自己的威力。❹清冷氣味：清涼的傾向。❺爍：用火銷金，叫做爍金，就是煆融金屬。

【語　譯】

生長在富貴之家的人，從小嬌生慣養，任性使氣，缺乏自制的功夫，自己想什麼就做什麼，毫不加考慮思索，其勢如猛火烈焰，作威作福，擅弄權勢，咄咄逼人不留絲毫餘地。這種囂張的氣焰，如果再沒有一點清冷氣味以爲調劑，那麼他那猛烈的情感，不去殺人就必將要自殺。

【講話】

欲利好比是火，理智好比是水，火如果沒有水來制服，那火勢熾烈，必定會燒人焚物。易經水火既濟卦，就是水在火上，水能夠制住了火，達到水火既濟的地步。反過來說，火在上水在下不能制火，火勢炎熱萬物枯焦，而形成火水不濟的狀態。所以生長在高貴之家的人，他的偏好，就好像熾熱的火，其勢焰逼人。如果再缺乏理智，沒有一點克己工夫不帶些清涼的氣息，則一向任性的去爲非作歹，爲了聲色貨利，而縱情肆欲，這不但是爲害別人而最後也必定害了自己。所以作人總要持有超世俗的情操，來調劑熾熱猛烈的嗜欲，不然的時候，縱情肆欲，任意的胡作非爲，即或不能燒人也必定會自焚。

一〇一、精誠所感，金石爲開。

人心一眞❶，便霜可飛❷，城可隕❸，金石可鏤❹。

若僞妄之人❺，形骸徒具❻，眞宰已亡❼，對人面目可憎❽，獨居則形影自愧❾。

【注釋】

❶人心一眞：人由眞心而出的一念。❷霜可飛：驚天地動鬼神的事情。❸城可隕：這是以至誠而能攻落要害堅固的城池。古今註中卷，「杞植戰死，妻歎曰上則無父中則無父下則無子是人生之至苦，乃抗聲長哭杞之都城感之而頹。遂投水死，其妹悲其姊之貞操，乃爲作歌，名曰杞梁妻。」❹金石可鏤：出自朱子的話：「陽氣發處金石亦透。精神一到何事不可成。」此即金石雖固，以至誠就容易貫通。❺僞妄之人：虛妄的人。❻形骸：四肢五體，也就是身體。❼眞宰：是心的本體，也即是精神的主宰。❽面目：顏面。❾形影：形是自己身體的影子。

【語譯】

古語說：「人如有一念之誠，出於眞心，便可以發生不可以思議的力量，可以在六月裡下霜，可以使堅固的城傾圮，可以射石而飲羽。」又云：「陽氣所發，金石可鏤，精神一到，何事不可爲。」反過來說：內心欺妄而外形狡詐的人，徒然的生長了四肢五官，而衷心的主宰已經失掉，對人虛詐絲毫沒有誠意，在他獨居良知發現的時候，就會覺得自己的良心有虧而自慚自愧。

【講話】

由眞心而產生的念頭，實有強大無比的力量。在他力量所支持的地方。眞可以說是驚天動地，可以使夏日飛霜，可以使城池陷落，可以貫通了金石。所以人一眞心起來，什麼事都能做得到，而一般世俗虛僞妄人，對人沒有一點誠意，這種人只不過具有五官四肢，而他的內心，本體已經遺忘掉了。所以就沒有能使人感動的力量，他的所作所爲不但使人家討厭，就是自己一個人離群索居的時候，也自慚形穢心有餘咎啊！

一〇二、文章極處無奇巧，人品極處只本然。

文章做到❶極處❷，無有他奇❸，只是恰好❹。人品做到極處❺，無有他異❻，只是本然❼。

【注釋】

❶做到：到達的意思。❷極處：極度，極點。❸奇：奇妙，奇特。❹恰好：恰到好處。❺人品：人的品性。❻異：變異，相異，不同的地方。❼本然：本來自然的意思。

【語譯】

文章的妙處，不在於一見之下認爲出奇，而在於文章達到了極妙的時候，文能切題，措詞佈局恰到好處，才算是好文章。人的品格高尚，不在於當著眾人的面前顯示出來怎樣的特殊，修養達到極度高尚的人，並沒有什麼與眾不同的地方，而是要順其自然，恢復他本來純眞的面目。

【講話】

古語說的好：「學問通時意氣平」。好文章做好了，雖看不出什麼奇特的地方，只是能夠作得恰到好處，文章能夠切合題目，詞句能夠運用得當，不用費解的難典，不說無用的廢話。

人的品格修養達到了完滿的境地，他的言行也沒有什麼被人注意的地方，只不過是和常人一樣的平凡，對一切的事物都能順其自然而不失其本來面目而已。

一〇三、明世相之本體，負天下之重任。

以幻跡言❶，無論功名富貴，即肢體❷亦屬委形❸。以眞境言❹，無論父母兄弟，即萬物皆吾一體❺。人能看得破❻，認得眞❼，纔可以任天下之負擔❽，亦可脫世間之韁鎖❾。

【注 釋】

❶幻跡：如夢幻假現的形跡。即是現象界。❷肢體：四肢五體，也就是身體。❸委形：由天地委託給他的假形。❹眞境：本眞的實體，即是絕對界，實在的世界，對空象而說的實象。❺萬物皆吾一體：天地間所有萬物都和我是一體。❻看得破：看破了一切。❼認得眞：認識其中的眞相。❽負擔：負是背負，擔挑。由我身接受責任的負擔。❾韁鎖：是韁馭馬的綱繩，鎖是鎖鍊。指世間的羈絆與束縛而言。

【語 譯】

如果把天地萬物看成了幻象，那麼不但功合富貴是假的，就連自己的五官四肢也是一個軀殼，反之把天地間的萬物看成了實體，那麼不但是父母兄弟血緣深的關係，就是天地間一切存在的東西都與我是一體。離開了我就沒有萬物，離開了萬物也就沒有我。因此之故，萬物和我同是一體。

人能夠把天地間的萬物看做是幻迹，同時更能認識天地萬物和我是一體。也就明白了世相的本眞，然後才能以我人之一身去負擔天下的重任，才能夠濟世而安民，也才能擺脫功名與利欲的枷鎖。

【講 話】

世間的事，假如說他是假的，則不但是一切的功名富貴，即屬於你本身的肢體，也不過是借託你的身體而成形罷了。假如說他是眞的，則無論是我的父母兄弟，就是世間的萬物也都和我是一體。所謂幻跡就像是夢幻泡影，如鏡花水月都是假借而來。所謂眞境，就是純眞，實體眞實而不虛。舉例來說罷，雨、雪、水、霜、露都是因空氣的作用而假借現出各樣不同的形態罷了。這也可說是一種虛幻痕跡。而其實眞實的境界，則不過都是水的一體而已。其實上至日月星辰，下至人畜草木，也都是萬象同根，天地一體，森羅萬象莫不是由同一個眞體假借各種形態而顯示出來的諸般幻跡。因此由幻跡而言。世間其實可以說是無物無我，身是由土裡來的，仍然要回到土裡面去。由另一面眞境來說，則父母兄弟固然是不用說，就是天地間的萬物，都與我是一體，並非是別物，因此天地萬物根本就應該是平等。由這一個眞體顯化出來千差萬別的假相，到了最後並沒有什麼親疏優劣和取捨憎愛的分別，人如果能夠眞正透視這一個道理，然後才能夠擔負起平天下的重大責任，達到了功成名就的博大境地，而後更能夠由這名利的韁繩與鎖縛之中解脫了出來，達到了自由自在的眞如境界。

一〇四、凡事當留餘地，五分便無殃悔。

爽口之味❶，皆爛腸腐骨❷之藥❸，五分❹便無殃❺。

快心之事❻，悉敗身喪德之媒❼，五分便無悔。

【注釋】

❶爽口之味：入口的清爽美味。老子第十二章：「五味爽人之口」。❷爛腸腐骨：爛了腸胃，腐蝕了骨髓。❸藥：毒藥。❹五分：一半。❺殃：禍害。❻快心之事：愉快而有趣的事。❼敗身喪德：亡身失德。俗語說身敗名裂。

【語譯】

大凡入口的食物，感覺著非常味美爽口，那好比是糜爛腸胃蝕骨的毒藥一樣，決不可以吃得過飽，吃到五分也就夠了。總須加以節制。大凡心裡感覺痛快的事情，往往是敗身喪德的媒介，所謂愉快不要做到十分，能夠控制五分，也就恰到好處了。凡事做到了十分的盡頭，都必要招致禍殃，所以要想免遭敗德喪身的後悔，總要不走極端，適中合宜爲度。

【講話】

常言說的好：「禍從口出，病從口入」。可見爽口好吃的東西應當少吃，如果不加節制的吃的多了就容易招致了疾病，快心如意的話應當少說，如果不加謹慎說的多了，就容易得來了禍患。所以說美味不可多貪，多貪就成了奪人生命的毒藥了。如果能夠用到五分就罷手，就對身體沒有害處。快意稱心的事情人人喜好。如果做得過多了就會敗德亂行，因此一般人凡事都要講求盡興是很危險的，所以樂止於五分，就不會遭到困難而後悔。

一〇五、忠恕待人，養德遠害。

不責人小過❶，不發人陰私❷，不念❸人舊惡❹。三者可以養德，亦可以遠害。

【注釋】

❶小過：一點點的過失。❷陰私：秘密之事。隱秘的私事。❸念：無論何時心都在思索。❹舊惡：舊的惡事，論語公冶長篇「子曰伯夷叔齊不念舊惡怨是用希」。

【語譯】

人家有了小的過失，你雖然知道了也不要馬上對人加以譴責，人家有了不可告人的陰私罪惡，你雖然知道了也不要當面揭發出來，使人難堪。至於人家以前有對你不起的事，你要不記恨舊惡，把他忘掉。能夠作到以上所說的，不但可以修養本身的道德，也可以避免了不幸的災禍。

【講話】

人家有了過失，不當面就責備他，人家有了秘密和缺點，不當眾就立刻抖露出來，如人家從前和你有過節，一定不要記恨也不打算對他報復。古語說得好，「君子隱惡而揚善」，所以要不責備人家的小過錯，不發掘人家的陰私事，和不要念念不忘人家和你從前的過節，這樣的做法，才可以修養我個人的道德，也才可以避免災禍的侵害。

一〇六、持身不可輕，用心不可重。

士君子持身❶不可輕❷，輕則物能撓我❸，而無悠閒❹鎮定之趣❺；用意不可重❻，重則我爲物泥❼，而無瀟灑❽活潑之機❾。

【注釋】

❶持身：保持我的身體。❷輕：輕率。❸撓：彎曲，屈辱。❹悠閒：悠悠自在安閒。❺鎮定：心裡放下而不張慌。❻重：過重，沈重。❼泥：拘泥有關聯。❽瀟灑：輕快，所謂瀟灑出塵，有清新自在之意。❾活潑之機：活潑自在的功用。機是機用。

【語譯】

士君子不可把自己看得太輕，俗語說君子自重，能夠自重，就不被外物所動，如果處世待人以一種輕舉妄動的態度，那就不夠沈著，結果招出來許多事物上的煩惱，連修養精神的餘暇也都沒有了。

還有做事用心不可過深，過深就陷於執著，執著就使我心被物所拘，就失掉了活潑自在的眞面目了。

【講話】

士君子無論對自己或是對他人，都不可以馬虎忽略，否則自己便被事物所控制，便受環境所阻撓，事事處於被動的地位，而得不到悠閒安定。也就常常招出是非與煩惱。至於處事或作事方面，用意不可過於嚴重，凡事看得太嚴重，那麼自己的身體，又被事物所拘泥，失掉了自在的靈活運用，陷於呆板與冷酷了。這樣的話又使事情執拗不通，在此輕重緩急之間，應當切實注意其中分量的加減，然後才不至於有過猶不及之慮。

一〇七、人生無常，不可虛度。

天地有萬古❶，此身不再得❷。人生只百年，此日最易過。幸生其間者，不可不知有生之樂❸，亦不可不懷虛生之憂❹。

【注釋】

❶萬古：永久不盡、永世相同。❷不再得：此身緣散死後，若造惡業就不能再生到這個世界了。❸有生之樂：生到這個世界的樂趣。❹虛生之憂：虛度這一生的可憂。即是在這一個世界裡無有意義生存的可憂。

【語譯】

天地是無始無終，萬古常存的，人的一生和它來比較，實在是渺小得不能比例。況且人的一生只有一次不能夠再得第二個人生。人間的大壽命，最多也不過百年，百年的歲月很容易就渡過去了，我人幸而得轉成人身，在這短短的一生之中，應當了解得此人生的樂趣，另一面也要知道這一次的人生不能夠再得，就更應及時努力不虛度此生，如果毫無意義過了這一生，那實在是太可惜了。

【講話】

天地的時間悠遠不知有了幾百萬萬年代，人在此期間得成了一個人身，實在是一件不容易的事，人生在世不過百年，而百年的光陰，卻非常容易的過去，況且活到一百年上壽的人，千萬人中不一定能有一個，俗語說：「人生七十古來稀」，人平均的壽命，也不過是五十上下，在一轉眼之間很快的也就過去了。古語說：「百年三萬六千日，蝴蝶夢中度一春」。人身非常的不易得，幸而得生到世上，就應知道這有生之年的樂趣，眞正能得享受其中的樂趣者當然是不用說了，然而在一生當中什麼事不去做，只白白的虛度了光陰，過著那醉生夢死的生活，那和草木禽獸又有什麼兩樣呢？所以人可不知道有生這一世之樂，更不可不懷有虛度了這一生的憂慮啊！

一〇八、德怨兩忘，恩仇俱泯。

怨因德彰❶，故使人德我，不若德怨之兩忘。
仇❷因恩❸立❹，故使人知恩，不若恩仇之俱泯❺。

【注釋】

❶彰：明顯，顯露。❷仇：仇敵。❸恩：恩惠。❹立：成立。❺泯：泯滅，滅亡。

【語譯】

怨恨是由道德而越法的顯露出來，一方面有德而他方面就要表示怨恨。人念我的恩德，固是好事，但是同時也必然的有仇恨我的人在。所以與其使人念我的恩德，倒不如怨與德兩方面都把它忘掉。其次仇敵是因爲恩惠而成立的，我有恩於人，而反對我的一方面就要與我爲敵，對人施恩而使人感念固然不算是壞事，但是反對我的人必定更要表示他的敵對行爲，所以與其使人知道我的恩惠，則莫如恩惠與仇敵兩方面都把它消失於無影。

【講話】

怨與德是相對的，有德就不能沒有怨，有怨就不能沒有德，有道德而對於一方面有德，對於他一方面就有怨，所以說怨因德彰。如果不使他人怨恨，那只有不要叫人家感念我的德。所以說使人德我，不若德怨之兩忘。

怨與德是相對的，同時，恩與仇也是對立的，對於一方面施恩，對於他一方面就樹仇，所以說仇是由恩的方面成立的，沒有恩就沒有仇，沒有仇就不得有恩，如果不想叫人仇我，那只有不要叫人家向感恩。

總之，立德和施恩是人所應當做的，可是做的時候，必須要平心靜氣，對於人所立的德所施的恩，都不要自己向人矜誇，更不要使人家感激，如此施恩不望報，立德不圖名，一方面受恩受德者也就對我無仇無怨了。

一〇九、持盈履滿，君子兢兢焉。

老來疾病❶，都是壯時招的❷；
衰後❸罪孽❹，都是盛時作的❺。
故持盈履滿，君子尤兢兢焉。

【注釋】

❶老來：老年，老來的來是虛字沒有意義。❷壯時：壯年時代。❸衰後：家運衰頹之後。❹罪孽：罪惡孽業，和罪惡相同。❺盛時：家運隆盛的時候。

【語譯】

老年多病，大概都是在少年血氣方剛的時候，不顧前後迷戀酒色，而得來的結果。這可以說是咎由自取。人在有權有勢的時候，擅作威福，任意妄為，結下怨仇，到了權勢衰微的時候，昔日的仇怨，一齊都來報復，這招來的罪禍，是自作自受，所以君子在他最盛的時候，能夠持盈保泰，愼重用心，顫顫兢兢的，像是臨深履薄，決不作威作福仗勢欺人。就可以消災於無形。

【講話】

大凡一種事物，必定有原因才有結果，絕對不會沒有原因的結果，有時候原因表現得不太明顯。這不過是尚未得到發現。一旦發現了之後，其原因自然就會表現了出來。所以說有結果就必有原因。因果報應的道理，也就是如此。

人到了老年生了疾病，這種種的病不是一般舊有的衰老病，就是特有的一種疾病，這些病大都是在年輕的時候種下了病根，到了老年身體抵抗不住就要發作了。

其次在一個家庭生活興旺的時候，一定是沒有什麼不幸的事件發生的。但一旦運勢衰落，不幸的災難與禍患就接踵都來了。然而這些災難與禍患並不是突然而來的。多半是家運興盛時種下了衰敗的原因。

君子明白了這一道理，就要在事物滿足時，常能時時自身反省，謹愼言行，防患於未然，然後才能安穩人生，消災避患。

一一〇、卻私扶公，修身種德。

市❶私恩❷，不如扶公議❸；
結新知，不如敦❹舊好❺；
立榮名❻，不如種❼隱德❽；
尚❾奇節❿，不如謹庸行⓫。

【注釋】

❶市：賣，施捨的意思。❷私恩：以私情向人施恩惠。❸公議：即是天下公明的輿論。❹敦：敦厚和睦。❺舊好：舊日的朋友。❻榮名：高尚的名譽。❼種：散佈，播種。❽隱德：與陰德相同，在人不知不覺處所施的恩德。❾尚：尊重。❿奇節：不平常的節義。⓫庸行：平常的行爲。

【語譯】

不要以私情示惠於人，應多作些光明正當的事情，使人家稱讚。交個新的朋友，不容易成爲知己，反不如敦睦舊日朋友的友情，來得眞誠密切。不要在人前誇耀自己的榮譽，最好是在暗地裡多種些善根功德。爲子孫多播植些幸福的種子。有奇異節義的多被人所注目，不如敦厚自己的品性爲重要。因爲你如果做出聳人聽聞的新奇怪事，內心一定有爲自己尋求名利的心存在。反之你如果行爲眞誠，內心自然就不計較私利私欲了。

【講話】

對人施予恩惠心中並沒有施恩誇功的心理，這是可以得到人家尊敬，但是這不如守正義不偏移，喚起社會公意的贊許，還有意義些。結交一個新的知己，還不如對於舊日的相交，好好的去培養友情，溫厚友情。建立優美的名，固然是很好，但是反不如廣植陰德來得悠久，本來想獲得名譽有時候卻反招來相反的結果。

崇本尚義固然是應當作的，但是不必要要做出受人注目的奇特節行，只要能夠注意日常的行動，做到無過的行爲，忠實的守住現在的崗位，謹愼平常的言行，這樣也就可以加深進德修業的基礎了。

一一一、勿犯公論，勿諂權門。

公平❶正論❷，不可犯手❸，一犯，則貽❹羞萬世❺；權門❻私竇❼，不可著腳，一著，則玷污終身。

【注釋】

❶公平：公平無私的意思。❷正論：適合道理，正當議論。❸犯手：故意的以私心反抗，

就是觸犯眾怒。❹貽：遺留的意思。❺羞：與恥相同。貽羞就是蒙羞。❻權門：權勢之家。❼私竇：竇是洞穴，私竇。私人營利的巢窟。

【語　譯】

人不可以私情去害公義。古時候對於君臣的大義，國家的大計，無論任何人，決不可以一己的私情妄自改動，如果一經改動，即是犯了國法。雖然能得一時之利，但卻遺留了千古的臭名。

有高風亮節的讀書人，不可進出於權貴的大門，如爲一時的私利而誤踏入到裡面，那麼就沾污了終身的清白，而不能拂拭去掉了。

【講　話】

公平的議論和適合道理的見解，人必須加以尊重，私情私見必須加以反對。世間的人只知道逞一己之私見，殊不知道貽留千秋萬世之邪惡罪名。想來實在是萬分的不值得。

有權勢以及唯利是圖的人，我們最好是遠離他們。如果常常出入於這等人家，自己不知不覺也就受了他們的行爲傳染，造成終生的恥辱與不可磨滅的污點，所謂「一失足成千古恨，再回頭已百年身」了。

一一二、直躬不畏人忌，無惡不懼人毀。

曲意而使人喜❶，不若直躬而使人忌❷；無善而致人譽❸，不若無惡而致人毀❹。

【注釋】

❶曲意：把自己的意見藏起來。把自己的主義和主張曲而不伸，所謂曲就人家的意旨。❷直躬：躬與身是相同。即是正直我身的行爲。❸致人譽：受人稱讚。❹毀：誹謗。

【語譯】

討人喜歡不是壞事，但是對人曲意逢迎去討人喜，那就失去自己的立場了。招人嫉妒固然不是好事，然而自己的行爲正直就不怕人家嫉妒。嫉妒人的人當然是壞人。所以曲意的討人喜歡，不如自己躬行正直。

自己沒有做什麼善事與善行，當然不好受人家的讚美與稱道。如果自己要沒有做什麼壞事與惡行，當然也不怕人家的毀謗。所以說沒有善行而受人稱譽，不若沒有過惡而被人毀謗爲宜。

【講話】

人大多數都願意討人喜歡，受人歡迎，然而如果失去自己的立場，拋棄了自己的主張，向人家獻媚逢迎去討人家的喜歡，那就喪失了人格，未免太不值得。往往正直的人是招人家的嫉妒，可是與其曲意討人喜歡則反不如正直受人妒嫉。久而久之那是非曲直自然明白。

人人都希望有名譽和榮耀，但是無功而受祿，無善卻受譽，那不但人家心中不服，就連自己的心中，恐怕也受之有愧吧。自己如果沒有過惡，受到了人家的毀謗和嘲笑，心中並不覺得難過，卻認爲是問心無愧的，所以說無善受人譽則不如無惡受人毀。

一一三、從容處家族之變，剴切規朋友之失。

處父兄骨肉❶之變❷，宜從容❸，不宜激烈❹；遇❺朋友交遊之失❻，宜剴切❼，不宜優遊❽。

【注釋】

❶骨肉：父子兄弟血緣的關係。❷變：變故，如病苦災難等等變故。❸從容：沈著應付。❹激烈：激動，動作過於緊張。❺遇：相會。遭遇。❻交遊之失：親切的交際往還之間的過失。❼剴切：適當而懇切的忠告。❽優遊：缺乏決斷。

【語譯】

當著父母兄弟親人們有了疾病或是死亡的時候，任何人都會覺得非常的悲痛，這時候，心中一定要鎮靜，在外面的表情不要過於激烈以致失常態。又和朋友交際，遇到他人有了過失，就應當用適當的言語懇切的忠告他，不可任他錯誤而加以糾正，那就有失做朋友的信義之道了。

【講　話】

父母兄弟乃是骨肉血緣之親，當著親人們有了大病或是遇到了意外的變故，當然自己感覺有切身之痛，但在這時候應當注意的是態度要從容，心情要冷靜，考慮怎樣處理的方法，決不可感情激烈衝動，或是悲哀傷痛得太過度了。如果任著感情用事，不能抑制自己，反而於事有損。

其次是對於交往朋友，看見他有了過失就要懇切的忠告，務必使他不致重蹈錯誤的覆轍，這才是有信實的益友，反之平時和朋友在一起喧嘩漫遊，不但見著朋友錯誤不加以勸告改正，反而幫著朋友一同作惡，那就有失交友之道了。

一一四、大處著眼，小處下手。

小處❶不滲漏❷，暗處❸不欺隱❹，末路❺不怠荒❻，纔是個眞正英雄。

【注　釋】

❶小處：與小事相同。❷滲漏：水一點一點的漏出來。即是有了失誤之處。❸暗處：黑暗的地方。❹欺隱：欺人而隱瞞惡事。❺末路：衰微失意的境遇。❻怠荒：怠惰逸樂荒廢正事。

【語　譯】

眞正的英雄有三點必須做到。第一對於小事也不要置之度外，應當面面周到用心處理，第二在人所不見處，不要認爲人家不知道便去做壞事，這暗室欺人就等於自欺。第三在失意的時候不可自暴自棄，尋找逸樂的刺激，這祇有害了自己，守住這三點，才是眞正的大英雄。

【講　話】

以上三點是顯出來英雄豪傑最容易犯的地方，英雄豪傑多顧大節而不注意細節，所謂處大事一目了然不拘小節，這固然是英雄的本色。但是古語說：「千丈之堤，壞於一蟻之穴」。小事不加注意，往往是招致失敗的根源，因此在小的地方必須要注意到，所謂防微杜漸就是這個意思。其次英雄的行爲是光明正大的，決不在人所不見之處有隱諱，虛僞欺騙自欺欺人的行爲，是亡身的根本。還有一種在事物開始的時候，是頗爲盡力的做，等到功成名就的時候，他就開始荒淫逸樂怠惰起來，這樣的人我們可以斷定他的末路是悲慘的。這不能算做是眞正的英雄，眞正大英雄必須小處能注意，暗處不欺隱，在成功之路不怠荒，能具備這三個條件，才是稱得上是眞正的英雄。

一一五、愛重反為仇，薄極反成喜。

千金❶難結一時之歡❷，一飯❸竟致終身之感❹。蓋愛重反為仇，薄極翻成喜也❺。

【注　釋】

❶千金：錢多的意思。❷歡：喜歡、歡心。❸一飯：一飯之恩。❹感：感念恩惠。❺薄：待遇菲薄。

【語　譯】

一擲千金有時也難獲得他人的歡心，相反的有時只給對方吃飽了一餐飯，使使他終生難忘。這是什麼原因呢？比方說人如果對於一個人過分的寵愛，有時受寵的人不但不感恩載德，反而與他結成仇怨。然而一度有薄施與人者，反而使人非常喜歡。這好比是自己養的狗有時發了狗性反而咬了主人的手。有的人走在半路途中遇到了危險反被不相識人救了性命，都是同一個道理。因為佛家解釋人生的一切恩仇莫非前定之緣。

【講　話】

有的人贈給人家千萬兩黃金，但是所與和所贈不合時宜，或者是別有居心而施捨，結果都不能得到對方的歡心。話又說又回來，雖然僅只施捨了一飯之恩惠，使受惠的人認爲這是應該的，一點也不會去感激。如果稍微將施捨減少一些，反而招怨結仇了。反之如在時機適當的時候對人有所措施，這會使對方非常的感激和喜悅。

一一六、藏巧於拙，寓清於濁。

藏❶巧❷於拙❸，用晦❹而明❺，寓❻清❼於濁❽，以屈❾爲伸❿，眞涉世之一壺⓫，藏身之三窟也⓬。

【注釋】

❶藏：人見不到地方。❷巧：巧妙的意思。❸拙：拙笨，拙劣。❹晦：隱蔽爲人所不見曰晦。❺明：完全表現出來。❻寓：假借之意。❼清：清廉潔白。❽濁：污穢不清。❾屈：屈服於人。❿伸：伸張。⓫一壺：壺是口小腹大之瓶，古來用爲禮器。鶡冠子曰：「中流失落，一壺的價值並非太貴，如船至中流遇難則可以借壺的浮力以生，所以壺的價值亦可抵千金。」⓬三窟：安全隱居之家，戰國策：「馮煖曰，狡兔有三窟，僅得免其死耳，今只一窟，尚不得高枕而臥。請復爲名鑿二窟。」三窟者，即是託身安全的處所。

【語譯】

一般人總喜歡把自己所具有的巧妙的才藝，向人家炫耀誇張，這就會招來他人忌妒了，如果能藏巧於拙所謂大智若愚，不爲人所注目就不致招怨。其次清廉自持的人，不免對人正言厲色的責備，用意雖善這反而使人畏懼而疏遠。很難收到規勸的效果。最好是寓清於濁，以屈爲伸，入污泥而不染，同流而不合污這才是遠禍保身之道。因此以涉世之一壺與藏身之三窟比喻，是非常的恰當。

【講話】

人處在世間正如「中流失船一壺千金」。並且和狡兔三窟一樣，必須有渡世的安全方法，第一是應當如何巧妙的藏巧於拙不露鋒芒。第二應如何韜晦自己的才能，不使人知道。而其才能一旦明顯反可爲世間所重用。如果將自己的才能做了瑣碎的零工，則其才絕不會有多大的用處。第三自己雖有清廉潔白的節操，但不可超然卓立於社會，應當置身於塵俗世中而不被其所染。第四不要擺出賢者的姿態，所謂大智若愚，屈居於多數人之後，而可以依著自己的才能發展在衆人之前。能夠按著以上四點作去，可謂渡世之一壺，藏身的三窟了。

一一七、盛極必衰，剝極必復。

衰颯❶的景象❷，就❸在盛滿中❹；發生❺的機緘❻，即在零落內❼。

故君子居安，宜操一心以慮患❽，處變❾，當堅百忍❿以圖成⓫。

【注釋】

❶衰颯：衰落蕭颯。張九齡詩：「庭樹日衰颯」。❷景象：景色與氣象。❸就：和即的意義相同。❹盛滿：物的發展達到極點。這裡指的是富貴榮華的生活。❺發生：物的發達生長。❻機緘：與機關的意義相同。❼零落：凋零枯落衰老的景象。❽慮患：覺悟患難加以預防。❾處變：遭遇異變。❿百忍：忍耐多種困難。唐書孝友傳：「唐之張公藝九世同居，北齊、隋、唐各朝皆旌表其門，麟德中高宗封泰山幸其宅，問其所以睦族之道，公藝索紙筆，書忍字百餘以進，以爲宗族之所以協和之意。尊長之衣或有不均，卑幼之禮節或有不周，更相責望，遂爲乖爭，苟能相與忍之，則家道雍睦。帝喜之命賜縑布。」⓫圖成：求其成功。

【語譯】

事物現出衰頹的景象，這景象早隱藏在盛大滿足的富貴榮華環境當中，到了敗亡的時候，才發生出來罷了。反而萬物的發達生育，也早在衰敗的當中就已經蘊蓄了生長的機能。由此看來衰運之萌芽於盛時，發達之機動於零落。所以君子處於安全的順境，不要縱情逸樂，而要一心守正，防患於未然。以防他日逆境的來臨。等到處於逆境則要不屈不撓，努力奮鬥以圖他日之成功。

【講話】

易經主張「日中則昃，月盈則虧」的道理。就是說天地間的事物都是盛極必衰，在旺盛圓滿的景象當中就預示著衰敗凋謝的朕兆。所謂人無千日好，花無百日紅。當著花開滿園，芬芳香艷之際，已經就預示著落花滿地蕭颯寂寞的應景就要到了。人在富貴榮耀到高峰的時候，就已經潛藏著衰敗式微在內了。易經裡面剝極必復和否極泰來的道理，講的就是發生的機運，常是潛存在零落衰微之極的裡面。花草為霜雪的蹂躪而葉落枝枯，但等春天一到，又開始發芽生葉欣欣向榮了。人當貧困潦倒不堪，內中就要有時來運轉的氣象的蘊育發展，易經說的貞下起元時窮則變也是這個道理。因此君子應居安思危，在安樂的時候決不可放逸怠惰。應當時時存心戒惕，以防災禍的發生。更須要有處變不驚的勇氣與臨大節遇大難而不屈的精神，堅苦忍耐以圖奮鬥的成功。唐高宗時，他聽說有一名叫張公藝的人，他家九世同居而不分散，高宗下詔徵問張公所以能九世同堂的道理，張公遂寫了一幅「百忍之圖」進獻給高宗說：「予家之所以不破散者，端賴此也。」

一一八、奇異無遠識，獨行無恆操。

驚❶奇❷喜異者❸，無遠大之識❹；

苦節❺獨行者❻，非恆久之操❼。

【注釋】

❶驚：驚嘆感服。❷奇：稀奇珍奇。❸異：怪異，反常。❹遠大之識：高深的識見。❺苦節：處於苦境固守節義。❻獨行：不顧世間之毀譽褒貶，獨行自己個人之所修。❼恆久之操：永久之操行，無論何時都可繼續的操行。

【語譯】

歡喜聽怪誕不經之談，歡喜作奇異反常之事，這種人可以斷定他沒有遠大的見識。因爲世間的事物，貴乎實用。如果所言多怪誕，所作多奇異，則往往不切實際，不合實用，就不足爲人所貴了。世間更有苦身行節之人，如像絕食修行等等都是不能繼續持久的。所以一時驚人的行爲，好比是電光石火，曇花一現，是可一而不可再了。

【講話】

世間最可貴和最可尊重的並非奇妙的事，而是平凡的生活，正當的營業。所以君子應當注意平素的言行不要受奇奇怪怪的事情動搖了心念。如果動搖了心念，決不會有高深的識見。只不過是平凡庸碌的小人。世間有許多人都是爲了求珍奇而亂其行，尋怪異而損害到自己。

在非常困難的環境而能守住節義，與憤世嫉俗獨立獨行的人。當然是有差別，但是這種行爲是常常改變，而並非是永久恆定的操行。這是處非常時應有的覺悟，而不是在平常時可以培養出來的。

一一九、放下屠刀，立地成佛。

當怒火欲水❶正騰沸處❷，明明❸知得❹，又明明犯著❺。知的又是誰，此處能猛然❻轉念❼，邪魔❽便爲眞君❾矣。

【注　釋】

❶怒火欲水：憤怒如猛火，欲念如洪水，形容其勢之意。❷騰沸：水滾開之貌。❸明明：明白，明明白白的。❹知得：自己明白知道。❺犯著：觸犯的意思。❻猛然：勢意勢猛。用力扭轉。❼轉念：翻轉意思，反省的意思。❽邪魔：與惡魔之意相同，指怒火欲水而言。❾眞君：心之本體，一家之主人。

【語　譯】

當你滿腔的忿怒，像火一樣的燃燒，不正常的欲念，像沸水一般的沸騰，往往難以抑制於自己的情感，明明知道是不對而又去犯了錯誤，這時候應該知道錯處在我，犯了錯誤的也是我，如果能夠這樣猛然的轉念，痛加覺悟，於是忿火平息，欲念冷卻，邪魔當即化爲眞君，煩惱立可成爲菩提了。

【講話】

忿怒之心如猛烈的火焰，邪欲之念如滾燙沸水，這時候就得要有抵制怒氣和欲念的決心。明白的覺悟反省，到底這怒氣和欲念是怎樣發生的？進一步還要知道用什麼方法才能夠抵制這忿怒和欲念。

於是怒氣平息，覺悟到制服這怒氣欲心的東西，並非他物，而是自己的心。心之爲物能夠發生怒氣欲念，也可以覺悟錯誤。並且可以抑制錯誤。同樣是一個心，但是多數人不知道反省，爲了這怒氣欲念而身敗名裂貽羞萬世。

如果能在此時回頭猛醒，反省一下，不但可以保身全家，而這怒氣欲念諸種邪魔一變而爲自己的護法者，成了心的有力之本體，走向光明的道路。

古歌說：「鋤地須鋤草，煩惱即菩提。」如果自己能夠拔除了心中的怒氣和欲念，則心的修養反而可以利用那些怒氣欲念作爲鍛鍊鋤草的功夫。

一二〇、毋偏信自任[3]，毋自滿嫉人。

毋偏信❶而爲奸所使❷，毋以己之長❺而形❻人之短❼，毋因己之拙❽而忌人之能❾。

【注釋】

❶偏信：僅偏於一面的信任。❷奸：邪智奸佞之徒。亦即奸人。❸自任：深修自己的力量，亦即自思自得。❹氣：任著自己的氣性。❺長：長處。❻形：表現形容。❼短：短處。❽拙：拙劣。❾能：才能。

【語譯】

人如果偏信一方面的話，就常被奸人所欺弄，所謂兼聽則明，偏聽則暗。又有依仗自己有勢有力而任性使氣和他人爭鬥，這些都是英雄豪傑容易犯的過失。還有，不要以自己的長處去形容人家的短處，不要因自己的拙笨而妒忌人家的才能。

【講話】

不考慮一件事物的眞假虛實，只輕信一方的話而行動這就容易受人騙，而做出愚蠢的行爲，所以人不可以偏信一面之詞。

還有不忖度自己的力量，認爲什麼事情都能夠勝任的人，把國家的大事草率的集於自身的浮氣上來任意處理，結果不但身敗名裂，而國家大事也就敗在他的手中了。

有些爲了使人認爲他的能力比別人強，因而就要忌妒別人的能力，這種人的人格當然是非常下流卑鄙。假如自己的能力不如人，就應當努力奮發，使自己的能力強於他人，而能受到世人的尊重。如果只爲了抬高自己而低估他人，其結果必定要招來人家的反對，這是不可不加以審慎考慮的。

一二一、毋以短攻短，毋以頑濟頑。

人之短處，要曲❶爲彌縫❷，如暴❸而揚之❹，是以短攻短。人有頑固❺，要善爲化誨❻，如忿❼而疾之❽，是以頑濟頑❾。

【注釋】

❶曲：委曲婉轉，極盡曲護。❷彌縫：修補縫合。❸暴：暴露。傾露出來。❹揚：在人前揭示出來。宣揚。❺頑：頑固不化。❻化誨：教化訓誨。❼忿：怒之極曰忿。❽疾：疾恨。❾濟：作成，助長，又有救濟之意。

【語譯】

小人的心是揚己而謗人，君子則反是。如人有短處，便去攻擊人家的短處，這正是暴露出自己的不正。

別人有頑固的行爲，不能悔改，我就應當善爲開導，不可忿怒疾視，如果忿而疾之，則正是以頑濟頑了。

【講 話】

說人家的壞話，自己以爲自己是世間的善者，這種人是大錯特錯。人都不歡喜他人說他的壞話。如果有了這樣的人，我們決不把他以善人來看待。因爲對甲來談乙的壞話，同樣的對乙也可以說甲的壞話。世人如果明白了這個道理，對於說人壞話的人要把他當成壞人看待，並且需要對他提高警覺。世人如不明白這種道理的，只爲了抬高自己的聲價而怒及他人，講他人的壞話。這種人就是無可救藥了。

人家如果向我詢問別人的短處，我就應當留意避免暴露人家的短處。凡是說他人短處的人，則我們也應當把這個人看成是一個有短處的人。要知道說人家的短處，正是表示自己有短處，是以我的短處去攻擊人家的短處。誠如孟子所說的「以五十步笑百步」是一樣的。

其次是對於性情頑固的人，要善意的加以勸導使他改過，不可對他加以憎恨與厭惡。否則就是自己也是一個性情頑固的人了，以頑固去助長頑固，就更加的頑固，結果是一敗塗地的。

一二三、對陰險者勿推心，遇高傲者勿多口。

遇沈沈不語之士❶，且莫輸心❷；見悻悻❸自好之人❹，應須防口❺。

【注　釋】

❶沈沈不語：沈默寡言之人。❷輸心：傾吐吐膽，開誠相見。❸悻悻：乖戾好怒之貌。性質不良的人。❹自好：得意之貌，悻然自喜。❺防口：不以其爲談話的對象，而謹愼發言。

【語　譯】

世間沈默寡言的人，他的內心不容易被人家知道，如果遇到這樣的人。就與之推誠相見，傾心交談，往往也不易接近，所以應當盡力控制自己，不要輕易表明態度。其次遇到大言不慚無所顧忌的人，最好也要謹愼發言，以防與他共同遭遇了不測的災禍。

【講　話】

在應當發言的時候一語也不發，沈默毫無表情的人，其心難測，可以說是一種陰險的人物。對這樣的人是不容易搖動他的心機的。西諺說：「沈默是金子而雄辯是銀子」這是說雄辯不如沈默好。守沈默的人在外面來看是代表君子的風度與氣質。然而這不過是普通的看法，不能說是不變的。又俗語說：「禍從口出」，這也是戒人少說有害無益的言語，但也決不能說保持絕對沈默是正確的，應當說的話一定要堂而正的說出來。何況說話是人的權利，如果保持沈默太過了，就是自己放棄了天賦的權利。作一個啞吧是很可憐的。況且無意義的沈默，容易引起人的誤會和猜忌，人人對這樣人都是遠避的，那自己便成了孤獨的人了。

大致說來，一般人是口雖不言而心中多慮。沈默寡言的人多半心中多思多慮。多言多語固然不算是君子的行徑，但沈默不語的人，多半是陰險暗昧小人的行爲。此外還有一種小人就是聽他人的言語有了空隙，就乘勢加以攻擊，如果和這種人接近表示傾心，也許會帶給你很大的害處。

一二三、震聾啓聵，臨深履薄。

念頭昏散處❶，要知提醒❷；念頭喫緊時❸，要知放下❹；不然恐去昏昏之病❺，又來憧憧❻之擾矣❼。

【注釋】

❶昏散：昏亂散漫。❷提醒：喚醒的意思。❸喫緊：情況緊張。❹放下：放鬆、弛緩一下。❺「昏昏之病」：心神顛倒神氣憂鬱。❻憧憧：心中不定，放心不下。易經：「往來憧憧」。❼

擾：煩擾、擾亂。

【語譯】

當自己的觀念昏亂暗昧的時候，應當以平心靜氣的修養，提醒念頭；當心情緊張萬分的時候，應當以鎮靜的工夫，絕慮以忘憂；否則當你除掉了昏亂的觀念而憂慮的心念又來了。這樣一來心神不得一時的休息，自非涉世養生之道。

【講話】

心中散亂暗昧的時候，要自己提起精神去控制，使精神恢復飽滿；心情過於緊張的時候，要把事物暫時放下，使心緒平衡安定一下。不然，治住了散亂暗昧的毛病，卻又染了蠢蠢欲動的情緒，擾亂了心地的安靜。

此篇的大意是修心的要訣，正如陶淵明所說的「識迷途其未遠，覺今是而昨非」。人必須時時有此念頭，才能夠提醒念頭的昏暗。又如佛家所說的：但求放心而已。此心如能放得下，則一切魔障不起，更無外界的紛擾了。

一二四、君子之心，雨過天青。

霽日青天❶，倏❷變爲迅雷震電❸；

疾風怒雨④，倏轉爲朗月晴空⑤。氣機⑥何常⑦一毫⑧凝滯⑨，大虛⑩何嘗一毫障塞⑪，人之心體⑫，亦當如是。

【注　釋】

①霽日青天：無雲不陰的晴天。②倏：忽然，一閃。③迅雷震雷：疾速的雷聲，強烈的電光，陰霾瀰漫的天氣。④疾風怒雨：風速很快，落雨很強，所謂狂風暴雨。⑤朗月青空：明朗的月亮，清淨的天空。⑥氣機：天地的運轉機運。⑦常：常住不變。⑧一毫：一點之意。⑨凝滯：氣滯而不通。⑩太虛：也叫太空。大空，杜甫詩：「東嶽雲峰起，溶溶滿太虛」。⑪障塞：氣塞而不透。⑫人心之體：心之本體。

【語　譯】

萬里無雲的晴空，忽然變成暴雨狂風的天氣，迅雷閃電陰雲密佈的太空，忽然化爲光風霽月的景色。天氣只因爲一點的凝滯就起了變化，只因爲一點的障礙，而閉塞不通。人心的體用正如天地的變化一樣，有時也會激起喜怒哀樂種種的變化之情。人稟天地之氣而生，所以其心之體用亦如天地的動靜變化。在變化過後，即不再留下跡象，所謂天人合一之妙用亦即在於此。

【講　話】

在晴朗澄徹的太空，忽然間雷電交加大雨傾盆而下，相反地狂風暴雨的天氣一過，忽然現出光風霽月的景色。這氣候陰晴的無常，說明了天心有凝滯與障塞，人事也是如此，所謂毫釐之差即發生千里的急劇變化。但是天心雖有驟然之變，而那風雨雷霆都是對人有作用的，等雨過之後天氣馬上晴朗，不留絲毫跡象。這正說明了天心的偉大，人心本乎天理當著喜怒哀樂之發生，誠然是一息之間就有急劇的變化，務須過而不留，切不可凡事都縈懷於心鬱結不散，那就有失天人合一之道，難免不遭逢到意外之變，古人教人讀書養氣，就是要人心與天心相吻合，然後才能天人合一。

一二五、有識有力，魔鬼無蹤。

勝私❶制欲❷之功❸：有曰識❹不早力不易者❺，有曰識得破忍不過者❻。蓋識❼是一顆❽照魔的明珠❾、力是一把❿斬魔⓫的慧劍⓬，兩不可少也。

【注釋】

❶私：私情。❷欲：欲念。❸功：功夫，修養。❹識：認識。❺力：意志之力。❻忍：忍

耐力。❼識：這個識是指知識之識。❽一顆：一粒。❾照魔的明珠：照見惡魔之正體的明珠。❿一把：一支，一根。⓫斬魔：斬殺惡魔。⓬慧劍：銳利的寶劍。佛家以銳利智慧為慧劍。

【語 譯】

人要想戰勝私情，克制私欲，若是不能及早的識破這私情私欲，就不容易發生抑制的力量。然而雖有了識破的力量而沒有忍耐的力量，則仍不足以抑制這私情私欲。智識是一顆照破私欲的明珠，毅力是斬殺惡魔的一把慧劍。僅僅有了照魔的明珠，而沒有斬魔的慧劍，就不能斬殺惡魔。僅僅有了斬退魔的慧劍而沒有照魔的明珠，也就不能發現魔鬼。所以要想戰勝私情克制私欲，智識和毅力兩者不能缺一。

【講 話】

擊退私情，抑制私欲，如果對私情私欲這一頑強敵人，沒有徹底認識的話，那就達不到擊退和抑制的目的了。

治病必定要知道病因，這是先決的條件。對於排除心中的惡魔，如果不能認識出惡魔的原形，那就沒有辦法了，雖然識透了他的本體，然而擊退抑制這一惡魔並不簡單。如果忍耐力不足，也不能達到目的。只有知識（也就是理智）才是照出惡魔的一顆明珠，沒有這一顆明珠則就照不見惡魔。而意志的力量才是斬殺惡魔的一把慧劍，若是意志的力量不堅，雖然有明珠，照見惡魔但是也斬殺不了他。因此這意識堅固的毅力，都是斷邪念，明心體不可缺少的條件。

一二六、大量能容，不動聲色。

覺人之詐❶，不形於言；受人之侮，不動於色。此中有無窮意味❷，亦有無窮受用❸。

【注釋】

❶詐：欺詐。❷無窮意味：用言語難以形容出來的意味。❸無窮受用：有用不盡的享受。

【語譯】

當我發現他人對我用詐術和欺騙的方法，而我能夠不用言語來對他表示；當我受到他人的侮辱，我能夠在臉色上一點不表現出來；這當然是很不容易的事。這種不形於言不動於色，其中含有無窮的奧妙。日後也有無窮的受用。如此的容忍，才能免去一切煩惱。

【講話】

人家侮弄我欺騙我而我能夠包容涵蓄，不發一言不表慍怒，所謂喜怒不形於色，是非不辨於言。使他人無從捉摸我的內心深處。這其中的趣味是奧妙無窮。同時也藏著有很大的機謀與作用。所謂靜以制動觀人入微，則他人對你再也不敢加以侮弄欺騙了。

一二七、困苦窮乏，鍛鍊身心。

橫逆❶困窮是鍛鍊❷豪傑的一副❸爐鎚❹，能受其鍛鍊，則身心交益❺，不受其鍛鍊，則身心交損❻。

【注釋】

❶橫逆：強暴無理，也是磨煉人的逆境與災難。❷鍛鍊：鍛鋼煉鐵。❸一副：與一對之意相同。❹爐錘：爐是容火之爐，錘是鍛金之器。兩字合起來是鍛煉金屬用的器具。此處作陶冶人的心性解。❺益：利益。❻損：損害。

【語譯】

英雄豪傑經過了千辛萬苦的環境，通過橫路與逆境，忍耐困難與窮苦，然後才能成就偉大的功名與事業。所以說這橫逆困窮都是鍛煉豪傑的洪爐錘砧，能夠受得住這些鍛鍊，然後才使身心得到益處，所謂百煉千磨成鐵漢。生鐵久煉也成鋼。人處於順境，宴安逸樂，當然以橫逆困窮爲苦惱，然如不經過逆境的鍛鍊，則正如生鐵頑金，而不能有用，所以說橫逆困窮不是可厭之物，但看受鍛鍊的人是如何而已。如果能夠迎接困難與逆境而不屈不撓前進的話，那麼一定能夠成就日後偉大的事業與功名。

【講話】

人受了種種的災厄，置身於逆境的時候，如同在爐子裡鍊鋼一般，鍛鍊身心成爲一個鋼鐵一樣的人。所以能受得住災厄與逆境而不爲它所挫折，才能享受到大的利益。未經過此種鍛鍊的人，則身體也禁不住風霜折磨，精神的修養也不充分，終究成不了一個偉大的人物。

古語說：「憂危啓聖智，厄窮見人傑。」意思是人處在困窮的時候，千萬不要灰心，須知這正是促成我們向前發展的一個契機，正是鍛鍊琢磨我們成爲一個堅強偉大的人物。人生來如果不受困苦，飽食暖衣，對任何事都任性去做，那他就禁不起挫折，受不住打擊，好比是在室內培養出來的花木，決不會有健全的發展。

孟子說過：「天將降大任於斯人也，必先苦其心志，勞其筋骨，困乏其身，惡其體膚，行拂亂其所爲，所以動心忍性增益其所不能。」這話的意義是說天將要給一個人的幸福以前，必定先給他許多的困難，使他能夠戰勝困難克服困難，養成了堅決奮鬥的意志，對於任何困難都能突破，遭遇失敗也決不悲觀，永遠抱著樂觀的希望，不屈不撓接受鍛鍊，那麼最後一定是幸福與光明的。

一二八、人乃天地之縮圖，天地乃人之父母。

吾身一小天地也，使喜怒不愆❶。好惡❷有則❸，便是燮理❹的功夫❺。

天地一大父母也，使民無怨咨❻，物❼無氛疹❽，

亦是敦睦❾的氣象❿。

【注釋】

❶不愆：無有過失與錯誤。❷好惡：好與惡，愛與憎。❸有則：有一定之規律與規則。❹燮理：燮，柔韌之意，調和之意。❺功夫：與工夫之意同。❻怨咨：怨是嗟怨，咨是嘆息。❼物：萬物。❽氛疹：氛是受惡氣的煩惱。疹是皮膚上發生的粒狀斑痕。兩字合用是惡病之意。❾敦睦：敦是厚重。睦是和氣，敦睦之情，敦厚和睦之意。❿氣象：心意之象。

【語譯】

我們的身體是秉天地之氣而生的，是一個不折不扣的小天地。天地有春夏秋冬風雨寒暑，有一定運行的規律，一定的氣候季節，四時之期寒暑之節，其間不稍差誤。陰陽交和化生萬物，這是天道之常。我們理當喜怒不逾範圍，好惡不違原則。如果一個人喜怒無常，好惡不定，或暴怒狂喜，走向極端，這就是有違天和，有背陰陽交合之道，終不能福厚悠久。

天地既然化生萬物，就是萬物之一大父母，父母以生育愛護之心，使萬民無有怨嗟之情，災殃之患，顯示一片和合敦睦的氣象。所以天地生人是萬物的靈長，支配著萬物，其身雖小亦與天地無異。天地既然使萬民各得其所，使萬物各安其位，人也應當秉天地之德，對人要互相和睦相處，對萬物也應當使他們各得其所各安其生。

【講話】

人體是以心爲主宰，而太陽則是天地的中心。所以人身也可以說是一個小世界，大天地有春夏秋冬四時的運行。風雨寒暖的往來。由於陰陽的和合，而滋生了萬物，而形成一個小天地的我們，人人都有喜怒哀樂之情和鑑別是非好惡的知識，並且有實現這些情感和知識的意志作用。而後才構成了一個完全的身心。如果狂喜暴怒，好惡混同的不分，那就不會造成一個完全的人格。應該歡喜的地方就要歡喜，應該憤怒的時候就要憤怒，好善而惡惡，無過與不及，能夠調和這一身的小天地，才不失身中庸之道。

天地既爲一大世界，則等於包容人的父母。人存在於天地間，人人彼此都當視同手足一樣彼此要相親相愛互助合作，施德而不結怨，以仁愛待人處世自然就没有恨與煩惱了，應當使人人各盡其業，即是使萬物也應當各安其所，人人都抱有爲天地立心爲生民立命和爲萬世開太平的宏願，則天下一家世界大同永久和平，因此產生了。

一二九、戒疏於慮，警傷於察。

害人之心不可有，防人之心不可無[1]，此戒疏於慮也❷；寧受人之欺，毋逆人之詐❸，此警傷❹於察也❺。

二語並存，精明❻而渾厚矣❼。

【注 釋】

❶防：預防他人的加害。❷疏於慮：思慮的淺薄。❸逆：預爲推測，論語：問篇「子曰不逆」。❹傷：傷損於道德。❺察：明察，看穿了之意。❻精明：明澈。❼渾厚：德則渾然厚道。

【語 譯】

君子應當以仁慈爲懷，一點也不可以有害人的心，但是也不可不存預防他人害我的心。這話的意思是告誡思慮欠週的人提高警覺。縱使受了他人的欺侮，也不要在事先看破了他的詐僞而表示嚴加防範的樣子，否則不但傷了自己的道德反而招他人的嫉忌。

按著以下的兩點去做，自然就思慮精明而德行渾厚了。

【講 話】

從人類整體的大處著眼，無論自己的民族或其他的民族都可以說是同胞，相互間以仁愛之心相處，那麼都有幸福。

人決不可以存害人之心，你害人家人家也一定反過來報復。所以說害人如害己。但是有很多的人都不明白這一種道理。人雖不應當有害人之心，但也不可不事先對壞人加害於你作一個防範。

有些人把人家都當成和自己一樣去看待，這樣的人是非常正直，即或受了人家的欺侮他也毫不在乎。還有些人太聰明了，在事先看破了他人的詐僞，而嚴加防範，兩相比較下愚直的人使人願與他相親，而聰明的人則人都敬而遠之。人有聰明固然不是壞處，但切戒破壞人家道德，揭露人家短處，這是不可不細加察考的。以上我們不妨玩味一番，做人做事就不致有什麼差誤了。

一三〇、辨別是非，認識大體。

毋因群疑❶而阻❷獨見❸，毋任己意而廢❹人言❺，毋私小惠❻而傷大體❼，毋借❽公論❾以快私情❿。

【注　釋】

❶群疑：多人的疑惑。❷阻：妨止阻礙。❸獨見：自己確信之意見。❹廢：不用，貶駁。❺人言：他人之言而有道理者。❻小惠：一點的恩惠。❼大體：大局，大體的方針。❽借：用，利用。❾公論：天下的輿論，多數人的意見。❿私情：私人的情感。

【語　譯】

多數人抱著懷疑而不信的事情，而自己有時反深信而不疑。這時候也許大家都被疑慮所惑，而自己或許有獨到的見解，所以也不可以輕易的棄捨了己見。又如他人所說的是合乎道理的言語，我們不能因爲偶有和自己的意見不合而大事貶駁。

對人施小恩惠去拉攏人，造成自己的黨羽勢力，所謂結黨營私營誤國家大局。或是爲了滿足一己的私情私欲，利用輿論攻擊他人，這都是要不得的。

【講　話】

有很多的人對事表示疑惑，而我自己對事有自己的獨特的見解，那就要擇善固執，不被群眾的疑慮所阻礙。所謂「千人盲目一人明，眾人皆醉我獨醒，」多數人的意見，有時也未必合乎眞理，但一個人的獨見也不一定是不合眞理，如果自己能有確信，那也可以排除別人疑問，古往今來的偉人所以能成就千秋偉業，都是有別人所不及的智慧和自己的見解。其次天下事不是一個人獨力所能成就的，凡事應當多旁聽他人的意見，爲多方面的參考。千萬不要任性而忽視他人的言語。

一三一、親近善人須知機杜讒，剷除惡人應保密防禍。

善人未能急親❶，不宜預揚❷，恐來讒譖❸之奸❹；惡人未能輕去❺，不宜先發❻，恐招媒孽之禍❼。

【注　釋】

❶親：結合友誼。❷預揚：預先稱讚表揚。❸讒譖：進讒言說壞話以陷害他人。❹奸：奸人奸惡之徒。❺去：除去。❻先發：在人前預先發表。❼媒孽：媒是媒介。孽與糵相同，即是事物之釀成成立之原因，漢書：司馬遷傳「媒孽其短」其註中有：「媒是酒酵之原，孽是酒麴。」謂其釀成罪刑之原。

【語　譯】

想要接近好人，但是一時尚不能急切與他親近，這樣你必須在人前不要多事讚揚他，因爲奸邪的小人會對你想親近的人起了妒念，等待機會來進讒言的。想要除掉惡人而尚未到適當時機，就不輕易發生意見，以防招出不測的災禍。一切要相機行事，使他在事先不知不覺。這都是說上位的人進退人事的緊要密訣。

【講　話】

當我們知道某人是一個有道德的人，但是尚不能和他交往，在結交之前不要過分讚揚他。以免招致了奸人嫉妒，挑撥離間，使你接近不得。

當我們發現對方是一個惡人，不能急切的把他退掉，不要輕易表示意見，以免被他聽去，招致了怨尤，使我身蒙受意外之禍。

古時自天子至臣相，不管是拔擢人才或是剷除奸佞，一切用人行政上的措施，都要把以上舉的兩種原則作爲圭臬，才不至於有重大的差錯。

一三二、節義來自暗室不欺，經綸繰出臨深履薄

青天白日❶的節義❷，自暗室❸漏室中培來❹；
旋乾轉坤❺的經綸❻，自臨深履薄❼處繰出❽。

【注釋】

❶青天白日：赫赫光明之貌。❷節義：自己固守不變的道義。與節操之意相同。❸暗室：不透光線的房屋，人所不見的隱蔽房間。❹培：培養。❺旋乾轉坤：旋轉天地之意。使天地自由自在的運動。即是有偉大手腕之意。❻經綸：治國之政治。❼臨深履薄：戰戰兢兢細心周到，凡事注意作爲。❽繰出：想出來，把握出來，作出來。

【語譯】

光明正大的節義，不是一朝一夕所能養成的，是經過很常久的時間，從那暗室漏屋中培養出來的；所以人不要認爲他人不見之處就可以作壞事。總要有暗室不欺青

天白日的心胸，以爲進德修業的基礎。在偉大的天地之間，能夠有自由自在的旋轉乾坤的雄才大略，這並不是一種異想天開的想法，也不是職業政治家的作法就能夠成功的。眞的以國家之憂爲己身之憂的大政治家，對於處理一切事物他總是戰戰兢兢地注意再注意，苦慮再苦慮，都是由臨深履薄的綿密用心中而做出來的結果與成就啊！

【講話】

在光天化日之下被人人所稱道的節義忠貞，是歷千古而不能磨滅的。既不是一時在人前造作的僞善行爲，也不是在人所不見的暗室當中的私情私見，君子愼獨雖處於暗室而不自欺，所以說光明正大的節義是從暗室漏屋之中培養出來的。

一個人能夠有旋乾轉坤的大手筆，不是豪放的思慮所能達成的，必須要有如臨深淵如履薄冰的精神，一點也不敢疏忽，而且謹愼小心按步就班的慢慢培養出來的成績。至於有人說「舉大略細」，又有人說「作大事不拘小節」，這都是錯誤的想法。

一三三、倫常本乎天性，不可任德懷恩。

父慈子孝，兄友弟恭，縱做到❶極處❷，俱是合當如此，著不得❸一毫感激的念頭❹。如施者❺任德❻，受者懷恩❼，便是路人❽，便成市道矣❾。

【注釋】

❶做到：到達。❷極處：最上級極點之處。❸著不得：不可持有，不可懷有。❹感激：感恩感謝。❺施者：施與恩惠的人。❻任德：以施恩惠自任的人。❼受者：受人恩惠者。❽路人：與我沒有關係、不相識的人。❾市道：有利則合無利則離，只是以權勢利益爲目的而交際。

【語譯】

父親對於兒子的慈愛，兒子對於父親的孝順，哥哥對於弟弟的友愛，弟弟對於哥哥的恭敬，這是家庭的倫理道德，縱然有時過份些，也是理所當然。這是人倫之常，不能有一絲相互感激的念頭。

如將這些倫理道德視爲一種恩惠，在家庭間的彼此關係，形同陌路之人，關係反而拉遠了。同時道德也就成爲買賣的行爲了。

【講話】

父慈子孝，兄友弟恭是當然的倫理之道，有時達到了極點也是應該的，而不可以有絲毫的感激之心。如果父兄對於子弟認爲是施惠，而子弟對於父兄感恩，這樣施恩望報，骨肉之親反而不如路人了。

從前有一個孝子孝順父母，傳到了皇帝的耳裡，皇帝非常的感動，把孝子召來，給他許多的錢以表示賞賜之意，孝子很不安的回答說：「陛下，我從來就沒有感覺過我是盡了人子的孝行。實在沒有承受陛下褒揚的理由，也絕不敢接受陛下的賞賜。」皇帝聽見後，更加感動，加倍賜賞他，叫他無論如何都得要接受。

所以說眞的孝行是自己不會感覺得到的。世界自以爲有孝心的人實在並不一定是眞孝。人子孝順父母，是無論如何都得要使父母歡心，這是自然眞情的流露。當人自己感覺到自己的孝行的時候，同時就起了要求報酬之心，也就失去了孝的眞義。兄弟之情也是一樣。友恭之情也是出於眞情的流露。這其間也毫不能有施恩之念，不然兄弟反成了路人啊！

一三四、不誇妍好潔，無醜污之辱。

有妍❶必有醜❷爲之對❸，我不誇妍，誰能醜我；有潔❹必有污❺爲之仇❻，我不好潔，誰能污我。

【注釋】

❶妍：美麗。❷醜：醜惡，難看。❸對：相對照。❹潔：清潔。❺污：污穢。❻仇：仇敵，

對頭冤家。

【語　譯】

美妍與醜陋是相對的。有醜而無美，則醜也就不成其爲醜了。我不對別人誇美，別人也決不會笑我之醜。清潔與污穢也是相對的，如果沒有清潔來比較，也就顯不出如何的污穢了。我如果不對人表示我的清潔，則無人能加之我以污穢。所謂妍醜潔污，都是由我的比較念頭而起的。如果沒有這些念頭，那麼兩方面也就都不成立了。

【講　話】

天地間的事物，不限於美與醜，潔與污。一切長短、善惡、男女、上下、賢愚等等都是相對的。一方面有了美則他方面一定有醜，沒有美也就沒有醜。所以僅僅有美而沒有醜的東西是不會成立的。人通常稱某人是善人，沒有惡人存在。如果沒有惡人存在，則善人也就不會存在。

有美的時候必定有醜，如果人能夠超越美醜的觀念，而不掛在心，則無論怎樣醜陋也不會有人來笑我。

清潔的相對是污穢，嫌惡污穢喜好清潔是人之常情，但是清潔和污穢也並非是對立的，應該用達觀的眼光覺悟到污穢與清潔本不是兩件事，人能夠將精神超越到潔與不潔之間，則我不好清潔，也就沒有人能以污穢加於我了。

一三五、富貴多炎涼，骨肉多妒忌。

炎涼❶之態❷，富貴更甚於貧賤❸；妒忌之心❹，骨肉❺尤狠❻於外人❼。此處若不當❽以冷腸❾，御❿以平氣⓫，鮮不日坐煩惱障中矣⓬。

【注釋】

❶炎涼：炎是熱，涼是冷。炎涼比喻人情之冷暖厚薄。❷態：狀態，樣子。❸甚於：比較之意，例如富貴者更甚於貧賤。❹妒忌：嫉妒猜忌。❺骨肉：指父子兄弟好像是骨肉不可分離。❻狠：甚的意思。❼外人：他人。❽當：臨之，處之。❾冷腸：冷靜的心腸。❿御：控制，支配。⓫平氣：心平氣和。⓬煩惱障：煩惱是佛教之語，人爲情欲願望所苦慮，所煩惱。這是入於涅槃道時有障礙，所以叫煩惱障。佛地論：「身心惱亂不成寂靜，名之爲煩惱障。」涅槃經：「煩惱障是貪欲，嗔恚愚痴。常爲欲覺，恚覺，害覺所覆蓋，是之所謂煩惱障。」

【語譯】

在富貴場中的人們比較一般貧窮的人還要利害的多。衣食住都不富裕，地位又低下，其中人情的變化一定是很大的了吧，而富貴的人家衣食住都很富裕，地位也很高，其中人情的變化一定是很少的了吧，其實是恰恰相反，富貴人家其彼此妒忌疑猜之心比一般的人都強，兄弟骨肉之間情感也是非常薄弱，彼此之間相處，都是用冷淡的心腸，虛僞的氣氛。表面上互相的應付，骨子裡在暗地互相鬥爭。天天在煩惱中生活著。即佛語所說的「煩惱障。」煩惱障之起，即是自己的心念起之煩惱的意思。所以我們把人情的微妙之處看穿了以後，對於處世交往，就可以超脫煩惱之外了。

【講 話】

富貴的人與貧賤的人兩相比較，按人情的動態來說，富貴的人比貧賤的人反而更不好。富貴的人爲了求自己的名利，逐漸的轉移情感，趨向於利益的方面。而對無利的方面則人情就淡薄了。總而言之，他的情感是隨著對方而變動的。反之貧賤的人情是沒有什麼變動的，無論什麼時候，他都是以一樣的態度來待人接物。所以貧者比富者的人情還厚重。按理說應當是富者的人情厚而貧者要來得薄。但事實上則是正相反。難怪孔子慨嘆的說：「爲仁不富，爲富不仁矣。」

嫉妒別人的長處和幸福，在父子骨肉之間，比一般人還要利害。照理來說應該骨肉之間互相祝賀幸福才是，更應當以喜悅的心情來讚美彼此的長處才是。然而事實卻不然。對於旁人的幸福和長處並不關心，可是對於親族之間有了長處和幸福，反而要起妒嫉，念念不忘耿懷於心。

這樣說來這是非常的不幸。當人們遭逢了這種場面，必定也會以冷靜的態度平心靜氣的處理，如果這嫉妒之念不除，則必定每天生活在煩惱中了。

一三六、功過不可少混，恩仇不可過明。

功過❶不容❷少混❸，混則人懷惰墮之心❹；恩仇❺不可太明，明則人起攜貳之志❻。

【注釋】

❶功過：功勞與過失。❷容：可，須之意，不容是不可，不須要。❸混：混淆，混亂，混同。❹惰墮之心：怠惰之心。❺恩仇：恩惠與仇怨。❻攜貳之志：攜者離也，貳者疑也，攜貳之志是背離之心。

【語譯】

在上位的人對於有功者賞，有過者罰，賞罰要分明。對於有功的不賞，有過的不罰或是無過的反而受罰，這種顛倒的處理事情，部下自然會發生怠惰心，而不忠於他的職務了。

對於熱情的施恩，或是對人冷酷結仇，不可以過於分明。或者對於某人的功勞給予和他的身份不相應的恩寵。或者對於其他人以仇人般的相待，那麼人們自然對他心存二心而背叛他。

【講話】

在上位的人對待其部屬，應當分清楚功勞與過失，這兩者不容混淆，功過混淆，則賞罰不明，如果有功的不賞，有過的不罰，那些奮勇不惜性命的人，雖然建立了功勞，也得不到名譽與陞賞，自然就起了怠慢的心情而不再忠於職守了。所以居上位的人一定要功過不容混雜，賞罰尤其分明。其次說到恩義與仇怨不可分的太開。居上位的人如果恩仇分的太開，那麼有恩的人就對他好一點，對於有怨的人，就冷酷無情。這樣一來，部屬無論如何的忠實盡職，也得不到上級的歡心。久而久之起了貳心而背叛激變，這都是基於私情之一念，致使部下不忠了。

一三七、位盛危至，德高謗興。

爵位❶不宜太盛❷，太盛則危❸；能事❹不宜盡畢❺，盡畢則衰❻；行誼❼不宜過高❽，過高則謗❾興而毀來。

【注釋】

❶爵位：爵祿，官位。❷盛：隆盛之極。❸危：危險。❹能事：自己得意之事。❺盡畢：作到了窮盡之處。❻衰：勢力衰頹。❼行誼：正當之行，誼與仁義之義相同。❽過高：太過高尚。❾謗：誹謗之意。

【語　譯】

官爵達到了登峰造極的地位，就易遭到他的嫉妒，自身就處於危險的境地。作事不可過度，過度就容易轉向衰頹之途。日常所說的做的不可過於高亢，立論過高則容易招人誹謗與嫉妒，所行過潔，則不合時宜。與人寡合，則形同孤立。這都不是明哲保身之道。

【講　話】

俗語說的好：「官大擔險樹大招風。」當著一個人的官位太高，很容易招惹出意外的敵人。對於自己得意的事物，不可以做的太過份，太過則容易頹敗，凡事得留餘地。日常的行為不可過於清高，過於清高的人就容易受人排斥，而招來了種種無謂的誹謗。

古代的哲學主張中庸之道，就是無過猶不及之處。人能行中庸之道，則可大可久，持盈保泰，既不違天之道，亦不背地之理。順乎人情本乎天理則無往而不自得，無太盛太過，過高過亢的弊病了。

一三八、陰惡禍深，陽善功小。

惡忌陰❶，善忌陽❷。

故惡之顯者禍淺，而隱者禍深；善之顯者功小，而隱者功大。

【注釋】

❶陰：人所不知之處。❷陽：物的表面，即是人所目睹之處。

【語譯】

惡事多半是在人的背後暗中去做的，俗語說：「好事不出門，惡事傳千里。」所以惡事無論怎樣隱蔽，終究是要暴露在衆人之前。相反地，善事本是堂堂正正在人前所行的，可是善人的行爲總是在暗中增長並不使人觸目有所感覺。

所以惡忌陰善忌陽，由他的本性內發出來的惡事表現在外面是人盡皆知，這種禍患反而很少。但是隱暗不被人所知道的惡事禍患也就大了。如果作善事不是出於本心，則他表現之善，其功也並不大，而暗中在不知不覺的地方做了善事，功就很大了。

【講話】

作惡事忌隱藏，所謂陰惡是大惡。作善事忌顯露。所謂顯露於外的人，則衆目所視十手所指，其惡行不得擴張，所以爲禍尚淺。如果認爲人不知而自己作了壞事隱藏起來，自己覺得十分得意，他就要加深罪名終至身敗名裂，所以說惡之隱著禍深。作善事喜歡顯露於外面，使人家知道，他的功德是小些，而在暗中作的善事，他的功果反而是很大。這個道理很奧妙，只有佛家的道理才能夠解釋清楚。按道理說，作善事顯示出來給人家看，這就不算眞善，這裡面含著沽名釣譽的心理存在。所以他的善行也就不會有多大的效用，也不會徹底去做完善事。反之要在暗中去救人濟世，則其立心爲善，必定不計較名譽。他做的善事也必定徹底。所以說善之顯者功小而隱者功大。

一三九、應以德御才，勿恃才敗德。

德❶者才❷之主❸，才者德之奴❹。有才無德，如家無主而奴用事矣❺，幾何不❻魍魎❼猖狂❽。

【注釋】

❶德：德是心之體，即是由行爲的結果表現出來的人格。❷才：即是才能。❸主：主人公。❹奴：奴才，奴僕。❺用事：當家用事。❻幾何不：如何不，焉能不。❼魍魎：卓氏藻林：「魍魎石之怪。」玉篇：「魍魎」乃木神，如三歲之小兒。赤黑色。即是害人之怪物。此處指心中之煩惱。❽猖狂：猖是猖獗，病勢活不住。狂是瘋狂。莊子在有篇：「浮游不知所求，猖狂不知所往。」

【語譯】

道德和才能來比較，道德可以說是才能的主人，才能可以說是道德的奴僕。有才能而無道德的，就好像一個家庭裡面少了主人一樣，奴僕當家，任意妄爲。如同妖魔鬼怪的害人，把好好的一個家庭弄得亂七八糟了。

【講話】

人不可不修養才智，同時更不可不培植道德。兩者都缺一而不可的。才與德互相比較，德好比是才的主人，而才好比是德的奴僕。有才無德的人，正好像一個家庭裡面主人被奴僕所欺，這個家庭一定是制度紊亂毫無條理，終至於敗家亡身而後已。

普通一般人恃才傲物，就是他沒有道德以養其身，只知逞能恃才，任意妄爲，終必要受到嚴重的打擊。所以用人行政必須要用才德兼備的人。即或才能稍差如果是有德之士，那也不妨去用他的德來補才能之不足。也不致像用那些雖有才能卻缺乏道德的人，把一切事情弄壞了。

一四〇、窮寇勿追，投鼠忌器。

鋤奸❶杜倖❷，要放❸他一條去路❹，若使之一無所容❺，譬如塞鼠穴者，一切去路都塞盡❻，則一切好物俱咬破矣❼。

【注釋】

❶鋤奸：奸是佞奸邪智之人。鋤是把雜草根本鋤去，即是根絕邪智奸佞之惡人。❷杜倖：倖是諂上而爲惡事者。所謂杜倖者。杜是杜止跋扈。❸放：放過。❹一條去路：一條逃生之路。❺容：收容、容納。❻一切：所有的。❼好物：重要的物品。

【語譯】

常言道除惡務盡，事實上對於剷鋤奸惡之人，或杜絕倖進之輩，也要給他一條退後的道路。如果連一條逃生之路，都不給他，他勢必鋌而走險。所謂窮寇勿追。譬如捉老鼠而堵塞了它的洞門，則老鼠斷了去路，結果反而把一切好的東西都咬壞了。俗語說：「投鼠忌器」就是這個道理。

【講話】

奸佞邪智之人僥倖以圖上進，爲了防止這種弊病發生，就在建立法制這方面，務必講求嚴厲。然而實行起來又必須求其寬厚。在除惡務盡的原則之下，卻又不能不網開一面。常言道窮寇勿追，投鼠忌器，總要放他一條生路，叫他自己逃生。不然如同捉鼠而阻塞了一切洞口，那他窮急反噬，一切器物都要被牠破壞光了。

這一段的道理，就是凡事勿走極端，總是合乎中道適可而止。天地間的萬物，都是一個制服著一個，如螳螂捕蟬黃雀伺之於後，獵人打雀不覺濕露沾衣。但是天地造物之妙，雖是互相制服同時也是互相爲依的。人食牛羊而牛羊依人以生，都是這個道理，所以說世間善惡之理無論到了什麼時候都是兩面的。如果說除惡而必盡，則惡盡而善亦不能存立了。覺悟了這個道理，也就覺悟了人生的大半。

一四一、過歸己任，功讓他人。

當與人同過，❶不當與人同功❷，同功則相忌❸；可與人共患難❹，不可與人共安樂，安樂則相仇❺。

【注釋】

❶過：過失。❷功：功勳。❸忌：與嫉同，嫌忌。❹患難：憂患艱難。❺相仇：互相如仇敵互相排斥。

【語譯】

作事只可以與人共同擔負過失，而不可與人共同接受功勳，因爲共同受過則人感覺喜歡，共同受功則必然互相嫉妒。又與人相處，可與共患難而不可共安樂。共患難的話可以互相合作，共安樂的話容易互相結怨成仇。

【講話】

和他人共同擔負過失的時候，則他人必定喜悅。和他人共同分功的時候，則他人必定發生嫉妒，所謂利益在前，人所必爭。人對於爭榮譽爭報酬，千古以來不知道葬送了多少人的生命，毀壞了多少人的人格。如此看來與人共患難則易，而與人共安樂則難了。例如春秋時候范蠡文種之於越王句踐，漢代的韓信蕭何之於漢高祖，當勾踐被吳王打敗作了俘虜，文種范蠡兩人與越王共受患難，終於設法使越王回到了越國，十年生聚十年教訓臥薪嚐膽勵精圖治，二十年後滅掉了吳國，可是范蠡明白共患難與共安樂的道理，遂棄官而游於五湖，文種不明這個道理，終於仗劍自殺，其次高祖的殺韓信因蕭何也是同一個道理，君王之於臣下尚且如此，至於一般人的彼此爭名奪利不能共榮相安，更無足論了。

一四二、警世救人，功德無量。

士君子，貧不能濟物者❶，遇人癡迷處❷，出一言提醒之❸；遇人急難處❹，出一言解救之❺；亦是無量功德❻。

【注　釋】

❶濟物：用金銀等物品作救濟。❷癡迷：癡是愚癡，迷是迷惑。即心無主宰苦於判斷而迷惘。❸提醒：提攜喚醒。❹急難：緊急困難的場所。❺解救：即是濟人之急救人之難。❻功德：功是福利的功能。這一功能如成爲有善行之德，就叫做功德。天臺仁王經疏：「施物名功，歸己曰德」。

【語　譯】

君子在貧困的時候，遇事迷惘不知所措，生活發生了困難。此時如能有人以旁觀者清的智慧提醒了當局者迷的愚癡。就如大夢初醒，離暗而趨明。又人在危急困難的時候，能得他人一句話而解救了危難。這一言的提醒與一語的解救，即是種下了無量的善根與無量的功德。所以說救濟人不一定要施捨金銀物品，如果能夠使人除去苦惱得到快樂，也是無上的恩惠。

【講　話】

有道德的君子雖然不能以金錢救濟他人的貧困，但可用精神的力量去感化他人。人們在迷惘的道途上能得一言以提醒，就可以改邪歸正覺迷卻癡。又當人們陷溺在危急困難的情況下，得一語的勉勵，教他脫離危難之道，這就是善根，勝於贈送他人財物的恩惠。

一四三、趨炎附勢，人情之常。

饑則附❶，飽則颺❷，燠❸則趨❹，寒則棄❺，人情通患也❻。

【注釋】

❶附：附合，附著，附從。❷颺：與揚相同，飛上，飛去。❸燠：溫暖，懷暖，指富貴場中而言。❹趨：趨赴，趨炎附勢奔走富貴之門。❺寒：冷且貧乏之意。所謂飢寒。❻通患：一般通有的缺點。

【語譯】

人當然貧窮得陷於糊口都困難的時候，好像飛鳥飢餓的時候，便會附著於人家哀求食物一樣，等到衣食豐足之後，也就像飛鳥的羽毛豐滿了一樣，便脫離了施恩的人而飛去。

當人們富貴的時候，自然有很多人趨炎附勢，阿諛諂媚，一旦時衰運敗變成了貧寒，則趨附之人立即掉頭不顧而去，即或是中途相遇，也如同不相識的路人。古今中外人情之通病，差不多都是如此。

【講話】

人到貧窮不濟的時候，就一切廉恥也不顧了，只知貪求食物依附於人，等到有了食物，稍見飽暖，就向更好的地方尋求生活了。人人都向豐衣足食的地方集聚，等到這富貴者一旦陷入了貧乏，則一般常常集聚來往的人，也就作鳥獸散了，一切義理人情也都不講了。甚至在路途中相遇，也掉頭而不顧了。這是古今中外的人情通病，並沒有什麼好奇怪的。

「蚊蠅逐臭，蟻蟲嚐甘，而小人則趨於利。」這幾句話說穿了人情的通病。人情通常是趨利而忘義，只有君子才不爲利益而變節。

一四四、須冷眼觀物，勿輕動剛腸

君子宜淨拭❶冷眼❷，愼勿輕動剛腸❸。

【注釋】

❶淨拭：拭拂乾爭。❷冷眼：冷靜之眼，即是冷靜如水一般的理智之心。❸剛腸：如鐵石般剛硬的心腸。

【語譯】

所謂冷眼的意思是以冷淡如水一樣的心情，對事不偏於一面本著公平之心來處理。熱心與冷眼是相對的。俗稱熱腸之人，是充滿了熱心來觀察事物，容易陷於誤謬，不易看出事物的眞相來，這正如戴著有色眼鏡來看東西，戴上了綠色眼鏡認爲世界一切都變成了綠色，實際上卻並非如此，君子常用冷眼看事，恰如戴的是無色透明的眼鏡來看東西，一切事物的眞相，得以一目了然。所謂剛腸二字，俗語謂之鐵石心腸，人心隨環境而變動容易動了自己的念頭，所以應當以堅決剛強的心腸處世，決不受環境的支配而轉移了意志。

【講　話】

君子大多是富於情感，不免熱心過度，招致人家的怨尤。所以不可不以冷靜的頭腦來考慮事情，然後以理智來判斷是非，才不會發生錯誤。如果感情一衝動，心就把握不住，於是心受感情所左右，便會輕舉妄動了。

日本古時候有一個武士鎌倉權五郎，他作了源義家的軍隊中的先鋒，在戰場上衝鋒的中間，被敵人的箭射中了他的眼目，卻一點都不怯懦，他並不取下箭矢，就奮勇把敵人射死，然後倒在草地上。他的同僚將官三浦爲繼走到他的身邊，想要設法由眼睛裡拔除箭鏃，於是以腳踏著權五郎的臉，想把箭從眼睛裡拔出來，這時候權五郎忽然跳起來要殺爲繼，爲繼吃驚的躲開，問他什麼緣故?權五郎說：「武士死於戰場是常有的事，但生平還沒有人敢用腳踏著我的臉，我認爲這是莫大的恥辱。」爲繼領悟了他的意旨，就深深謝罪，然後跪在地上將箭由權五郎的眼中取下來。

這故事，是說君子應以鐵石心腸冷靜頭腦來擔當大事，才不至於有失中正。

一四五、量弘識高，功德日進。

德隨量❶進，量由識長❷。故欲厚其德，不可不弘其量❸。欲弘其量，不可不大其識。

【注釋】

❶量：度量，肚量。即心胸廣闊。❷識：見識，即是對事物正確判斷的知識。❸弘：弘大。

【語譯】

道德的進步，是隨著人的器量而進步。器量寬大的人他的道德亦一定高尚。但器量怎樣才能宏大，這是由於人的見識的增長，見識增長器量隨之寬大。器量宏偉而道德也就增長。所以欲圖增厚道德先須弘大器量，欲圖宏大器量先須增長知識，所以知識是增厚道德的基礎。

【講話】

古語說：「德高望重。」又說「量寬福厚。」德與量是互相關聯的。由於道德高尚而器量才能寬大，器量寬大才能受人尊敬，自己的幸福便可以慢慢增加了。然而道德怎樣才能夠高尚，那就要培養高深的學問。有了高深的學問與知識，然後對於處世做事，具有遠大的眼光，高明的識見，做事就不會發生錯誤，處世也不會過與不及了。

一四六、人心惟危，道心惟微。

一燈螢然❶，萬籟無聲❷，此吾人初入宴寂時也❸；曉夢初醒，群動未起❹，此吾人初出混沌處也❺。乘此而一念迴光❻，炯然❼反照❽，始知耳目口鼻皆桎梏❾，而情欲嗜好悉機械矣❿。

【注釋】

❶螢然：螢火之微光。❷萬籟：籟是音響，萬籟是萬物之聲。❸宴寂：宴是休息。寂是寂靜。即是安靜睡眠之意，❹群動：即人畜鳥獸等物之活動。❺混沌：天地未判萬物未生之境界。此處指精神尚在有耶無耶之間，混沌者即尚不明白之狀態。❻迴光：光向內方返照，亦即內心深處的反省。❼炯然：光輝照耀之貌。❽返照：理性的光照射自己的內省。❾桎梏：手足束縛而不得自由。❿機械：傀儡工具之意。

【語譯】

夜闌更深萬籟俱靜，枕邊的燈炎好像螢光一點，這正是我人進入夢鄉時候，到了天將破曉，漸從夢境醒來，此時萬物尚在長眠未起，我人的精神狀態也恰似夢境。宇宙就像混沌未開天地一般處於虛無的境界當中，一切不分明。此時由自己本心的光明，照見了自己的姿態，心無善惡之分，名利與妄想之念不起，純粹是一個清淨無心的小天地。於是知道耳目口鼻手足都是束縛心的障礙物。對於事物而起的種種情欲嗜好之念，都是苦惱身心的東西，並且是使身心墮落的機械。

【講　話】

一燈螢然萬籟無聲，這是夜半時分，此時天地寂然，只有枕邊一點燈光，這時候正是萬事萬念俱亡，使我更能安靜宴息了。到了天光破曉，人畜鳥獸一切動物都還沒有起來，這時正是我人開始出於混沌。所謂混沌初開即是天地尚未分明，這時候天地好像雞卵混然一團，漸漸的清氣上升而濁氣下降，山川草木人畜次第的發生出來了。人當休眠入睡時間，身心都在休止狀態，此時既無有善惡也無有苦樂，恰似天地尚未開闢以前的混沌時代，等到了一夢醒來，萬物還未與起的時候，這時宛如初出混沌尚不辨是非與邪正。等到了身心一有動作，善惡是非之念就開始發生了。所以當宴寂入眠的時候，或是在混沌初出的時候，要用一念把自己迴光返照一下，探索是非善惡因果在於何處，才明白到這善惡是非既不是什麼身外之物，而他的發生也決不在於一念未生的混沌初開之時，而是因爲我人有了耳目口鼻，對於事物這才生出來的情欲嗜好，然後基於情欲嗜好的取捨愛憎而有了種種的妄想與分別，因之而苦惱了身心。這樣說來耳目口鼻都是束縛身心的桎梏，情欲嗜好都是使身心陷落到機械中的一種障碍。善惡苦樂本身實有之物，只緣由耳目口鼻所生之情欲嗜好而發生，但是人又不能拋棄耳目口鼻之情欲嗜好，不能如頑石枯木的無情，那麼，應當怎樣去做才對呢？那只有在這迴光返照的一刹那間，反省覺悟世間一切都是虛幻。不要爲他們而勞役身心，當應自由自在的處於其中。

一四七、諸惡莫作，眾善奉行。

反己者❶，觸事皆成藥石❷；尤人者❸，動念❹即是戈矛❺。一以闢❻眾善之路❼，一以潤諸惡之源❽，相去霄壤矣❾。

【注釋】

❶反己：自己好自反省。❷藥石：良藥苦口利於病，對身心有益之言也可以叫做藥石。❸尤人：歸咎於人，所謂怨天尤人。❹動念：即是動心，心如有所思，意就有所動。❺戈矛：古時兵器戈頭有枝狀者，矛是柄長的兵器。❻闢：開闢荒蕪的田地。❼眾善：多種的善行。❽濬：挖深水底，開導河流。❾霄壤：霄是天，壤是地，即是天地之意，表示天地之隔，相差太甚。

【語譯】

能夠自己反省的人，無論他與任何事物接觸，都可以取之而爲養身的藥石。反之終日怨天尤人的人，他每一動念都是傷自己身體的戈矛。前者是開拓眾善之門，所以他的善行是日有增進。後者卻是加深了諸惡之淵，惡事是天天的向他積聚。兩者的利害相隔，不啻是一在天上而一在地下，所謂差之毫釐，失之千里。

【講話】

人能自己反省，其所言所行，都能夠不離於道，則無論做什麼事情，能取之以爲借鑑，而加以反省，這樣的話，就成修養自己身心最好的工具了。久而久之便能進德修業，自能達到聖賢的地步。反過來說，自己不去反省自己，反而全歸咎於他人的過失，終日看旁人有何過失而妄自批評，這樣的人，其所做所爲都是惡行。不但傷人抑且自傷其身。因此能自己反省的人，是廣開衆善之門，不能自己反省的人，則惡事日漸增多。善人惡人的差別只在這反省與否之一念罷了。

一四八、功名一時，氣節千載。

事業文章隨身銷毀❶，而精神萬古如新❷；功名富貴逐世❸轉移❹，而氣節❺千載一日❻。君子信不當以彼❼易此也❽。

【注釋】

❶銷毀：銷失殆盡。❷萬古：永久之意。❸逐世：隨著時代。❹轉移：遷移改變。❺氣節：意氣與節操。❻千載一日：千年猶如一日，無論何時也不變。❼彼：指事業文章與功名富貴。

❽此：指精神與氣節。

【語　譯】

事業和文章，無論做得怎樣的偉大與巧妙，都要隨著身體的死亡而消失。可是聖人君子的精神，雖然經歷萬代，不但不會磨滅，反而增加了無比光輝。功名和富貴無論怎樣的盛大與繁榮，都要隨時世而轉移。但是忠臣義士的氣節，雖經過了千年，也如同天一樣，沒有變化。所以君子決不因爲事業文章功名而變更了他的偉大精神和氣節。

【講　話】

一個人的事業和他所作的文章，無論如何的成功偉大如何的優良簡鍊，但到了他死了之後，這股力量便化爲烏有了。只有人的精神可以傳之萬代而不會改變。而精神的偉大可以使後世的人受到極大的感化。

富貴與功名隨著時代的轉移而改變，這代的功名，到了下一代便一文不值。現在貧困的人到了後代子孫也許就變成了富貴。唯有人生的氣節，一直到千萬年之後都是不變的。

由此看來事業文章功名富貴，與精神氣節來比較其價值實有天地之別，所以君子不可因尋求事業文章功名富貴而沾污了自己的精神與氣節。

一四九、自然造化之妙，智巧所不能及。

魚網之設，鴻則罹其中❶；螳螂之貪，雀又乘其後❷。機裡藏機❸，變外生變❹，智巧❺何足恃哉❻。

【注釋】

❶魚網之設，鴻則罹其中：爲了捕魚而下網，想不到鴻雁誤落於其中，這是說有意外的收獲。鴻是水禽之一種，較雁稍大，背與頭呈灰色，翅黑而腹白，一名白鳥。❷螳螂之貪，雀又乘其後：螳螂一心覬想要吃蟲，那知黃雀又嚙伺在後面。這是說明上之下仍有上者，窺覘獵物者之後，不知仍有其敵窺覘於其後。螳螂又作螳蜋，昆蟲之一種，前胸頸部頗長，前肢成鐮刀狀。後肢長善跳躍。捕食害蟲，於農家頗有益處。❸機裡藏機：此機可解作天機，亦可解作機關，就是在機關之內，尚有微妙的機關。❹變外生變：異變之外又生異變。在世變之外又生異變。在世間預想不到的事太多了。❺智巧：才智與巧術。❻恃：可靠倚托。

【語譯】

本來張設魚網的目的是在捕魚，而意外的收獲是捉住了鴻雁。螳螂飛在前面貪吃蟲類，沒有想到黃雀又在後面追逐著他，這所謂機關裡面又藏著機關，異變之外更生出異變。人生在世間一切都是如此，很多利害往往不是人的智慧所能料想得到，正所謂事由天定，又何必巧用機關呢？

【講 話】

捉魚張網，而鴻雁誤陷到裡面，這對鴻雁來說是多麼的可憐和不幸。螳螂捕蟬而黃雀又伺於其後，這對於螳螂來說是多麼的悲慘和危險。

世間的事固不僅限於鴻雁與螳螂的事情而已，所謂一機之中又藏一機，一變之外復生之變，天地之大是無奇不有，神妙得使人感到不可思議，又豈是人的智慧和才能所能追得上的。

一五〇、眞誠爲人，圓轉涉世。

作人無點❶眞懇念頭❷，便成個❸花子❹，事事皆虛❺。

涉世無段❻圓活機趣❼，便是個木人❽，處處有礙❾。

【注 釋】

❶點：一點之意。❷眞懇念頭：眞實懇切，即是眞誠的心。❸個：一個之意。❹花子：乞

丐的俗稱。又花子解作雛人木人之形狀。又是叫化子的轉音。叫化即沿門乞討之意。❺虛：虛妄不實，說謊。❻段：一段。❼圓活機趣：圓轉活脫的情趣，不出於本身的動作。❽木人：與木偶相同。木做的人形。❾礙：障害，障礙。

【語譯】

作人要是連一點眞誠的念頭都沒有，一個勁兒的對人虛僞，這樣事事都成了虛妄，不啻是一個假造的一樣。處世要是連一點圓活的趣味都沒有，無論走向何處，都要碰壁而行不通。這樣簡直就成了一個木頭人。

【講話】

作人必須講眞誠，否則他的言行都不足以使人相信，好像一個僞造的假人形一樣。既沒有靈魂又不像眞人能夠動作，這樣的活在世間也了無生趣，自欺而欺人，終久必定會暴露的。

其次是過於頑固的人，是與人落落寡合，毫無一點圓轉滑脫的通融機趣，這樣的人就好像木偶，到處都受到人的冷遇，事事都行不通了，所以處世過於虛僞既不得人信任，而處世過於呆板也一定受人歡迎啊！

一五一、雲(ㄩㄣˊ)去(ㄑㄩˋ)而(ㄦˊ)本(ㄅㄣˇ)覺(ㄐㄩㄝˊ)之(ㄓ)月(ㄩㄝˋ)現(ㄒㄧㄢˋ)，

塵拂而眞如之鏡明。

水不波則自定❶，鑑❷不翳則自明❸，故心無可清；去其混之者，而清自現；樂不必尋，去其苦之者，而樂自存❹。

【注釋】

❶定：定靜之定。❷鑑：光可鑑人，乃照耀反射之意。❸翳：遮掩而不明。❹混：溷濁不清，混合不分。

【語譯】

水沒有波浪則自然歸於靜止平穩。鏡子沒有雲翳，則自然澄徹光明，人心也是如此。人心本來是清潔澄徹的，只要除去妄念與私情，自然而然心就無雲無翳恢復本來的清淨光明的面目。

人都願意向外界尋求快樂，但快樂不必外求，只要除去痛苦，快樂就自然的存在。

【講話】

水不遇見風，就不會掀起波浪，自然歸於平靜安穩，鏡子沒有塵土的掩蔽，自然就會現出光明。人心本來是清潔澄澈的。只因爲被妄想的塵垢所遮蔽，而消失了本來的光澤。只要拂拭掉那些煩惱與妄想，則其清淨光明的本來面目就出現了。

歡樂是不必去強求的，只要能夠除去使他本心苦痛的私欲私見就好了，至於妄想尋求歡樂，結果是心也不得安穩平靜，歡樂也就一點都得不到了。

一五二、一念能動鬼神，一行克動天地。

有一念❶犯鬼神之禁❷，一言而傷天地之和❸，一事而釀子孫之禍者❹，最宜切戒❺。

【注釋】

❶一念：心一動念。❷鬼神之禁：即天地鬼神禁誡的事。❸天地之和：天地自然的和平氣象。俗謂和氣致祥。❹釀：釀造，酒在出禍發酵的時候叫釀。此處是造成之意。❺切：深切。嚴切。

【語譯】

人如果起了一種違犯鬼神的念頭，也就是違犯了天地自然的理法，人如果說出有傷天地和平的言語，也就是傷害了社會一般的和平。這其間是有天人合一人神一體的道理存在著，人做了一件事往往也可以釀成後世子孫的無窮的禍害。所以我們一個念頭的興起，說一句話做一件事，都應該自己嚴加警惕，而不可草率行事。

【講話】

人作事假如稍不留意，就容易招致失敗，而遭到不測禍患。所以對於一言一行都不可不加謹慎。

人有一念不修而犯了上天的禁誡，因一言不慎而破壞了世間的和平，有一事不謹而釀成了後世子孫的禍患。因此我們不能輕起一念，亂發一言，錯做一事，古德說：「勿以善小而不爲，勿以惡小而爲之。」又古代兵法說：「一言不慎身敗名裂，一語不慎全軍覆滅。」怎能輕舉妄動，草率的用事呢？

一五三、情急招損，嚴厲生恨。

事有急之❶不白者❷，寬之或自明❸，毋躁急❹以速其憤❺。人有操之不從者❻，縱之❼或自化❽，毋操切以益其頑❾。

【注釋】

❶急之：過於急迫。❷白：明白，清楚。❸寬：寬緩。❹躁急：焦躁，心情躁急。❺速：迅速的發生。❻操：操縱，使役他人之意。❼縱：棄置放任。❽化：感化，使他柔順。❾頑：冥頑不靈，頑固不能通融。

【語　譯】

一件事急於想把它弄清楚，反而愈弄愈不明白。在這種情況之下就要暫時處之以和緩，聽其自然發展，慢慢的讓它弄個明白。如果操之過急，反而容易引起他人的反感。

急切的使人服從命令，他反而不願聽從，不如暫時放任慢慢感化使他化爲柔順。若是過於急切或嚴厲，就容易使他頑抗起來，事情反而愈弄愈糟了。

【講　話】

一件事情發生了，想調查徹底是頗不容易，在眞相未明之前，應當放寬一步任其自然發展，慢慢的終必水落石出，如果操之過急，反而容易引起他人的憤怒和反感。增加求眞實結果的障礙。

其次是關於支配他人使他對你服從，如果自己巧用心機施行操縱，反而招致他人的不服從。不如聽其自然，使對方心悅誠服的遵從。所謂以德服人者眞服也，以力服人非眞服也。如果只知嚴厲管束，反而使他頑抗不服，事情就愈弄愈壞而不堪收拾了。

一五四、不能養德，終歸末節。

節義❶傲❷青雲❸，文章高白雪❹。若不以德性❺陶鎔之❻，終為血氣之私❼，技能之末❽。

【注釋】

❶節義：見前一三二條注釋②。❷傲：傲然以臨下。乃高位高官的人對於其屬下的態度。❸傲青雲：一說學德高於一世。另一說是高位高官。此處是指後者而言。❹高白雪：文章之格調清新而高遠，關於白雪之曲的故事，文選第四十五卷有宋玉對楚王問一節：『楚襄王問宋玉曰：「先生其有遺行(註：不濟之行為)乎，何士民眾庶不譽之甚耶。」宋玉對曰：「唯：然有之。願大王寬其罪得畢其辭。客有歌於郢中者，其始曰下里巴人，其中屬和者數千人，其為陽阿薤露，其中屬和者數百人，其為陽春白雪，其中屬和者不過數十人，引商刻羽，雜於流徵，其中屬和者不過數人而已。其曲彌高，其和彌寡。」』原來白雪之曲其調高其趣深，故解者甚少，今引用之而謂：「較白雲猶高。」是乃調高和寡之意。❺德性：道德的本性。❻陶鎔：燒陶土以造瓶甕，鎔金屬以作器物。即鍛鍊修養之意。❼血氣之私：一時心情興奮的私行。❽技能之末：無用之末技與藝能。

【語譯】

有節操義氣的人，對於高官高位往往不屑一顧視的。人的文章有勝於陽春白雪之曲的高尚，但如果未曾經過道德的陶鎔鍛鍊，那麼其節義不過是血氣之私行，而文章也不過是技能的末品罷了，是沒有什麼價值可言的。

【講話】

把陶土拿來燒煉，才能成爲光滑無比的器皿。把鋼鐵拿來鎔鍛，才能成爲堅硬寶貴金鋼。陶鎔的意義也是如此。一切的物質都須經過鍛鍊才能有所成就。人的節義雖然可以高傲過青雲，文章可以妙勝過白雪，假如不是由道德的心鍊出來的節義和文章，則他的節義不過是自私的。而文章也不過是普通的，這也許與那俠客的義節與騷士的文章毫無差別了。

一五五、急流勇退，與世無爭。

謝事❶當謝於正盛之時❷；居身❸宜居於獨後之地❹。

【注釋】

❶謝事：由世事中引退辭謝。❷正盛：全盛，極盛。❸居身：居住己身之場所。❹獨後之地：人所不取殘餘的土地，與人無爭的場所。

【語譯】

當著事業全盛的時候，最好能夠急流湧退，不但自己愉快的全身而退而且使人追慕惋惜。若等到了衰敗式微時尚不想退，勉力支持，不但自己艱難，恐怕要招人輕蔑；其次是居身宜居於獨後之地，就是與世無爭的地位，才是處世安全之道。也是被人尊敬的根源。

【講話】

古語云：「功成身退。」這是君子之教，當著事業全盛時期能毅然引退，自己也意足，他人也羨慕不已。平時置身的場所也應當選擇與世無爭的地位，這樣去做，不但是自己安全，就是他人也不會嫉妒，實在是明哲保身受人尊敬的好方法。

以漢代的韓信張良與漢高祖謀事來說，就是很好一個例證，張良能夠明哲保身，功成而身退，僻穀以求仙，終於得以保全了他的聲譽。韓信不明這個道理，致屢遭貶抑，終於被殺掉了性命。

一五六、愼德於小事，施恩於無緣。

謹德❶須謹於至微之事❷，施恩❸務施於不報之人❹。

【注釋】

❶謹德：謹愼於德行。❷至微之事：些須小許。❸恩：施捨恩惠於人。❹不報之人：受恩不報的人。

【語　譯】

修養德性是重要的事情。但一般人對於細微末節多不注意，這是很大的錯誤。不道德的行爲，即使是小事，也要嚴謹防止它發生。

其次是施恩不但不希望人家報答並且應當施恩於不報恩之人，反爲得當。因爲施恩再希望人來報恩，就變成了買賣的行爲。如果施恩於不能報恩的人，這樣做法是有積極爲善的妙處。

【講　話】

人若想要進德修業，就要處處努力，必須在人所不注意的極微細小的事情上加以留心注意。如果認爲是小事而不去做，只注意大的地方不犯過錯，而小的地方錯誤重重。且認爲小疵不致妨礙大體，那就錯誤了。因爲小事往往會變成了大事，而大事的結果都是由小事漸漸累積得來。所謂「千丈之堤壞於一穴。」這一句話我們應加以三思的。

其次是施恩予人，決不希望人家報答，世間有些人對人施恩，並且使受恩者的精神感到受他的壓迫。這樣一來「恩」很可能變成「仇」了。所以最好是施恩於不能報恩或是無力報答的人，才是眞正施捨了恩德。

一五七、文華不如簡素，談今不如述古。

交市人❶不如友山翁❷，謁❸朱門❹不如親白屋❺；聽❻街談巷語❼，不如聞樵歌牧詠❽；談今人失德過舉❾，不如述古人嘉言懿行❿。

【注釋】

❶市人：市中之人，即齷齪爭利的人。❷山翁：住在山中的老翁。❹朱門：王候貴人權門勢家，從前貴人的家門多用朱紅色的丹漆塗之。❸謁：拜謁，訪問。❺白屋：用白茅草修葺屋頂即是貧人之家。❻聽：注意聽聞。❼街談巷語：街巷的談論，即市中的謠傳，現在所謂馬路消息。❽樵歌牧詠：樵夫牧童的歌唱。詠與歌同。❾失德過舉：不道德的過失與舉動。❿嘉言懿行：合於道理的適當言辭，以及本著道德的適當行爲。

【語譯】

與汲汲於利害的市中之人交際來往，則還不如和山中的老翁閒談家常來的快樂。與其進出於有權勢人們的家庭，還不如和茅舍白屋中的隱士高人作朋友來得親密。與其去聽那些街巷尾的庸俗談論，還不如去聽那些樵夫牧童的天眞歌詠來得痛快。與其是談論當代人悖德亂行的過失，或是揭發他人的陰私過惡，還不如陳述古人的崇德懿行對自己的修養有所補益。

【講話】

由人的行爲來看，在表面上好像是有利益，但在實際上則有傷道德，遺誤終身的事情，往往是不少。

都市的人多半是生活浮華，舉動輕薄，人在都市生活久了，難免會染上不良習氣。所以不如去和那山中隱退的老人去談心。高官位大的富貴之門，日子久了也難免會沾染了壞的習慣，趨向墮落生活，所以不如去和那居住在茅屋的窮人相親近，反而比較有益。

聽街頭巷尾的傳聞消息，使人動氣，名利觀念便縈迴於心中不去，使情緒紊亂，如果能退居到田舍去聽那些樵夫牧童的山歌之樂，心中就悠然自得。其次是談論批評現代人的言行得失，這也是於人有損於己無益的事。如果人把古聖先賢的立身處世以及可歌可泣的史蹟加以琢磨，於本身的增進學識修養道德都有很大的幫助。又何樂不爲呢？

一五八、修身種德，事業之基。

德者事業之基❶，未有基不固而棟宇❷堅久者❸。

【注釋】

❶基：土臺。❷棟宇：棟是屋頂，又一棟房屋，房屋連間者謂之棟。屋簷以下謂之宇。❸堅久：堅固長久。

【語譯】

道德是建立事業的基礎，基礎不穩固，則雖有堅固樑柱的房屋，也不能耐久。同樣的道理，道德不堅固所建立的事業也決不能夠持久，所以要想建立傳之不朽的事業，必須先要建立堅固不拔的道德基礎。

【講話】

建築一個房屋必定要打好地基。如果根基不穩固，那麼所建的房屋就必定不堅固。人作一番事業，也必定要先建立基礎，如果基礎不堅牢，事業也隨之就不能悠久。這基礎就是人間不可缺的道德。

有堅忍不拔的道德基礎，則所營事業必定圓滿，如果建立的道德厚實了，則其功業也必定更加的悠久綿長，反之僅憑著一時的利害而互相爲用，縱使成功也不過是一時而已。決不會悠久綿長的。這正彷彿建築房屋一樣，根基不穩固的房屋是不會支持長久的。

古德說：「德爲善政，政在養民，正德，利用，厚生。」古人爲政的基礎也在於道德。唯有正德然後才可以利用才可以厚生。然後才可以解決了民生問題，所以一切事莫不是以道德爲基礎。

一五九、心善而子孫盛，根固而枝葉榮。

心者後裔之根❶，未有根不植而枝葉榮茂者❷。

【注釋】

❶後裔：子孫。❷榮茂：繁榮茂盛。

【語譯】

人心是子孫昌盛的根本，未有不植根本而枝葉能夠茂盛的。同樣的道理，沒有心性修養的人，則其根本不固，其子孫決不會昌隆盛大。所以說欲圖使子孫繁昌，則必須先要修養自己心性的根本。

【講話】

我身和子孫的關係，好比是樹木的根和枝葉一樣，根本堅固則枝葉必定茂盛繁榮。根本薄弱，則枝葉也就不會發達了，所以身心必須健全，才能期待子孫綿延不絕，但這裡所指的我身，並不是肉體，而是體內的心。心正則積德，子孫就蒙受更多的恩惠。如果心執著於妄念，失去了光明，多行不義之事，流爲社會上的害蟲。而這種人還天天在神佛面前膜拜祈求自己子孫的繁昌，那無異掩耳盜鈴自欺欺人了。

一六〇、勿妄自菲薄，勿自誇自傲。

前人云❶：抛卻自家❷無盡藏❸，沿門❹持鉢❺效貧兒❻。又云：暴富❼貧兒休説夢❽，誰家灶裡火無煙❾。一箴自昧❿所有⓫，一箴自誇所有⓬，可爲學問切戒⓭。

【注釋】

❶前人：是說古人，此處則指王陽明先生。❷自家：與自己相同。❸無盡藏：無限的財寶，無論如何使用也使用不完。維摩經佛道品：「祐利眾生之諸有貧窮者，現作無盡藏。」❹沿門：捱著人家門口。即是按著每一個門戶而行。❺鉢：古僧侶盛食物之用具，今則於托鉢時沿門化緣盛米盛錢之用。❻效貧兒：效法窮人的孩子。明王陽明詩：「無聲無臭獨知時，此是乾坤萬有基，拋卻自家無盡藏，沿門持鉢效貧兒。」❼暴富：忽然間發了財。❽說夢：不根據任何道理的胡說，比之爲說夢。「暴富貧兒休說夢」，乃指忽然發財的窮人，擅自誇富，講出無有根據無有道理的昏話。❾誰家竈裡火無煙：乃是指任何人家都多少有點財產，戒人不要自誇自傲。❿昧：不明不知。⓫所有：所持有的東西或財富。⓬箴：規誡。⓭切戒：懇切的誥誡。

【語譯】

這是古人所說的話，前兩句的意義是在自己家裡有的是金錢財貨，存貯著無限的寶藏，把它棄捨不用，反而托著鉢站在人家的門前，去學那討飯的貧兒。後兩句話的意義是，窮人的孩子忽然成了暴發户，對人家誇耀自己的富裕。好像在那裡痴人說夢一般。別人反駁他說：你不要誇富，誰家的灶火不冒煙呢？這話的意思是你有人家也不是沒有，那家不煮三升米呢？

上面的比喻是說我人本來都具有和聖賢相同的德性。可惜的是人不自知，只顧在他人後面，去拾人家的糟粕。這好像是不知道自家富裕的孩子，去到鄰居門前討飯是一樣，把自己本來所有的德性反而泯滅了。後二句是說人人所具備的圓滿德性和才能，只是缺欠琢磨鍛鍊的工夫。所以說不要在人前誇耀自己的才德，才德是任人皆有。這是給治學的人警戒的話。

【講　話】

學佛入門有云：「佛在靈山莫遠求，靈山只在汝心頭，人人有座靈山塔，好在靈山塔下修。」這是說心即是佛，人人皆備，只求諸內心，勿求於物外。我們不要拋卻自家的寶藏去向人家乞討。不要向人自誇所有，人人皆有良知與明德。良知爲明德是與生俱來，所以聖賢君子之道，只是求諸於本心，只是修心養性的工夫高人一籌。須知道本無涯，學無止境。如果能在格物致知方面下工夫，則修身正德之道，自然非你莫屬了。

一六一、道乃公正無私，學當隨事警惕。

道是一重❶公衆物事❷，當隨人而接引❸；學是一個尋常家飯❹，當隨事而警惕❺。

【注釋】

❶一重：與一種之意相同。❷公衆物事：公共之物，公共之事。❸接引：接近於道而引導奉行。❹尋常家飯：平常人食用的家常便飯。比喻並不是深遠精博的事情。❺警惕：警戒惕勵，戒愼敬懼不誤應用之意。

【語譯】

天地的大道，好像是人所共同走的道路，是一種公共之物。不可以限定少數的人所用，應當是廣爲接引，使任何人都能由此道而登彼岸。

學問好比是家常便飯，人人都可以嚐試，不可侷限一部份人進修。又學以致用應當隨著事物之不同而有所警惕與改進。必須是盡人皆可以修，盡人皆可以行，如僅限於聖賢與君子之人才能修學行道。那畢竟道亦不知其所以爲道，而學亦不解其所以爲學了。

【講話】

道德並不是聖人與君子的佔有物，乃是一種公共且公開於世的事物。所以並沒有彼此高下的差別的，是人人都可以接近的，是人人都應該施行的。

相同地，學問之爲物，也不是學者的私有物。它好比是家常便飯，是人人不可缺的。然而學問的目的，不是僅僅爲的辨明道理的一種知識，而是希望學問能夠實用。當一件事情發生了，人必須以大學問的工夫，去警惕研究，總期在根本上得到一個圓滿解決的方法。

一六二、信人示己之誠，疑人顯己之詐。

信人者❶，人未必盡誠❷，己則獨誠矣；
疑人者❸，人未必皆詐，己則先詐矣。

【注釋】

❶信：信用之意。❷誠：誠實。❸疑：猜疑。

【語譯】

我信任他人，而他人未必都是誠實不欺的，不過我始終是誠實待人，也相信他人能誠實待我。我猜疑他人，而他人未必都是詐僞騙欺之人。若存此心無異，我自己對人欺詐，結果是不能取信於人，所做的事業也一定遭遇失敗的命運。

【講　話】

忠恕之道，是待人以誠，推己及人，俗話說將心比心，也是夫子的恕道。所以我心正直，則相信他人亦必正直，反之我心不正，他人也是如此。我如果信任他人，則以爲他人如我的誠實不欺，實際世間的人未必都如我之誠實。只因我一念之誠，相信他人與我一樣，則他人亦多少必得掬誠相見，於是互相幫助而事業就得到了發展，反過來說我如果儘是懷疑人家，以爲他人都是欺人騙人，則對方縱然是正直的人，也因我的猜疑而不能接近了。這麼一來，自己形成孤立，大家離心離德，結果所做的事業，没有不失敗的。

一六三、春風育物，朔雪殺生。

念頭寬厚的❶，如春風煦育❷，萬物遭之而生；念頭忌刻的❸，如朔雪❹陰凝❺，萬物遭之而死。

【注　釋】

❶寬厚：寬大溫厚。❷煦育：溫暖和育表示春日之光。❸忌刻：忌妒刻薄。❹朔雪：朔是北方，即北方寒地之雪。❺陰凝：陰氣凝固。

【語譯】

心胸寬厚的人，好像是春風一樣，禽獸草木都受他和暖之氣吹育。而欣欣向榮，反之心胸狹窄刻薄成性的人好像是冬天的北風寒雪一般，萬物遭遇到了這種陰寒之氣，都將被肅殺而死，以這兩個例子比之於人，實在是恰當不過。

【講話】

心胸廣大人情厚重的人，如同春風的薰化萬物，所接觸到的都是生生之機，其所感應者都是和和之氣。草木欣欣向榮萬物生長發展。其人如冬日之可愛，人都願意與他親近。反之性情殘忍刻薄多疑的人，如同秋霜，草木接近未有不枝枯葉脱者，這樣的人還有那個人敢和他接近呢？所以待人接物，應當如春風之和煦，而不當如秋氣之肅殺。

一六四、善根暗長，惡損潛消。

爲善不見其益，如草裡❶東瓜❷，自應暗長❸；

爲惡不見其損，如庭前春雪❹，當必潛消。

【注釋】

❶草裡：草木叢中。❷東瓜：冬日之瓜。屬葫蘆科。果實大，類似西瓜，可以爲食。❸暗長：暗中成長。❹庭前春雪：春日降雪於庭前，不久消失。

【語譯】

作善事的人在眼前看不到利益，這好像是草裡生長的冬瓜，日子長了自然會慢慢的長大起來。作惡事的人在眼前也並看不到有什麼損害，這好像是庭子前面的春雪，要在春暖的氣候，不知不覺間消失下去。

【講話】

作善事不見善報，如草裡長冬瓜，善根暗長慢慢地自然壯大。作惡事不見惡報。如庭前積雪春天一到必定暗自消失。又如作善事的人不見善報，也許是因爲祖先有了餘殃波及了他這一代或是還要延及他的子孫，因此應當不斷積善修福以補償善行的不足，又如作惡的人不見惡報，也許因爲他的祖先尚有餘慶，蔭及了他這一代或是還要庇及他的子孫。可是等他的餘蔭完了之後，如果他仍然怙惡不悛，則必定要受惡報的。

一六五、厚待故交，禮遇衰朽。

遇故舊之交❶，意氣要愈新❷；
處隱微之事❸，心迹❹宜愈顯❺；
待衰朽之人❻，恩禮❼當愈隆❽。

【注釋】

❶故舊之交：舊日相知之友。❷意氣：心情，心意。❸隱微之意：人所不知之事，即秘密之事。❹心迹：心的狀態。❺顯：顯露，明顯。❻衰朽之人：衰頹無用年老人。❼恩禮：恩義與禮節。❽隆：隆盛，鄭重。

【語譯】

當我們遇到了多年不見的老朋友，應當以比以前交往時候還要親密的態度去款待，才不至於冷淡了故交。

我們處一件眞相不明的事情，應抱光明正大的態度，如果不這樣，很容易招致人家的誤解，使本身遭遇了意外的困惑。

當我們遇到了家運衰敗身體衰弱的老人，應當以比他盛運時更懇切的態度去接待他。

【講話】

人人都有喜新厭舊的毛病，易於親近新交的朋友，而疏遠了舊日的朋友，所以我們一旦遇到了故舊之交，切不可忽略或忘記，一定要更比以前還要親切相對。人在一般人前多表示著自己是光明磊落的，但在人所不見之處就容易或忘記。我們應當在暗地裡比明面上，還要以光明正大的心跡來處理事情。不要認爲人所不見之處就任意的胡作妄爲了。無論任何時候也要不計其私才好。我們應當對老朽的人比盛旺的人還要更有隆重的禮節豐厚的待遇他，才是敬老扶弱之道啊！

一六六、君子以勤儉立德，小人以勤儉圖利。

勤①者敏於德義②，而世人借③勤以濟其貧④；儉⑤者淡⑥於貨利⑦，而世人假⑧儉以飾其吝⑨；君子持身之符⑩，反爲小人營私之具矣⑪，惜哉！

【注釋】

①勤：勤勉。②敏：敏捷，活便。③借：借用，利用。④濟：救濟。⑤儉：儉約。⑥淡：淡泊，不濃厚。⑦貨利：財貨利益。⑧假：假借，假公濟私利用之意。⑨吝：吝嗇。⑩符：靈符，護符。⑪營私：一營私利。

【語譯】

勤勉是德義行爲，應勤行而不怠，但有些人僅僅假借著勤勉之名，以達成救濟自己貧乏的目的。節儉應該是對財貨利益淡泊而不貪，但有些人卻假借節儉之名以掩飾他們的吝嗇。勤勉與節儉本是君子修身的靈符，但遺憾的竟爲小人利用作爲營求私益的工具了。

【講話】

所謂勤勉本來就是爲人之道，是實行道德仁義所應當奮勉不懈的一種做人的行爲。然而一般世人竟誤認爲勤勉是增殖財貨以達到富貴榮華必經的手段。所謂儉約本來是對於增殖財產，圖謀利潤的一種淡泊行爲，然世人竟誤認爲存貯財貨凍結不用是一種儉約行爲。竟爲他的吝嗇行爲無形中作了辯護的一種口實了。

世間事大多是如此，本來爲君子保身之守則而竟成了小人圖私利欲的工具，比方說春秋時候有歐冶子煉就的干將莫邪雌雄二劍。這劍用在名將手裡就完成了克敵致勝的功業，這劍要是落到壞人的手裡，就變成了殺人越貨的凶器了。這就是同一種東西，而有兩面不同的用法，因而利害也就不同了。

一六七、學貴有恆，道在悟眞。

憑❶意興❷作爲者❸，隨作則隨止，豈是不退之輪❹。

從情識❺解悟者❻，有悟則有迷，終非常明之燈❼。

【注　釋】

❶憑：憑借、依靠。❷意興：一時的興會。❸作爲：表現的行爲。❹不退之輪：車輪前進不向後退，佛語法輪常轉。比喻車輪向前進。❺情識：情之意識，即是感情知識。❻解悟：解迷而悟道。❼常明之燈：佛教謂本智之光明比喻爲赫灼光明之燈。

【語　譯】

憑著心情一時的興奮去做事，等到了興氣一過就冷卻不想作。這種興趣決不能維持長久，雖然以後不能退轉，但終不能如車輪的前進而永遠保持不停。

基於一時的情感而解悟的事情，是很容易再受其他情感。不能達到那大澈大悟之道，這終究是不能像那常夜光明之燈照了人心的迷處。

【講　話】

所說：「不退之輪」的輪是法輪的意思。如來說法，摧破衆生的執迷邪見，轉成廣大正見，如車輪輾過的地方，邪見都被摧毀輾破。所以佛家所說的法輪常轉。又叫不退轉輪。而此處所說的不退之輪，只是表示惟有前進而不後退的意思，僅憑著一時的血氣之勇而作事的人，作一件事將將起始就突然終止又去做別的事情，這樣忽作忽輟，決不是出於本心，僅憑一時的意氣，當然不能持續到永久。

所說：「常明之燈」，如來說本智的光明是永久燃燒而不滅熄的。所以以常明燈來比喻它。如果僅僅從情識之中來分別道理，則有時解悟，有時迷惑，終不能大徹大悟，所以說從情識之解悟，終非常明之燈。

一六八、律己宜嚴，待人宜寬。

人之過誤❶宜恕❷，而在己則不可恕；己之困辱宜忍❸，而在人則不可忍❹。

【注釋】

❶過誤：過失與錯誤。❷恕：赦免，原諒，寬宥。❸困辱：困難屈辱。❹忍：忍耐，忍受。

【語譯】

他人有過失可以加以寬恕，自己有了過失，則不可原諒，應當深深的自責，使它不再發生。自己受了困難屈辱應當盡量忍耐。他人受了困難委屈，則要盡力幫助他來解決伸雪。

【講話】

古人說：「嚴以律己，寬以待人。」他人有了過失，總要原諒寬恕，不應當嚴厲的責備。但自己有了過失的時候，必定要嚴加改正，不以自己原諒自己，務必要眞正改正才可以。

自己有了困苦不堪的事情，要盡力的加以忍耐，但是遇到了他人有了困難的時候，則要毫不猶豫的加以援助，使他的痛苦能夠解除，能夠這樣的作去，道德才算是有進步，事業才能夠有成功。孟子所說「捨生取義」的道理也就在此。

一六九、爲奇不爲異，求清不求激。

能脫俗❶便是奇❷，作意❸尚奇者❹，不爲奇而爲異❺。

不合污❻便是清❼，絕俗❽求清者❾，不爲清而爲激❿。

【注釋】

❶脫俗：超脫世俗的環境。❷奇：與眾不同，即奇人之意。❸作意：故意造作。❹尚奇：衒耀奇矯。❺異：離開本質。❻合污：與世俗混合即被世間之俗情所污染。❼淸：淸廉潔白。❽絕俗：與世俗一切無關。❾求淸：求淸廉求潔白。❿激：過激，矯情。

【語譯】

人能夠脱出世俗一般的好惡，便是奇人。如果故意的好奇表示出和衆人的言行不同相違，這就不是奇人而成爲怪物了。

人能夠處於汚濁的環境，而能不被環境所汚，這就是同流而不合汚，可說是高尚的人，如果故意的謝絕了世俗的交往而強求高尚行爲，這就變成了偏激矯情的故作姿態了。

【講話】

一個人如果能夠棄捨了名利之念，當然是很可貴的。是與衆不同的人。如果一個抱名利之念的人而好作與常人不同的言論與行爲，這就不是奇人而是怪物。

處於汚濁的世俗之中，而其心卻不被汚濁，這種人好比蓮花的性質，他是出汚泥而不染，同流而不合汚，這就是清淨潔白的人。如果心存世俗之念卻又斷絕與世俗的來往，借以表示自己的清淨潔白，這便不是眞正清淨潔白的人。

一七〇、恩宜自薄而厚，威須先嚴後寬。

恩宜自淡❶而濃❷，先濃後淡者，人忘其惠❸；

威宜自嚴而寬，先寬後嚴者，人怨其酷。

【注　釋】

❶淡：淡泊，分量薄少。❷濃：濃厚。❸惠：恩惠。❹威：威光，威嚴。❺嚴：嚴格，嚴厲。❻寬大：寬厚。❼酷：苛酷，冷酷。

【語譯】

對人施恩惠，應當先由淡薄而慢慢的趨向濃厚。因爲先濃厚而後淡薄了，使人容易忘卻了恩惠，終於變爲沒有恩惠。長官對於部下要有威嚴，應當先嚴而後寬。如果先寬而後嚴厲，就使人感覺他是冷酷無情而生出怨恨之心，也就不心服。

【講　話】

人施恩，應先從少量慢慢的增加。如果先前對人很厚，慢慢的減少了分量，則受恩的人不但不加以感激，反而因冷淡而生怨恨。

上對下應有先嚴而後寬，如果先寬而後嚴，則使在下者怨恨在上者苛酷，而心中並不傾服。

所謂恩威並濟，是在上者對在下者表示威嚴的，同時也要對下施予適當的恩惠。只行威嚴而無恩惠使人不服，表面忠實而內裡多行不義，則使人抱怨而去。

如果只施恩惠而無威嚴，則受恩者對他失卻了尊敬之心。於是在上者命令不行紊亂了統制，這與無恩招怨是同樣的有害。但威嚴也不可以過度，大抵在上者以六分恩惠四分威嚴統御部下，就可以達到恩威並濟了。

一七一、心虛意淨，明心見性。

心虛❶則性現❷，不息心而求見性❸，如撥波❹覓❺月。意❻淨則心清❼，不了意而求明心❽，如索鏡❾增塵❿。

【注　釋】

❶心虛：空心不想任何事情，無念無想的狀態。❷性：本然之性，即本性。❸息：休息。❹撥波：撥弄水之波浪。❺覓：探索，尋拔。❻意：心的作用，意向。❼淨，清：淨是無惡意邪念潔白之意。清是澄清無絲毫污濁。❽了：明了。人脫，與解脫之意同。❾索鏡：在鏡面照見人物。❿增塵：灰塵積疊的很厚。

【語　譯】

心如不在於無念無想的境地，則人的本性不能表現。心被七情六欲動搖的時候求本性的出現，這等於向水中撈月一樣的不可能。月在水面無波之時留下月影，一旦擾亂水面起了波浪，則月影就不得清朗的出現了。人心中起了妄念的波瀾，使心起了動蕩，就看不出來心的本性了。

心如果能夠空虛，則心清而妄念煩惱之波不起，於是心自然就清明。心不光明而妄求清明，這正如鏡上有了塵垢而妄求鏡子光明是同樣的不可得。

【講話】

心、性、意三者俗語叫做心，但這裡卻有點區別，所說「性」就是萬物之性，也可以叫天性，只有澈悟的人，才能夠照見本性。所謂心念也就是本性的作用，所謂意識也就是心的馳騁與奔走。本性好比是主人，心念是經紀人，意識是受命的夥計。這三種東西雖然在人身裡面發生作用，但結果仍然要看主人的本性。當心中空寂一事也不想的時候，就會現露出來本性。假如善惡是非取捨憎愛的各種念頭不能熄滅而想要徹然澄清了，假如意識不清而妄想尋求心念的清明，那就恰如有塵污的鏡子上面想要見出鏡子的光明，也是決不可能的事，因此悟道見性，先須明了心念，明了心念先須清淨意識。佛家所說：「諸惡莫作，眾善奉行。」道理也在此。

一七二、人情冷暖，世態炎涼。

我貴❶而人奉之❷，奉此峨冠大帶也❸；我賤而人侮之❹，侮此布衣草履也❺。然則原非奉我，我胡爲喜。原非侮我，我胡爲怒。

【注釋】

❶貴：身分高貴。❷奉：崇奉。尊敬。❸峨冠大帶：高冠，寬大之帶。古時高官之禮服。❹賤：身分之微末低下者。❺布衣草履：穿布衣著草鞋，古時貧賤人的服裝。

【語譯】

我身居於高位而受人的尊重，人家所尊重的不是我的人，乃是我的官位。我貧窮而受人侮辱，人家所侮辱的不是我的人，而是侮辱我身上所穿的布衣。如此看來，尊貴我或侮辱我都不值得歡喜和憤怒了。總言之，人的貴賤是根據人的才德而定，不可以一時環境遭遇的貴賤而對人有所輕重。常言說的好：「良賈深藏若虛，君子盛德容貌若愚。」我們不能一見面就可以知道人的好壞。所以不能以人的容貌而推斷賢愚。至於由人的服裝而看人輕重，這更是愚蠢。

【講話】

我身居位於高官高位，人都尊敬我，其所尊敬我的德高望重，多半是尊敬我身上華貴的衣服，與其說是尊重人物不如說是尊敬地位。

我身的地位在於低賤的民間，人都對我輕視。其所輕視者不一定是我的人格與德行。多半是輕侮我身所穿的布衣草履，因而就侮辱了我的身分。

由此看來我在高官高位之時，人對我的尊敬並非眞實的對我尊敬，所以我也不必太喜歡。又我在民間，人對我的侮辱也並非眞實對我侮辱，所以我也無須發怒與計較。

從前有一個和尚穿著破衣服托著鉢向一個富豪之家去化緣，這富豪對他非常的輕視，連一文錢都不施捨給他。後來這和尚換了金色燦爛的袈裟又到富豪之家去化緣。富豪把他請到內堂，供養一桌豐盛的素齋，並且佈施了很多的錢。和尚於是把袈裟和衣服一齊脫下來，放在床上，把素齋年佈施的錢一齊供奉在袈裟和衣服的面前，而他自己連手都不觸一下。主人很奇怪問他什麼緣故？和尚說，施主今天的供養不是供養小僧，是供養的袈裟和小僧的衣服。所以我把素齋和佈施奉獻到素齋和衣服的前面。好叫他們享受施主的盛意，主人於是大感慚愧，連忙請和尚恕他以前的失禮。

以上這個例子是說尊崇權勢而輕蔑貧賤是愚蠢的行爲。和尚以巧妙的說教以敬戒富豪的愚癡。

一七三、慈悲之心，生生之機。

爲鼠常留飯，憐蛾不點燈，古人此等念頭❶，是吾人一點生生之機❷，無此，便所謂土本形骸而已❸。

【注釋】

❶念頭：同情之念，慈悲之念。❷生生之機：人類生生發展的根本機用。❸土木形骸：土雞木偶，無情感無神經無靈魂之謂。

【語譯】

同情老鼠的飢餓，常常留下些飯粒，憐憫飛蛾的撲火，晚間就不點燈。古人作這個詩的意思，是要人常發慈悲的心念，就不會做殘忍刻薄的事情了。人的內心有慈愛之心，對外就有了生生的機用。不然的話，則世間一切不過是土木一類的形骸。人也不過是徒具形體的木偶而已。

【講話】

古人認爲人既是萬物的靈長，則應當爲天地立心，爲生民立命，爲萬世開太平。所謂人道也是幫助天地發育生生不已的機用而生的。人類也就是這生生發育的根本。所以應當對於萬物懷有慈悲心。如果人類沒有這種念頭，就是無情無義的東西，與土木無異，也不過等同形屍走肉了。

一七四、勿爲欲情所繫，便與本體相合。

心體❶便是天體❷：一念之喜，景星❸慶雲❹；一念之慈，和風❺甘露❻；一念之嚴，烈日❼秋霜❽；何者少得❾？只要隨起隨滅，廓然無礙❿，便與太虛同體⓫。

【注釋】

❶心體：心之本體。❷天體：天地自然宇宙之本體。❸景星：極少見的星。❹慶雲：又作卿雲。太平時代的瑞氣，瑞雲。❺和風：動和之風，夏季之涼風謂之和風。❻甘露：太平之世所降之甘露。一名天酒。孫氏瑞應圖：「甘露爲美露，其凝如脂，其甘如飴，一名膏露，一名神漿」。❼烈日：夏季之日熱度強烈。❽秋霜：秋日之寒霜。❾少：缺少之意。❿廓然：豁然開朗。⓫太虛：太空。即天，杜甫之詩：「東嶽雲峯起，溶溶滿太虛。」

【語譯】

人心有了喜悅的念頭，在天上就現出景星慶雲。人心有了忿怒的念頭，在天上就起了震雷和暴雨。人心有了慈悲的念頭，在天上就發生出來和風甘露。人心有了嚴厲的念頭，在天上就變成烈日和秋霜。都是天體的自然作用。人的喜怒慈嚴也正如天體的自然作用一樣，不過天體的作用，隨起隨滅了無痕跡，而人體的心體如果也和天體一般，那麼這方寸心體也就是廣大無邊的太虛了。所謂「天人同體」也就是這個道理。

【講話】

人心的本體是一個小天地。我心生出了喜悅之念，天也就現出景星慶雲。我心生出了忿怒之念，則天也就降下雷雨風雹。我心生出了威嚴之念，則天就表現出烈日秋霜的景色。此所謂「上應天象，下應人事」，是天人合一的道理。

這喜怒慈嚴四種念頭好像是天有四時景象，對於心體來說是缺一而不可，一切都是必要的現象，此四者完全是一致協調的，隨起隨滅過而不留的，所以人心也是一樣。但天是都能作用在適當的時候，故人蒙上天恩惠，而化育生長，綿延不絕。

一七五、無事寂寂以照惺惺，有事惺惺以主寂寂。

無事時❶，心易昏冥❷，宜寂寂❸而照以惺惺❹；
有事時❺，心易奔逸❻，宜惺惺而主以寂寂❼。

【注釋】

❶無事時：閒暇無有事情。❷昏冥：昏暗，不明瞭。❸寂寂：寂靜。沈著默然之貌。❹惺惺：心中沈靜，悟解道理，明白之貌。❺有事時：有事忙碌之時。❻奔逸：跑出，逃出，奔放逃逸。❼主：專主，主持。作主。

【語　譯】

人在無事的時候，心地容易沈淪於昏冥的狀態。這時候就應當平心靜氣，使心境空虛得像鏡子，可以照見外來的東西，一切分明。此所謂宜寂寂而照以惺惺。其次人在多事奔忙的時候，心就像奔馳的野馬一般，不容易制御，這時候心就要惺惺的醒覺，把持著寂靜而不動。此所謂宜惺惺而主以寂寂。總而言之，作事要靜中不忘動，而動中亦不失靜，動靜得宜才能自由的活動工作。所以人應當在無事的時候，常常處之以有事的心情才好。

【講　話】

人在周圍的環境沒有什麼變化的時候，心就像在睡眠時候一樣，心體的運用也非常遲鈍。心雖如此安靜但若和外界的事物相接觸，則如同明鏡般的映照出來，決不使外界的動作有所逃脫。如果不能以靜寂來照見的話，則心就陷於昏冥欲睡的狀態，對於一切意外事件的事理，都不能靈活敏捷了。

反之，當我們遇到了意外事變的時候，心就忙亂不易控制，這時候一定要求其心靜沈著，自己的警覺，以理智冷靜的頭腦去應付。

總之，本篇是說心之爲用在閒暇之時，不可任其昏冥而入於眠睡狀態，在有事之秋，也不可狂亂慌張，始可免除錯誤。

一七六、明利害之情，忘利害之慮。

議事者❶，身在事外❷，宜悉利害之情❸；
任事者❹，身居事中❺，當忘利害之慮❻。

【注釋】

❶議事：評議事情。❷事外：事件之外。❸情：情形。❹任事：負實行事件的責任者。❺事中：在事件當中。所謂當事者。❻慮：考慮，念慮。

【語譯】

我人無論評論任何事情，應當把自己置身於事件之外，以旁觀者的態度平心靜氣的觀察才可以辨別出一件事情的是非利害。但當我人身負有某件責任的時候，卻應把自己的身體置於事件當中，打消個人利害觀念，一切爲進行事情而著想，當機立斷，不發生錯誤，然後有成功的希望。

【講話】

古諺說：「當局者迷，旁觀者清。」置身於事外的旁觀者，才能夠虛心平氣來評議是非，辨別利害。所以他的判定是正確的，反之，置身於事中首當其事者，應當忘掉利害的念頭而能一心一意的處理，才可以使事業有所成就。一個國家立法機構是評議政事的，而行政機構則是實行政事的，但是立法機構如果被行政機構所驅使，或是行政機構受立法機構過分的牽制，則兩方面都不能夠善盡其職，而要使政治改善勢所不能。這就是如上面所說的一樣，立法者雖然是居於超然地位，但是應當熟悉事務內中的利害情形，而執政者雖然是居於當事人地位，但是應當忘卻利害的顧慮。能夠這樣的做法，則是一秉大公出於至誠，一切政事才能完滿而無阻礙。

一七七、操持嚴明，守正不阿。

士君子❶處權門要路❷，操履❸要嚴明❹，心氣❺要和易❻，毋少隨❼而近腥羶之黨❽，亦毋過激❾而犯蜂蠆之毒❿。

【注　釋】

❶士君子：有學問德行高尚之人。❷權門要路：有權有勢之門地。居於樞機重要的地位。即是立於廟堂執天下政權的地位。❸操履：操是心的把持處。履是履行處。即所謂品行。❹嚴明：嚴正光明。❺心氣：心情，氣度。❻和易：「溫和平易」。❼少隨：隨波逐流，放縱隨從。❽腥羶之黨：腥，魚肉之氣味。羶，獸肉之氣味。食腥羶者又有受賄賂之意。❾過激：過於激烈。❿蜂蠆之毒：蜂是黃蜂尾有針可螫人畜，蠆爲蠍類之蟲有螫可放毒螫蝕人畜，比喻小

人之侵害君子。

【語譯】

有權力地位的士大夫們，在他們立身於廟堂之上，執掌天下的政權，他的一舉一動一言一行，都要不逾乎操守與道德範圍之外，品行要嚴明公正心氣要平易溫和，不可接近那些貪婪妄法的小人黨羽，去做那些禍國殃民的事情，同時也不走極端和說過激的話。以免招致小人們陰險的陷害和惡毒的攻擊，這樣才能免於處身危險的境地。

【講話】

君子得志的時候，處於國家的樞要地位，要使威權行於天下，那就應當操守嚴明，心氣和易。要守正不阿，勤勉修身，以天下爲己任。不稍放縱，不事營私，不結小人，不邪惡，執法公正無私，作事須無過與不及，能夠如此殊不致有近惡濁，以招腥羶之氣觸犯小人而受不必要的禍患了。

宋范仲淹說：「士當先天下之憂而憂，後天下之樂而樂。」因爲他有這種偉大的政治理想，所以他才能成爲廟堂之器。這實在值得後世執政者的效法。我人作事必須要有防患未然的精神。凡事必須預先有了預備才能夠免去後患。怎樣才能做到以上的地步，還是要由正心誠意修身正德方面下手，更必須要言出必行，才可以擔當起政治上的重責啊！

一七八、渾然和氣，處世珍寶。

標節義者❶，必以節義受謗；榜道學者❷，常因道學❸招尤❹。故君子不近惡事，亦不立善名❺，只渾然❻和氣❼，纔是居身之珍❽。

【注　釋】

❶標：標榜，表示出來。標示招牌。❷榜：與標榜的意義同。❸道學：指宋之程子朱子所倡理氣心性之學。此處單指道德而言。❹尤：過失，受非難責備。❺善名：美名，名譽。❻渾然：無稜角缺點渾厚雍融之貌。❼和氣：溫和氣象。❽居身之珍：安全保身的珍寶。

【語　譯】

高風亮節的人，常常爲世人所注目，而受到譭謗。講道德的道學先生，常常因爲提倡道學而招人攻擊。因爲一般人往往是忌他人之賢，妒他人之善，所以君子固然不接近壞事，但也不爭立名譽，只是以溫和渾然的態度與人相處，既不樹立美名，也不招受誹謗，才能夠安然保身。

【講　話】

有學問的人往往被無學問的人所恥笑，有道德的人往往被險詐的小人所排斥，有道行修養的宗教家往往被欺世的假慈善家所誹謗。世間往往是認假而不認眞。但是眞正達到學問淵博道行高深的學問家宗教家們，他們決不說一句罵人的話，看起來也決不受他人的注意，這是和氣不露頭角，居身處世的最好辦法。

以節義爲外表的人，決不是眞正的節義。以道學爲號召的人，也決不是眞正的道學。所以標榜節義反而因節義受社會上人士的褻瀆，以道學爲號召結果是反受世人的批評和嘲笑。

君子不標節義不榜道學，只是愼審而不做惡事，亦不立善名受世間的褒揚。因此只有渾然和氣不露鋒鋩，才是處世之道渡世之寶啊。

一七九、誠心和氣陶冶暴惡，名義氣節激礪邪曲。

遇欺詐之人❶，以誠心感動之❷；遇暴戾的人❸，以和氣薰蒸之❹；遇傾邪私曲的人❺，以名義氣節❻激礪之❼。

天下無不入我陶冶中矣❽。

【注釋】

❶欺詐：欺騙狡詐。❷感動：使其感動導之向善。❸暴戾：暴逆乖戾，與正道相違背的人。❹薰蒸：薰陶蒸染，即化惡爲善之意。❺傾邪私曲：心地偏狹利欲薰心，歪曲事實不正之人。❻名義氣節：名是名分，義是義利，氣是氣概。節是節操之意。❼激礪：磨勵，❽陶冶：陶是製造陶器，冶是打造金屬器具，轉而爲感化教育人才之意。

【語譯】

當我們遇著欺詐的人，應當以誠心來待他，使他心悅誠服受我的感動而改掉他存心欺詐的心理。當我們遇著暴厲不講道理的人，我們要以極溫和的態度對待他。這好比是用那名貴的香料去薰蒸解除那些惡臭的味道。自然他也就變化了氣質成爲一個溫和的人。當我們遇著邪僻自私行爲歪曲的人，我們要以正義氣節去激勵他，使他自然而然的成爲一個正直的人。

能做到這樣，世間任何人都可以受我陶冶而變化了氣質。

【講話】

人性本是善良的，無論對於任何邪僻奸惡的人，都可以用方法引導他感化他，不但可以減少爲惡，並且可感化向善。比方對於虛僞奸詐的人，就要誠心誠意的對待，使他感動得改變了欺詐的行爲，對於粗暴不講道德的人，我們就要以溫和的心情相接觸，就如焚名香以去惡臭。其暴逆之性就必定融化於和平氣氛之中。對於爲一己的私利私欲而欺心的人，我們就要給他名譽義理與節操，使他本心恢復到善境，用這樣的作法，既不損人性，又合乎人的心理。能用適當的工夫，天下的人都能歸於教化而成善行。假若是以善心而不能去其惡行，那就是自己的德薄或是熱心不足的緣故吧。

在日本史上後三年之役，源義家殺了他的敵人安倍宗任而俘虜了他的弟弟貞任，義家赦了他的罪過，命貞任作爲他自己的近侍。貞任心裡打算要替哥哥報仇，義家對於此事或許明知而不問，絲毫也不加警戒。貞任想要殺掉義家的機會很多，但是見了義家的威嚴，躊躇而不敢下手，經過一年，有一天義家外出，只有貞任一個人隨侍著，他在義家的後面走著，認爲這是千載難逢的機會，於是幾次想要拔刀殺掉義家，但是看見了義家溫和慈祥的態度，還是不忍下手。等到義家回府之後，貞任翻然覺悟，向義家自首請罪，義家安慰了一番並未加以責備，貞任此後對義家更爲心服，就終生效忠於義家。這故事證明了和氣足可薰陶暴戾。

一八〇、和氣致祥瑞，潔白留清名。

一念慈祥❶，可以醞釀❷兩間和氣❸；
寸心潔白❹，可以昭垂❺百代❻清芬❼。

【注釋】

❶慈祥：慈是慈悲。祥是和善。慈祥就是深愛的善意。❷醞釀：釀成，製造。❸兩間：天與地謂之兩間。❹寸心：古說心於胸之方寸之中，與一心之意同。❺昭垂：傳留，傳到後世。❻百代：即是百世，永久之意。❼清芬：清香芳香。

【語譯】

一念慈悲可以感動天地，發生不可思議的偉大力量。可以造成人與人間的一團和氣。諸事和合相得益彰了。

我人寸心潔白，不被妄念執著，則百行皆成正善，博得百代永久清香的名譽。

【講話】

慈悲的兩個字可以解釋爲慈悲之心，人有慈悲心，便會有非常大的力量。所謂醞釀兩間和氣也就是說可以製造出天地之間的溫和氣象。從前有一個學生，周遊西洋各國。看見買賣奴隸的事情太不人道，把人當成下等動物同樣的看待，實在覺得殘酷。於是他主張解放奴隸，各國人受了他的感動遂全都開始實行解放奴隸。

而寸心是說人的心在胸中只有方寸之大，古語說：「一心潔白，留芳千古。」中國古時候有一個名叫楊震的人，夜間有人給他送賂賄，說這件事誰也不會知道請他收下，楊震當即告訴行賄的人說：「此事天知地知你知我知，如何可以說誰也不知道？」終於不受賂賄，所以楊震四知的清廉潔白名譽，乃得傳之於後世。總之，人的一念至誠，可以動天地，所以我們應當勤去惡念而常起善心。

一八一、庸德庸行，和平之基。

陰謀❶怪習❷，異行❸奇能❹，俱是涉世的禍胎❺，只一個庸德庸行❻，便可以完❼混沌❽而召和平❾。

【注釋】

❶陰謀：暗中秘密之謀略。❷怪習：與普通不同的奇怪習慣。❸異行：與人不同的行爲。❹奇能：他人不能效法的不可想像的藝能。❺禍胎：胎是母胎，禍胎是禍患發生的基礎，與禍根之意相同。❻庸德庸行：庸是尋常普通。庸德，平庸之德，庸行，平庸之行。❼完：完全之意。❽混沌：世界尚未成立天地未分之狀態，此處是善惡未分原始的德性。❾和平：平穩無事，柔和平靜。

【語譯】

所謂陰謀是作人所不知的事情，所謂怪習是和一般人不同的怪異習慣。異行是奇特的行爲，奇能是奇異的技倆。這四種行爲，引人注意使人驚懼，都不是處世之常道，結果必定招致怨恨而生出禍患。還是守著自己平庸的德行，對事混沌包容，則可以得到悠久的和平。莊子說混沌初開的時候一個名字叫混沌的人，他是沒有耳目口鼻的一個人，所以他不聞不見不食也不嗅。他感覺很不自由。後來就把耳目口鼻開了七個竅，就死了。這個比喻是說人最好是無爲無事，把才智運用的過度了，反而加速人身的死亡。現在逞陰謀怪習與異行奇能的人，他的才智的運用遠過於常人之上。

【講話】

在世間有奇言異行的人不知作了多少驚怪駭人的事，他們爲了使人家知道他們的不平凡而要想揚名於世，當然是很好的。可是從古至今又有幾人可以安全渡世，全了性命呢？所以說言行怪異都是涉世的禍根所在，只有道德方是全身保家最好的方策。以前莊子的混沌比喻不過是警世的一種寓言，人在混沌時期的無爲無事，當然就無傷人之本性，所以太古時期的人大都很長命的。到了後來人的智慧日漸進步，與外界接觸更多了於是變化多端加深，終於夭折了壽命。因此只有與世無爭，免招人忌不討人厭，才是明哲保身之道。

一八二、忍得住耐得過，則得自在之境。

語云❶：登山耐側路❷，踏雪耐❸危橋❹，一耐字極有意味。如傾險之人情❺，坎坷❻之世道❼，若不得一耐字撐持過去❽，幾何不墮入❾榛莽❿坑塹哉⓫。

【注　釋】

❶語云：此段是禪家之語，出典不明。❷側路：傾斜巉峻之路。❸耐：忍受，耐得住。❹危橋：渡過危險之橋。❺傾險：性質左傾陰謀險惡的人。❻坎坷：坎是低凹之處，坎坷是高低不平之路，坎坷轉爲不得志不得意之事。❼世道：世間世中之路。❽撐持：支持。❾墮入：落到裡面。❿榛莽：多棘的灌木謂之榛，荒草漫野謂之莽，榛莽荒僻亂草之藪。⓫坑塹：穴與壕。

【語　譯】

古語說的好，攀登高山必定要經過險側難行的道路，如果沒有極大的耐性，遇著困難就退卻，那就不但達不到高山的山頂，反而一不小心就墮落到深谷的澗底，送掉了性命。所以說登山不但要有耐性，還得要特別的小心。其次是踏雪經過危險的橋頭，這時候如果要是恐懼危險而不敢過去，則永久也不能走到平坦的路上。或者你認爲是和平地一樣的平坦向前舉步，一個不小心走失了脚，那就會跌到水中的深淵。所以在這時候必定要以極端謹愼的態度，耐心平氣的渡過危橋，才能達到平坦的大道。所以說這個「耐」字的意味極爲深長，不但是山裡的險路和雪裡的危橋這些地理環境是如此，就是處世人情也是如此。

【講　話】

古人說：「登高涉險，臨深履薄。」當著這個時候就要用上「耐」這一個字。不僅是登山踏雪須要這一個「耐」字，同樣你接觸陰險的社會，有高低障害多端的橫亙在眼前的陷阱，如果你不能堅持住這一個「耐」字，那就很少有成功的。如果忘了這個「耐」字，則就立刻跌到了深山幽谷荆棘叢中，遭遇到喪身的危險。

從前有一個農人，他家的後面有一座山崩塌了，他每天把後面山上的土運一些到他家前面的水塘裡面。有一個有知識的人看見對他說：「你每天運這些土的目的做什麼？」農人一面擦著臉上的汗一面說：「我用山崩了的土塡滿前面這塊池塘，將來山也變成了平地可以種田了，池塘可以變成菜圃種菜了。再撒上些麥種，一年的食糧也就不虞匱乏了。」這個有知識的人笑了起來說：「這是哪裡的事？你這是在說夢話。恐怕你日以繼夜不停的工作，在你這一生恐怕也不會塡滿，我看你還是早一些停止這個工作還好一些。」這個農人搖搖頭說：「也許你說的很對，但是無論如何困難的事情，只要能夠忍耐就沒有做不到的事，在我這一代即使不能成功，然而可以由我的兒子繼續來工作。兒子不能完成，再由孫子那一代來工作。」有知識人聽了這話不禁愕然：「你說的話簡直是荒唐，和你這樣的人說話，實在是白白的浪費了時間。」說完氣忿忿的走了，而農人仍然是頭也不抬照舊的作他的移山塡池的工作，看了這一段故事之後，應當效法這農人的作風，還是應當聽從有知識的人的說法呢？我想還是應當效法農人。可不是嗎？

一八三、心體瑩然，不失本眞。

誇逞功業❶，炫耀文章❷，皆是靠❸外物❹做人❺。

不知心體❻瑩然❼，本來不失❽，即無寸功隻字❾，亦自有堂堂正正做人處❿。

【注釋】

❶誇逞：誇是誇耀，逞是自矜。❷炫耀：光耀奪目謂之炫耀，此處是向人顯示誇耀。❸靠：依靠，憑借。❹外物：自身以外之物。❺做人：做人上之人。❻心體：心之本體。❼瑩然：玉之光輝瑩然照耀。❽本來：本來的面貌，本來心體之光。❾寸功隻字：微許之功，一個文字。❿堂堂正正：正正當當的行爲。

【語譯】

誇逞自己建立的偉大的功業，和向人炫耀文章的佳妙，雖然這是使人羨慕和足以自豪的事情。但是這些功業和文章都是些身外之物，我人做人與其依靠身外之物，則反不如不失自己心的本體。心的本體本來是像玉石一樣的潔白晶瑩的，人能不失本體，也就是不失其赤子本眞之心。就是不建功業也不作文章，也算是堂堂正正的做人。世人不明白，往往被外物奪了他的心。心體是人的根本，這就是捨本而逐末，可憐復可悲了。

【講話】

憑一人的事業功名與天齊，或者是詩歌文章光海內，到頭來都不過是身外之物，遊戲人生。所以這些由外物而建立的人生，都是止於人間一個短短的時間而已。我人最可尊敬的東西不在身外而在於本心。如果人心的本體不受污穢，像玉石一般的清瑩光輝，就是不建功業不作文章也是堂堂正正的做人。然而，世間許多的人不明白這個道理，往往的被外物奪了他的心，這眞是可憐之至，禪宗修佛之道是直指其心而不求物外，所謂明心見性於一念之間，這就是先須覺悟心體的本眞，然後才能達到圓覺眞如之境，修佛的方法莫過於禪宗是最爲直接了當的了。

一八四、忙裡偷閒，鬧中取靜。

忙裡❶要偷閒❷，須先向閒時❸討個欛柄❹；鬧中❻要取靜❼，須先從靜處立個主宰❽，不然，未有不因境❾而遷❿，隨事⓫而靡者⓬。

【注釋】

❶忙裡：多事繁忙之中。❷偷閒：勉強以求閒暇。❸閒時：閒與閑同，無事閑暇之時。❹欛柄：刀柄，刀欛。❺討：尋找。❻鬧中：騷亂喧囂之時，混雜忙忙之處。❼取靜：得以寂靜的境界。❽主宰：支配萬物之主宰，以自己的心置於文配萬物的地位。❾境：境遇。❿遷：心有移轉。⓫事：事件。⓬靡：心情不振，披靡傾倒之象。

【語譯】

人在繁忙的時候，都想找機會休息一下，但是臨急抱佛脚是沒有用的，必須先要在閒暇的時候把心安置在一個一定的場所，也就是閒時討個把柄然後心中才有餘裕，無論事情是怎樣忙迫，心中也是悠閒鎮靜不慌不忙的處理事務。

又當著事物非常混亂雜鬧的時候，心中總想得著一個靜寂的境遇。但是這必須先在靜寂的境遇當中，心中有一個主宰，於是心中自然沈著放下，而處於混亂雜鬧的時候，才得以防止心中的動搖。不然的話，心則隨著境遇而見異思遷，隨著事件而困惑頹靡。於是忙裡也不得偷閒而鬧中也不得取靜了。

【講　話】

當你在事務繁忙的時候，要想忙裡去偷閒，就得先要閒暇的時候得著一個機會，這就是說在平常無事的時候，要把心安置好，有寄托的地方，然後在忙裡才能不亂方寸而有悠閒時間。又當你在喧嘩鬧亂的當中想要取得一個寂靜的境界，那就必須先要在寂靜的當中立住一個中心主宰，就是把自己的心緊緊的放在主宰萬物上。就是說要使心不受外界的影響，否則心隨物動，心就要見異思遷，心就要隨事而變了。英雄豪傑在戰亂的當中，而能當風高歌對月吟詩，其心顯然而有充裕的地步。偉大的人物臨生死之變的時候，心不稍動，反而悠然像平時一樣的料理事務。這都是握住了良機，建立了一個主宰，才能達到這一個境界。

一八五、爲天地立心，爲生民立命，爲子孫造福。

不昧己心❶，不盡人情❷，不竭物力❸；三者可以爲天地立心❹，爲生民立命❺，爲子孫造福❻。

【注釋】

❶不昧己心：不爲人欲與外物埋沒了本來不昧之心。❷不盡人情：勿苛酷使役他人，使其苦痛之情皆盡。❸不竭物力：使用萬物，勿用盡其最大限度之能力，多少須留餘地。❹立心：立天地之心。即身體得天地之心。❺立命：安生立命之意。❻造福：創造出來的幸福可以遺留於後人。

【語譯】

我人切莫受外物所惑而昧了本心，使用人的時候，不可過於苛酷的役使，使人受盡了困苦，更不要爲了自己的私欲而竭盡了物力。比方說使用牛馬不要用到筋疲力盡到了倒斃的程度，對於金錢物品不要用的一錢不留一物不剩。如果能夠謹守這三個條件，那就可以把自己的本心爲天地而存在，爲多數人的生命而存在，爲後世子孫的幸福而存在。如果不能謹守這三個條件，則對內是自己欺心，對外是使人痛苦，對物則使物消散。雖然可以逞一時的權勢，誇一時的榮耀，但決不能保持悠久，不是在中途遭遇到意外的慘變，就是死後給子孫遺留下無窮的禍患。

【講話】

心體是一個小天地，它和大的天地是相融和的。爲了完成這天地應有的使命，人應當體會到我心即是另一小天地。所以應當爲天地立心，爲天地立心的道路有三條，第一是不受外物的引誘而泯滅了本心，第二是不要苛待他人到不堪忍受的痛苦程度。第三是役使萬物是要任其自然，不可以過用超越了限度使其力盡全消。此三者即是大天地之心，人若能善爲體會運用，則就可以爲天地立心，爲生民立命，爲子孫造福。

不昧己心的人，心地一定是光明正大的，不盡人情的人，熱情一定是充沛有力的，不消耗物力，則一定愛惜物力。心地光明的則公正無私。熱情充沛的則人情厚重。愛惜物力的則不怕缺乏。此三者可使天心立命，民生安穩和萬物生息。這不但可以使現在的生活美滿，且可以爲將來的子孫造福。

一八六、爲官公廉，居家恕儉。

居官有二語❶，曰：唯公❷則生明❸，唯廉❹則生威❺。居家有二語❻，曰：唯恕❼則情平❽，唯儉❾則用足❿。

【注釋】

❶居官：居官職執行政務。❷公：公平無私。❸明：明白，能得明白的裁斷。❹廉：廉直，清廉潔白。❺生威：具備威嚴。❻居家：治理家庭之意。❼恕：同情心，論語之里仁篇：「夫子之道，忠恕而已矣。」❽情平：無何不平不滿。❾儉：儉約，節儉。❿用足：費用無有不足之處。

【語譯】

居官從政的人，應該要常常遵守的兩句話，就是「公平不懷私情，自然明白的判斷。清廉不受賄賂，自然就有威嚴。」反過來說，人如果受私情的纏繞，就不能正當的處理事情，如果收取賄賂，對人就失去威嚴。

其次在家庭間也應該常常遵守的兩句話，就是：「以寬恕的心情對待家裡的人，則一家之中，就不會發生不平不滿；用度力求儉約，則日用的費用就沒有不足的情形。」

【講話】

作官的人，應當遵守兩句話，第一是公平無私來辦事，不要以私情而害公義，也就是不能以私情來左右事物，這樣的辦事，才能得到正確的判斷，而智慧也朗朗光明。第二是清廉潔白，不圖私利才能夠被人家尊敬信服，自然也就不失個人的威嚴。

其次是治家也必須要遵守兩條訓誡。第一是互相原諒對方過失，就不起什麼不平或抱怨。家庭間便和氣融融，心境自然平穩。第二是力求儉約不浪費。務必量入爲出，則家用常常是富足而沒有缺乏的憂慮了。

一八七、處富知貧，居安思危。

處❶富貴之地❷，要知貧賤的痛癢❸；當少壯之時，須念衰老的辛酸❹。

【注　釋】

❶處：居處。❷地：地位。❸貧賤的痛癢：居於貧賤地位的苦痛，痛是苦痛，癢是一種說不出來的癢痛。❹衰老的辛酸：老年一到，身體衰弱，事事感覺辛苦。

【語　譯】

人生有財富有權勢的時候，本身既不感到不自由，更不知道苦痛是怎麼一回事。可是世間是有富貴而必有貧賤。高貴之人如果不能善自保持著地位，有時受環境轉變，也就一旦變成了貧賤之人。所以人居富貴之位，應當知道貧賤的人的不自由與痛苦，替他們著想，其次是人在少壯的時代，血氣方剛身體強健，不知道風雨寒暑之苦。可是到了年老的時候，身體衰弱，行走坐臥都感覺辛酸痛苦，而對自己的身體要切實加以注意。

【講話】

人當富貴的時候並不感覺到有任何的不足，所以對於貧窮人的苦痛，他們也感覺不到。然而世事變幻無常，人們被運命之神所愚弄，曾幾何時由高貴的地位而變成了貧賤的環境。所以我人應當在富貴的時候，不要忘記了貧窮人的痛苦。常言說：「常將有日思無日，莫待無時思有時。」能夠常常這樣思想就能夠保持富貴悠久了。其次是人當少壯時代，血氣旺盛，對於外界環境毫不懼怕，身體強壯勇氣百倍。然而歲月易逝，不知轉瞬老之將至。所以在年青的時代，要知道衰老時期的辛酸痛苦。應當在事先鍛鍊身體，保持著青春的健康。古語說：「少年休笑白頭翁，花開能有幾日紅。」又說：「勸君莫惜金縷衣，勸君惜取少年時。」都是教人愛惜青春的意思。

一八八、清濁並包，善惡兼容。

持身❶不可太皎潔❷，一切污辱❸垢穢要茹納得❹。

與人❺不可太分明❻，一切善惡賢愚要包容得❼。

【注 釋】

❶持身：保持自己之一身。❷皎潔：皎是白色，潔是乾淨，也就是潔白。❸污辱：污是污名，辱是恥辱。❹垢穢：垢是污垢，穢是骯髒不潔。❺與人：與人交際。❻分明：分別愛憎好惡之念。❼包容：包含容納。

【語 譯】

人在設身處世，行爲不可太過於清高潔白。能夠容納污穢接受恥辱，和含茹不潔的東西，才算得明哲保身。如果一聽到了壞話就不能忍受，而和人發生衝突，這都是招災惹禍的根由。與人交往不要把善惡與好壞分辨得太清楚，總要對於善人惡人賢者愚者全都能予以包容，這才是交際之道。否則只交善人賢者，不與那些惡人愚者相接觸，而想成就事業是不可能的。

【講 話】

處世之道，首先要明哲保身。如果一個人自己持身清白太過了，則必受他人的忌視。人處世能夠清濁併包，容納污穢，則豁豁大度，眾望所歸，以之成名建功立業都是無往而不利的。古時楚漢相爭，漢王能容物而項羽則對人忌刻。故漢王獲得垓下一戰的成功。

與人交際愛憎好惡之念不可過於分明，一切賢愚善惡總須包容於心，則未有不受尊敬的。古語説：「泰山不讓土壤，河海不擇細流。」也就是這個道理。做大人物處世要訣亦在於此。

一八九、勿仇小人，勿媚君子。

休與小人仇讎❶，小人自有對頭❷；休向君子諂媚❸，君子原❹無私惠❺。

【注釋】

❶仇讎：互相結怨以爲仇敵。❷對頭：對手。❸諂媚：迎合他人心理説諂佞的話，向他人獻媚。❹原：原來。❺私惠：秘密所施的恩惠。

【語譯】

我心中不愉快，也不要和小人結仇，因爲小人自有和他敵對的人。所謂「草怕嚴霜霜怕日，惡人自有惡人磨。」我如不與小人爲敵，則他也不會和我敵對來加害我。

我心中雖有請求，也不要向君子人去挾肩諂媚，因爲君子不施私惠，不作暗昧的事。如果被君子認爲是卑劣的人物，那就要受他的輕蔑了。而所請求事反而不能達到目的。

【講話】

黃雀食蟲，貓來捕鼠，天地間萬物是互相制伏著的。所以小人也自有制伏他的人們存在，無須我來和他爲敵，小人自有他的敵手。我如不與小人爲敵則小人自然也不和我作對，就可以避其禍害。

對君子切莫逢迎諂媚，因爲君子是公平無私的，我如向他卑躬屈膝，反而引起他的鄙視，即或對他有所乞求，他也決不施以恩惠。所謂：「士以器視」，所以切莫在君子面前失禮，致使他對我器量低估過甚了。

一九〇、疾病易醫，魔障難除。

縱欲❶之病可醫❷，而勢理之病難醫❸。
事物之障可除❹，而義理之障難除❺。

【注釋】

❶縱欲：任意縱放情欲。❷醫：醫治改正。❸勢理：執著於自己一方面之道理，不容他說。
❹障：障礙，障害。❺義理之障：拘泥於義理一方面所生的障害。

【語譯】

放縱情欲的人，爲情欲所左右而失去其本心，這不能不說是一種心病。雖然是心病，也不是不能醫治的。反之，一般執拗於謬理的人，卻不容易改正過來他的毛病。除去事物上的障礙是非常容易，但是拘泥於道義的理由而不稍退讓，此種義理一經成了障礙，則終生難以除掉。

【講話】

放縱情欲的人，好像口貪美味，耳貪妙音，心戀酒色，癡迷不悟。這些病當然比較身體所得的病要難治得多。但是尚不能說他到了不堪救藥的地步。頑固於偏頗的道理，執一而不化的人，不接受他人的勸說，更不可以理喻解，這樣的病想要治療可就難了，除去事物的障礙尚不算是難事，但想除去拘泥於理由的障礙就比較難的多了。這種人所謂是食古不化。王陽明說：「除山中之盜易，除心中之賊難。」除有形的病易，除無形的病難。縱欲的病是俗人的病症，執理的病是學者的病症，和有病的學者去談究竟，是談不出什麼好結果的。

一九一、金須百煉，矢不輕發。

磨礪❶當如百煉之金❷，急就者❸，非邃養❹；

施為似千鈞之弩，輕發者，無宏功。

【注釋】

❶磨礪：磨煉、修養身心的意思。❷百煉之金：經過多次煆煉的金子。❸急就：急速的成就。❹邃養：修養深邃。❺施為：作事，實行。❻千鈞之弩：一鈞重三十斤，強弩千鈞之重。❼輕發：輕率發出。❽宏功：宏大的加勞。

【語譯】

磨礪身心應當如眞金加以百煉，凡是急速成就的東西，決不會長遠。以人來說，也決不能有深邃的修養，遠大的前途。

作事好像是拉硬弓，要開千鈞之弓，得把全身的力量都用上，才能拉到圓滿的地步。如果是輕發而輕放，決不會有宏大的功效。

【講話】

修養身心好比是冶煉刀劍，百鍊鋼能成繞指柔。「若要功夫深，鐵杵磨成針。」工夫越久，其鋼越純越硬，古時候楚國有夫妻二人冶鐵鍊雌雄二劍，雄劍名叫干將，雌劍名叫莫邪。他們用了極強的火力，都鍊不成功，最後這個男人為了增強火力自己跳到爐中做燃料，於是雄劍成就了。女人見男人跳到爐中成了雄劍，於是她也跳到爐中，做了雌劍的燃料。於是雌雄二劍干將莫邪遂成了千古的名劍。不過這段故事不見於正史，只是一段傳說故事，但也足證明古人做事的專心與犧牲精神的偉大了。其次鍊劍工夫不深就不能成為名劍，一般人凡事欲求速成，那根本談不到修養了。

作事好像是用千鈞之力拉開硬弓。必須用上全身的力量，如果輕拉而輕發，必定不會中的，其實做事也是如此。如果輕於著手，草率從事的話，也必定不會有什麼大的功效。

一九二、寧爲小人所毀，毋爲君子所容。

寧爲小人所忌毀❶，毋爲小人所媚悅❷；
寧爲君子所責備❸，毋爲君子所包容❹。

【注釋】

❶忌毀：忌妒毀謗。❷媚悅：觀人氣色而取悅於人之意。❸責備：責難，叱責。❹包容：包含容納。原諒容赦。

【語譯】

君子與小人，在人格與心性上實在有雲泥之差。所以情願受小人的忌嫌與誹謗，而不要受小人的諂媚與喜悅，如果只是被小人所喜悅，我人本身也就近乎小人的行徑，他人對我也決不會有好的批評。君子的學術道德都非常的高尚，因此在進德修業上能受君子的責備和教正是很好的事情。所以寧可爲君子責，不受君子的包涵缺點與寬容錯誤。

【講話】

小人的行爲是只要認爲於自己有利益，對方雖然是惡人也可以互相爲用。如果沒有利益，對方雖然是善人，他也不去接近。小人只是知道依著自己的利益而予人以毀譽。所以被小人嫌忌或誹謗，於個人並無絲毫的損失。如果被小人的喜悅而自以爲得計，那就難免被人家認爲是小人臭味相投了。

君子雖然面對一個人，他也要講道說法，導人向善。只要有一線的希望都不輕易的放棄。對於沒有希望的小人則不用說了。所以受君子的叱責，正是證明自己還是一個有希望的人。如果我有了過失，受君子寬恕而不加責備，那就說明了我已沒有作善人的希望了。

一九三、好利者害顯而淺，好名者害隱而深。

好利者❶，逸出❷於道義之外❸，其害顯而淺❹；好名者❺，竄入於道義之中❻，其害隱而深❼。

【注釋】

❶好利者：愛好利欲的人。❷逸出：飛出，跑出。❸道義：仁義道德。❹顯而淺：明顯露於表面其爲害尚淺。❺好名：愛好名譽。❻竄入：暗中潛入進來。❼隱而深：內部隱而不現，其害深。

【語　譯】

貪圖利欲的人，由開始他就不守仁義道德的範圍去做壞事。所以他的害處都顯露在外面，世間的人容易發現他的壞處而加以防範，所以爲禍還不算大。貪圖名譽的人，他是以仁義道德爲外表，而暗中作惡，他的爲害隱而不現，不爲世人所注意不像一切盜竊欺詐的人誰都知道是壞人而嚴加戒備。但僞善的君子似是而非的賢人是屬於後者假道義之名而行陰惡之實，其爲害之大誠難以言喻了。

【講　話】

整日爲利益而奔走的小人，自始就不重視道義，作事的時候是公然超出道德的範圍之外去作做那些正當的事，流毒於社會，當然爲社會一般人所指責，但他爲害的範圍並不深廣。反之爲求名譽的僞君子，戴著假面具，在暗中卻多行不義與不德，他對於社會的害處使人不知不覺，久而久之其所行之惡愈多而其害處亦愈大。在現社會裡所謂教育家，宗教家和事業家之中，在名教，慈善與社會救濟等等的美名之下，以飽私囊的人，不知有多少。而其害處之深也不知有多大啊！

一九四、忘恩報怨，刻薄之尤。

受人之恩，雖深不報，怨則淺亦報之❶；聞人之惡，雖隱不疑❷，善則顯亦疑之❸。此刻之極❹，薄之尤也❺，宜切戒之❻。

【注　釋】

❶怨：怨恨。❷隱：秘密隱藏。❸顯：明白顯露。❹刻之極：殘忍而不人情之至。❺薄之尤：刻薄之最甚者。尤與最是同一意義。❻切：時刻注意留心。

【語　譯】

人如果受了他人的大恩而不去圖報，而受了人家一點怨忿，就要加以報復。如果聽見人家有了壞事雖然還沒有暴露明顯，但他卻深信不疑，逢人傳播。而看見人家做了好事明顯的擺在那裡，他反而懷疑人家做的是否眞實，這種不近情理的人，是極端刻薄殘酷的小人。

對於這樣的人應當深加警戒啊！

【講　話】

人情的缺點有種種的不同，其中最無人情的要算是受恩不報，反之，對人有怨，是時常掛念於心。這樣的人要算是違反人的常情了。

聽見了人家的惡事不要管他的眞假，卻深信不疑，並且是以幸災樂禍的心情，來對人處世，惟恐人家比自己強，希望人家都不如自己。這種心理如能導之以正，化之以德，未始不可變成向上前進的意志，但如任性妄爲而不受人批評的話，則養成殘酷刻薄的行爲，最後終至身敗名裂而後已。

一九五、讒言如雲蔽日，甘言如風侵肌。

讒夫毀士❶，如寸雲蔽日❷，不久自明；
媚子阿人❸，似隙風侵肌❹，不覺其損❺。

【注釋】

❶讒夫毀士：對人進讒言說壞話。❷寸雲：一片薄雲極言其小。❸媚子阿人：獻媚阿諛的人。❹隙風：由牆罅戶障間洩漏進入之風。❺其損：即損害其身之德性。

【語譯】

人受了他人的讒謗，雖然感覺到難過，但這好比是浮雲遮蔽了天上的太陽，不久被風吹去了浮雲，太陽就重新現出光明，這並不可怕。反之，人來對我阿諛，我感到滿意舒服，這好像的從門縫中吹進來的風一樣，在不知不覺之間，身體就受了損害，這實在是可怕的。人不可親也。

【講話】

人們受了讒言誹謗，或被人惡意攻擊，心中有冤無處訴，感覺委曲，然而事實總是事實，如果不是實在的誣陷，這不過是短暫的黑暗，宛如烏雲遮日，不久雲散而重現光明，所以人們如果被他人造了謠言，最好不去理會，久而久之自會水落石出，謠言不攻而自破了。但造謠言的人如果再去挑撥離間，也不能再發生效果了。

人們都喜歡讚揚或受人尊敬。有些人是專會收買人歡心，對人當面的恭維，這種諂媚阿諛的風氣，如果不去改正過來，就好比是由窗户縫子鑽進來的寒風，不知不覺逼侵人身肌肉，久之便得了寒風侵襲的病症，使人受了健康的損害而尚不自覺，所以甘言蜜語欺騙人的話，決不可隨便聽信，以免損害了品德。所以說寧受人謗勿受人揚，受人誹謗則知所警惕，受人諂媚則敗德喪身而不覺。

一九六、戒高絕之行，忌褊急之衷。

山之高峻處無木❶，而谿谷迴環❷則草木叢生❸；水之湍急處無魚❹，而淵潭❺停蓄❻則魚鰲聚集❼。

此高絕之行❽，褊急❾之衷❿，君子重有戒焉。

【注釋】

❶高峻：高山峻嶺。❷迴環：周圍環繞。❸叢生：集聚而生。❹湍急：急流。❺淵潭：水深而停頓不流之處。❻停蓄：停留儲藏。❼魚鱉：鱉與鼈同，即魚與龜之類。❽高絕：高尚絕俗，與世間難合。❾褊急：偏頗急激。❿衷：衷心，精神。

【語譯】

高山峻嶺之處，不能生樹長木，谿谷環繞的地方，則種種的草木都在叢聚生殖。水流湍急的地方不會有魚存在，而深淵潭水停蓄的地方，則魚鱉都由四方來聚集生息。人生處世，也是如此。與人落落寡合而清高自處，很難見容於社會。陜隘量小不能容物的人，則事事孤立無援。這都是君子應當引以爲誡而要加以改正的。

【講話】

高山峻嶺地質大都是岩石，所以草木不易生長，拿來和人相比，就是說人的性格如過於剛愎自用，過於堅頑則就不易與人相近，結果是孤立無援，事業難成。社會是一群人民的組合，如果大家對你印象不好，那又將何所適從呢？反之，在溪谷幽深之處，則草木蒼翠，這是說人的性格如果能夠俯順人情，則大家都願相親接近。

又在水的湍急的洪流裡面，魚鱉很難停留。這正代表人的性格偏急陜隘，量小不能容物，則他人都避而遠之。又如在深海巨洋裡面，不但能容魚鱉且可隱匿蛟龍，這好比人的氣量寬大能夠包羅萬象，而人都願來趨附。所以君子處世要兼容並包。

古語說：「得道者多助，失德者寡助」人能謙恭待人，仁民愛物，自不會孤立。所謂德不孤必有鄰，就是這個道理。

一九七、虛圓立業，僨事失機。

建功立業者，多虛圓之士❶；僨❷事失機者❸，必執拗之人❹。

【注釋】

❶虛圓：虛心圓轉，即虛心平氣圓轉活脫。❷僨：破也，敗也。❸失機：失掉良好的機會。❹執拗：執著太深不易扭轉改變思想。

【語譯】

古來建功立業的人，對人對事多半都是虛心圓轉的。反之，事業失敗坐失良機的人，則多半是剛愎執拗不通的。所以，一成一敗，在乎自身，老子說：「禍福無門惟人自召」。於此可以知所警誡了。

【講話】

古今中外，成大功立大業的聖賢豪傑，做人多半是虛心求教，寬宏大，量其做事則能機敏圓活容人納物。反之，執著頑梗不化的人，做人則心性偏激，不能容物，做事則主觀太強成見太深。偉大的人物能善於用人，凡事由大處著眼，不拘泥小節，所以因人成事，其功業成就並非出於偶然。而執著自持的人，卻往往失掉機會，甚至功敗垂成，楚漢相爭的項羽就是一個很好的例子。

一九八、處世要進，不即不離。

處世不宜與俗❶同❷，亦不宜與俗異❸；作事不宜令人厭❹，亦不宜令人喜。

【注　釋】

❶俗：世俗一般之人。❷同：混同，同一。❸異：不同，有差別。❹厭：討厭。

【語　譯】

人生在世，如果與世俗之人同流合污，那也就成了庸俗的人。如果脫離世俗過遠，那又成了孤獨寂寞。總要不脫俗卻又不入俗為宜。

作事不應當不顧一切使人厭惡。但也不要卑躬屈膝去討人喜歡。討人厭的就不得人心，自然也得不到他人的幫助。討人喜歡就仰人鼻息，凡事便不能按照自己的意思來施行。

【講　話】

處世如果和俗人混同的攪在一起，則自己也就成了平凡之人，就談不到什麼建功立業嶄露頭角了。反之，如果不同於世俗並且表現出與世俗完全不相同，那就要被俗人排除而孤立起來。所以處世既不要流於世俗，也不能與世俗完全相異，總要中正不移合乎中庸之道。彷佛人在水裡面游泳，既不能離開水面，也不能沈溺水裡。於是才能向前進行，其次作事情不要討人厭惡，但也不能使一切的人都喜歡，因爲事業不是一人之力所能成就，必定要與很多的人發生關係。討人厭惡，則人人不願同他接近，做事就無人幫助，事業也決不會成功。如果要叫一切的人都喜歡，那只有迎合一切人的意旨去作事，結果是不能按著自己的意志去作，也做不出什麼有益的事業來。因此，做人是既不討人厭惡，也不討人喜歡，能夠處於中庸之道無太過與不及，這樣才是處世的箴規。

一九九、老當益壯，大器晚成。

日暨暮而猶煙霞❶絢爛❷，歲將晚而更橙橘❸芳馨❹。故末路❺晚年❻，君子更宜精神百倍。

【注釋】

❶煙霞：日落時的煙霧與霞光。❷絢爛：閃閃發出美麗色彩。❸橙橘：橙子與蜜柑爲柑橘類之果實。❹芳馨：芳香之氣。❺末路：一生走到盡頭。❻晚年：老年，臨死將終之殘年。

【語譯】

在太陽快落的時候，西方的天空仍然現出美麗燦爛的晚霞。一年將終的時候，草木雖然枯萎，而柑橘之類的菓木，仍然在放出了芳香。大自然的現象是如此，何況人爲萬物之靈，所以在到了老年的時候，不可表現出衰頹的樣子，應當如橙橘的芳芬，而精神百倍地以豐富之學識經驗來做番大事業擔負君國之大事。

【講話】

人當少壯時，年富力強，血氣方剛，志氣旺盛，精力充沛。一到了老年精力衰頹了。志氣也不免消沈了，一旦有了疾病便一病不起，所以人到老年應格外鍛煉體格奮發精神，愈老而愈壯健才好。好像黃昏日頭雖然快要落了，仍然呈現出一片絢爛的雲彩。

一年之中到了冬天，行將歲暮，一切草木都露出枯萎狀態，惟有那橙橘之類樹木，則正在默默結果生實。所以君子在晚年更應當比少壯時期還要精神百倍，古人說：

「歲寒而後知松柏之後凋也」，這意思也就是人到老年當如松柏之強勁，作事應當貫徹到底。亦正如人生最後總都有歸宿，凡事都有一個結果啊！

二〇〇、藏才隱智，任重致遠。

鷹立如睡❶，虎行似病❷，正是他攫人噬人手段處❸。

故君子要聰明不露❹，才華❺不逞❻，纔有肩鴻任鉅❼的力量❽。

【注　釋】

❶鷹立：鷹棲止在樹上的狀態。❷虎行：虎的行走。❸噬：吞噬，吃人，攫物之狀。❹聰明：聞見敏捷，才智銳利。❺才華：智能，才智。❻不逞：不能按自己所思想的達到目的。❼肩鴻任鉅：即以一身肩任天下國家的大事。❽力量：能力，手腕。

【語　譯】

鷹站著的時候，好像是在睡覺，虎在走路的時候，恰似生了病，這正是牠們要捉物吃人的一種手段，凶猛內斂的利害。

君子雖有聰明的識見，也要藏而不露。雖有雄才大略，也不要任意的行使。好像鷹立若睡，虎行若病一般，能夠如此，才能肩負經邦治國的力量。

【講話】

行如病虎，立如眠鷹，雖然形容人聰明才華不外露，但也說明了人的心機深刻，智謀高遠隱秘。所謂：「靜若處女，動若脫兔」當著鷹在搏兔或虎在攫食的時候，牠最先是不動聲色，不露鋒芒，懶懶的好像在睡覺，其實牠是在作準備，不發則已，一發即必達到他攫取食物的目的，所以君子應當要有鷹立如睡，虎行若病的工夫，然才能肩負起治國安邦的重責大任，常言說的好：「良賈深藏若虛，君子盛德若愚」。也就是說君子要聰明才華不露，才是明哲保身，消災遠禍的最好方法。

二〇一、過儉者吝嗇，過讓者卑曲。

儉❶，美德也❷，過❸則爲慳吝❹，爲鄙嗇❺，反傷❻雅道❼。

讓❽，懿行也❾，過則爲足恭❿，爲曲謹⓫，多出機心[12]。

【注　釋】

❶儉：儉約。❷美德：可以讚美的德行。❸過：超過了程度。❹慳吝：吝惜，吝嗇，俗謂一毛不拔的人。❺鄙嗇：卑下吝嗇。❻傷：破壞傷損。❼雅道：即正道。❽讓：謙讓，退讓，無論何事都不出頭領先。❾懿行：懿是美。❿足恭：足是太過，即恭敬太過。⓫曲謹：曲是委曲，細小之事，即細心謹愼太過。⓬機心：故意作態，用心機巧。

【語　譯】

凡事節省，是人的美德。但是如果節約得過份，就變成了吝嗇的行爲，反而有失風雅之道。

凡事謙辭禮讓，自然是一種嘉尚行爲。但是，如果辭讓過度，便成了卑躬屈膝的虛僞表現了。足恭曲謹都不是由本心而發的，往往是被人所卑視。君子處世不要有過猶不及行爲，應當作的恰到好處就可以了。

【講　話】

儉爲美德，但太過則變成吝嗇，有傷大雅。禮讓是美行，但太過則爲足恭曲謹，反有失常態。所以君子處世無過與不及，只要恰到好處。

處於動亂的社會，人心陷溺已久，只知爭奪權利，忘掉道德義行，以至風俗日壞，道德淪亡。要想使人心恢復，重整道德風俗，則只有從生活上著手，我以爲首先應當制止奢靡浮華的生活和改正虛僞不誠的風氣，使人人生活節儉樸實，養成崇禮的德性，在物質生活上不要太吝嗇，或太奢侈，在精神生活上要寧奉之拙勿失之巧。

做到這樣才能夠轉移風俗，振作人心。

二〇二、喜憂安危，勿介於心。

毋憂拂意❶，毋喜快心❷，毋恃久安❸，毋憚❹初難❺。

【注釋】

❶拂意：悖逆我意，不合我所思想的事。❷快心：心中愉快，達到心中理想。❸久安：長久平安安泰無事。❹毋憚：不要擔憂，不要恐怕。❺初難：起始的困難。

【語譯】

俗語說：「天下不如意事，十常八九。」有了不如意事，不要心裡憂煩，應當愈挫愈奮，向前求進，終必能達到如意的境地。倘有了如意的事情，也不要過於喜歡。因為凡事不要以為有長久平安，便有恃無恐。一件事在開始的時候，往往會遭遇困難。但只要不怕困難，不屈不撓的做去，最後一定可以達到成功。

【講話】

不要憂愁失意，要知道失意正是得意的基礎。不要歡喜得意，須知道得意正是失意的根源。不要以爲有恃而無恐，當曉得日中則昃，月盈則虧。天道尚不可久恃，何況人事呢，不要怕起頭困難，由於這困難是獲得進一步的容易。在佛家看來，人生原無得意與失意，只是人的觀念的分別。世間一切事物皆如電光石火皆如夢幻泡影，在人生道路上只有用辛苦突破艱難，好像蝸牛爬壁，一步步的往上而已。人入世以來是只問耕耘不問收穫的。故我們只求人生在世平安即可。

二〇三、宴樂、聲色、名位，三者不可過貪。

飲宴之樂多❶，不是個好人家❷；
聲華❸之習勝❹，不是個好士子❺；
名位❻之念重❼，不是個好臣士❽。

【注釋】

❶飲宴：酒宴。❷好人家：善良家庭。❸聲華：聲歌，音樂的華美。❹習：習慣。❺好士子：博學的士人。❻名位：高名，高位。❼重：喜好，重視。❽好臣士：忠良的臣。

【語譯】

常常酒宴作樂的人家，不能算是個好家庭。喜歡淫靡音樂和愛穿華麗衣服的讀書人，便算不得一個好士人。對於功名地位觀念太強的人，便不能成爲一個好臣子。

【講話】

酒宴如不按慶典婚嫁，日以繼夜的貪圖酣樂的人家，是十足代表出奢侈浪費的生活，這樣的人家享受過度，等到了福報已完，便要立見衰敗消亡了。古時候讀書的人都是十載寒窗一舉成名，如果在讀書的時候就喜愛那些聲色之樂，華美之裝，這樣的士人，他也絕對不會讀好了書。即使是讀了些書籍，也不是治國安邦的經典。而不過是那些騷人墨客的詩詞歌賦，於世無補於身無益，結果無聲無嗅的埋沒了一生。有的還是文人無行作出許多風流韻事爲後人的笑柄。有知識的人，如果名利太重了，就要不顧一切的爭權奪利。自古爲了功名利祿臣弒其君，子殺其父者，不知道有多少。如王莽曹操隋煬帝唐太宗之輩，儘管是位高權重，或是貴爲天子，但是在百代之下，後人的筆墨形容，也是難脫公道的啊！

二〇四、樂極生悲，苦盡甘來。

世人以心肯處爲樂❶，卻被樂心❷引在苦處❸；

達士❹以心拂處爲樂❺，終爲苦心❻換得樂來❼。

【注釋】

❶心肯：心中滿足。❷樂心：求樂之欲心，即是欲望。❸苦處：困苦的境遇。❹達士：達於道之人。達人。❺心拂：悖逆心情之事。❻苦心：甘心忍受困苦。❼換得：得以交換。

【語譯】

世人以滿足欲望爲樂，殊不知其心反被這欲望引導到苦處。反之，達人以不如意的事爲樂，也就是苦中作樂。因爲達人能甘於困苦，結果反而可以得到眞正的快樂。

【講話】

世人多半以爲自己所喜歡的便是快樂，反而被樂心把他引到了苦痛的境界。比方說喜歡吃好穿好的人認爲衣食豐滿就是快樂，但不知他被這享樂的心把他引到了負債累累的境域，因此是苦痛不是快樂了。反之，明達事理的人，常處逆境和有不順心的地方，但他仍然不以爲苦，而反照常的快樂。因爲他的苦心，是可以換來人生眞正的快樂。比方名人，在開始的時候都要經過困難和惡劣的途徑，而他們都能一一克服，不以爲苦，十年埋頭窗下苦讀，終於一舉成名了。武將親自披甲上陣，不避艱險去殺敵攻城，終能立功異域。這都是先苦而後樂，由苦心得來的快樂。世人不加認識，只知貪圖享受快樂而終不能得到眞正的快樂，反而陷入到極大痛苦的深淵了。

二〇五、過滿則溢，過剛則折。

居盈滿者❶，如水之將溢未溢❷，切❸忌再加一滴❹。處危急者❺，如木之將折未折，切忌再加一搦❻。

【注釋】

❶盈滿：事物十分滿足之境，富貴權勢十分滿足之時。❷溢：滿而溢出，流出來。❸切：嚴切的，特別的。❹忌：忌諱，嫌忌。❺危急：危難急迫的場所。❻一搦：搦是押制，即一押之意。

【語譯】

有豐富財產和尊貴地位的高官顯宦，在他名利雙收登峯造極的時候，好像是盛水的器皿，已經到了滿得將要流出來的程度。現在如再加上一滴，則它就要向外溢出來。這是說任何事已經到了圓滿的地步，就不要再往上增加了，所謂天道忌盈，也就是這個道理。

其次，人當進退維谷處於危急的場合，好像樹木將折而未折時候，如果再加上一點壓力，它馬上就折斷了。因此處於危急的場面，便不可以向前再進，才是明哲保身的道理。

【講話】

當一個人官高祿厚登峯造極的時候，就應當自己有所準備，萬一有了什麼不幸或變故的話，也不至於一蹶而不振。所以凡事應留餘地，就是不爲自身的榮辱打算，也當爲後世子孫的安危著想。但是人多半是在得意時決不爲失意時作預先的準備，終至於滿盈招禍，等到了窮途末路後悔就遲了。俗語說：「身後有餘忘縮手，眼前無路想回頭。」人如果能夠明白這中間的道理，就應當好自爲之，知機善退，才不致於招致了失敗。

二〇六、冷靜觀人，理智處世。

冷眼❶觀人❷，冷耳❸聽語❹，冷情❺當感❻，冷心❼思想❽。

【注釋】

❶冷眼：冷靜的眼。❷觀人：觀察人物。❸冷耳：冷靜的耳。❹聽語：傾聽他人的言語。❺冷情：冷靜之情。❻當感：對於感覺的事。❼冷心：冷靜的心。❽思想：思想道理。

【語譯】

以冷靜的眼光觀察別人，才容易分別出人的善惡。以冷靜的耳朶去聽別人的話，才能明辨出他的話是否合理。以冷靜的頭腦去接受人家的情感，才容易判別出他人情感的眞假。以冷靜的心腸去思考道理，才容易研究出深奧的學問。

【講話】

人在感情衝動的時候，便忘掉了理智的存在，對於判斷事物就免不了發生錯誤，因此必須要以冷靜的態度來處理，才可以得到中正的處理。要冷眼觀人，冷耳聽語，冷情當感，冷心思理。用了這許多的冷字，不外是冷靜的去用眼用耳用情用心。冷靜的反面熱情，熱情並不就是壞事，但如果沒有冷靜相對，那熱情一激動，就要壞事了。冷靜好比是水，熱情好比是火，以冷靜制住熱情水火既濟，可以利民而益物，建功而立業。反過來若是熱情衝動，瀰漫了理智，就是火水未濟，水與火皆不能當其位，結果是兩敗俱傷。在人事上來說，是既不通情又不達理的。

二〇七、量寬福厚，器小祿薄。

仁人❶心地❷寬舒❸，便福厚而慶❹長❺，事事成個寬舒氣象。

鄙夫❻念頭迫促❼，便祿❽薄而澤短❾，事事得個迫促規模❿。

【注釋】

❶仁人：富於仁愛的心，恩惠深切的人。❷心地：心情。❸寬舒：寬闊舒展。❹慶：慶幸。❺慶長：福澤悠長。❻鄙夫：心地鄙下的人。❼迫促。❽祿：利祿。❾澤：福澤。❿規模：形式，樣子，環境，範圍。

【語譯】

以仁愛待人的人，他的心寬大而舒暢。他的幸福也必厚重悠久，對事情表現出寬大宏偉的氣度。反之，貪鄙的小人常抱著吝嗇之心來處理事情，所以他的念頭也急迫短促，因此他的利祿必薄而福澤也必短。對任何事情都帶有短促不久的樣子。

【講話】

俗語說：「庸人厚福」，其理由是庸人的心地憨直，其性純眞，他的心寬而舒暢。至於他待人處世，也少用機巧，所謂不失赤子之心。如能教之以仁愛，則未有不誠心待人的，所以他獲福必厚。天福庸人的道理，即在於此。反過來看小人，心地狡詐，行爲奸僞，事事只講利害不講道義，只圖成功，不顧後果，這種人決不會幸福，即或他一時用機謀僥倖成功，但轉眼也會失敗的。有時候反而還故意的使他暫時得志，但在得意之中就給他種下了後日悲慘失敗種子，況且他這種心地狹小的人，也決不會成大功立大業的。

二〇八、惡不可即就，善不可急親。

聞惡不可就❶，恐爲讒夫洩怒❷；
聞善不可急親，恐引❸奸人❹進身❺。

【注釋】

❶就：立即聽從之意。❷讒夫：讒言者，好向他人宣揚人之惡事者。❸引：引起，招惹牽引。❹奸人：奸佞之人。❺進身：向在上者進獻一己之身，立身上進。

【語譯】

聽見了旁人的過惡，不要馬上就起了厭惡的觀念。應當考察一下人家的話是不是眞實。或者是進讒言的人爲了發洩他對人的怨恨而製造惡言中傷也未可知。聽了旁人的善事，也不要馬上立刻就同這個人去親近。應當思考一下人家的話是不是實在。因爲恐怕有奸佞小人製造謠言用爲他自己進身致仕的手段。總之，僅僅依靠人言而作爲進退人的標準，當然不免常常要失敗，凡事總要實際去調查一番才能得到眞象，才能不至於錯誤。

【講話】

在上位的人，聽見了臣下有人說他的醜事，不能立刻就輕信。這其間或者是奸人進讒言以陷害忠良，而假公濟私官報私仇洩憤的行爲。或者是揑造事實以誣告他人的報復手段。

同樣的道理，有人向上來報告他人的善行，也不可以馬上就加以信理。因爲這裡面恐怕有心地狹窄的小人，利用機會製造謠言以迎合上級，而便於達到他出身登進享福的不軌企圖。

二〇九、燥性僨事，和平徼福。

性燥❶心粗者❷，一事無成；心和❸氣平者❹，百福自集。

【注釋】

❶燥：燥急。❷粗：不綿密。❸和：溫和，和平。❹平：平穩，和平。

【語譯】

性情燥急粗暴的人，一件事也不容易成功。而心平氣和的人，則一切的幸福都能降臨到他的身上。因爲性情燥急粗暴，使事事潦草，很難把事情做好。至於心平氣和的人做事情精細，必定能把事情做好，使事業得到成功，自然就是得到福祿了。

【講 話】

古語說：「智欲圓而行欲方，膽欲大而心欲細。」智圓而行方的人，才有成功的希望，膽大心細的人，凡事才不至於失敗。如果性燥心粗的人，即使是膽大而不熟考事情的利害成敗，匆忙的去做，結果是不會成功的。青年守則上說：「和平爲處世之本。」只有心平氣和，才能待人接物立身處世，並且得多方面的幫助，事業自然能獲致成功，而福祿也自然而然降集在他的身上了。

二一〇、酷則失善人，濫則招惡友。

用人不宜刻❶，刻則思效者去❷；
交友不宜濫❸，濫則貢諛者來❹。

【注 釋】

❶刻：殘刻，嚴刻。❷思效：願爲效忠效命的人。❸濫：不擇人之善惡濫行交際。❹貢諛：阿諛之言。

【語 譯】

用人不可過於刻薄，過於刻薄，則忠實勤勞的部下都無法忍受。結果是眾叛親離，紛紛求去，連一個親信的人都得不到。交朋友不可不知選擇，不然的話諂媚阿諛之輩，乘機都來趨附了。他們對你是有損無益的。所以交友必須選擇交，要知道愼重。

【講話】

待人不要過份刻薄，性情刻薄的人，一定不會待人有恩，居上位者對部下刻薄無比，則部下紛紛背叛，勢難常久。父子兄弟之間，如太刻薄，則骨肉相殘導致家庭破敗。刻薄的起因是吝嗇自私，是物欲埋沒了良知，漸漸的習而成性，養成刻薄無情的行爲。所以我要不刻薄首先得要剷除自私的觀念。

古語說：「益者三友，損者三友。」交友是不可不加選擇與分別的，朋友也有好的，也有壞的，常言說：「絶無益之朋，交有德之友。」只要不去濫交朋友，就不會招到禍患。交朋友要站在道義的立場互相幫助增進友誼，如果基於利祿的結合，那就是酒肉朋友，在你有錢有勢的時候，他們如蚊蠅之逐臭蜂湧而來，當你金盡勢衰的時候，他們就掉頭不顧而去。這樣的朋友，還不如早早斷絶來往爲妙。

二一一、急處站得穩，高處看得準，危險境地早回頭。

風斜雨急處❶，要立得腳定❷；
花濃柳艷處❸，要著得眼高❹；
路危徑險處❺，要回頭得早❻。

【注釋】

❶風斜雨急：斜風吹雨，急劇的暴風雨。比喻世路崎嶇艱難。❷立得腳定：腳能踏實著地站立。❸花濃柳艷：花之香濃柳之色艷。比喻陷溺於女色之心。❹著得眼高：放眼高瞻遠矚，所謂大處著眼。❺路危徑險：危險之路幽僻小徑。❻回頭得早：立即回頭返轉原路。

【語譯】

在狂風暴雨中要站得住腳，如果腳下無力，則必被風雨絆倒，在花香柳艷的地方要眼往上看，把標準定得高，才不被它的色與香所迷了眼眩了心。處於危徑險途要及早回頭退步抽身。如果強往前進，就必定要招惹災難。這都是處世的要領。

【講話】

在風硬雨急的時候，必須要有力，才站穩腳步，在洪流巨濤當中，必須靠全身用力，才能經得起考驗。世路崎嶇不平，如果我人對於應對事物沒有飽嚐世故的經驗，很容易被那驚濤駭浪糾纏著而不得脱身。

花街柳巷中過活的人，日子久了就要被那花香柳艷的脂粉香氣所迷，如果不能睜大眼，就被情纏綿不得解脱，往往蕩產亡身至死而不悟。此時此地如能把標準提高一點，要選擇適當，而心情稍能清醒一下，在這理欲交關的當兒，就能得到退步抽身的機會。

古語說：「憂危啓聖智，厄窮見人傑。」君子處於危險而能及早回頭，及時醒悟，則不但消災遠禍趨吉而避凶，並且越能在憂危困厄的時候，顯露出聖賢豪傑的本色。

二一二、和衷以濟節義，謙德以承功名。

節義之人濟❶以和衷❷，纔不啓❸忿爭之路❹；功名之士❺承❻以謙德❼，方不開嫉妒❽之門。

【注釋】

❶濟：救濟，調和。❷和衷：溫和之心，衷即內心。❹忿爭：與他人忿爭。❸啓：開啓，打開。❺功名之士：功名心盛之人。❻承：承受之意。❼謙德：謙遜之德。❽嫉妒：見他人比自己強而起嫉妒之心。

【語譯】

有高尚節義的人氣質大都是很激烈，往往因爲小事而和人引起爭端。爲了補救這大缺點，就必須以溫和之心待人處世，能關閉忿爭之門。

功業鼎盛的人，性情多半是傲慢，這樣便容易受人嫉妒，爲了補救這一缺點，就要有謙遜的德性，才免於被人所忌視。

【講話】

有節義心的人，他的氣質強正剛直，性情也就容易傾向於激烈。剛直固然是他的長處，激烈卻是他的短處了。爲了去其長而補短，平素就要養成溫和的心情去待人處世，以調和激烈的性情，然後才能與世無爭無有後患。

古詩有云：「美服患人指，高明逼神惡。」這是說功業盛大的人容易招人嫉妒，所以必須要處世謙恭和藹，作事以禮讓爲先，這樣不但可以杜塞嫉妒之門，並且還可以求久維持功業。

二一三、居官有節度，鄉居敦舊交。

士大夫居官，不可竿牘❶無節❷，要使人難見，以杜❸倖端❹；居鄉，不可崖岸太高❺，要使人易見，以敦❻舊好❼。

【注釋】

❶竿牘：竿與簡字意通用，古時削竹以書文字。牘：乃削木以記文簡者。簡牘指書信而言。❷節：節度有節制。❸杜：杜絕，防止。❹倖端：僥倖得到進身的端緒，以求得不可思議之幸福。❺崖岸：樹立崖岸，門戶太高，使人不易往來，表示一己的威嚴。狷介之性質與人不能相容也叫崖岸太高。❻敦：友情敦厚。❼舊好：舊日相交，即舊友意。

【語譯】

做官的人處理公事要公正。平日和人來往書簡，也要注意節制。不可使他人窺見了我的心情，免得給小人開了僥倖求進的門路。反之，在鄉野村里居住的時候，不要擺出嚴格的威儀而自視太高。務必使人容易來和你親近，這樣才能敦睦舊日的友好。

【講話】

做官的人不但是處理公文要公正嚴明，就是在平日私人的書信之間，也須有相當節制。凡事不可以等閒視之，隨意的處置。不可使他人輕易的知道你的內心，這樣就不會使小人覬覦與倖進。等到了辭官不作，回歸故鄉，那就要把一切宦場的習慣與威嚴，都要一一去掉，再不可以擺官架子。才可以使舊日的親友鄉鄰都願和你來接近，敦睦舊誼和合鄉里。

這一篇的意思是說公私要分清，前半段居官是作事，後半段鄉居是作人。作事要光明正大，自然可以戢止黑暗邪惡，作人不可自視太高或是妄自尊大，自然就不會招怨與受謗。

二一四、事上敬謹，待下寬仁。

大人❶不可不畏❷，畏大人則無放逸之心❸；小民亦不可不畏❹，畏小民則無豪橫之名❺。

【注釋】

❶大人：德高望重的人物。❷畏：畏敬。❸放逸：放縱，任意而為。❹小民：與庶民相同，百姓。❺豪橫：當權用事，仗勢欺人。

【語譯】

對於在上位而有高德博學的人，應當敬畏他。能夠敬畏大人君子，就自然正心誠意循規蹈矩，不起放縱邪僻的心理，所謂主敬才可立極，能如此則長幼有別上下有序，政治才可以辦得好，國家才可以富強康樂。其次，對於在下位的小民也不可以不加畏懼。因為小民在下位容易受人侮辱虐待。在上位的人偶一不加小心，很容易使部下發生擾民的行為，與專橫的態度。而大人君子本身也就招致了不名譽與失人望之過。

【講話】

畏敬大人就是對上服從。今世能夠居於高位，那他的道德學問必要超人一等，否則國家也決不會用他主持國家大計，人民也決不會推選他的。下對上如果表示服從，則命令便有效的成功。一般人民下級幹部也都能循規蹈矩。自然而然勤勉工作而無放縱怠惰，安逸，偷閒的習性，於是國富民康，國家的一切政治均上軌道，這樣的國家一定是富強康樂的國家。

孟子說：「民爲貴君爲輕。」就是一切政事以民爲本，所以小民是可畏的。畏的意思是親近人民而不欺侮人民。事事能以民意爲依歸，則就不會有豪橫專制之名產生了。今天的極權政治與民主政治的區別，也就在是不是畏民而已。

二一五、處逆境時比於下，心怠荒時思於上。

事稍拂逆❶，便思不如我的人❷，則怨尤自消❸；

心稍怠荒❹，便思勝似我的人，則精神自奮。

【注釋】

❶拂逆：心有不順之思，遇拂逆之事。❷不如：不及，劣於他人。❸怨尤：怨天尤人。❹怠荒：懶惰荒蕪學業。

【語譯】

人需要常常不忘作比較的心，當自己所做的事不太順利，或不如意的時候，則往往是不滿現狀怨天尤人。在這時候就應當想到處境還有不如我的人。如和他比較，就覺得我雖處於逆境，還比他強得多，於是心中的積忿也就自然的消失了。當自己的心中有了怠惰心理，就要想到事業比我強的人。和他比較，就覺得自己雖處於順境，還有種種不如人的地方，就知道應該振奮努力了。

【講話】

俗語說：「天下不如意事，十常八九。」萬事不能盡如人意，也不可隨自己的意思去任意而爲。當我遭遇了困難也決不悲觀，想一想世間還有不如我的人，我現在還是很幸福的，則自然心安理得，不怨天尤人了。當我心中起了怠惰的觀念，不願工作的時候，那就要想一想世間勝過我的人太多了，而人家尚且勤勉不輟，我又何能後人？於是怠惰的心理也就自然而然的消失了。

二一六、不輕諾，不生嗔，不多事，不倦怠。

不可乘喜❶而輕諾❷，不可因醉而生嗔❸，
不可乘快而多事，不可因倦而鮮終❹。

【注釋】

❶喜：嬉戲喜歡。❷輕諾：輕率答應人家的事。語云：「輕諾者，寡信。」❸嗔：嗔恨怨怒。❹鮮終：有始無終。

【語　譯】

人當感情激動的時候，很容易判斷錯誤，而事後容易招致悔誤。因此自己喜歡的事不可因一時的心情喜悅，就輕易的答應人家什麼條件。尤其喝醉酒的時候，不要紊亂了性情而大發脾氣。當自己有了痛快的事情，不要乘著痛快就激發了一時的情感而多事。人在疲勞的時候，不免厭倦處理事物，有始而無終，這也是要切戒的。

【講　話】

心在歡喜的時候，乘著一時喜悅的激動，就不考慮一件事情的善惡。輕易答應他人的請求。但等到答應以後，事情要辦的時候便發生困難。這就失信於人，招致後悔。所以我們不可輕易答應人家的請求，一輕答應就必得要實行辦到。但這必須在承諾一件事之先，要仔細考慮這件事情的善惡與後果，能否實行。

其次，在喝酒喝醉了的時候，不可隨意動怒，動怒是最要慎重的事。特別是在酒醉之後，心容易激動，一旦發怒就不可收拾，結果敗事有餘，成事不足了。

再次，不可乘著一時的高興而多事，等高興過了必然發生厭倦而不成功。因而厭倦而有始無終。所以說當我們感情與平常時不同的時候，那就要多注意，不可隨意答應別人的事情，更不可任性處理事情，多管閒事，以免招致了後悔與失敗。

二一七、讀書讀到樂處，觀物觀入化境。

善讀書者，要讀到手舞足蹈處❶，方不落❷筌蹄❸。

善觀物者，要觀到心融神洽時❹，方不泥❺跡象❻。

【注釋】

❶手舞足蹈：愉快不堪之時，自然手舞而足蹈。❷落：被束縛，被拘泥，落於其中。❸筌蹄：筌，捕魚之具，蹄，捕兎之器，可擊兎之腳。筌蹄乃器具方便形式之意。此處指書中之文字與言語。❹心融神洽：精神渾然融合於物中，洽是和合之意。❺泥：拘泥，泥著。❻跡象：表面的形相。

【語譯】

善讀書的人，讀到心領神會，不禁喜極而發狂，如孟子說的「手之舞之足之蹈而不自知」的程度。而他也決不受文字的結構所苦，所謂「不落筌蹄」就是這個道理。

【講話】

書是用文字表現思想的東西，書裡面的文字是思想的符號。因此善於讀書的人，能夠熟讀玩味而理解其中的思想。書讀到妙處，不禁的手舞足蹈起來。這算是得到了書中的眞諦，所謂不落筌蹄了。筌是釣魚的漂木，蹄是捉兎的陷阱。釣魚和捉兎的時候，雖然要靠著漂木和陷阱，但是只要能捉住兎釣得魚，漂木與陷阱怎樣都没有關係。這彷彿是讀書不必依靠書中的文字，只要了解書中的意旨，文字就没有什麼用了。所以善於讀書的人，應該認識書中妙處所在。其次善於觀物的人，應當觀察到心融神洽的妙處。也就是說把精神與物質融合在一起，而不要只拘泥於事物的跡象。然後才能看出事物的眞相。所以說觀物不能只看表面的形相，應當看破裡面的神髓。

二一八、勿逞所長以形人之短，勿持所有以凌人之貧。

天賢一人，以誨眾人之愚❶，而世反逞所長❷，以形人之短❸。

天富一人，以濟眾人之困❹，而世反挾所有❺，以凌人之貧，眞天之戮民哉❻。

【注釋】

❶誨：教誨。❷逞所長：賣弄自己的長處。❸形短：表現人的短處。❹濟：救助。❺挾所有：誇耀自己的富有。❻戮民：可應誅戮之民，莊子大宗師篇：「丘，天之戮民也」。

【語譯】

上天降生賢人，給他才智，爲的是化導愚蒙。然而世間有許多被稱賢者的人，他決不教誨眾人之愚，反而誇耀他的博學多才，他人的才識不足。這樣誇耀自己的才識以輕蔑他人的行爲，實在有負上天之所託。

上天因爲世間貧人太多，才生出富人，爲的是救濟眾人的困窮。然而世間有許多被稱爲富豪決不接濟窮人，反而對於自己許多的資財猶不滿足。爲了增殖財產而壓搾貧民，這樣一來他們不能報答上天使他們賢明富裕的恩德，應當受上天的誅戮征伐了。

【講話】

天在眾多的人當中選出賢明的人，這爲的是教化眾人使愚者智而劣者善。然而世間有許多學者號稱賢能，他們一向就高高在上自詡爲超人一等。不但不去貢獻所長，爲社會人民服務，反而舞文弄墨誇一己之長譏他人之短。論地位是居於社會上屬，論享受是駕乎他人之上，他這樣違反天命，欺世盜名的作風，究竟是福是禍？到頭來總是難逃公道，難免不受公論的制裁的。

天在多數人當中選出一個富人，爲的是救濟眾人而來，如果富人不作善事業，反而爲富不仁壓搾貧民，那就辜負了上天的一片苦心，誠如莊子所說的「天之戮民」了。

二一九、上智下愚可與論學，中才之人難與上手。

至人❶何思何慮❷，愚人不識不知❸，可與論學❹亦可與建功❺。唯中才的人❻，多一番思慮知識便多一番❼億度❽猜疑❾，事事難與下手❿。

【注釋】

❶至人：智德兼備的人。❷何思何慮：無思慮亦無成見。❸不識不知：何事皆不明瞭。❹論學：論學問上的事情。❺建功：建功立業。❻中才：立於至人與愚人之間。❼一番：一種，一樣，一次。❽億度：億與臆同，臆測之意。❾猜疑：懷疑猜測。❿下手：共事，相處。

【語譯】

達到了聖賢領域的人，心中無思無慮亦無成見。至於愚人也就是無知無識的人。至人與愚人在智德上雖然相差懸殊，但其心無成見卻是相同。這兩種人既可以和他們論學講道，也可人和他們共同建功立業。處於至人和愚人間中才之人，思慮和知識雖很多，但這種人喜歡推測他人的心，猜疑他人的事，所以很難和他們共處。

【講話】

達道的人，對外物斷絕了妄執的心，離卻了物質的欲念，心思淡泊寧靜，凡事順其自然。其次，無知無識的人，心中既無所知便沒有充裕時間對事物考慮。這賢愚兩者雖屬兩個極端，但其心中未如人爲的自然狀態，卻是一樣的。這兩種人都可以和他們共同研究學問建立事業。但是最困難的則是立於賢者愚者之間的中才之士，他們也具備著知識與學問，然而缺乏道德基礎，萬事憑逞臆測。猜疑之心非常強，一切事情不但不能做好，且越弄越糟，這種人是成事不足壞事有餘，和這種人相處實困難，當然更談不到事業有什麼成功的希望了。

二二〇、守口須密，防意須嚴。

口乃心之門，守口不密❶，洩盡❷眞機❸。

意乃心之足，防意不嚴❹，走盡邪蹊❺。

【注　釋】

❶密：嚴密。❷洩盡：洩露。❸眞機：眞正的機密。❹嚴：嚴重。❺「邪蹊」：邪是橫僻，蹊是小路即不正之道。

【語　譯】

口是傳達心聲的，好像是心的大門，如果不能嚴守著大門，就容易把心裡的眞意都洩漏出來，招致想不到的禍患。古人說：「禍從口出」就是這個道理。心動之處而意就發生，所以意是心的奔動之處，好像是心的足一樣，足可以走向善的地方，也可以走向惡的地方。如果不能嚴加防範而亂奔亂跑，那結果就走入歧途陷進邪道。古人說：「意馬走盡六塵之境。」人的本心都是相同，只因意念一動，而善惡之事隨著發生出來。所以存心不可不良，立德應當愼重。

【講　話】

心有所思而口有所言，所以口是心之門，言語不愼就是口不嚴緊。心是口之主，如口不嚴的話，則心中的意思都從口中洩漏出來，所以說：「口也是禍之門。」我人應當嚴加警戒，切勿信口開河。

意是心的傾向。心有所思則意念即趨往心的方向。如此說來即是心的足。這是隨著我的欲念而改變，心如果也受欲念的支配而不能自主，則心就走上了邪路。所以如果防止意念走入歧途，則只有嚴防心起不正的欲念。

二二一、責人宜寬，責己宜苛。

責人者❶，原❷無過於有過之中❸，則情平❹；
責己者❺，求有過於無過之內❻，則德進。

【注釋】

❶責人：責備人的過失。❷原：溯本求原。❸無過：無有過失。❹情平：感情平靜，無何不平不靜。❺責己：責備自己過失。❻求：探求。

【語譯】

責人不可過於嚴苛，不能只看見人家的過失而嚴加責備，以致引起對方的反感。孔子說：「過則勿憚改」旁人有了過失，不宜深究，要勸勉他以後不再犯過。就是要多多原諒他人過失。反之，責備自己的過失，要在無有過失當中找出自己過失來，能夠這樣嚴格要求自己，自己的德業，當然是日有進步。

【講話】

對於旁人的過失，一般人總是小題大作責備得體無完膚。對於自己有了過失，則不加反省。古語說：「見人之過易，見己之過難。」我們責人萬萬不可過於苛酷，希望他以後再不犯過也就好了，親切的勸勉有過的人，則人決不會起怨恨心。反之對於自己就是平時沒有錯誤，也要仔細檢查一下，是不是有什麼地方作的不當。所謂：

「閉門思過」，「防患未然」，能夠常常反省自己德業也就與日俱進了。

二二二、幼不學，不成器。

子弟者❶，大人之胚胎❷；秀才者❸，士夫之胚胎❹。此時若火力不到，陶鑄❺不純❻，他日涉世立朝，終難成個令器❼。

【注釋】

❶子弟：年少之人。❷胚胎：胎內之兒，卵內有胚胎。❸秀才：才能之傑出者，中國古時學生稱秀才。❹士夫：士大夫，負調理國政之重任。❺陶鑄：陶冶薰育之意。❻純：指純粹地步，俗謂爐火純青言鍛鍊到達了火候。❼令器：大器，嘉皿，廟堂之器謂之令器。

【語譯】

子弟是胚植大人的雛型，秀才是養成士大夫的胚胎。這好像是陶鑄金屬之器，如果火力不到，就不能燒成良好的器皿，所以應當在這胚胎時期加以磨練，以成爲傑出的人才。

【講　話】

青年子弟都是未來的大人物，所以說是大人之胚胎。黌門秀才都將要是他日的士大夫，所以說是士夫之胚胎。因此，如果在現在不加以嚴格的訓練與考驗，就不能成爲一等人了。這好比是鍊造銅鐵之器，如果不經過充分的火力，則不能陶鑄成鐘鼎之才。在教育的原則上，如果主張自由主義和放任主義，順著子弟的意思任意的胡行，因而高尚的人格就不能培養出來。即使有點才識學術，也不能踏實的做事，最後一定走到了墮落的途徑，什麼事業也不會成功的。

二二三、不憂患難，不畏權豪。

君子處患難而不憂，當宴遊❶而惕慮❷，遇權豪而不懼❸，對惸獨❹而驚心❺。

【注　釋】

❶宴遊：開酒宴以遊樂。❷惕慮：警惕戒懼，憂慮恐懼之意。❸權豪：權門富豪。❹惸獨：即孤獨，無依無靠者。無告之民，惸又作煢。❺驚心：驚心以動憐愍之情。

【語譯】

君子身雖處於憂患困難地位，而其心並不擔憂。當宴會遊樂的時候，也不會狂歡失態。常常的留心自己是否有了什麼過失。在有權勢與富貴的人面前。別無任何物質要求，自然他們也毫不畏懼。對於身無所繫無依無靠的窮人，卻激起他的同情心而想法施以救濟。

【講話】

小人有患難才擔憂，心中只想沈醉於宴樂。決不考慮後來的禍患，君子遇著患難決不擔憂。他心中只有平心靜氣思想排除患難的方法。如果事情已經到了不可勉強的地步，他也只有任其自然，慢慢處理。但心中決沒有一點動搖。當他宴飲的時候，也決不耽溺聲歌，留連忘返。並且還時時加以警惕，留心有所失誤之處。在小人遇到比自己有權力的豪門權貴，心中就十分害怕，便趨炎附勢。一意奉迎順著有力者的意思，來捏造黑白，顛倒是非。對於孤兒寡婦無依無靠的人，則仗勢欺人。壓制別人受苦，而自己享受幸福。君子則不畏懼權門的勢力，因爲他心地公正光明，所以就無畏無懼。對於孤寡無靠的人，不但不去欺侮壓迫，反而同情他們，救濟他們。總之，小人受環境驅使而動亂了他的心，因人之貧富貴賤不同而生兩樣的態度。所謂欺軟怕硬，君子則決不是這樣的。

二二四、濃夭淡久，大器晚成

桃李雖艷❶，何如松蒼柏❷翠之堅貞❸；梨杏雖甘，何如橙黃橘綠❹之馨冽❺。信乎，濃夭❻不及淡久❼，早秀❽不如晚成也❾。

【注釋】

❶艷：姣艷美麗。艷麗。❷柏：常綠的喬木，其葉則四時常青。❸堅貞：堅固的貞操，松柏之葉，四時常青亦即形容節操的堅貞。❹橙黃橘綠：黃紅色謂之橙色，青綠謂橘之顏色。❺馨冽：香氣芬芳，冽是香甚的意思。❻濃夭：夭是夭折，美物早謝，俗語云：「自古好物不堅牢，彩雲易散琉璃脆。」❼淡久：淡是淡泊，惟淡泊者可獨久。❽早秀：早熟，早成。❾晚成：晚年成就。

【語譯】

桃李之花雖然美麗，但是不如松柏可以四季常青。梨與杏雖甜，但還不如橙子橘子馨香甘冽。總之，色美者早謝，淡泊者常久。所以早年秀茂不如晚年成實啊。「自古好物不堅牢，彩雲易散琉璃脆。」這話實含有至理。

【講話】

桃花李花，雖然艷麗好看，但一經風吹雨打，落花狼藉，那鮮麗的姿態就消失了松樹柏樹只有青青的顏色，不受人的注重欣賞，但是無論經過盛夏的炎暑和嚴冬的霜雪，都保持四季常青的顏色，因此松柏堅貞的節操是桃李所不能相比的。梨子和杏子的味道雖然甘甜適口，但是還趕不上黃橙綠橘味道的馨香芳冽。所以說一時的濃夭華麗，不如淡泊來的常久。同樣的道理早歲的頭角崢嶸還不如大器晚成來得純實。再說，逞現一時的才華，則轉眼到了凋謝之期，到底不如堅貞的節操能夠耐久，少年立身出世過早，則其凋謝之期亦必早。因此就不能成就大業。三國時候的周瑜，雖然位重權高早年得志，但因他死的太早，所以除了赤壁一戰之外，也就沒有留下甚麼大的基業。

二二五、靜中見眞境，淡中識本然。

風恬浪靜中❶，見人生之眞境❷；
味淡聲希處❸，識心體之本然❹。

【注釋】

❶恬：安靜，平穩。❷眞境：眞實的境界。❸希：與稀同，無聲之斷續時，白樂天琵琶行：「此時無聲勝有聲。」❹本然：本來之性質，又爲實體。

【語　譯】

人熱衷於某件事情，好像在大海中掀起了風浪，其心翻騰動搖。然而在平安無事的時候，彷彿是大海中風波靜止而平穩光滑，其心也歸於平靜。如果沒有這種平靜，就顯不出人生的本來眞境。在欲望著飲食和迷惑著聲色時，其心動蕩不能見出本心自然之性，如果平常飲食淡泊生活樸實以及人在靜寂的時候，就自然觀見心的本然眞性。

【講　話】

熱心奔走事物的時候，好像在大海的巨浪裡行船一樣的忙碌，到了無事的時候，好像是大海的風平浪靜一樣，水的靜止如一面鏡子。當大海浪波四溢的時候，人不容易分辨出大海的形態。這像是人受著環境的支配而奔走事業的時候，不知道本身的境遇一樣，在平靜無事的時候，才開始意味人生的眞實境界。又人在喫山珍海味和聽管絃的音樂，當時心被外物所動，受珍饈美味悅耳聲歌的誘引，不能認出本然的心體。只有在接觸淡泊的味道，一切靜寂的時候，才開始認識出本然的心體。也就是默坐在松樹之間聽松樹的風聲，心中一點也不爲之所動，才能夠認識出自然的本體。所以想要認識人生的眞境和本然的心體，不是動搖的境界，而是在寂靜的境界才能體認出來。

後集

一、言者多不顧行，談者未必眞知。

談山林之樂者❶，未必眞得山林之趣❷；厭名利之談者❸，未必盡忘名利之情❹。

【注　釋】

❶山林之樂：離卻煩俗世間靜隱於山林之中的樂趣。❷趣：趣味。❸名利之談：功名利祿的談話。喜歡談論名譽和利益的凡俗談話。❹情：念慮，考慮。

【語　譯】

常常說山林中有什麼樂趣的人，對山林那份超逸的情趣並不一定能眞的領會得到。同樣的道理，常常說厭棄名利的，未必就會放棄了熱衷於名利的念頭。因爲眞正領會了山林趣味的人，或是眞正忘卻功名之念的人，決不會喋喋不休的出口談論，喜歡出口談論的人們，大多是在人前表示他們的風度高雅，因此僅僅根據著談話，不能立刻判斷人的好壞。我們不妨把古今詩人的遺著拿來研讀一下，裡面的風花雪月悠然自得的林泉之樂，彷彿有出塵絕俗神仙之概。但實際上說不定作者其人比一般世俗的人更不如呢！

【講　話】

凡是對任何一件事，總喜歡在口頭上表示的人，未必就一定能夠窺見其中的堂奧。

反之，眞能入其道而體會到其中原因的人，反而是不現於色不形於言了。

每天都在都會熱鬧場合中，競逐名利的人，口口聲聲在講述山林田園生活如何的趣味，以表示他既高貴又風雅的氣質，好像是眞正體會了山林趣味似的，其實不過是自高聲價的一種掩飾的煙幕罷了。就比方在樓閣的外面裝飾些花草庭園以爲點綴，怎能說是眞正得到了山林的眞趣呢？還有些達官貴人權威顯宦每天都在忙於應酬接待飲宴。但他們都常常對人表示厭倦了名聞利祿的生活，恨不得早日脫離，實在他們口裡雖這麼說，眞是要使他們脫離塵世去隱遁山林，恐怕沒有一個人捨得放下。誠如三國曹操說的：「欲罷不能耳」所以說口裡談著討厭名利，而心中正在打算名利，這不能說是盡忘名利之情。社會的事，往往是能說不能行，言行不能一致。

二、無爲無作，優游清逸。

釣水❶，逸事也❷，尚持生殺之柄❸；奕棋❹，清戲也❺，且動戰爭之心❻。可見喜事不知省事之爲適❼，多能❽不若無能之全眞❾。

【注釋】

❶釣水：臨水而釣魚。❷逸事：超越浮世的境界所做的樂事。❸生殺之柄：生殺與奪的權柄。❹奕棋：圍碁。❺清戲：清雅上等的遊戲。❻戰爭之心：勝負相爭，戰勝他人的心。❼適：適合於心。❽多能：有多方面的技能。❾眞：天眞，即是自己本來的面目。

【語譯】

河邊垂釣本是一件清高的樂事。但是仍然脫不了得魚的欲念，操著生殺大權。又在下圍棋的時候，名利之念全都忘了。只一心一意在爭逐於墨白棋子，可說是清雅的遊戲了。但雙方免不了動勝負之心，想打敗對方。

無論是怎樣清逸高雅的遊戲，都是相殺相爭。這都是違背了自然的事情。最好還是處於無事的境界，才是眞正的高人。

【講話】

忘卻了世間的雜事，坐在河邊去釣魚，遠離浮世擾攘的煩惱，可以說是相當高雅行爲；然而手握魚釣竿索，仍然操弄生殺魚鱉的權柄，心中懷念得大魚的欲望，這只是變更了爭逐的境界而並未改變爭逐的形式罷了。

在下圍棋的時候是萬念俱靜，一心爭逐於棋盤上的墨白棋子，可以稱作清雅的遊戲。然而對於勝負的觀念，競爭的意識，並不比對其他事情的成份減少，這其間彷彿如戰爭一般的大動殺機。不過是範圍不比戰爭大也不會弄出傷人的事來。可是在互相對奕殺得難解難分的時候，無形中所消費的精神體力也不減於戰場上的行爲。因此說喜好多事不如減少來得適宜，多能多技不若無能無技來得天眞無邪了。

三、春色爲人間之妝飾，秋氣見天地之眞吾。

鶯花茂❶而山濃谷艷❷，總是乾坤❸之幻境❹；水木落❺而石瘦崖枯❻，纔見天地之眞吾❼。

【注釋】

❶鶯花茂：鶯啼花放的時候。❷山濃谷艷：山獻美彩，谷呈艷麗。是春天的景色。❸乾坤：乾爲天，坤爲地，即天地宇宙之意。❹幻境：幻想的境界，假的境界。❺水木落：川水乾涸木葉凋落。❻石瘦崖枯：水涸而川石見瘦，崖岸之草木凋落而崖岸現出枯瘦狀態。❼眞吾：眞正之本體，乃毫無狡飾造作天眞的自我。

【語譯】

春天來了，百花開放得爛漫芬芳，鶯鳥在枝頭婉轉歌啼，滿山遍野深谷幽澗都點綴著鮮艷景色，但這不過是乾坤的幻境而已。等到秋天一到，木葉也凋零脫落了，河川的水流也洩涸了，岩石也瘦峭了，崖峯也乾枯了。看出來天地的眞體，和它本來的面貌；人在少壯青年的時候，作各種與各色的裝飾，到老年就露出來本來的形體。所以人生不要爲幻相所奪，要能看破他的眞實本相。

【講話】

鶯啼鳥囀，花發草茂，在大地山谷間，佈滿了濃艷的彩色，由外表來看誠然是一個美麗的世界。但若仔細的向裡去推求一下，這不過是天地的一種幻相，是一種裝飾。鶯啼鳥囀不過是一瞬間的聲音，花發草茂不過是一剎那的景象，等到了花落草衰，川水枯竭，於是崖岸岩石都露出來了本來的面目。赤裸裸的毫無掩飾。這時候就見出了天地的眞體。人生也是如此。所謂名譽，所謂權勢，都不過是人生的一種裝飾，一種假的姿態，等到名譽也失掉了，權勢也衰敗了，這時候才看出來人生的眞正價值。所以朱子說的眞吾，就是人的眞正價值。人能永不失其眞吾，則其價值雖歷千古亦不能磨滅。古代的聖賢不失其德，忠臣不失其節，都是不失渾厚天眞，所以能傳名百代而不衰，歷時千年而不滅，所謂與天地永垂不朽。我們如果不失天眞，就一定能夠與天地合其德日月合其明，與鬼神合其吉凶了。明白了這個道理，就要像孟子說的：吾善養浩然之氣，以達到返回眞吾的境地。

四、世間之廣狹，皆由於自造。

歲月本長❶而忙❷者自促❸，天地本寬❹而卑者❺自隘❻，風花雪月本閒❼而勞攘❽者自冗❾。

【注　釋】

❶本長：本來是長久的。❷忙：多忙。忙迫。❸促：短促。❹本寬：本來是寬闊的。❺卑者：心思卑鄙的人。❻隘：狹隘，狹窄。❼本閒：本來是悠閒的。❽勞攘：爲事物所煩勞而沒有閒暇。❾冗：冗長，煩雜。

【語　譯】

歲月本來是無窮盡的，那些終日被事務繁忙的人，他的感覺上，時間是很短促的。天地宇宙本來是廣闊無邊，能包容萬物。只因人心卑鄙，欲望太濃，就感覺這天地狹窄容他不下。春日的花，夏日的風，秋天的月和冬天的雪，各有其自然的景色，供人悠閒欣賞，但在那沒有風雅的人看來，反而覺得天地四時的多事多繁了。

【講　話】

歲月的時光，本來是很長久的，然而人爲生活所迫，終日奔波忙碌，自早到晚，在這漫長的歲月當中，反而覺得時間是很短促的。李白說：「浮生若夢，爲歡幾何。」這是形容人生的短促。這種觀念我們不以爲然。人生壽命不過百年，時間不能算是太長，但在這百年歲月當中，人應當做的事實在是太多了。整天埋頭苦幹，恐怕還是做不完的，而若盡管去縱情享樂，嫌日月之時光太短，這種人生是毫無價值毫無意義。我們生於天地之間是頂天立地繼往開來的，要以我數十年短促之壽命，爲後來的人立萬世不拔的基礎才對。其次以天地的寬闊廣大，日月星辰山川河嶽都無所不包，人間到處都可以橫行闊步自由的活動，如果以爲世間狹隘這未免是太愚笨的想法啊！那春天的百花爛漫，夏日的涼風徐徐，秋天的明月皎潔和冬季的白雪晶瑩，這四時的天然美景任何人都可以任意的欣賞，但日夜爲名利擾攘奔馳在世間的人們，連去欣賞一下的功夫都沒有。他們不知何時是花開花謝，更不知何時是冰凍雪融。在他看來風花雪月都匆忙的消失掉，這是他爲自己的名利而顧不到留覽自然的風光。因此人看世間的一切，應當有靜心的工夫，安定的智慧，切不要受外物的牽累。

五、樂貴自然眞趣，景物不在多遠。

得趣不在多❶，盆池拳石間❷，煙霞❸具足❹；會景不在遠❺，蓬窗竹屋下❻，風月❼自賒❽。

【注釋】

❶趣：趣味，風情，趣緻。❷盆池拳石：池如盆大，石如拳大。極言其環境之小。❸煙霞：表示山水的風景。❹具足：十分足夠。❺會景：體會到景色的趣味。❻蓬窗竹屋：蓬窗用草色所編的窗，竹屋用竹子蓋的房屋。❼風月：淸風明月，寫盡了天然的景色。❽賒：悠悠自在。

【語譯】

有趣味的娛樂，並不在於多種，像花盆小池子和拳頭大的石頭，比那高山巨谷之間所起的煙霞還要有趣。所以領會風景，不在於出門遠行，就是在那茅蓬的草窗戶和竹子造的房屋也和那高樓大廈一樣的接納清風明月，反而有離世塵悠然自得的樂趣。所以得趣不在物的多少，會景不在處所近遠，因此感覺不到自然趣味的人，雖然遊覽名山大川也不解煙霞之妙。心中不脫塵世勞苦的人，無論住在什麼高樓大廈裡面，也領會不出其中的情趣。

【講話】

一般的人往往是跑到很遠的地方，去尋求很多的地方的名物聖蹟，以爲祇有如此才能理解事物的風情與雅趣。殊不知得趣不在多，會景不在遠，在你的身旁附近庭院之間，不怕是盆大的池子，拳大的石頭都可以具有山谷煙霞的宏大景色，古人作陋室銘說：「山不在高，有仙則名，水不在深，有龍則靈。」我們會景適趣的地方，不在多處與遠處，而在心的深處物的近處。在那茅棚草舍的窗前，栽花種竹，到了夏日也有乘涼納蔭的快樂。秋日的天高氣爽晴風明月，內心深處自有一番悠靜閒然的情趣發生。

六、心靜而本體現，水清而月影明。

聽靜夜之鐘聲，喚醒夢中之夢❶；觀澄潭之月影

❷，窺見身外之身❸。

【注釋】

❶夢中之夢：夢中又見夢，是入於著迷的境界。❷澄潭：清水澄澈的深淵。❸身外之身：在肉身以外的身體，是與宇宙同一的身體，也就是佛教說的法身。

【語譯】

在夜深人靜的時候，遠遠的聽見了鐘聲入耳，可以把心返回到本來的寂靜。自己生在世上本來就是做夢。而在夢裡還要爲物欲所苦，於是就覺悟到這是夢中之夢了。當我獨自在潭水之上觀看月影的時候，就知道月亮不僅是在天上，她的影可以照耀到各處，因此我人之身不僅僅是這五尺的肉身，一切天地的萬象都可以和我身融合了。

【講話】

李白春夜宴桃李園序中說：「夫天地萬物之逆旅，光陰者百代之過客，而浮生若夢，爲歡幾何？」在這悠久無限的宇宙空間，人的一生活動期限不過五十年的壽命。實在是如夢一般很快就過去的，在這如夢的一生當中，一切吉凶禍福哭笑歌泣，種種事物可算是夢裡的夢。在日間裡，種種的事情所逼迫而奔走勞碌，不起什麼思考，等到了夜靜人寂，萬籟俱靜的時候，聽見了遠寺的鐘聲鏗然作響，此時恍如大夢初醒，覺此身所作所爲，眞如夢中的夢。而我的身體雖僅僅是五尺之軀，但放開眼界一看，才知道天地萬物都是我的全身。在平日匆忙的時候，難以留意自覺，等到了潭水澄清天上的月影照耀在潭內，這時候就可以知道月究不僅在於天上，同時也能現影於水中。而我的五尺之軀不僅是我的全身，同時到處都可以呈現出我來，這時候就可以窺見了身外的身，才明白了夢中之夢。才能如大夢初醒，不執著於虛相幻身，如此方可稱爲明達事理的人。

七、天地萬物，皆是實相。

鳥語蟲聲，總是傳心之訣❶；花英草色❷，無非見道之文❸。學者要天機❹清徹❺，胸次❻玲瓏❼，觸物❽皆有會心處❾。

【注　釋】

❶傳心之訣：以心傳心的秘訣，是說悟道到了極點，即能以心傳心。元來禪宗的宗旨是教外別傳不立文字，在經典言語文字以外，另以師尊的解悟處，直由師尊的心傳到弟子的心裡，此所謂教外別傳。又因他不依教門的施設而直向人心的參究，所以又叫做直指人心，又因他徹見自己心的本性而成佛，所以又叫做見性成佛。釋尊曾傳此道與弟子迦葉，迦葉又傳之於

阿難。如此二十八傳乃至達摩傳二祖慧可，慧可傳鑑智，如此一脈相傳，延續不絕。❷花英：花的咕嘟。❸見道之文：是表現天地大道的文章。❹天機：天然的心機，即是心的作用。❺清澈：清明而澄澈。❻胸次：胸是指的胸中，次就是場所。❼玲瓏：透徹透光。❽觸物：接觸事物的所見所聞。❾會心：心領而神會，悟眞理之意。

【語譯】

天地是不會說話的，但鳥的歌聲蟲的啼聲，都是以心傳心傳授眞理的要訣。一朵花一根草的顏色，也都是在顯示天道的文章。天地萬物明明白白的把眞理擴展在眼前，可惜人都不能悟解這其中之大道，因爲心被妄想與煩悶所阻塞，眞理給掩蔽了。有志於學的人能夠沈思默考，明瞭天心的作用，他胸中玲瓏澄澈，沒有一點污穢，然後才能對於所見所聞悉心體會。天地的大道宇宙的眞理究竟是什麼？究竟不是言語文章所能道盡的。釋迦牟尼說法長達四十九年，最後卻說：「我不能說出一個字。」宇宙眞理不是一語所能道破，禪宗不是依經論而立教。是以心也並非是口傳心授。禪宗所說的佛心就是宇宙的眞理天地的大道。不是以言語文章所能傳說，是除了以心傳心自悟自得之外，別無他法。除了仰觀天象俯察地理求於萬象中以外是別無他法。

【講話】

如果不用文字和言語就不能傳授出宇宙的眞理和天地的大道。但是釋尊說法達四十九年之久，最後終於一字不說，後世根據著釋尊所說的經文和祖師所講的論證，經過了種種的研究，認爲僅憑文字語詞尚不能悟得釋尊的眞意，因此禪宗又有不立文字的教外別傳，倡以心傳心之說。就是一切不以經論爲本據，由師尊之悟道處，其弟子亦自行解悟。所以禪宗不以經論的法門相傳，只以佛心代代相傳。所謂佛心即是宇宙的眞心，天地的大道。釋迦牟尼佛悟解了這個道理，就是佛心，至於怎樣才能夠覺悟，原來萬物都基於此一眞理亦即由此佛心出現，除了理解萬物的道理之外，別無他路可以尋找，仰起頭來看天，則有星辰日月，低下頭來看他，則萬象崢嶸。這都是顯露出天地的眞心，因此樹間的鳥囀，草裡的蟲鳴，都是傳心的要訣。還有花的英蕚，草的顏色也都是見道文章。釋尊看見明星的閃光而悟道，靈雲和尚看桃花開放而悟道。香巖和尚聽打擊竹子的聲音而悟道，這都是根據物理而看破了傳心要訣和見道文章。如此看來天地萬物現存著歷歷分明的眞理大道，爲什麼不能澈見了悟呢？這不是別的，是因爲人人的胸中被煩惱和妄想的愚濁所混，以致眞理大道不能映現出來。因此學者要清澈天然的心機，要把自己胸中，如同玲瓏的水晶來看外界的一切事物，然後使萬物與自己的心合而爲一，能這樣的體會它，自然而然會得領悟了。

八、觀形不如觀心，神用勝過跡用。

人解讀有字書❶，不解讀無字書❷；知彈有絃琴❸，不知彈無絃琴❹。以跡用❺，不以神用❻，何以得琴書之趣❼。

【注釋】

❶有字書：用文字表達的書籍。❷無字書：宇宙的森羅萬象，人若以活眼遍觀宇宙的森羅萬象，均為表象眞理的無字的一大活書籍。所以叫做無字書。❸有絃琴：普通掛著絃的琴。❹無絃琴：不掛絃的琴，世間萬物的一切音響，由達人的眼裡來看，風吹松樹與波浪擊岸之聲，和鳥蟲語鳴的聲音，都是天地的妙曲，所以叫做無絃琴。❺跡用：用事物的形體，拘泥於事物的外形。❻神用：用事物的精神，即精神得以自在活用。❼琴書之趣：得琴與書的趣味，也可以說得天地的眞趣。

【語譯】

人只知道讀文字寫出來的書，而不知道理解無法用文字寫出來的眞理。人只知道彈有絃的琴不知道彈沒有絃的琴，去捉摸眼所不見的眞理。單單執著於形體而不能用其精神，怎能體會得書和琴的眞正樂趣呢？

從前晉朝陶淵明家中藏著一張沒有絃的琴，常常的自彈自樂。有人奇怪他的琴沒有絃。問曰：「琴沒有絃不能出音，那彈它有什麼趣味？」陶淵明答：「要想知道琴的眞趣，問題是不在絃上發音，只有無聲的聲音，才有眞正的妙趣。」

【講話】

世人只能讀念理解有字的書，而不能讀念理解無字的書。文字是代表思想的符號，但是僅去捉摸符號而不去研究符號所代表的意義，那就没有什麼用處。世人只能了解字中的意思，而不能看破字的妙理。假如我們放眼四方，則宇宙的萬象，諸般的人事都是没有文字的活書籍。多數的學者雖然看到了這些活書籍，但是仍無法理解其中的奧妙。其次世人只知道彈有絃的琴。而不知道彈没有絃的琴，只知道應用物的外形，而不知捉摸物的精神，這樣就不能領會出來其中的趣味。陶淵明撫琴表示自己的快樂，有的人看見他的琴上没有一根絃。感覺奇怪的問他，他答覆説：「若知琴中趣，何弄絃上音」。這話的意思是説，眞正知道了琴裡的趣味，就不必去聽賞絃的聲音了。總之僅僅取用物的以形相尚不能了解眞味，唯有捉摸著其中的精神才能得到實際的妙用。

九、心無物欲乾坤靜，坐有琴書便是仙。

心無物欲❶，即是秋空❷霽海❸；
坐有琴書，便成石室❹丹丘❺。

【注釋】

❶物欲：對於物質的欲想。❷秋空：秋日萬里無雲的晴空。❸霽海：渺茫無邊，廣闊的海

面。❹石室：遠離塵寰，深山中的石窟。即是仙人所居的地方。❺丹丘：晝夜常明的仙鄉，楚辭之遠遊篇：「羽人仍丹丘，不死留舊鄉。」

【語譯】

人心裡如不起物欲之念，那心頭的清靜就好像秋天的天空萬里無雲的海面一樣。清清靜靜的一塵不染，精神上有說不出的痛快。只要有瑤琴和書籍，就好像是仙人住在石頭屋子和煉丹的的洞丘中一樣，琴書都是離俗出塵之物，身體雖然處於紅塵的世界，但心的清靜則如同居住在仙人之家了。

【講話】

人被物欲所控制，妄想與煩悶常在胸中翻騰不絕。如果心中沒有物欲，則心就不被外物所囚繫，其心如秋日的天空澄澈高潔。如平靜的海面廣闊明亮。又在人的身邊放置琴和書籍，則心常被琴書所淨化。因此這一念，就會差之毫釐有千里之謬，所以古人說去人欲存天理，也就是一種養心的最好方法。座旁有琴書，則屋中便充滿了脫俗的氣氛。又何必要一定遠入深山住於丹丘洞穴呢？

一〇、歡樂極兮哀情多，興味濃後感索然。

賓朋雲集❶，劇飲❷淋漓樂矣❸；俄而漏盡❹燭殘❺，香銷❻茗冷❼，不覺反成嘔咽❽，令人索然❾無味❿。天下事率類此，奈何不早回頭也⓫。

【注釋】

❶賓朋：賓客與朋友。❷劇飲：狂飲過量的酒。❸淋漓：長流不斷雨水激落的盛況。此處極言飲酒的熱烈。❹漏盡：是說時間已到更深。❺燭殘：蠟燭的火僅剩殘餘。❻香銷：爐中香煙消火滅。❼茗冷：茗是茶冷。❽嘔咽：哽噎嗚咽，極言酒醉後的悲泣狀。❾索然：興味已過感索然。❿無味：無趣味。⓫回頭：反省之意。

【語譯】

賓客朋友聚集的很多，飲酒狂歡酣暢淋漓，可以說極盡人生的樂趣了。等到夜深燭火快滅了，香爐裡的香也燒盡了，熱滾的茶也冰冷了，在那夜闌更深的時候，開始感到興盡悲來，人生的無趣，不知不覺的哽咽哭泣起來了。

天下的事情多半是這樣，在榮華極盛的時候，什麼都不思考，等到盛極而衰，則思念往事不勝唏噓。所以人生對於虛榮的歡樂切忌達到極點，無論什麼時候能容易恢復到本來的面目，則心境在任何時候都是悠然自得的。

【講話】

人在宴會的時候，賓客如雲霞一般的集會，飲酒作樂是酣暢淋漓，興會盡致。等到宴會完了客人散去了，這時候夜深人靜，更漏滴盡，殘餘的蠟燭燒剩不多，香也銷了茶也冷了，於是這盛宴的樂趣反而變成了嘔吐嗚咽的悲泣情景。想起來不覺索然無味，不僅宴會是這樣，天下的事大都是如此的。漢武帝秋聲賦裡面說：「歡樂極兮哀情多。」天下事是盛極必衰，物極必反。盛時是極一時之樂，衰時是悲情四起，然而世人卻不及早的回頭。雖然明明知道那些虛榮浮華是一時的景象，但大多數人仍是執迷不悟，這實在可憐又可悲的事情！

一一、知機其神乎，會趣明道矣。

會得個中趣❶，五湖❷之煙月❸盡入寸裡❹；破得眼前機❺，千古之英雄盡歸掌握❻。

【注釋】

❶個中趣：物中存在趣味也即是風情。❷五湖：中國古時之說法所謂五大湖，一說五湖即太湖的別名。❸煙月：煙霞風月，形容風景的佳美。❹寸裡：方寸的裡面。心中之意。❺眼前的機用：動作。❻歸掌握：即握於手中運轉自由。

【語譯】

在物中所含的風情眞趣實是口中難言筆下難傳，假如眞能體會出其中的風情眞趣，則就不須旅行到各地，也可以把五湖四海的天下名勝與煙波景色，都可以收入我的心中，任意的觀賞了。

在我的眼前所呈現出來的種種事物的機用，如果我能看破，則千古的英雄都能歸入我的掌握爲我自由自在的播弄了。

【講話】

所謂五湖就是中國五百里以上的大湖，一共有五個；㈠饒州的濬陽湖，㈡岳州的青草湖，㈢潤州的丹陽湖，㈣鄂州的洞庭湖，㈤蘇州的太湖。這五處都富於煙霞風月的景色，古來的詩人墨客多半都要到這些地方來遊玩和欣賞，但這些名勝的風景，當然也要因人才生趣，如果來遊覽的人没有什麼風雅的趣味，那麼這些風景也就没有什麼興味了。如果有風雅趣味的人，就可以領會其中的情趣。可以把天下的名勝，滄茫可觀的五湖煙月景色，盡情的收入眼底一覽無餘了。孟浩然詩說：「八月湖水平，涵空混太清，氣蒸雲夢澤，波撼岳陽樓。」由以上這首詩，洞庭的名勝，立刻就出現於眼前了。詩人眞正能夠領會了其中的趣味。不一定要親身到那個地方，也不一定要親眼看見那個地方的景色。在斗室之中就可以把天下的名勝大觀，自由自在的賞玩觀覽了。

其次，同樣的道理，能夠看破了眼前的天機，則千古的英雄豪傑，都可以收歸自己的掌握。這話的意思是無論在千年以前的或是千年以後的古往今來的豪傑英雄都可以和他們握手談笑，促膝談心。也可以依賴他們作爲肱股而建立勳功與偉業，這豈不是人生的一大快事嗎？無論古今或遠近，都是由空間和時間比較而來，如果超越了這一個比較而採取達觀，則大至宇宙小至塵芥都可以瞭若指掌，所以能了悟目前之機，便能夠領會萬古之道。

二二、萬象皆空幻，達人須達觀。

山河大地已屬微塵❶，而況塵中之塵❷。血肉身軀❸且歸泡影❹，而況影外之影❺。非上上智❻，無了了心❼。

【注釋】

❶山河大地已屬微塵：山河大地指世界說，微塵微末的塵灰。據佛教說世界由成立至破滅，經四大時期。即成劫住劫壞劫空劫的四劫，成劫是世界成立的時代，住劫是現在所繼續經過的時代，第三是壞劫世界漸漸衰敗，接近破滅的時代。終於到來了大火大水大風繼續不斷的發生，一切之物破壞淨盡。所以到第四個空劫時代，世界完全破滅，一切之物成了微塵。❷塵中之塵：指所有的生物而言。❸血肉身軀：我人的身體。❹泡影：泡沫曇花一現，不得常久。

❺影中之影：功名與富貴捉摸不定的東西。❻上上智：最上的智慧。❼了了心：明明了了的心思。

【語譯】

世界的萬物都不能永久的存在。山川大地曾幾何時也就成爲粉末微塵了。而況諸種之物不過是塵中之塵而已，又何能夠保持常久？人的肉體很難保持住百年的壽命。曾幾何時，也就成爲泡影而消失了。而況功名富貴不過是影中之影，更無足論。世人悟解了這個道理，則對於世間的一切都沒有執著的必要，而要大大方方的安心渡世。

人如果不是上上的大智的尚不能具有明白的了了之心。而也難以到達覺悟的境界。

【講話】

佛家説世界有成住壞空四劫，世界最初是空虛的。由空虛之中而生出天地萬物，這一個時期叫做成劫。所説劫的意思就是時間。於是人畜等物繼續的發生，這一個時期叫做住劫。等到所有的萬物都生長完畢，於是大水大火大風相繼的破壞世界成了微塵。這一個時期叫做壞劫。破壞了以後，又成了什麼都沒有的空虛。這一個時期叫做空劫。在空虛之中又有世界發生，發生出來又破壞。破壞了以後又成空虛。這樣成，住，壞、空，循環不已，以至於無窮。世界的狀態就是如此。這一種説法和近世科學家的説法是一致的。已經成了不可變動的事實。所以現在的山河大地無論如何的擴大，早晚必定要破壞成爲微塵。何況那山河大地之間存在的塵中的微塵，是所有的萬物都將成爲灰燼，至於我們的身體乃是皮肉血液結合而成。不待到百年即消失而成泡影了。何況屬於影外之影的功名利祿等等事物，也都隨之而消失淨盡了。這樣說來，宇宙的事物不是永久不滅的。如果悟得這個道理，就絲毫不會執著了。而應當洒洒落落的度此一生。但是這個高深玄妙的道理，除非是有大智慧的人是斷乎難以明了悟得其中的奧妙。所以說非上上智即無了了心。

一三、泡沫人生，何爭名利。

石火光中爭長競短❶，幾何光陰❷；蝸牛角上較雌論雄❸，許大世界❹。

【注釋】

❶石火光中：以金屬擊石戛然而生的火花，一發之後立刻消失。此處說暫時的意思。❷光陰：日月，歲月。❸蝸牛角上較雌論雄：比喻爲狹小的場所之上爭名奪利。❹許大世界：如許之大的世界，極言世界之小。

【語譯】

石頭和石頭互相擊打而發火，人的一生也正好像那石火閃光一瞬之間，在這短短的一生還在拚命的爭長論短，角逐名利，敗者固不論，就是勝者又有多少的歲月呢？

人在這一世界裡較量雌雄爲了功名富貴而犧牲性命喪失名譽，好比在那蝸牛角上一點點的地方轉來轉去，又是多大的世界呢？所以說勝者固不必自誇，就是敗者也不必認爲恥辱。

【講話】

「人生七十古來稀」，這句古語是說人的壽命太短促了。就是上壽也超不過百年，以百年而論，時間不爲不長。然而宇宙是無限的，是無始無終的。以宇宙的時間而論，百年的歲月好似電光石火一樣，悠悠之間就消逝了。所以說人間世界的爭奪，幾時休呢？只此一念，不爭長短是非。天下的英雄互相的爭逐，較量雌雄勝敗，好像是蝸牛角上的戰爭一樣。無論那一方面勝與敗，在達人的眼裡看來，均不足以論道。看破了宇宙間的一切對於世間一切利害得失均不爲之所動。也不爲那些無味之爭而勞累心思。一生悠然的度過，才是眞正的英雄豪傑，也才是眞正的人間丈夫啊。

一四、極端空寂，過猶不及。

寒燈無焰❶，敝裘無溫❷，總是播弄光景❸；身如槁木❹，心似死灰❺，不免墮在頑空❻。

【注釋】

❶寒燈：光亮微弱淒涼寂寞的燈火。❷敝裘：破了的皮衣。❸播弄：玩弄，俗謂造化弄人也，即是播弄光景。❹槁木：槁與枯意同，即是枯木的意思。❺死灰：火已消滅之後剩下冷灰。❻頑空：頑困無知，把吾人身心皆空之觀念，滿足於空寂之悟道的小乘境界。

【語譯】

燈要是沒有光焰，破衣沒有溫暖，這是大煞風景的事。又身體像枯槁的木頭，心性像火過了的灰一般，一點生機都沒有，佛家所說墮落到頑空裡面。這雖然沒有物欲與我執，也沒有不善的行爲，但因爲沒有絲毫活氣，也不會進而爲善，救世渡人！

【講話】

孤燈在寒天的氣候，燈火搖搖欲滅，和一件破衣穿在身上毫無一點溫暖可言，如果人被這種情景所搖動則無論你是怎樣的淡泊和質樸，這樣的人生也是淒涼乏味的，其次人如果沒有一點活氣，形體和枯死的樹一樣，心中毫無溫暖卻如同冰冷的死灰。這就是佛家所說的墮入了頑空的境界。佛家是以遠離我執斷除物欲使人歸之於空寂，這是爲了要解脫這個執和欲兩件事。至於二乘聲聞的學者他們認爲人身是由地水火風四大結合而成。心在身中，但心身是相伴而成的。只要實體一空，此身此心就都空了。於是他們修到無我觀的境地，開啓了空寂的悟性。達到了這個境界就認爲滿足了。但這正是落入了頑空的境界。本來佛教說空即是色，色即是空。所謂空並不是一物都沒有的頑空。但是像二乘聲聞的學者們的死灰枯木毫無一點活氣，這雖然斷除了我執和物欲，然而不過是自己不做惡事吧了，如果不能進一步濟世渡人，便無善果可言，這樣的活著等於死了一樣，一點也不可取。因此所謂無我無欲並不是身心的枯木死灰，而是要爲人爲世盡到一切的善果才是。

一五、得好休時便好休，如不休時終無休。

人肯當下❶休❷，便當下了❸。若要尋❹個歇處❺，則婚嫁❻雖完❼，事亦不少❽；僧道雖好❾，心亦不了。

前人云：「如今休去便休去❿，若覓了時無了時⓫。」見之卓矣⓬。

【注釋】

❶當下：當時。❷休：休止，辭謝世事。❸了：悟了。終了。❹尋：尋找。❺歇處：對於世事休止而謙退。❻婚嫁：男婚女嫁。❼完：完了。❽事：應當做的事。❾僧道：僧侶和尚，道士修士。❿前人：即是古人。⓫了時：終了的時機。⓬卓：高尚的，優越的，也就是卓見。

【語譯】

人能想透了道理，則一切的煩惱便能當下休止。任何人如能悟解這一眞理，則任何人都能近於大道。如果要等待煩惱停止的時候到來，則就終究沒個了處，自然也就永久不會進入道中。這好像婚嫁的事終了，自己就可以快樂閑居了。但是又發生了許許多多的事情急待去處理，這樣一來仍然達不到休止與悟道的目的。

普通一般人認爲俗家爲種種的俗事所煩擾，如果要做了僧侶或道士，住在庵觀寺院，開悟知識也許會好的多吧！但事實上也許與所想像的完全不符。況且如此的想法也決不是由自己的心性悟了出來的道理。

古人曾說：「如今休去便休去，若覓了時無了時。」這眞是一種高見。

【講　話】

人應當自己決定一個適當的思想。認爲當停止便要馬上停止，這樣才能領悟世界眞正的眞理而得到安心。假如要想尋找一個安閒的時候，等那個時候到來再停止，那你將永久找不到安閒的時候。所謂公事未完還有私事。比如說娶妻和嫁女，忙了個不休。等到婚嫁完了，認爲沒有事情了。但是仍然還有其他事情待處理。所以硬是等待，則什麼時候都不會有結果。古人說：「如今休去便休去，若覓了時無了時。」這就是古人見解高明的地方。世間多數的人都是不到休止的時節不能夠休止，等到了死的時候，那休止的時期也不會到來。偉人或明達事理的人大都能夠看透了這一關，他們對於大事了悟了以後，萬事都可以罷休。這是高於常人一等的地方啊？

一六、冷靜觀世事，忙中去偷閒。

從冷視熱❶，然後知熱處之奔馳無益❷；從冗入閒❸，然後覺閒中之滋味最長❹。

【注釋】

❶冷熱：冷是感情的冷靜，熱是感情的熱烈。❷奔馳：奔忙，擾攘。❸冗閒：冗是事物煩雜，閒是閒散閒暇。❹滋味：甘味。

【語譯】

人當熱中於事物的時候，對於事物以外事情一點也不予考慮。到等頭腦冷靜一下，回頭想一想熱狂時候，就知道一時的熱情奔走委實是沒有什麼益處的。人在事物繁忙的時候，就沒有工夫考慮其他事情。一旦離開了繁忙移到了閒處，這時候才知道閒處的滋味是多麼悠長有趣了。

【講話】

人被熱念情緒所騷擾，晝夜東奔西走，自己分不清利害，旁人的勸告也難以相信。一心只爲名利而奔波勞累。等到他受了意外打擊，遭遇了失敗，則心灰意冷悔不當初了。在這時候能夠以冷靜的頭腦把熱中時候的事情好好的考慮一下，就會感覺到過去的奔走，都是無益的了。又當我人在工作繁忙的時候，對於那些紛擾的境界，是感覺非常的有趣。等到由煩忙的境界轉到閒散的境界，這時候就感覺到閒散的趣味是悠然而自得，長久而安靜的了。當然這對於熱中功名利祿，野心勃勃的人，又當別論，這種人對於一時的閒逸安靜，都是不甘寂寞的。但是青年時代血氣方剛急於事業功名的時候，對於損益利害是不會計較的，這往往容易招致失敗呢！所以青年人對於以上的話仔細玩味一下，就可避害逃禍。

一七、不親富貴，不溺酒食。

有浮雲富貴❶之風❷，而不必巖棲穴處❸；無膏肓泉石之癖❹，而常自醉酒耽詩。

【注釋】

❶浮雲富貴：視富貴如同浮雲一般。❷風：風氣，風度。❸巖棲穴處：棲於巖石之屋住於洞穴之地，脫離俗界的仙人生活。❹膏肓泉石：泉石是泉水山石，膏肓之膏是在胸的上部，肓在胸肋的下部，病入於其間，則醫藥的力量也達不到了。其意是耽溺於某種嗜好難以改正的意思。泉石膏肓之僻乃深愛山石泉水之樂，不顧他事而成僻，昔唐朝田遊岩隱於箕山之時，高宗幸崇山親至其門向遊岩曰：「先生居此佳否」遊岩答曰：「臣所謂泉石之膏肓，煙霞之痼疾者也。」本條乃根據遊岩先生之語而來。

【語譯】

人倘對富貴看做像空中的浮雲，那就不必去學仙人逃到深山巖穴去過生活。對於山水偏愛但不過於沉溺，常常飲酒作詩悠然自適不失風雅之趣。

【講話】

人總是喜歡偏於一端，這種傾向就有失中庸之道。孔子說：「疏食飲水，曲肱而枕，樂在其中矣。不義而富且貴，於我如浮雲。」可見聖賢畢竟與俗不同，把富貴看作浮雲，這是極端光明高潔的風氣。但他們並不是討厭世間的一切。而想要逃入山中棲於岩穴，過那種猿猴般的生活。所謂仙人，是要過仙人的生活。至於聖賢就不羨仙人的生活了，他們只是要爲增進社會幸福而努力的奮鬪的。至於嗜好喝酒喜歡吟詩的人，他們也多有厭嫌世間生活，因而嗜好泉石之樂，留覽煙霞之癖。企圖逃世和遁世，這同樣是一種病態。所謂泉石膏肓，煙霞痼疾。膏肓的膏是在心之上，肓是在胸肋之下，都是藥力難以達到的地方。病入膏肓是難治病症。如果人沒有這種惡癖，而又能悠然自得的飲酒賦詩，這樣去處世安身，則立己立人，不與世間風俗相敵抗，這就是處世的要訣啊！

一八、恬淡適己，身心自在。

競逐聽❶人❷，而不嫌盡醉❸；恬淡❹適己❺，而不誇獨醒❻。此釋氏❼所謂不爲法❽纏❾，不爲空纏❿。身心兩自在者。

【注　釋】

❶競逐：進逐於名利。❷聽：任其自然。❸盡醉：世人皆醉心於名利。❹恬淡：心地純潔無欲。❺適己：適合自己的意旨。❻獨醒：不爲自己一人的名利著眼而常自覺醒。❼釋氏：釋是釋迦的略稱，佛世尊的姓氏，此處是指佛教的意思。❽法：在佛教所有一切萬物都叫做法，是一切諸法。❾纏：纏繞，束縛。❿空：在佛教來說由因緣所生之法其究竟都不是實體。一切諸法都是空寂。

【語　譯】

任由他人去競名逐利，但是我也不要厭棄他們以及和他們誓不兩立。在這競爭激烈世俗之間，心常保持淡泊，使自己的心意安適，既不要自誇高尚，也不要與世俗同流合污。

就如佛家所說的不受諸法空相所纏，也不墜入到頑空的境地。這樣的話，身體與精神兩者都得到自由自在了。

【講　話】

競逐是競爭相逐的意思，世人爲了想得到功名利祿，互相的爭逐排斥，就像人喝醉了酒而半顛半倒一樣。這在旁觀者看來實在感到有點狂氣。和這樣的人相處，當然不好表示出自己的眞意，也只有聽其自由，順其自然，切不可對他露出嫌忌厭棄的態度。但是自己也要平淡而處之，不積極於功名的有無。悠然適意而自得，千萬不要認爲世人皆醉唯我獨醒來誇耀自己如何。而做人處世總要順其自然，隨便由世人的競逐，而不必誇逞自己的清高出衆，如此才是處世之道，可以無往而不自如。這就是佛家所說的不爲法所纏，不爲空所纏，所謂法就是諸法，即是世間一切的事物。纏者即是束縛之意。世間凡夫爲事物所糾纏，如蠶繭的自縛，反而不能自由的活動。二乘聲聞的學者以爲世間一切事物都是空的一切都如杳木死灰，這就是爲空所纏縛了。無論是爲物所纏或爲空所纏，兩方面都不能達到自由解脫的境界。競逐於酒醉的人是爲物所纏，誇逞獨醒的人是爲空所纏，因此如能不醉不醒超越到醉與醒之上，既不爲物所纏，亦不爲空所纏，才能得到眞正的解脫，而且身心兩方面都是自在無比。這樣才算是達到眞正領悟眞理的境地啊！

一九、廣狹長短，由於心念。

延促❶由於一念❷，寬窄❸係❹之寸心❺。故機❻閒者❼，一日遙於千古❽；意廣者❾，斗室❿寬若兩間⓫。

【注釋】

❶延促：延是伸展，促是短縮，與伸縮長短之意相同。❷由：基礎，由來。❸寬窄：寬是寬廣，寬闊，窄是狹窄。❹係：關係，悠關。❺寸心：指心而言，心之大小不過方寸而已。❻機：作用，機用。❼閒：閒暇。悠閒。❽遙：長久。❾意廣者：心地廣闊者。❿斗室：斗大之室，一斗十升，極言室屋的狹小。⓫兩間：天與地叫做兩間。

【語譯】

有人感覺歲月時間短。這種長短並不是歲月的本身有什麼長短的變化，而是人心對於它的一種感覺，同樣的道理世間原也沒有什麼寬廣與狹窄的分別，其所以發生區別，也是由於人心一念的感覺。心不閒的人來看歲月時光，千年好像一日，心地寬大的人，雖然處於斗室狹小的房屋裡，也感到天地的廣闊啊！

【講話】

延促是表示長短，寬窄是表示廣狹。日月時間的長短，並非是日月本身有什麼長短，而是由於我們一念而有長短的不同。所以說心情悠閒的人，雖然是一天也覺得很長，反之，心意忙亂的人，雖然經過了長久的歲月，在他覺得比一日還短。每一個人只要對此稍一留心，自己就可以清醒過來。如果某一天工作很忙，就感覺那一天時間過得很快。或者某一天閒暇無事，就感覺那一天時間特別的長。所以時間的長短，不是時間的本身有長短，而是人的感覺不同罷了。同樣空間的廣狹也是由心所起的。心意廣闊的人，雖然身處於斗室之中，也像在天地兩大之間。反之，心意狹窄，雖處於天地之間，也有無處容身之感。因此長短廣狹完全是內心產生的。

二〇、栽花種竹，心境無我。

損之又損❶，栽花種竹❷，儘❸交還❹烏有先生❺；忘無可忘❻，焚香煮茗，總不問白衣童子❼。

【注釋】

❶損之又損：損欲必須損之又損。❷栽花種竹：清閒樂趣。❸儘：如其舊觀。照原樣。❹交還：歸還。❺烏有先生：世間所無的假設人物，此處是說處於一切物欲私念皆無的狀態。❻忘無可忘：無可忘的事而要把他忘掉，佛是完全入於無我之境。❼白衣童子：讀晉陽春秋：「陶潛嘗於九月九日無酒於宅東籬之下，菊叢之中摘菊盈把，坐於其側，未幾，望見白衣人至乃爲送王弘之酒，即便就酌，醉而後歸。」此處「不問白衣童子」，乃是不問送酒的白衣人是誰，絕對入於無我之境。「童子」，是對先生自卑的話。

【語譯】

對於滅損物欲，努力使他再行滅損，每天只做些栽花種竹的事情，把生活帶入到無爲的境界，一切都交給了烏有先生，把不能忘記的事情盡力忘掉，對任何事都不考慮。一人獨自以焚香煮茶爲樂。安靜的消遣自己的興趣。杯中雖然沒有酒，盤中雖然沒有菜肴，而偏有人送來。這送酒的白衣之人，也不必再問他姓名是誰。

【講話】

人如果能剷除物欲的念頭，每天只做些栽花種竹的工作，眼中不管看見了什麼事情都認爲它是原本就沒有目的，也就是一切完全化爲烏有。漢朝司馬相如所做的賦中有「子虛」「烏有先生」和「亡是公」三個寓言的人物。一個人的名字叫做烏有，烏有焉有其人的意思，是根本就沒有這麼一個人，此處是表示一切私念完全化爲無有的意思。其次是人應當把常人不容易忘掉的事忘掉。無論是燒香煮茶，總不問白衣童子是一個怎樣的人。晉朝的陶淵明曾在一個九月九日那一天沒有酒喝了，獨自一個人去摘那東邊籬笆上的菊花，看見有一個穿白衣服的人拿了酒來，那個人名叫做王弘，於是兩個人就對喝起來。喝的都醉了，陶淵明也不問那個人姓甚名誰。這也是損之又損忘無可忘的無爲精神。

二一、知足則仙凡路異，善用則生殺自殊。

都來眼前事❶，知足❷者仙境❸，不知足者凡境❹；總出世上❺因❻，善用❼者生機❽，不善用者殺機❾。

【注釋】

❶都來眼前事：指日常的衣食住一切事而言。❷知足：滿足於自己的身份限際。遺教經：「不知足者雖富亦貧。」❸仙境：仙人的住處，超越浮世風塵的境界。❹凡境：凡人的居所，

即是世俗迷妄的社會。❺總出世上：出現於世間。❻因：原因。❼善用：巧妙的使用。❽生機：益於人利於物的機用。❾殺機：害人損物的機用。

【語　譯】

無論在眼前所橫著的任何事情，都認爲滿足，不再另外去奢望的尋求，則這種境遇就是安樂的仙境。反之，不知足的人得隴望蜀，求得了再求，這樣的人終究脫不了凡夫的境地。

我人想要超越於世間之上，就要善用眼前諸事物，也就是造成一件事的原因。能夠善用這個原因，就可以利人益物，反之，如果惡用這個因，就成了損物害人的果了。

【講　話】

世間一切事情千頭萬緒，不管到什麼地方也找不出他的際限來。因而對於一切事物的滿足與否，要全看自己的判斷如何而定。所謂知足者常樂，能忍者自安。我們無論遭遇到如何的境遇，一點也不覺得痛苦，處處感到了滿足，這好像是離開那紅塵，處於仙人的境界。反過來說，事事不知道滿足，則無論處於什麼境界，都是凡夫一般的境界。佛家說：「知足的人雖然倒臥在地上，他也感覺是快樂的。不知足的人，身子雖然處在天堂，心中仍然是感覺著痛苦的。」

人如果能夠超出世間塵俗之外，不外是善用眼前的機會。能善用的就是生機，也就成了於人有益於物有用的機用。反之，如果善用變成了惡用，便成了害人的殺機。舉例來說，當著一件事情初起，其目的都是爲自己的利益，至於別人受著什麼災害認爲沒有什麼關係，起了這種的觀念，就變成了殺機。人若是一心一意爲社會爲人群，這種念頭就是生機，同樣一件事，根據心的一念而有善惡，其結果是大不相同。能夠超脫世間之外的人，只有根據自己的心念而作事，成功與失敗都在所不計。並且無論到了什麼時候也會心安理得。所以我們對於一件事一定要分別是生機與殺機，而要去善用它啊！

二二、守正安分，遠禍之道。

趨炎❶附勢之禍❷，甚慘亦甚速❸；棲恬❹守逸之味❺，最淡亦最長。

【注　釋】

❶趨炎：炎是火盛燃的狀態。此處形容有權有勢的人，即趨附權門之意。❷附勢：附驥隨從於有勢力的人。❸慘：悲慘，慘澹。❹棲恬：棲息於恬淡無欲的境界。❺守逸：守正而安逸。

【語　譯】

在那有權力的人盛大的時候，都諂媚阿諛如蚊蠅集聚於腥膻的地方。這是人情的通病，固然不能怪他，等到那有權勢的人一旦衰敗或在政治上失腳，則不但他本身招來了禍患，就是那些趨炎附勢之徒，也難免不被波及。有時地位愈高則所受的株連也愈甚。結果是非常悲慘了。

反之，平素能夠安於恬淡生活的人，則他的平淡生活愈長，而他的快樂滋味也愈久。

【講　話】

有權有勢力的人，當他的權勢旺盛的時候，好像炎炎的火。而趨炎附勢就是依附那些有權威有勢力的人，雖然一時得了富貴名利。但是一方面有利一方面也有害。短暫的附和，固然一時僥倖得福很厚，但是等到時衰運敗，他得禍也必然最爲悲慘。其禍害的來臨，也必定是很快而無有避免的餘地。我人觀察歷史上的奸佞之十，一時縱然得了富貴榮華恣逞他的權勢，但等到他勢敗時衰抄家滅祖時，妻子家族被他連累一同遭遇到極悲慘的下場呢！

反之，不貪利欲不羨功名的人，他能夠恬淡度日勤儉持家。既不阿附於權勢，也不去鑽營於豪門，守住淡泊生活，清閒的過日子，這種淡泊的生活趣味，是既快樂而又悠久的。諸葛武侯的座右就是：「寧靜以致遠，淡泊以明志。」這兩句話實在意義深長，不妨好好的玩味！

二三、與閒雲爲友，以風月爲家。

松澗邊❶，攜杖獨行❷，立處雲生破衲❸；
竹窗下❹，枕書高臥❺，覺時月侵寒氈❻。

【注釋】

❶松澗邊：生長松樹的川谷。是山與山之間的水流。❷獨行：獨自散步。❸破衲：破衣。衲是僧侶的衣服。❹竹窗下：茂盛的竹子圍繞生長在窗下。❺高臥：不想一切世俗的事，安然而臥。❻寒氈：氈是毛氈，古代粗陋的敷物。

【語譯】

在生長著松樹的山澗旁邊一人持著拐杖來往的散步，在他的腳下山谷之中所發生的雲氣，包圍著他的破衲襖，這時候無憂無慮，大有超俗出塵飄飄欲仙之感。在竹影依稀窗下，靜靜的在枕著書而臥，一覺醒來，月光已照臨窗前。這時候如同白晝一樣，連座下的毛氈也寒涼了起來。在這樣的清閑境遇之中，也是靜心養生之道。

【講話】

在長著青青松樹的山澗旁邊，攜著拐杖散步獨行。世間的塵埃之氣，一點都不沾染，這時候佇立遙望天邊的白雲，彷佛是兩袖破衲之中盡都是雲朵，大有飄飄身爲神仙之感。又在有綠竹的窗下，以書籍當著枕頭而臥，一切功名妄念不起，等到一覺醒來，看見明月射著寒涼的氈子，此時卻覺得往來於紅塵和爭名奪名的俗人在一起。自己也感染了一身的俗氣。倒不如在青松綠竹之間起臥，洗盡了一切庸俗之氣來的好些，所以人想要轉變心境必須要選擇一個寧靜無譁的居處才好。

二四、存道心，消幻業。

色欲火熾❶，而一念及病時，便興❷似寒灰❸；名利飴甘❹，而一想❺到死地❻，便味如嚼蠟❼。故人常憂死慮病，亦可消幻業❽而長道心❾。

【注　釋】

❶火熾：火在燃燒熾盛猛烈的時候。❷興：興味。❸寒灰：火消之後所餘的灰燼。❹飴甘：如嚐甜飴。❺一想：一度一次想到的事。❻死地：死時，死際，臨於命盡的時候。❼嚼蠟：沒有味道。❽消幻業：消除如夢幻一般的現世罪業。❾道心：按儒教解釋即所謂由義理而發的心。按佛教解釋是求菩提之心。此處是後者之意。

【語　譯】

妄想色情的欲望，像火一樣的熾烈，這時候斲喪身體，無形中消耗精力。一旦大病臨身痛苦就如大夢初醒，一切興味索然，冷似寒灰了。功名利祿像甜蜜的爲人喜愛，如果一想到死時的臨頭，便心灰意冷味同嚼蠟了。

起色欲之心，與求名利之念，是人之通病，不可避免的。但是如果常常擔心死時的淒涼和考慮到病時的痛苦，就不能夠被色欲名利的罪業所束縛，而能夠修養道德以渡世了。

【講話】

青年人血氣方剛的時候色欲非常強盛，像火一般的燃燒著，這時候日以繼夜的消耗精神而不自覺。等到得病，骨瘦如柴的時候，其生活的興味索然而色欲也就煙消火滅了。其次任何人對於功名利祿都想競爭得到手，但是一想到老死的將至，便覺得一切都是痛苦，而功名利祿也忽然如同嚼蠟一樣的無味了，色欲和名利，當人在身體健壯的時候，都是很有興趣的，一旦有病或是身亡，則興味也隨之而滅。所以人如果能夠常常對於死和病加以注意，以色欲和名利是夢幻泡影，於是心不起幻業反可以增長了道心。佛教常以：「生死事大，無常迅速，愼勿放逸。」這三句話，來警覺衆僧，也是這個道理。

二五、退步寬平，清淡悠久。

爭先❶的徑路❷窄❸，退後一步❹，自寬平一步❺；
濃艷❻的滋味❼短❽，清淡一分❾，自悠長一分❿。

【注釋】

❶爭先：爲了超越人前而相爭。❷徑路：小路，曲徑。❸窄：狹窄。❹退後：向後退去。❺寬平：寬廣平坦。❻濃艷：濃妝艷抹，形容女人妝飾的艷麗。❼滋味：有味道，味道香甜。❽短：短暫，暫時。❾清淡：清淨淡泊。❿悠長：悠久的意思。

【語譯】

在大家不能夠並進的小路上，我想把別人排擠到後面，我來前進，則小路就越發的窄狹了。在這樣情形下，自己就應當退後一步，讓他人先走，於是自己也有了寬平的道路而輕快地通過了。

美味的食物，任何人都是愛好的，然而吃得多就感覺煩膩了，所以美味不可多貪，能夠清淡一分，滋味也愈長。

【講話】

和別人爭路要想自己搶先一步，必定要把人家排擠到後面，因此兩人相爭，道路就很窄了，前進就要發生困難。如此時能夠後退一步，不起爭奪之心，自然一切環境平穩，身心舒適了。

滋味過濃這只能感覺愉快爽口於一時，決不能長久，所以人的飲食只要能夠清淡，就能感覺悠久了。這是借飲食來比喻人的功名富貴，如同那濃艷滋味一樣，但可惜的是好景無常，難以悠久啊！如果人能對自然風景發生興趣，此心寧靜，與世無爭，自然就可以悠久無恙了。

二六、修養定靜工夫，臨變方不動亂。

忙處❶不亂性❷，須閒處❸心神❹養得❺清❻；死時❼不動心❽，須生時❾事物❿看得破⓫。

【注釋】

❶忙處：多事繁忙的時候。❷性：本性，心，精神。❸閒處：閒暇的時候。❹心神：精神。❺養得：修養。❻清：清淨潔白。❼死時：臨終的時候。❽不動心：心不迷惘，泰然平穩。❾生時：有生的時候。❿事物：事物的眞相。⓫看得破：看透，認識清楚了。

【語譯】

在事情紛忙的時候而本性不亂，能以悠閒鎮靜的精神來處理事物，須要在平常閒暇的時候，能有十分的精神修養，使心地清白，才能夠在忙時做到不亂性的地步。又當人在將死的時候而本心不動，能夠安然地視死如歸，這需要在活著的時候，看破了事物的眞相，開悟了本性的眞知，才能夠做到了死時的不動心。

【講話】

在多事繁忙的時候，而能夠不亂其性的，這除非是在平素閒暇的時候，能夠有充分的精神修養，否則在臨急的時候就沒有不亂本性的。人在將要死的時候而不動心，能夠從容就死，這必須是生前能夠看破了事物的眞相，否則到了生命將終的場面，決不能無動於衷的，然而人多半是在平常無事的時候，放縱逸樂，對於精神的修養全然忽略了，一朝有了困難，或是有意外的變故，就張慌失措了。

二七、隱者無榮辱，道義無炎涼。

隱逸林中❶無榮辱❷，道義路上❸無炎涼❹。

【注釋】

❶隱逸林中：遁出俗世隱入山林的境界。❷榮辱：榮譽與污辱。❸道義路上：以道德仁義與人相交。❹炎涼：人情的冷暖親疏。

【語譯】

一切世間的榮譽和污辱，在逃出世俗，隱匿山林的隱逸者看來，對他是沒有什麼作用的。對於富貴的人情義就很厚，對於貧賤的人情義就很薄，這種炎涼的世態在以道義相交的人們當中，是不會有這樣的現象。

【講　話】

榮華和污辱都是世間平凡的事情，這對於逃出世間，隱遁山林，度清逸生活的隱士是感覺不到的。一般世人多半和富貴的人親密地交往，結合溫暖的情誼，對於貧賤的人則多半採取冷淡的態度。如果基於仁義道德的立場來與人交往，則富貴貧賤的炎涼變化就都不存在了。

二八、去思苦亦樂，隨心熱亦涼。

熱不必除❶，而除此熱惱❷，身常在清涼臺上❸；
窮❹不可遣❺，而遣此窮愁❻，心常居安樂窩中❼。

【注　釋】

❶熱：夏季的炎熱。❷熱惱：爲熱所苦惱的心。❸清涼臺：清淨涼爽的庭臺，此處是指心地的清涼。❹窮：窮苦。❺遣：排遣，遣送，送走，去掉。❻窮愁：爲貧窮而悲愁。❼安樂窩：安樂的家庭，窩是巢穴，此處形容貧家之意。

【語　譯】

夏天非常的炎熱，想要除去暑氣而無法除去，想除去這暑熱的苦惱，先要除去不堪忍受著熱的苦惱心，那麼此身就和站在那清涼高臺之上是一樣的了。其次是人無論受了如何貧窮之苦所逼迫，只要能夠把悲愁貧窮的心驅逐出我身之外，則身心就和居住在安樂之家相同。人能如此，則無往而不自得了。

【講　話】

當著炎天暑熱的時候，人人都感覺苦惱，人人都想去避暑，想去游泳，他們只打算除去熱的苦惱，但結果還是不能徹底除去。酷寒酷暑固然惱人，但寒暑的侵入，是因人心苦惱於寒暑，所以要除去暑熱的苦惱，先得要除去不堪忍受暑熱的苦惱心，只要其心不苦熱，自然身體就如同常常坐於清涼的臺上了。日本甲斐地方惠林寺有一個快川和尚，因爲得罪了織田信長（日本的有權勢的諸侯）就和衆僧徒共同登上了寺廟的山門上面。織田下令部下的人，把廟團團圍住，四面用火燒起來。快川和一些僧衆都靜靜地打坐起來，泰然地入於涅槃。臨終時快川和尚還說了兩句偈語，他說：「安禪何必須山水，滅卻心頭火亦涼。」快川的禪定工夫和修養就在於此處。日本古歌：「過寒熱地獄不起喝茶的心，自然就不會受暑了。」

其次貧窮是人人所討厭的事，任何人都想把貧窮趕走，但這是前世的因緣，不是人力所能強爲的。大凡貧窮的人就常常起悲愁的念頭，只要能夠把悲愁的念頭除掉，則身心等於生活在安樂窩中了。孔子說：「一簞食，一瓢飲，居陋巷，人不堪其憂，而回也不改其樂，賢哉回也。」這就是顏子的賢德過人之處。佛家所說的超脫生死的苦海，往生彼岸的樂土，也是這個道理。人能夠滅卻厭棄生死之苦的心，則此心滅盡自然娑婆寂靜，然後此身才能往生到極樂的境界。人厭苦樂之心不除，就不能得到眞實的安樂，應當把苦樂之心全都除去，所謂「欣厭兩俱非」，然後才能達到高尚的境地。

二九、居安思危，處進思退。

進步處❶便思退步❷，庶免觸藩之禍❸；著手時❹先圖放手❺，纔脫騎虎之危❻。

【注釋】

❶進步處：進步的時候，向前求進。❷思退步：想留退身的地步。❸觸藩之禍：藩是竹籬笆。羝羊之角觸牆籬之內而急不得出，其角弱矣，比喻人失掉自由之苦。❹著手時：對任何事著手工作的時候。❺圖放手：考慮到放手不作。❻騎虎之危：虎是獰猛野獸，一旦騎了上去就不容易下來，如要下來就有被吞噬的危險，這是比喻一旦對事著手之後就不能中止，如要中止，反而遭害。

【語譯】

羝羊走路是不顧前後的，等到它的角掛到籬笆牆上，就勢成進退維谷了。人在渡世當中決不可以像羝羊的走路，應當在一步前進的同時，準備著退後的道路，就不至於像羝羊觸藩而進退不得了，這樣的處世就不會招致到失敗的結果。

當我人著手作一件事情的時候，在著手的同時就須要準備放手的時候，這樣才不至於成騎虎難下之勢。如果在開始做的時候而一直不顧事情的收場如何，事情愈做愈大，再想退步抽身，反而感到危險重重，無法中止，結果就被拖到了不可收拾的地步。人生彷彿在走棋，只顧向前進攻而不想防退步，則一著錯滿盤都輸了。

【講話】

羊是一種愚笨的獸類，走路時不顧前後，他的角很容易觸到籬笆上面夾住而使他進退不得。這比喻人在前進一步的時候，需要看有沒有退後的地步，才可免致災禍上身。

虎是凶猛的獸類，人要是騎上虎背就不容易下來，因爲下來就有被他吞噬的危險。俗語所謂騎虎之勢，就是比喻人作事要見機而行。凡事在著手的時候，先要看放手的機會，然後才能得免成騎虎難下的危險。如果在著手時不考慮放手之時，就容易陷於進退維谷，騎虎難下的境地，人處世必須極端愼重，以免遭到不測的禍害。

三〇、貪得者雖富亦貧，知足者雖貧亦富

貪得者❶，分金恨不得玉❷，封公怨不受侯❸，權豪❹自甘乞丐❺。

知足者，藜羹❻旨於膏粱❼，布袍❽煖於狐貉❾，編民不讓王公❿。

【注　釋】

❶貪得者：貪欲而不知飽者。❷玉：珠玉。❸公：公侯伯子男五等爵，公是貴族的最上級。侯諸侯之侯，爵位雖然不及公高，而其享有領土的實益，卻在公以上。❹權豪：權門富豪。❺乞丐：乞食者。❻藜羹：用藜草的葉所做的羹湯。即所謂粗食。❼膏粱：膏是肥肉，粱是好的穀物，即所謂美食。❽布袍：用布的袍子即所謂粗衣。❾狐貉：用狐貉的皮所作的毛衣即所謂美服。❿編民：列於戶籍的人民。

【語　譯】

欲念深重的人，有了還想再有。不知道滿足的人，他的欲壑難填，得到了金子還想獲得比金子還珍貴的珠玉。受封爲公爵還想得到諸侯地位，雖然是有權有勢有地位，由於不知足他的心卻和乞丐一樣，沒有羞恥，永不滿足，此所謂身富貴而心貧窮。

反之，知足的人雖然吃藜菜做的羹湯，也比那些肥甘的上等穀肉還要有味得多。身體雖然穿的是布衣，也比那狐貉的皮衣還要溫暖的多，能做到這樣，身雖貧賤而其心比王侯貴族還要富有與滿足啊！

【講話】

金子比玉石貴重，公爵比侯爵尊榮。已經封爲公爵的地位，而不被封爲侯爵也沒有什麼遺憾，然而貪得無厭的人，得了金子他還埋怨沒有得著玉石，封爲公爵他還希望再受位侯爵。這種人家有鉅萬的財產，居於王公的地位，權威勢力壓倒萬人，但是他的心始終不滿足，雖身爲權貴等於乞丐一樣的可憐，這是他的心念不正，甘心願做乞丐。

反之，知足守分的人對於自己的身分感到滿足，每天雖然吃的菜蔬藜羹，也比吃肥甘膏粱感覺好的多，身上穿的雖然是布衣也比穿著狐貉的皮襖要暖的多，雖然是一個無爵無位的平民，而心中高尚與愉快。總之，人間的苦樂是在於個人的心，衣食住的厚薄，爵祿地位的高低都不足道，第一還是以修心爲最要緊。近世人心不古有很多的權豪乞丐，這眞使人慨嘆啊！

三一、隱者高明，省事平安。

矜名❶不若逃名趣❷，練事❸何如省事閒❹。

【注釋】

❶矜名：誇張自己的名譽。❷逃名趣：自己雖有名譽不使世間聞知，所謂逃名隱世，其趣深長。❸練事：熟練事物。❹省事閒：能夠省去事故則心悠閒自在。

【語譯】

一般人以自誇自己的名譽為得意，在他人看來不過是器小淺薄之輩。反之，自己本來是應當享名譽，反而在世間韜晦他的名譽，這樣的做人是有深長趣味的。而且世間像這樣才華不外顯，名譽不外露的人為數不在少數。

其次是對於任何事都很技巧熟練多才多藝，這自然不是壞事，但是與其多方面發生關係，倒不如少事少產生煩惱，況且人生少生是非，使心有餘裕也是養生之一道啊！

【講話】

把自己的名譽向旁人誇耀而表示驕傲，則反不如不把自己的名譽宣揚於世上，而能逃出於名利之外，這是饒有趣味的事情。法國的拿破崙是向外誇耀功名的人，美國的華盛頓是功成身退，逃遁功名利祿的人，前者被放逐海上孤島，死於異域，而後者則晚景逍遙，名垂千古，兩者互相比較究竟那一個有趣那一個最悠久深遠呢？自不言而喻了。古德說：「良賈深藏若虛，君子盛德容貌若愚。」意思是才華不外露，善於韜光養晦，才是處世悠久之道。

老子說：「阡陌相連雞犬相聞，老死不相往來。」俗話是多一事不如少一事，也就是惟恐怕多事的處理不當，反不如省事的息事寧人為佳。

三二、超越喧寂，悠然自適。

嗜寂者❶，觀白雲幽石❷而通玄❸；趨榮者❹，見清歌妙舞❺而忘倦❻。唯自得之士❼，無喧寂❽，無榮枯❾，無往❿非自適之天⓫。

【注釋】

❶嗜寂：嗜好寂靜。❷白雲幽石：有白雲幽邃之趣的石頭。寒山詩有：「抱白雲幽石」之句。❸通玄：玄是宇宙幽玄微妙道理，即宇宙的本體。❹趨榮：趨炎附勢以圖享受榮華。❺清歌妙舞：美人的歌舞音曲。❻忘倦：忘掉了疲倦。❼自得之士：自己有了心得之士，即是悟解了道的本源。❽喧寂：是喧騷寂靜。❾榮枯：繁榮與衰朽。❿往：到處。⓫自適之天：適合自己的意思。處於悠然自得的境地。

【語譯】

喜靜的人遁出世間隱於山林，靜觀泉水苔石與白雲蒼狗的變化，久而久之，就通達了其中的幽玄微妙之機，而自以爲樂了。反過來說，對於外事外物欲念很深的人，喜悅美人的歌聲舞態，快樂得忘了疲勞。

這兩者趨於寂寞和榮利的兩個極端，都不足爲法，惟有能夠超出於動靜的境地之外，悟得天地間道理的人，他對於人世間的榮枯盛衰不放在眼裡，無論處在什麼境遇都能感到滿足，這樣無往而不自適，才是眞正的得道高人。

【講話】

厭棄世間的喧嘩叫囂，而嗜好悠閒寂靜的人，入於山林之中靜觀白雲和幽石，而悟透了微妙玄機之理；反之，喜榮耀繁華的人，聽見淸脆的歌聲，看見美妙的舞蹈，不但不覺得喧囂，反而忘卻了倦怠，在前者是厭世的隱士，而後者是溺世的俗人，都是走向極端偏頗，行爲都不可取。悠然自得的人，多是由於他的內心有所準備，而不爲外物所控制。因此就沒有喧囂、閒寂的分別，也沒有榮華、衰枯的差異，他能悠然自適於天地之間，無往而不自得，這才是眞正的入世高人。如果受環境改變而動心的人，那就算不得眞正入世的偉大。

三三、得道無牽繫，靜躁兩無關。

孤雲出岫❶，去留❷一無所繫❸；朗鏡懸空❹，靜躁兩不相干❻。

【注釋】

❶孤雲出岫：孤雲是一片雲，岫是山中洞穴，巖穴。又名山谷。歸去來辭：「雲無心以出岫。」❷去留：行走與留住。❸無所係：無所牽掛。❹朗鏡：明朗的鏡子，比喻月亮的光明。❺靜躁：靜寂與喧噪。❻不相干：互相沒有關係。

【語譯】

當一片斷雲從山谷當中湧出來的時候，它究竟要飛奔到什麼地方去，那是它的自由，與任何東西都沒有連繫。當一輪明月高懸在天空當中，它本身毫無喜怒，爽朗柔和的光輝照耀到世間各處，無論何方靜躁與安危都與它毫不相干。

【講話】

人感覺到白雲是來去一無牽掛，飛奔任他自由。陶淵明的歸去來辭裡面說：「雲無心以出岫，鳥倦飛而知還。」也就是說明了萬物現象都是往還來去一任自然的。一輪明月懸照在天空之中，他的皎皎潔白的光明，照耀著下界的靜寂或是喧噪的各地方，沒有一點厚此薄彼的分別。人的出處進退也應當像孤雲無心出岫，人心的明朗更應當像懸在空中的明月一般。

三四、濃處味短，淡中趣長。

悠長之趣❶，不得於醲釅❷，而得於啜菽飲水❸；惆悵之懷❹，不生於枯寂❺，而生於品竹調絲❻。固觀濃處味常短❼，淡中趣獨眞也❽。

【注釋】

❶悠長之趣：心境悠長的趣味。❷醲釅：味道醇厚，比喻美酒。❸啜菽飲水：菽是大豆，因貧不能常吃米穀，而以大豆爲食。飲水極言其貧不能茗茶。❹惆悵之懷：惆悵悲痛之貌。此處心有所懷，懷與思同。❺枯寂：枯淡靜寂，枯燥無味。❻品竹調絲：竹笛，竹笙，絲弦琴瑟。品是品評，即彈弄竹絲樂器的意思。❼濃處味：濃厚的滋味。❽淡中趣：淡泊的趣味。

【語譯】

悠久長遠的趣味，並不是從醲釅的味道裡得來，濃酒的甜味並不長久，反不如喝豆漿汁淡泊而有長遠的味道。由於懷念往事舊情生出的惆悵的心思，這種情懷不是從枯木頑石中生出來的感想，而是由品笛簫之音所生出來的感慨。酒香雖濃，但感覺很短。絲竹的旋律雖澹泊，但它有其獨特眞實不變的味道。

【講話】

人的心時常保持著悠閒鎮靜，這趣味之能夠長久，不是濃厚的美味中得來。像喝酒吃肉的味道雖濃，但這享受是非常的短，入口下咽之後便不再有什麼。同時也不是由富貴的境遇中產生得來，像高官顯爵轉瞬便成過去，況且就是在於隆盛榮華的當時，也未必就能有悠閒鎮靜的趣味。這悠閒鎮靜的趣味是怎樣產生的，它乃是由於淡泊之味，寧靜之鄉所生的。這就不是喝酒吃肉和功名富貴場合中所能體驗得到的，悠閒鎮靜的趣味，也只有在貧賤的境遇當中才能夠得到。

人常常感到懷物的情腸，這情腸乃是由於調和絲竹而發生的，所以說人生淡中則有眞趣。濃厚的味道是只不過一時感覺而已，所以它的壽命是短暫的。

三五、理寓於易，道不在遠。

禪宗曰：饑來喫飯倦來眠❶。

詩旨曰❷：眼前景致❸口頭語❹，蓋極高❺寓❻於極平❼，至難出於至易。有意者❽反遠❾，無心者❿自近也⓫。

【注　釋】

❶禪宗曰：禪宗是佛教的一派，所謂佛心宗。達摩大師初到中國所傳之道。以不立文字，教外別傳，直指人心，見性成佛爲本旨。「饑來喫飯倦來眠」此語出王陽明詩：「饑來喫飯倦來眠，只此修行玄更玄，說與世人渾不信，卻由身外覓神仙。」即是說禪門的天眞爛漫與圓融無礙的極意。❷詩旨曰：說明詩之妙旨。❸眼前景致：眼前的景色風光。❹口頭語：用口所說

的普通言詞。❺極高：極高尙的道理。❻寓：寄託在。❼極平：極爲平易，極低之處。❽有意者：故意弄機巧的人。❾遠：距眞理很遠。❿無心者：順其自然，不特別用心的人。⓫近：近於眞理的意思。

【語 譯】

禪宗有一句話「饑來喫飯倦來眠。」這句話可以說是談禪的眞義即在於此。談詩的妙旨是：「眼前景緻口頭語。」就是用極普通的話形容出極自然的景色，所以極高深的妙理，往往在極平易的地方得到。用極難解的文字，敍述很奇怪的事情，這就不得叫做是詩，這是出之於有意，而不是出之於自然。極妙的詩乃是出之於無心，乃是天眞的流露，所以說有意者遠於理，而無心者近於眞。

【講 話】

禪宗曾有這樣的一句話，「饑來喫飯倦來眠。」就是說餓了吃飯乏了睡覺。這句話打開了佛教禪宗的奧妙之處。禪宗的語句多有高尙深遠的寓意，但是當參禪到了意念極端則理盡而詞窮，就欲說而不可說了。當詞窮意盡的時候，那也只有饑來喫飯，倦來眠之一途了。古語云：「悟了同未悟。」這也就是達到了意念之極，沒有什麼玄妙奇特之處了。又對於談論於詩的旨趣說：「眼前景緻口頭語。」所謂作詩的妙旨，並不在於強把平生耳目未見未聞之處一一展露出，而是口頭當著眼前的景物，而決不用什麼生澀難解的文字典故去言聯對偶，不僅詩與禪是如此，世間無論什麼事都是在極平易之處，寓藏著極高深的道理。而世間的困難也多是由容易裡面產生出來，禪宗的饑來喫飯倦來眠，和詩旨的眼前景緻口頭語是參禪悟道作詩塡詞，它的玄機妙理高深到了極點，深奧到了至難處，卻反而是存在於極易之處，所以說有意者反遠，無心者反眞，因而往往作事於無心之中，反而與天眞與自然接近了，生出不可思議的力量來。至於作詩塡詞，用了好些費解的語句，搜集了許多奇怪的典故，這都是出於有意而不能成眞。陶淵明的寒山詩中都是很平易的很淺近的，都是些眼前的景緻，口頭的語句，而成爲古今的名言。又禪宗李翶說：「我來問道無餘說，月在青天水在瓶。」蘇東坡有詞說：「到得歸來無別事，廬山煙雨浙江潮。」這都是寫盡了意念的極端，全都由無心而寫出來的，所以成了天眞自然的名句。再者：「饑來喫飯倦來眠。」是王陽明說的話，而不是出於禪宗。無論怎樣地說，這句話原來是禪宗的偈語，陽明是融和儒家與禪宗二者的一位學者，況且這句話在禪語的全集裡面，很多的地方都來用它，縱然是陽明的話，稱他是禪宗也並不錯誤。說這不是禪語而辯論的人，是不知道禪宗和王學的關係。

三六、動靜合一，出入無礙。

水流而境無聲❶，得處喧❷見寂靜趣❸；山高而雲不礙❹，悟出有❺入無心機❻。

【注　釋】

❶境：境界。❷處喧：居於喧噪的場所。❸見寂：知道寂靜的趣味。❹不礙：不妨事。❺有：有心之境，即是有執著心。❻無：無心之境，即達到無執著妄念的覺悟境界。

【語　譯】

大江之水東流，而居住在水邊的人，反而感覺不出來流水的聲音。人處喧噪的境地，而不被喧噪的情緒所捲入，反而能體會出寂靜的情趣。在高山巍峩的峯谷之間，雲霧能夠來去自如，高山一點也不妨礙雲霧的飛騰，由此可以領會，出於有心而入於無心的物之作用了。

【講　話】

河裡面的水流著，在這個河邊境地裡一點也聽不見流水的聲音，這好比是處於喧嘩噪鬧的地方而一點也不墮入到喧嘩的裡面，卻可以領會出鬧中取靜的趣味來。水流的時候本來是水在那裡動蕩，是有聲音的，偏偏一點聲音也聽不出來，這正是在動蕩之時而不墮入其中，也就是動中之靜意思。又高山雖然巍峩高聳，但他未能妨礙白雲的通過，由此我們就可以覺悟到出於有心入於無心的機用。晉陶淵明的雲無心以出岫，和古人所說的山高豈礙白雲飛，用在這裡是恰恰的相合。而人生雖然遭遇了進退兩難和意外的變化，應當像山一般的不爲所動，則可以出於有心而入於無心之境。

三七、執著是苦海，解脫是樂鄉。

山林是勝地❶，一營戀❷便成市朝❸；書畫是雅事❹，一貪癡❺便成商賈❻。蓋心無染著❼，欲境❽是仙都❾，此心有繫戀❿，樂境成苦海矣⓫。

【注釋】

❶勝地：名勝的地方。❷營戀：經營留戀，即對事物的貪著執戀。❸市朝：市街與朝庭之義，眾人的集聚處，此處指市俗世間。❹雅事：風流風雅的事情。❺貪癡：念之太過則心懷癡愛，而心即成痲貪痺不仁狀態了。❻商賈：買賣人。❼染著：執著於污染的事物中。❽欲界：充滿欲望的世界。佛教所謂三界之一，此界爲欲欲與食欲最強的有情的處所。❾仙都：仙人所居的都市。安樂的世界。❿繫戀：泥於物事而貪戀與執著。⓫苦海：比喻苦患之多像大海那麼廣。

【語譯】

山林實在是很好的地方。但是如果過於營戀它，用人工來裝飾它，那馬上就把山林變成了世俗的街市和朝廷一樣的市俗化了。

愛好書畫本是一種高尚行爲，但是過於愛好就起了貪戀之心，成了商人的氣息而失去了高尚的價值。任何事情自己的心不發生執著的念頭，則喧擾的浮世就成了仙人的清淨世界。如果對於事物過於貪戀，則無論是如何的樂土，都要化爲痛苦的深淵了。

【講話】

山林是遠離世俗風塵地方，但是如果熱戀於山林，而想作種種營造修建的事情，那山林也就化爲風塵僕僕的市朝了。寫字繪畫本是相當風雅之事，如果一起貪戀的心，則立刻就變成了帶市俗臭味的商賈買賣的性質了。如果心不執著於感染，就是俗物囤積的地方，也可以如同仙人的場所一樣，此心一起愛戀，則安樂境界，立刻就化爲苦痛了。維摩經裡說：「心淨則佛土亦淨。」所謂俗與雅不由於事物實在是由於心。所謂苦與樂也不在於境遇，而在於心對它所發生的感覺。華嚴經也說：「處於世間一切事皆如虛空，如蓮華之著水。」故處世的要訣是不要著相。

三八、躁極則昏，靜極則明。

時當喧雜❶，則平日所記憶者，皆漫然忘去❷；境在清寧❸，則夙昔所遺忘者❹，又恍爾現前❺。可見靜躁稍分❻，昏明❼頓異也❽。

【注 釋】

❶喧雜：騷動雜沓。喧鬧喧嘩。❷漫然：漫然無止境，昏然茫然無所知。❸淸寧：淸靜安寧。❹夙昔：昔日，從前。❺恍爾：髣髴，恍惚。❻靜躁：安靜，煩躁。❼昏明：昏是昏暗，明是光明。❽頓：忽然，俄然。

【語 譯】

當喧囂噪雜的時候，把平日所記的事情，都漫然忘掉。反之，處於淸靜安寧的境地，把以前老早忘了的事情，又恍然呈現到眼前。由此看來，同是一個心，處於喧噪的境地，能使人把事情忘了；處於靜寂的境地，能使人把忘了的事情再記起來，所以反應的昏暗光明就立即不同。

【講 話】

水淸明月現，心靜思自明。當我們用木杖去攪淸靜水，水混了泥沙都會浮起來，這時候水底的任何東西都看不淸了，等水澄淸了之後，泥沙沈到底下，這時候就看得一淸二楚。當我們事務紛忙，情緒雜亂，這時候腦筋被弄得把平日所記憶想像的、過去的、現在的、未來的，都突然模糊不淸了。等到事情過去了，心裡平靜了下來，這時候便慢慢的把過去忘記了的事情，一件一件的像放映影片一樣出現在心頭了，這一鬧一靜的中間，表現出一昏一明的差別。所以我們的心要常保持淸靜，對於外事外物自然能夠了解的非常透徹了。

三九、臥雲弄月，絕俗超塵。

蘆花被❶下臥雪眠雲❷，保全得一窩❸夜氣❹；竹葉❺杯中吟風弄月❻，躲離了萬丈紅塵❼。

【注釋】

❶蘆花被：用蘆葦的絮所作的睡眠用具。被是蒲團，即是貧窮人所蓋的蒲團。❷臥雪眠雲：破屋中的生活狀態。❸一窩：窩指屋室。一窩是一室全體。❹夜氣：夜靜的時候，精神休息，藉以恢復日間的疲勞。❺竹葉：竹葉是酒的別名，酒色像竹葉的青色，古詩：「竹葉清香好，何妨飲數杯。」❻吟風弄月：對清風吟詩歌，而玩賞空中明月。❼萬丈紅塵：形容世間眾生的多。❽躲離：躲開。

【語譯】

睡在蘆花被子下，天空的雲氣籠罩，這時候心地清明俗念不起，保持著一窩夜氣，溫暖非常。

三國時曹操在赤壁之戰前賦歌：「對酒當歌，人生幾何，譬如朝露，去日苦多……」可惜他也曾說過：「欲罷不能。」不能夠毅然地放手。人能與酒相親，以清風明月爲友，心對吟詠詩歌感覺有無限的興趣，這樣自然就脫離了浮世的紅塵，免去了許多的煩惱。

【講話】

蘆葦的花子可以代替棉花裝塡到臥具裡面作成被子，然而是很粗糙的下等臥具。一窩的意思，就是代表一間小屋子。臥雪眠雲是形容接觸那清寒的夜色，在這時候臥倒在蘆花被中，一塵不染實在可以說超脫了世俗的生活。竹子葉子在釀酒的時候，放到裡面味道很好，所以世人常常把酒叫做竹葉，竹葉杯就是酒杯的意思。蘆花被對以竹葉杯，是很恰當。如果手持酒杯，賞風月吟詩歌，平日在紅塵中翻騰的人們，一時也可以遠離了世俗的種種煩惱，平日汲汲於追求名利的小人，只知使自己衣食住行的豪奢豐足，他的心便自然而然地世俗化了。反之，處於清寒淡泊的境界，倒有著無窮的趣味。

四〇、鄙俗不及風雅，澹泊反勝濃厚。

袞冕行中❶，著一藜杖的山人❷，便增一段高風❸；漁樵路上❹，著一袞衣的朝士❺，轉添許多俗氣❻。固知濃不勝淡，俗❼不如雅也❽。

【注釋】

❶袞冕行中：袞冕即以前所說高位高官的衣冠。即在冠冕堂皇，高位高官行列的當中。❷藜杖的山人：持藜木之杖的脫俗隱士。❸一段高風：有一種高尚的風趣。❹漁樵路上：在漁父與樵夫往來的途中。❺袞衣的朝士：著袞冕衣冠的朝廷官。❻許多俗氣：很多的世俗庸俗的氣氛。❼俗：鄙俗，世俗，庸俗。❽雅：風雅。

【語譯】

袞是高官的禮服，冕是顯官的帽子，藜杖是山人道士所持著的棘皮硬木的手杖。在功名富貴達到了極頂，衣服冠帶袞冕，朝官貴人的行列當中，要是參雜著一位風雅高尚攜帶藜杖的山人在裡面，就平添了一段高尚的風度。反之，在漁人樵夫往來的地方，加入了一個穿著袞衣戴著冕帽的達官貴人，反而增加了不少的俗氣罷了。

由此看來，濃厚比不過淡泊，鄙俗比不上風雅。

【講話】

袞冕行中著一藜杖的山人爲什麼便增加一段高尚的風雅呢？因爲山人是居處在山野鄉村的，能夠參雜到朝官貴人當中，自必別具一番超眾出群的高風亮節，受朝官貴人的尊敬崇仰，所以就添增了一段高尚的風度。反過來看，在漁父樵夫往來的地方，本來是充滿著大自然的景色，過著樂天知命的生命，而著袞衣的朝士，本來是在世俗間熱中於功名富貴的，一旦穿了朝衣到鄉間園野，向漁父樵夫炫耀他的榮華富貴，這自然不免顯得俗氣了。況且，淡泊的滋味常久，而濃美的滋味不長，所以，鄙俗的濃麗之氣怎麼樣也趕不上清雅淡泊之風。

四一、出世在涉世，了心在盡心。

出世之道❶，即在涉世中❷，不必絕人以逃世❸；了心之功❹，即在盡心內❺，不必絕欲以灰心❻。

【注　釋】

❶出世之道：出離俗世的方法，遁世之道。❷涉世：渡世之道，處世之道。❸絕人逃世：與世人斷絕交往而逃出世外。❹了心之功：悟了自己心性的工夫。❺盡心：盡心於世間的俗事和活動。❻絕欲灰心：斷滅一切情欲，心如枯木死灰。

【語　譯】

超脫俗世清淨身心的方法，不在於斷絕與世人的來往隔絕，去山林裡面隱遁。而是在於和眾人交往的渡世裡面就有出世之道。具體地來說，悟自己本性的方法，即在於窮究自己的本心究竟是什麼。想出世不必斷絕俗情與滅絕情欲，使心如枯木死灰毫無情感，就能達到的。全然斷絕世俗的交往，彷彿是恐懼火能燒身，而忘記了火也能溫物，人不能不避火之害，但也不可不取火之益。

【講　話】

所謂出世之道，就是脫離世間之道。世間是五欲六塵之巷，陷溺到這裡的人們，妄想多端而煩悶無窮，因此就想遠離這些煩惱，超脫於世外，處於高尚的境界，而去作種種的修行，此如佛教就是一種出世之道。然而，有許多人認爲出世之道，就得要居處到世間的外面，所以多半是進入深山幽谷，和世人斷絶往來。這是完全離開世間，過著那猿猴麋鹿的生活一樣了，而他們認爲這就是達到了出世的目的，這誠然是極錯誤的想法。我們既然是人，當然與禽獸不同，原本就是帶有社會交際性的動物。要是違背著人的本性進入深山幽谷，過著那孤立的生活，按著做人的道理來說，這不能說是達到了出世的目的。縱令終身住在山谷裡面，過著出世的生活，也並没有什麼利益，這不過把人退化成木石一般的物質罷了，這不能算做是出世，這只是厭世棄世的的人罷了。佛教所謂出世之道，並非厭世與棄世，實在仍然要人是處於世間和人交往，而不陷溺於名利，不染於世俗，好像是蓮花生在淤泥裡面，而不被淤泥所染，反而開出清淨潔白芳香的花朶，這才是眞正的出世之道。佛家講求明心的工夫，就在於窮究心的盡頭處，究竟心是一個什麼東西？仔細地思索一下，就可以明瞭心的本來面目。比方説火可以使物質溫暖，但是也可以燒壞東西。因此要明白火性，就可以避開他燒物的害處，而取他暖物的益處。如果怕火的害處避而不用，人就不免於凍死。心的功用也如此，窮究心性，並不是絶棄人間通有的情欲，使心像死灰一般。佛教中小乘的聲聞學者們，以爲妄想與煩惱，都是由情欲所起。現在把一切的情欲，如耳目口鼻飲食見聞等等完全棄絶，則一切是非善惡之念不起，身體像枯木一樣，心性如死灰一般，這樣就是大徹大悟了。其實這種見解完全錯誤，正好像人怕火燒而避不用，終於凍死是同樣的道理。

四二、身放閒處，心在靜中。

此身常放在❶閒處❷，榮辱❸得失❹誰能差遣我❺；此心常安在❻靜中❼，是非利害誰能瞞昧我❽。

【注釋】

❶放在：放置。❷閒處：閒暇無事。❸榮辱：榮譽與恥辱。❹得失：是說利害與成敗。❺差遣：使役。❻安在：置於安全的所在。❼靜中：靜穩無事。❽瞞昧：欺瞞矇昧。

【語譯】

我身常常放置在無事閒靜的場所，優游自適。心不爲榮辱得失所動，則誰也不能自由地差遣我。其次，心常能處在靜穩的地方，則我心就不爲世間的是非利害所惑亂，那麼誰也不能欺瞞我。

【講話】

常常把自己的身體放在閒靜的境界，優游歲月，決不爲榮華污辱得失損益而顛倒。如果喜愛榮華，悲痛污辱，誇張利益，憂愁損失，終日爲外欲而搖動心神，就是把自己的身體放於惡處。若是把身體放在閒處，那就無論是什麼事物也不能自由差遣我了。所以自己的心要常常處於寂靜，安然不爲一切所動，則一切是非利害都蒙蔽不了我的本心。所以君子常置身心於閒靜之中，臨事遭變從容而不迫。

四三、雲中世界，靜裡乾坤。

竹籬下忽聞犬吠雞鳴❶，恍❷似雲中世界❸；芸窗❹中雅聽蟬吟鴉噪❺，方知靜裡乾坤❻。

【注釋】

❶竹籬：竹牆，籬笆。❷恍：恍惚。恍然之意。❸雲中世界：白雲中別有天地，指仙境言。❹芸窗：芸是有香氣的佳草。以此草之葉放入書物之間，以防書魚之害，芸窗即書齋之意。❺雅：雅素，雅靜。❻靜裡乾坤：離卻煩惱的俗界，閒靜別有天地。

【語譯】

居住在醇樸的田舍，四周圍著竹籬笆，聽著犬吠和雞鳴的聲音，實在有說不出的悠閒心情，恍惚是置身於白雲中的仙境一般。其次把自己關在一間清淨的書房裡，一心讀書。戶外的蟬鳴鴉噪也不覺得，實在是心定氣靜，感到靜寂的世界是別有一番情趣。

【講話】

人常因著環境而改變心情。在金闕玉樓裡聽管絃絲竹的聲音，雖然表出非凡的元音，卻脫不了卑俗之氣。如果在竹籬茅舍下聽見了狗咬雞叫，恍惚是脫離了浮華世間，在白雲深處彷彿是別有一番世界。在珠簾紗窗之內，聽簾外的清歌，看別人的妙舞。雖然是很悠雅，但是總是脫不了淫靡之態，沈醉之音。

四四、不希❶榮達❷，不畏權勢。

我不希榮，何憂乎利祿之香餌❸；我不競進❹，何畏乎仕宦❺之危機❻。

【注釋】

❶希：希望。❷榮：榮華，榮耀。❸香餌：釣魚的香餌，比喻誘人以利益。❹不競進：不與人爭昇進。❺仕宦：就官途，爲役人。❻危機：危險的場面。

【語譯】

人往往受名利之念的誘惑，結果使得名譽受毀。如果我心中沒有求功名利祿的念頭，就不被功名利祿所迷，也就不必擔心有陷落到誘惑苦境的危險。在宦途中互相競爭，總想排斥別人自己登進，結果招致怨尤受人攻擊。如果不起競爭之心，用鑽營倖進的卑鄙手段，也不必顧慮勾心鬥角的危機了。

【講話】

捉魚捕獸必須要用香餌作誘引，人欲圖高官顯爵，也需要以利祿來賄送才能達成心願。但是，一旦做了官之後，則又得去應付非常的苦惱，這時候再想脫身已來不及了。所以說利祿是捕捉人才的香餌，居官的人不可不加小心啊！如果我們沒有思想榮華的念頭，那也就不必擔心什麼利祿的香餌與陷阱。得利祿不一定就是壞事，但是希望榮華的念頭一起那就錯了。做官有時候會遭到不測，這樣看來，做官也許是招禍的根源，可是終究的原因，都是和別人競爭角逐，爲了自己的前途而引起的。如果我們不圖昇進，就不起競爭之心，那也就不必擔心做官有什麼危險。所以說做官不是危險，有競爭排斥的念頭，才是陷於危險的最大原因。

四五、聖境之下，調心養神。

徜徉於山林泉石之間❶，而塵心漸息❷；夷猶於詩書圖畫之內❸，而俗氣潛消❹。故君子雖不玩物喪志❺，亦常借境調心❻。

【注釋】

❶徜徉：徘徊來往之意。❷塵心：俗心，不潔之心。❸夷猶：猶豫的轉音。即遊心於其中。

❹俗氣：卑俗的氣氛作風。❺玩物喪志：賞玩珍奇之物，喪失自己的本心。❻借境調心：借風雅境地，調和卑俗的心。

【語譯】

入於山林之中，看那些清洌的泉水湧了出來，在欣賞怪石崎角之間來回地徜徉，胸中的鄙俗心逐漸地消失了。平日以詩書圖畫爲友，把心慢慢移於其中，則忙閒的俗氣，也就一掃而空了。

所以君子雖然玩弄珍奇之物，而不沈溺於其中喪失掉本心。常常和山林泉石爲伴侶，借著詩書圖畫的風雅力量，作爲修養精神調和心性之用。

【講話】

離開了市塵糾紛之地，徘徊於山林泉石之間。胸中的一切塵心自然就止息下去，而起了清淨幽雅之念。放下了賬簿等等繁瑣事情，到詩書圖畫裡面去鑽研，自然鄙俗的氣息就消除了。這樣看來，人是因著居處的場所不同而其情緒也就大大不同了。君子雖然是不要因爲玩弄物品而消磨了志氣，但是也應當借著幽雅的境界來調整心情，勿使流入了卑鄙庸俗。一般世俗之人造別墅，築庭園，收藏珍書奇物，愛玩古董器皿，卻把一生空過，這便是玩物而喪志了，君子決不可如此。所謂居移氣，養移體，因爲居處地方有雅俗的不同，而其心的雅俗也就不同，借著山林泉石幽雅的境遇，以轉移紅塵雜亂，使自己的心性精神得到調和與修養，這就是君子與小人不同的地方。

四六、春之繁華，不若秋之清爽。

春日氣象繁華❶，令人心神駘蕩❷，不若秋日雲白風清，蘭芳桂馥❸，水天一色❹，上下空明❺，使人神骨俱清也❻。

【注釋】

❶氣象繁華：景色熱鬧美麗。❷駘蕩：心曠神怡無所事事。❸桂馥：桂花氣味馥郁芬芳。有香氣。❹水天一色：水色與天光同樣地紺碧。形容秋日的澄清。❺上下空明：上爲天，下爲地，空明指月在水中。❻神骨：精神與骨肉。

【語譯】

春天來了百花齊放，百鳥爭鳴。爲天地增添了不少的裝飾，這一種繁華的氣象，使人不知不覺地就心神把持不住了，然而到了秋天白雲飄在空間，風晴日晶，蘭花桂花放出香馥之氣，水色與天空融合成一色，使人心曠神怡，感人沁脾。所以春天的繁華氣象，遠不如秋日的清明景色。

【講話】

春天的時候，百花齊放，十分芬芳，而小鳥歌唱，蝴蝶飛舞，變成繁華的氣象，令人心神舒暢。但是這樣比不上秋天的景色。秋天的雲白風清，蘭桂的花一齊開放，香馥之氣四散，水色和天光合爲一體，上下特別清明使人神清氣爽。春天秋天的好壞，是因人而不同，同時也難有一定的評判。人不僅喜好春天的繁華氣氛，而且對於任何事都喜歡繁華熱鬧，都不願有冷靜清寒的景色產生。相比較下，人還是超越那多數人的所好而去喜愛那秋高氣爽，清明之容的秋天爲妙。世間一般人都說春天是幸福之氣而秋天是陰氣，而詩人形容春日草木滋長有欣欣向榮之感，形容秋氣肅殺萬物有凋零之象，所以人都喜春天，而討厭秋天。人仔細思考一下，就只有近道的人喜秋而不喜春。世人所以愛春天，而討厭秋天，是根據人情來說的而不是對春秋的本質來說的。我們把這個話仔細想一下，就不難感覺出來其中有極大的道理在。

四七、得詩家眞趣，悟禪教玄機。

一字不識而有詩意者❶，得詩家眞趣❷；一偈不參❸而有禪味者❹，悟禪教❺玄機❻。

【注釋】

❶詩意：詩的情操。❷眞趣：眞的趣味。❸一偈不參：偈梵語。譯爲頌。主要由三言或四言而成一句，乃是述禪之要旨的一種韻文。一偈不參，即禪教所述的妙旨偈言即一句亦不去

參考研究。❹禪味：禪的妙味。❺禪敎：禪宗的敎理。❻玄機：玄奧微妙的機用。

【語譯】

縱令不識一字，作不出一句文章的人，但說起話來滿有詩的味道，這是他領悟詩家的眞趣。至於談禪的妙旨，雖然連一種偈言都沒有參考研究的人，卻能夠體會得了禪的意味，這才是眞正領悟了禪的玄機妙旨。

【講話】

詩是用文字來表達的，理解文字的人未必能夠作詩。詩是言志的，我們用詩來表達志向。如果志向沒有詩意，那麼無論把文字寫到如何深奧的程度，都不能作出好詩。反之，縱令一字不識，而有詩意的人，就是他自己得了詩人的眞趣，認識不認識文字都沒有關係。禪有許多是不立文字而在教外別傳，原不拘泥於文字。中國禪宗的六祖慧能是新州的一個樵夫，有一天聽人誦念「金剛經」因此忽有了悟解，就到黃梅山大滿禪師那裡做一個搗米的和尚。有一天大滿禪師對於七百個和尚當中的第一位和尚名字叫神秀的人，試驗他悟解禪機的程度。不識字的慧能禪師比神秀優秀的多，因此承繼了五祖的衣鉢成爲禪宗第六代祖師。可見理解文字不過是表現意志，要是僅僅地通達文字，實際上並不能得其眞趣。不僅作詩和參禪是如此，一切事情都是如此。

四八、像由心生，像隨心滅。

機動的❶，弓影疑為蛇蝎❷，寢石視為伏虎❸，此中渾是殺氣❹。念息的❺，石虎可作海鷗❻，蛙聲可當鼓吹❼，觸處俱見眞機❽。

【注釋】

❶機動：動心機，心感物而動搖。❷弓影疑為蛇蝎：弓影是杯中所映出的弓影。疑是疑心，蛇蝎心有所疑而迷亂神經，以杯中所映的弓影視之為蛇蝎，即所謂疑心生暗鬼。❸寢石視為伏虎：寢石倒於草中的石頭。視為是誤認之意。漢書李廣傳：「李廣傳：為人猿臂修長，其善射亦天性。廣出獵，見草中之石以為虎射之，沒矢石中。視之乃石。他日射之終不能入。」❹殺氣：殺傷所有物質的機用。❺念息：不動心機，沈著落著。❻石虎可作海鷗：石虎東晉時趙國石勒從子名石季龍，武勇凶暴所向無敵，石勒歿後，石虎廢其子弘而自立。為大趙天王，虎潛位以後，大興土木性好獵，奪人妻女不知數。然尊信仰虔歸化僧佛圖澄，事無大小諮之而後決。晉書佛圖澄傳：「季龍及潛位，潛都鄴，傾心事澄。其太子諸王五日一朝尊敬無比。」友道林，在京師，聞澄與諸公遊，乃曰：「澄公其以季龍為海鷗鳥。」此即石虎可作海鷗。我人如無機心雖如石虎之凶暴無比者，為佛圖澄之高德所化，亦可親狎之如溫順之海上鷗鳥。海鷗：鷗鳥與人親狎。❼蛙聲可當鼓吹：鼓吹指音樂。即蛙的喧噪鳴聲，可以聽作喜悅人耳的音樂。❽眞機：眞正的天機。

【語　譯】

心被事物所迷惑而動搖，於是疑心就生了暗鬼，所見所聞都彷彿是對我威脅。把掛在壁上的弓影誤認為蛇，把草中埋著的石頭看成老虎。這不是別的緣故，只因自己的心因著迷而動搖，就把世間所有的東西都認做是害我，這一念之差就包含了許多的險象。

反之，心歸於平靜的時候，凶暴如南北朝時代後趙的石虎，也可以被道德高尚的佛圖澄把他感化成海鷗一樣的溫順，而同他在一起遊樂。南朝齊明帝時候的孔稚珪以蛙鶴的聲音，當做鼓吹一般感覺快樂。這都把眼見耳聽的事物，表現出眞正的天機，而天地間的事物都不過是我心的反影而已。

【講　話】

把弓的影子當做蛇蠍來看，這是疑心生暗鬼。晉朝有一位名叫樂廣的人，曾作過河南的縣令。他有一個親友病了很久，他派人去打聽，原來他的親友在以前到他那裡喝酒的時候，看見酒杯裡有蛇，回去後感覺精神惶恐而得了大病。實在他以前所見的蛇影，乃是河南縣府牆上掛著的角弓上面用漆畫的一條蛇。樂廣考察的結果，知道是那蛇畫的影子照到了杯子裡面，於是他又把這位親友請來飲酒。當場叫他又像以前一樣地看杯子裡面的蛇影，而對他說明這是角弓的蛇影，並不是杯子裡面眞有了蛇。他的親友豁然大悟，終年的大病也就好了。又楚國有一位熊渠子。有一天走在山裡，看見了一個臥牛石。以爲是一頭老虎而用箭去射，把箭射到石頭裡面。再說，漢朝李廣在打獵的時候。看見草裡面有一頭猛虎，他用箭射去，老虎並不動轉，李廣近前去一看，原來把箭射到石頭裡面，連箭尾的羽毛都沒在石頭裡面，這是著名的射石飲羽的故事。這都源於人的心機一動，看見的東西像是殺害自己的東西，而心懷恐懼，從而起了殺機。反之，自己的心念靜止於無念的當中，石虎也可以變成海鷗。《世說》裡面記載：晉朝有一個有權威的人叫做石勅，當時的人民對於他這一族人都非常害怕，視之爲狼虎一般。有一位很高尚的和尚叫佛圖澄，很得石勅的尊敬，他常常和石勅的養子石虎號叫季龍的人在一起閒遊，並且石勅一族的人也都敬服佛圖澄的道德。這是說佛圖澄的高德可以感化石虎的暴威，使他化爲柔順，宛如猛虎化爲海鷗一樣的無害了。可見一個人能做到無念無心的地步，則對周圍之物，都不起敵意，不但不足以畏懼，反而可使他服從自己，共同在一起遊樂。南北朝《南史》中有叫做孔稚珪的一位官吏，他是齊明帝時候的南郡太守。他在他的家裡營造山水樓台，閒暇的時候獨自一個人飲酒取樂，他從來不打掃庭堂以致池塘裡的蛙聲天天喧噪。有人問他：「太守是否要效法陳蕃之爲人？」他說：「不是的，這蛙的聲音好像是給我在吃飯飲酒的時候來作鼓樂助興的，我並非要效法陳蕃的爲人。」蛙鳴之聲本出於無心無念，這喧噪的聲音反而成了助興的鼓樂了。我們眼見耳聽的一切，如果是起於個人的心念，就發生了喜歡和憎惡。石虎可作海鷗，蛙聲可當鼓樂。所見所聞之物，不但不含有殺機，反而顯露了天然的眞機了。所以天地萬物的善惡，只緣於我心一念的變化。

四九、來去自如，融通自在。

身如不繫之舟❶，一任流行❷坎止❸；心似既灰之木❹，何妨刀割❺香塗❻。

【注釋】

❶不繫之舟：無有繫止的舟。❷流行：流動行走。❸坎止：坎即是陷。又是穴之意。水不流停止之處。即坎止不流之意。❹即灰之木：已經燃燒淨盡的木頭。❺刀割：用刀割。❻香塗：塗香料在器具的上面。

【語譯】

世間就像是一個風波無常的大海，我人處於其中，應當視己身如一個沒有繫鍊的孤舟。任著風吹水流，切不要逆著風向和水勢。而心要如冷灰枯木一般，雖經刀割的痛苦或是塗香的裝飾，對我也不感覺到什麼痛癢。能這樣樂天知命，達觀渡世才好。

【講話】

世間如海一樣風波無常，如果不知道渡海的技術，則一生之中，不知道要遇到多少困難？所以渡海的技術是要加以講求。而自己的身體好像一個沒有繩纜牽繫的船一樣，風吹的時候就向前流行，風止的時候就停止，任著風向吹動決不會有翻船的危險。其次是自己的心能夠像枯木死灰一樣，對於外界毫不動心，即使是受到刀割而心不痛，塗上了香料而心不喜。換句話說遇到順境就向前求進，遇到逆境，就退屈於下。心能離開了名利之念，就是被人侮辱也不生氣，接受名譽也不歡喜，能這樣就能夠樂道順天安然渡過一世。

五〇、憂喜取捨之情，皆是形氣用事。

人情聽鶯啼則喜，聞蛙鳴則厭；見花則思培之❶，遇草則欲去之❷，但是以形氣❸用事❹。若以性天視之❺，何者非自鳴其天機❻，非自暢❼其生意也❽。

【注釋】

❶培：培養。❷去之：除去草艾。❸形氣：形體與氣質。❹用事：計算事物。取捨選擇的事。❺性天：先天的性質。❻天機：天然的妙機。❼暢：暢達，生長。❽生意：生生發育之意。

【語 譯】

人情是非常奇妙的，聽見了鶯啼，就認爲是好的聲音而很喜歡。聽見了蛙鳴，就認爲是惡聲而討厭起來。看見了鮮艷的花就想要培植，遇見了蔓延的草就嫌厭要把他割掉。這都是因爲人以形態氣質來接物用事，古人說：「花因人愛而易落，草被嫌忌而叢生。」人因萬物接觸於耳目，任著自己情識來判斷善惡。

如果人能離去私情按著天意，公平的來看萬物，則任何一種動物都是自己鳴放自己的天然之機。任何一種草木都是自己暢茂他自己的生意。

【講 話】

人情的一舉一動都是天意，然而很多的人卻是違反天意，而作出些不公平與偏頗的事來。

一般人聽見鶯鳥的歌聲都感覺悅耳，聽見了蛙鳴騷亂而感到厭惡。而鶯聲與蛙聲的區別，乃是人情的感受；一般人看見了美麗的花都愛慕而想去栽培，看見了雜草叢生就想要把它連根剷除。對於花與草的愛惡，也是根據著人情才有了差別，但若仔細考慮，一切善惡美醜都是人作出來的。如果能去私欲存天理，則鶯聲蛙鳴都是表示出人間眞正的玄妙之理，美花雜草也都是冥冥中所賦予的生生之意。萬物原是根據天地自然之理而平等生生化育，因此我人就不應該任意加以善惡好醜的區別。

五一、夢幻空華，眞如之月。髮落齒疏❶，任幻形❷之凋謝❸；鳥吟花開，識自性❹之眞如❺。

【注釋】

❶齒疏：齒落而見稀疏的狀態。形容衰老。❷幻形：幻想出來的形體，不久即行消失。❸凋謝：枯萎之意。謝是謝落，變化之意。❹自性：自然的本性。❺眞如：眞是眞實。如是如常。眞如是恆常不變，即是平等普通絕對的眞理，即宇宙的本體。唯識論「眞謂眞實顯非虛妄。如謂如常表無變易」。

【語譯】

宇宙間的森羅萬象，都是由於自性的眞如爲因緣，而表現出來的一種幻形。古人說：「古松談般若，幽鳥弄眞如。」又說「青春翠竹悉是眞如，鬱鬱黃花莫非般若。」因此，人的盛衰都是自性眞如幻形罷了。那麼，對於榮枯盛衰亦無所謂悲喜了。人到了衰老則髮落齒拔，這一種幻形隨著年齡而凋謝變化。人體雖然是如夢幻一般的改變，但宿於人體中的實性，則充滿於天地之間而不變。天地萬物既然都是由於自性的眞如而表現幻形，則對於幻形的凋變就沒有悲觀的必要。還有，花開鳥鳴實際上也都是表現自己本性的眞如。

【講話】

人到了老年就和壯年血氣正盛的時候大大不同了。毛髮脫落，牙齒稀疏，任何人都是免不了的。人的形體本來是一個幻影，時刻在變遷，決不是不變的，所以人把人體叫做幻形之體。至於凋謝，是形容人的衰老變化好像花草的凋落，任憑你是再世的美人或是勇敢的英雄，可是一到了老年身體的幻形就變成了衰老不堪，這事是不可避免，也只好順其自然了。我們的幻形雖然是如夢幻，但是人的實性則充滿於天地間而不變，我們把這不變的實性，叫做眞如。眞就是眞實，如就是不動的意思，這個眞如的自性是依著因緣次第而幻化山河草木人畜蟲魚，恰似水是因著空氣的作用而次第化爲雨霰雪冰等。這形體雖是千變萬化，但本性是一點也不變的，誠如古人所說的「青青翠竹悉是眞如，鬱鬱黃花莫非般若。」能夠悟得了此理也就明瞭了宇宙的眞諦。

五二、欲心生邪念，虛心生正念。

欲其中者❶，波沸寒潭❷，山林不見其寂❸；虛其中者❹，涼生酷暑❺，朝市不知其喧❻。

【注 釋】

❶欲其中者：心中充滿欲望。❷波沸寒潭：深寒的潭水，被波揚沸起，即是心有變化而不能沈著之意。❸山林不見其寂：雖在寂靜山林中，也不感其寂靜。❹虛其中者：捨棄私意欲望，而使其心空虛。❺涼生酷暑：雖在盛夏酷暑而生涼味，極言心中的平靜。❻朝市不知其喧：雖於眾人雜沓市中，而不覺喧囂。

【語 譯】

心中充滿欲望的人，他的心經常爲貪欲所動搖，在不斷的變化，即使在寒潭之中心裡仍然如湯滾了一樣地沸騰。這樣的人雖然離開塵世入了山林，他的心不會得到安靜。反之，胸中沒有一點欲念的人，就是在夏令的酷暑當中，也會自然地生出清涼之氣，身子雖處在車馬喧囂的市朝裡面，而心仍能寂靜不動。

【講 話】

日本古時候有個快川和尚，他因爲得罪了織田信長，被信長用兵圍住寺院，把寺裡的和尚都用火燒死，快川在臨終時說了兩句偈言是：「安禪何必須山水，滅卻心頭火亦涼。」這就是在精神上把握住了定靜安慮之道，所以臨大難而不苟，一切熱火與酷刑，都不能使他們動心。和小人的心隨著境遇而有種種的轉變相反，達人的心，是可以心來轉變境遇。佛家所謂：「行人修德雖火坑亦是青蓮。」就是這個道理。心中不定，不能把握欲念，即使是遠離了都市隱避到山林，身體雖得了安靜，而心中卻充滿了欲念，如滾水一樣地沸騰，則反而煩燥不堪，因此一切的寂靜對他是毫無感受的。反之，人若能去人欲存天理，心常放在空虛之地，則精神抖擻，雖然在盛夏酷暑中，也會感到清涼；雖然有車馬聲音之雜沓，其心亦不感覺騷亂，所以說萬事均由心念所生啊！

五三、富者多憂，貴者多險。

多藏❶者厚亡❷，故知富不如貧之無慮❸；高步❹者疾顛❺，故知貴不如賤之常安❻。

【注釋】

❶多藏：金銀財寶貯藏甚多。❷厚亡：多有失散消亡。❸無慮：無憂無慮。❹高步：高足闊步目空一切。❺疾顛：很快地倒下去。❻常安：常常的安隱。

【語譯】

金銀財寶貯藏太多，而損失的時候也必然要大。這樣看來，有錢的人就不如貧窮的人是無憂無慮了。有身分有地位的人，他們得意的時候，多目空一切地大步向前。這樣舉步過高則傾覆也必然容易。這樣看來，身分地位高貴的人就不如地位卑下的人安穩。

【講話】

俗語說：「謾藏誨盜。」又說：「多藏厚亡。」金錢是招禍之根源。在金錢存貯太多的時候，如不想法預為退身之計，則失敗的時候，往往是失敗得一塌糊塗，倒不如無錢時候的平安。富豪長者，一旦破產，多因債台高築被逼而亡身，這樣反而要比貧窮的人痛苦，所以說有錢的人就比不上貧窮的人無憂無慮了。

在路上走路邁高步的人，當他跌倒的時候，要比一般人來得快些，這好比是地位高貴的人不及身分卑賤的人常能保持著安穩。這並不是說富貴可厭而貧賤可愛，實在是因為世人多半是知道富貴的利，而不知其害，僅知道貧賤的苦而不知其樂，明白了貧富的利害得失，就知道富貴不足貪，貧賤亦不足厭。

五四、讀易松間，談經竹下

請易❶曉窗❷，丹砂❸研松間之露❹。
談經❺午案❻，寶磬❼宣竹下之風❽。

【注釋】

❶易：周易，說天地陰陽變化妙理的經書。❷曉窗：東方破曉的窗前。❸丹砂：水銀與硫

黃的化合物，昔日用作繪畫赤色之用。此處為朱墨之用。❹研：用硯磨研。❺經：佛經。❻午案：午為中午晝間，午案即是日間所用的几案。❼寶磬：用石作成一種曲形樂器，以供燒香拜佛時擊節之用。寶是美稱。❽宣：是打，鳴，奏之意。

【語　譯】

在天將破曉的時候，坐在書齋窗下，研讀聖人的遺著易經，以硯台承接著松樹上落下的露水，用朱砂研墨，圈點書中重要的地方，眞有萬念俱靜名利皆忘的心情。到中午的時候，在几上展開了佛經，玩味其中的教理，靜靜地敲打著寶磬，聲音隨著松樹下的微風傳向四方，誠然是達到了超脫塵俗，解悟眞如的境地。

【講　話】

周易這一本書是聖人說明天地妙理的書，在露天的窗子下，天將破曉的時候讀它，一面用丹砂來研磨松樹間的露水，圈點著逗句，註明了要點，這都是超脫世外的高人隱士所做的清雅之事。

在正午的時間來談經說法，一面敲著寶磬，聲震竹林生風作音，這種寧靜的景況是出塵離俗的僧伽的清高行為。世人從早到晚汲汲於名利，奔走在塵俗之間，百憂感其心，萬事勞其形，精神自然就頹喪了，身體也會漸見衰敗了。如能時時把身心移到這樣的悠閒清雅的環境，則身心得以煥發，恢復本色，才算是得到了天地間的眞趣。古人優遊於林下不入於塵俗，其中的道理是很奧妙，而其中的越味更是很深長啊！

五五、人爲乏生趣，天機在自然。

花居盆❶內終乏生機❷，鳥入籠中❸便減天趣❹；不若山間花鳥錯集成文❺，翱翔❻自若❼，自是悠然❽會心❾。

【注釋】

❶盆：花盆，栽種花木的器具。❷生機：生生活潑的氣象。❸籠中：鳥籠的裡面。❹天趣：天然的情趣。❺錯集成文：多數多種之物交錯而成美麗的文彩。❻翱翔：飛翔徘徊於空中。❼自若：自由自在，儘如所思者。❽悠然：悠然天眞自然之貌。❾會心：適合於心的愉快情趣。

【語譯】

再美的花，如果把它栽到花盆中去，就失去了自然蓬勃的生機。再可愛的鳥，一旦捕到籠中去豢養。就自然缺乏了天機的妙趣了。我人看見山花遍地景色壯麗，百鳥自由在天空翱翔，不禁心中有無限的快感，自是悠然領會於心中。

【講話】

花天生就具有美麗的顏色和芬芳的香味，如果把它栽種在盆子裡長起來的，則終是比不上自然的芳香與艷麗，並且還缺乏生氣，不比自然的茂盛。鳥本來是有它美麗清脆的聲音，如果把它捉到籠子裡來豢養，敎它各種音聲來啼唱，總是嫌過於呆板，不若自然來得活潑。人在山間看見花鳥互相交錯飛舞，心中自然感到有說不出的樂趣。

總而言之，損壞了自然的生機和天然的風趣，那就不能領會出天眞的妙趣。所以古人說：「勿背天之道，勿絕地之理，勿逆人之倫」不僅花鳥如此，無論天地萬物，都要順其自然地生長，才能感到眞的樂趣。世間人們往往喜歡違背自然而勉強造作，這可以說是人生的虛幻，是怎麼樣也不會悠久的。

五六、煩惱由我起，嗜好自心生。

世人只緣❶認得我❷字太眞❸，故多種種嗜好❹、種種煩惱❺。前人云❻：不復知有我，安知物爲貴。又云：知身不是我，煩惱更何侵。眞破的之言也。

【注　釋】

❶緣」：因緣，緣由。❷我：自我。❸眞：眞實，眞面目。❹嗜好：喜好，喜歡的東西與習慣。❺煩惱：指障礙菩提正覺的一切欲情。❻前人：古人，不詳其姓名。

【語　譯】

世間的人只因爲把「自己」過於認眞了，無論什麼事都是以自己爲本位，於是就生出來種種的嗜好，生出來種種的煩惱。

古人說：「人若能不爲自己打算，也就不會重視外物了。人能全然否定了自我達到無我的狀態，就不會有人我彼此的分別，也沒有善惡的區別，一切平等無我無物。又說：「如果知道了我身不是屬於我之所有，則煩惱怎能侵入我身？」這些話眞是至理名言。人因爲肯定了「我」，並且一切以我爲主，於是起了煩惱欲望徒然苦了自己。如能達到斷然無我的境界，無論任何外物都不能侵害我的心了。

【講　話】

世人只因把「我」之一字認得太眞了。所以惹出種種的嗜好和種種的煩惱。但古人不以「我」爲重，總以「物」爲貴。這乃是因爲我身體是由地水風火結合而成，不能執著一己之我，因此人的思想也是時刻改變而不停止。陶淵明說：「悟今是而昨非」就是這個道理。有時喜悅，過了一個時期忽然悲觀起來，推究原因，不外是執著這個「我」字，因而有了種種的嗜好和煩惱罷了，如果人能達到無我之境，明白自己不如外物之可貴，就不會起貪心。貪欲，瞋恚，愚癡所謂之三毒，實是一切煩惱之根源，這些煩惱的興起，實因思想中執著於「我」之一字。古人不知道有我，更何能被煩惱所侵？因此古人的無我之語可謂一語破的，得了其中眞諦啊！

五七、以失意之思，制得意之念。

自老❶視少❷，可以消奔馳角逐之心❸。自瘁❹視榮❺，可以絕紛華靡麗之念❻。

【注　釋】

❶老：老人。❷少：少壯。❸奔馳角逐：奔波馳騁以競爭名利。❹瘁：衰老。❺榮：榮華富貴。❻紛華靡麗：繁華奢靡的生活。

【語　譯】

少年人血氣方剛奔走於名利，喜歡和他人競爭。到了老年血氣衰弱，競爭的念頭，就漸漸消滅了。

人當繁華榮耀的時候，都喜歡華麗奢靡的生活。但盛極必衰，榮華不能長久繼續。等他到了枯敗衰落時候，格外感到身世的淒涼，就自然改變過去奢華不當的生活。

【講　話】

人被功名利祿之心驅使，都想居於人們的上位，於是互相競爭互相排斥和互相傾軋。但是歲月不待人，只知計較名利，卻不知老年將至，功成名就的人還可以勉強保住於一時，而失敗的人，就老大徒感傷悲了。如果人以老人之心來觀看青年人的鬥爭狀態，就會對於這個時間不久的人生慨嘆，而猶爭長論短，奔馳角逐，實在是愚不可及的事。即使幸而達到了功名富貴，而一般人都喜好熱鬧繁華的生活，對於凋零沒落的景象他們是從不一顧。俗語說：「常將有日思無日，莫待無時思有時。」人能時時以零落清冷之心，去看富貴人們繁華奢侈的生活，則自己就會更加謹慎，自然而然的就能拋棄了鉛華靡麗的念頭。

五八、世態變化無極，萬事必須達觀。

人情世態❶，倏忽❷萬端❸，不宜認得太眞❹。堯夫云❺：昔日❻所云我❼，而今❽卻是伊❾，不知今日我，又屬後來誰❿？人常作是觀⓫，便可解卻胸中罥矣⓬。

【注　釋】

❶世態：世間種種的形態。❷倏忽：忽然之間。❸萬端：種種，樣樣。❹眞：眞實。❺堯夫：宋之大儒邵雍，字堯夫，河南人，號安樂先生，修物理性命之學，終生不仕。歿於神宗熙寧十年，諡康節。著書皇極經世（六十卷）、伊川擊壤集（二十卷）觀物篇及漁樵問答等。❻昔日：古時，從前。❼我：物質的我。❽而今：現在。❾伊：指物質的他。❿屬：所屬，所有。⓫觀：考察，觀寬。⓬胸中罥：是蟠踞於胸中的繫念。

【語　譯】

人情世態千變萬化，決不一定，最好不要過於認眞。「伊」字是和「彼」字相同。罥字是繫累之意，心被束縛得不得自由。

邵堯夫説過：「昔日的我在過去與我親近，而今已疏遠了。今日的我又與我親近，而他日又變成了誰，就不得而知了。」常常這樣地想，則心胸中的煩惱苦悶自然就沒有了。

【講　話】

人情之所以有變化也正如人一樣。人由青年到老年就有很大的變化，何況是人情，當然也逃不出隨著年齡與時代而變化不同。所謂不宜太認眞，就是不要固執己見，不要過於主觀，總要順乎人情去做人做事。宋儒邵堯夫説：「昔日所云我，而今卻是伊，不知今日我，又屬後來誰？」這話的意思就是説明了連自己都保持不住原狀而時時刻刻在變，那就難怪人情是瞬息萬變了。如能了解這個道理，自然除去了「我執」的偏見，而能自由自在地處世了。人自己本身尚且在變化不可常久保留，那就無怪乎世間人情的變化萬端了。

五九、鬧中取靜，冷處熱心。

熱鬧❶中著一冷眼❷，便省許多苦心思❸。冷落處存一熱心❹，便得許多眞趣味。

【注釋】

❶熱鬧：雜沓騷亂，塵市的景色。❷冷眼：用冷靜的眼去觀察事物。❸苦心思：苦心焦慮。❹冷落：寂靜冷寞。白居易：「門前冷落車馬稀」。

【語譯】

在熱鬧場中，用一點冷靜的眼光去觀察事物，就省去了許多痛苦的心思。在冷落的境遇中，如果能對事物存一團熾熱的心腸，就能增添出許多的眞趣味來。

【講話】

在事務繁忙的時候，如果能夠心平氣和地去處理事情，則身體雖忙而心是有多餘的時間，這就所謂忙裡偷閒，則無論有多大的困難與苦痛，都可以把它除去而得到快樂。其次是在一切的事情不能順心如意地去施行，而弄到了失敗和絕望的地步。這時候千萬不要自暴自棄，一定要下定決心再接再勵地奮鬥，在冷落失望當中，應當以烈火般的熱心去解夬苦況。那麼身雖在困苦之中，而心反添加了人生的眞趣，以這種心情去作事，就使事業在失敗當中獲得了成功的機會。

六〇、世間原無絕對，安樂只是尋常。

有一樂境界，就有一不樂的相對待❶；有一好光景❷，就有一不好的相乘除❸。只是尋常家飯❹，素位風光❺，纔是個安樂的窩巢❻。

【注釋】

❶相對待：互相對立。❷好光景：好的環境。❸相乘除：與互爲加減互爲補償之意相同。❹尋常家飯：家常便飯。❺素位風光：無位無官自然的風景。❻窩巢：窩即獸穴。巢即鳥巢，此處指人的住居。

【語譯】

天地間的事物往往是相對的。這方面是一個安樂的境界，他方面就有苦痛境界相隨而來。一方面有一個好風景，另一方面就有一個不好的風景相對乘。比方說人們在富貴榮華達到了極點，過著豐衣足食的生活，可以說是人間的樂境了。但同時爲了常久保持這個富貴榮華的生活，心中有了種種的憂慮。只有滿足於簡單的素食普遍的服裝，既不擔心官祿的罷黜，也不奔忙於地位的有無，才是永保安樂的窩巢。

【講話】

天地間的苦樂善惡都相對的。在一種安樂的境界裡，相反的必有一種不樂的苦痛存在。同樣的道理有一種美麗的景色，同時必定有一種相反的不好的景色抵消它。舉例來說，存貯金銀財寶，終日飽食美味，這就是一種樂境的享受。又同時怕財產失落，於食美味之後，又感覺腸胃的痛苦，這都是和快樂相對的不快樂。人如果能夠樂天知命，就是吃尋常的家常便飯，觀賞自然的風光，不擔心祿位也不爲名利勞心，凡事隨遇而安，自然到處都是安樂場所。一般人不知道這個道理，只思想快樂境界的好光景，卻不知道有不快樂和不好的光景將要發生。人的貪念不息，則就有傾跌的危險而致狼狽不堪了。

六一、接近自然風光，物我歸於一如。

簾櫳❶高敞❷，看青山綠水吞吐雲煙❸，識乾坤之自在❹。竹樹❺扶疏❻，任乳燕鳴鳩送迎時序❼，知物我之兩忘。

【注　釋】

❶簾櫳：簾是竹簾，櫳是有格子的窗戶。❷高敞：地勢高敞可以眺望。❸吞吐雲煙：雲煙出沒之處。❹乾坤：天地自然。❺竹樹：竹子樹木。❻扶疏：枝葉繁茂的狀態。陶淵明詩：「孟夏草木長，繞屋樹扶疏。」❼乳燕：春來時燕開始哺育幼燕教以鳴飛叫做乳燕。

【語　譯】

把窗簾高捲起來，把窗子大大地敞開，則屋子外面的景物，如青山綠水吞吐著雲煙，江山雲霧都一目瞭然，我們也就看清了世界自由自在的眞景。春天來了小燕子在竹樹枝頭鳴喚，竹樹的枝葉疏密相扶。到了秋天班鳩在竹樹枝上啼叫，牠們都按著時序迎春而送秋。看到了這種景色，使我與物的區別渾然忘卻，使天地萬物蔚爲一體了。

【講　話】

元朝翁森四時讀書樂裡面有兩句詩說：「好鳥枝頭亦朋友，落花水面皆文章。」這是形容乾坤的自在，天地的眞如。我人住在靠近山邊水濱的地方，每天在早晚之間，高捲窗簾，看見山間白雲與江山的煙波蕩漾就識得了天地的偉大與自然了。

春天到來的時候，竹子和樹木的枝葉都現出了青色，燕子也到了構築巢穴哺育乳燕的時候。等到秋天到來的時候，班鳩來到稀疏的竹葉樹上不斷地鳴喚聲音是清脆可聽。他們都是順著天地四時的次序而來迎送季節，我人觀物達到了微妙精細的境遇中，就不禁成了物我兩忘的恍惚狀態。

六二、生死成敗，一任自然。

知成❶之必敗❷，則求成之心不必太堅；知生之必死，則保生之道❸不必過勞❹。

【注釋】

❶成：事物的成長，亦即是成功。❷敗：事物的敗壞，亦即是失敗。❸保生之道：長生的方法。❹過勞：過度地勞動，過分地苦勞。

【語譯】

天地間事物，有成必有敗，有生必有死，一刻也不會安於現狀。人悟了這個道理，則對於求其成功的念頭就不必操之過切，求之太堅。對於失敗的結果，也無須自暴自棄陷於悲觀；對於保持壽命，當順其自然以終天年，切勿爲了顧慮生死而過度地憂勞。

【講話】

天地所成之物，早晚必敗，所以我們對於一切事物求其成就之心，也不必太過於苛求。所謂希望愈堅，失望也愈大，成功固然是很歡喜，但遭遇了失敗，則就頹敗懊喪而一敗塗地了。在一件事情開始做的時候，我們只問耕耘不問收穫。成功固然不足喜，就是失敗也不足爲憂。凡事也聽其自然，不必操之過急，雖然失敗了，也不會過度的失望灰心。其次，天地所生之物早晚必死，我們人也是難免一死。既然如此，則人對於求長生之道，也就不必過於辛勞。所以人對事過於強求，往往反而招致相反的結果，最好是守著自然適當的尺度爲要。

六三、處世流水落花，身心皆得自在。

古德云❶：竹影掃堦塵不動❷，月輪穿沼水無痕❸。吾儒云❹：水流任急境常靜❺，花落雖頻意自閒❻。人常持此意，以應事接物，身心何等自在。

【注釋】

❶古德：古代有高尚道德的人。❷堦：與階字之意同。臺階也。❸穿沼：月影深入沼內而水無絲毫痕跡，萬象皆空之意。❹吾儒：指宋代的儒學者。❺任急：任水急流而心境常安靜。❻閒：閒靜自在。

【語譯】

古時候有高尚道德的人說：「竹子被風吹動，他的影子在堦上掃過，但塵土並未飛動。月亮的圓輪穿透了池沼而潛伏月影到了水底，但一點打破水的痕跡都沒有。」儒家也嘗說過：「水流無論如何地急促，但我能保持心意安靜，反而聽不到流水的聲音。花瓣雖然紛紛下落，但因我心常存悠閒，就不感覺他的惱人」。我們如能體會出以上的意旨來應對事情接觸物象，則身心無論何時都是自由自在的。

【講話】

「竹影掃堦塵不動，月輪穿沼水無痕。」這兩句話和以前的「風動掃竹，風去而竹不留聲；雁渡寒潭，雁過而潭不留影。」是同一個意趣。這是物與物雖然相接，但互不相犯。所謂：「應虛則無跡」凡事只可虛幻，不可想其眞面目。儒家也說過：「水流任急境常靜，花落雖頻意自閒。」這是定靜的修養工夫，即是動中而有靜。心能保持鎮定，則應事接物都能夠自由自在，圓融無礙了。

六四、勘破乾坤妙趣，識見天地文章。

林間松韻❶，石上泉聲，靜裡聽來❷，識天地自然鳴佩❸。草際❹煙光❺，水心雲影❻，閒中觀去❼，見乾坤最上文章❽。

【注　釋】

❶松韻：松風的音聲。❷靜裡：靜寂的裡面。❸鳴佩：佩玉的鳴聲。古時的達官貴人飾佩玉於腰間，步行時玉互相擊觸而鳴。此處以其音聲代表天地自然音樂之意。❹草際：草中，草間。❺煙光：煙的光色。❻水心雲影：水中所映照天空雲霞的影。❼閒中：心中悠閒之意。❽文章：天然的水彩圖畫，自然的景色文章。

【語　譯】

在林間聽松濤之音和泉水擊石之聲，靜靜地領會，才知道這聲音都是天地間自然的微妙音樂。看草邊的煙光和水中的雲影，悠閒地眺望，才看出這些景色都是天地間最好的文章。

【講　話】

人僅知道琴瑟笙鼓是樂器，但這只是人工的音樂。林間松樹被風吹動的聲音，和對溪流泉水擊石子的音聲，可說是天然的音樂，靜心地去聽，就能發覺抑揚頓挫的節奏。鳴佩是古時女人帶的環佩相擊叮噹作音，聲音清脆十分好聽。

其次，以文章來說，決不是用筆墨寫到紙上的文章，這只是人的構思造意罷了。

如果能對起於草邊上的火光和照在水中的雲月，加以眺望，就可看出乾坤中實在有最好的文章和最好的圖畫了。

六五、猛獸易服，人心難制。

眼看西晉之荊榛❶，猶矜白刃❷；身屬北邙之狐兔❸，尚惜黃金。語云❹：猛獸易伏，人心難降，谿壑易塡❺，人心難滿。信哉！

【注釋】

❶西晉的荊榛：漢末繼三國後所建的國家，魏權臣司馬炎篡位以後建都叫做西晉。荊榛指雜木草叢生的地方。❷矜白刃：白刃乃兵器。矜乃是自誇武器的精良，有恃而無恐。❸北邙：洛陽以北有墓地曰北邙，由漢代即是有名的墓地。沈佺期有邙山詩：「北邙山上列墳塋，萬古千秋對洛城。」「屬狐兔」言身亡將爲狐兔的食餌。❹語：古語。❺谿壑：谿是有水的谷，壑是兩山之間。

【語譯】

世事變幻莫測，物極則反，盛者必衰，雖然是天道，也是人事的作爲。西晉將亂，大將索靖指著洛陽宮門前的銅駱駝說：「今晉天下雖盛，他日必衰，吾將見汝於荊榛之中。」但當時的一般朝臣仍然不知覺悟，誇逞權勢，自恃有武力可以制伏他人。後來西晉果然亡掉，亦足見索靖是有先見之明。

北邙山在河南洛陽城北十里，在漢晉建都在洛陽，人死之後均葬在北邙山下，被狐兎來吃掉了屍體。但人在生前終日汲汲於功名利祿，存貯黃金，一旦死後身體都不能保了，要金子又有什麼用？

古人說：「虎狼雖然猛烈，人還可以把他制伏。人心難測好像是無底的深淵，欲壑是難以塡滿。」這話眞是道破了人生的眞諦。

【講　話】

西晉大將索靖，他知道西晉將要大亂，指著洛陽宮門的銅駱駝說：「我將要看見你在荊榛荒草的裡面。」後來果然如他的預言而滅亡。當世局發生變化，無論怎樣有權力的豪門權貴，轉眼之間就亡身滅家。當人在有權有勢的時候，只知道誇自己的權力勇氣，以利刃武力去制伏他人。對於時衰運敗本身滅亡的命運，一點都不察覺，實在是可悲之至。秦始皇滅掉六國統一天下，收天下的兵器鑄造十二個金人，築成萬里長城以防備胡人的南襲，想叫子孫萬代百世千世做皇帝，誰想他身死屍首未乾，強秦就滅於楚漢之手，可見想以武力制伏人的人，實在最愚蠢不過。西晉的王侯貴人不想自己早晚是要死的，終歸是要葬在洛陽城外北邙山地方被那些狐鼠來吃掉了屍身。仍然每日汲汲於功名利祿，拚命地存貯黃金。一旦死後身體都沒有了，還要黃金何用？古語說：「猛獸易伏，人心難降，谿壑易塡，人心難滿。」這說明了人心是貪而無厭了。

六六、心地能平穩安靜，觸處皆青山綠水。

心地上無風濤❶，隨在❷皆青山綠樹❸。性天❹中有化育❺，觸處❻見魚躍鳶飛❼。

【注釋】

❶心地：心爲生一切萬法之元，宛如大地的生五穀草木，故叫心地。❷隨在：到處之意。任何一個地方。❸青山綠樹：心身清靜安穩，則萬象皆春。❹性天：即是本然之性。❺化育：天地有廣大仁愛的心。❻觸處：到處。❼魚躍鳶飛：魚躍於淵，鳶飛於天。就是說海闊天空自由自在的境界。

【語譯】

心中如果沒有像狂風波濤一樣的動搖跡象，則無論處於任何的境地，心都是平穩無事，恰似在青山綠樹之下，一切都充滿了春色陽和之氣。

又在自己的本性之中具有化育萬物的廣大無限的仁愛之心，則無論走到任何的地方，都好像是海闊天空的魚躍鳶飛了。

【講　話】

心是一切善惡發生的根源，如同大地是生長草木百穀一般，所以把心叫做心地。波濤是起於河海而不發生於陸地，所謂平地起波瀾的意義，就是說在不應該起事的地方而起事。「隨在」和「觸處」兩者的意義也就是到處。然人受了環境的改變而心有種種的變化，這是自己的修養還不夠到家，則心易為外物所轉。如果自己修養成熟心就不被物轉，心上的思念也就不動搖了。無論對任何事物都能平靜如常。比方說站在紅綠街頭，面對著牡丹玫瑰一般的美人，好像是對著死灰枯木而不動心。古語說天地化育萬物，而人心能作出萬事，只要自己的心能和天地合為一體，沒有一體偏私，就可以化育到性天之中。與天地齊德，而有化育萬物之量，則到處都有鳶飛魚躍，海闊天空的妙用，可以說是活潑而無礙，無往而不自如了。

六七、生活自適其性，貴人不若平民。

峨冠大帶之士❶，一旦❷睹輕蓑小笠❸飄飄然無也❹，未必不動其咨嗟❺。

長筵廣席❻之豪❼，一旦遇疏簾淨几❽悠悠焉❾靜❿也，未必不增其綣戀⓫。人奈何驅⓬以火牛⓭，誘以風馬⓮，而不思自適其性哉。

【注釋】

❶峨冠大帶：峨冠即高冠，大帶即寬幅之帶，即高位高官的服裝。❷一旦：與一朝相同。❸輕簑小笠：簑是草衣，笠是竹帽，即百姓的服裝。❹飄飄無：輕飄飄而無一定的居所。❺咨嗟：嘆息。❻長筵廣席：時常筵客，席上廣開佳餚。❼豪：富豪。❽疏簾淨几：粗疏的竹簾，清淨的几。❾悠悠焉：悠然自在。❿靜：寂靜。⓫綣戀：懷念綣戀而不捨之情。⓬驅：驅使。⓭火牛：春秋戰國時代燕軍破齊下七十餘城，田單守即墨，集城中之牛千餘頭，皆身著赤色之衣，畫五彩龍紋，束兵刃於其角，束灌脂之葦草於牛尾，一端燃以火。乘夜直撲燕軍，遂獲大捷。此所謂田單火牛之謀。⓮風馬：風馬即風馬牛之略，風是牛馬牝牡交尾時之媒介。陸游詩：「醉自醉倒愁自愁，愁與酒如風馬牛。」

【語譯】

無論戴如何的峨冠，佩如何的大帶的達官貴人，有時候看見了披著簑衣戴小笠的百姓，那份樂天知命的生活，心裡未嘗不嘆息自己生活苦惱煩勞之多啊！還有一些坐在品質高貴的長廣筵席之上的富豪人們，有時候看見了疏簾淨几的書齋文案，他們心中也未始不對這種悠然安靜的環境生起羡慕之心！

然而世人願意作個田單驅火牛去破燕兵，作個桓公伐楚子，使遠方的牛馬互相誘曳到一起，這都是戕賊人生，不適人性的作法，爲什麼不想建立一悠然自適的計劃，恢復本性呢？

【講　話】

人在外表看來，實在是令人可畏，威武得令人可敬，但是，如果仔細觀察他們的內心，則不以爲然。有時看見了穿著輕的簑衣，戴著小的雨笠的人，雖然寒傖，而其心思卻有飄灑閒逸的景象。這些達官貴人看見他們飄然安逸的生活，心裡未嘗不動求而不可得的念頭。又有些坐在長廣筵席之上的富豪人等，一旦看見了在疏簾淨几之前，悠悠靜坐的書生墨客，他們也未始不想有一個無事清閒的境界。所以說，人爲什麼去趕火牛，去誘風馬，而不想去適合人的自然本性呢？

春秋時候，齊國有一位將軍名叫田單，守著即墨小城，被燕國軍隊圍住。他集合了一千多頭牛，給牛穿上紅色衣服，畫上五彩的龍紋，把兵刃綁在牛角上面，在牛尾巴上綁上一束葦草，塗上很厚的油脂，然後用火把點起來，乘著黑夜之間，牛群向燕軍陣裡衝去，後面跟隨著敢死的勇士，手持白刃，以一當百地向燕軍衝殺。燕軍大亂，大敗而逃，這就是驅火牛的典故。其次是《左傳》齊桓公集合諸侯之兵侵入蔡國，蔡國潰敗，齊於是乘機伐楚。楚子向齊侯說：「君處北海，寡人處南海，唯是風馬牛不相及也，不虞君之涉吾地也。」意思是說齊和楚相隔得很遠，雖然把牝馬牡牛互相引誘放到遠方去，由齊也到不了楚地，這是誘風馬的典故。這兩個故事都是反自然而作出來的不合道理的事情。人有愛好自然的天性，所以峨冠大帶、長筵廣席的人，有時候也羨慕那輕簑小笠、疏簾淨几的無憂無慮的生活。然而世人多有驅火牛、誘風馬的許多不合理的事，不適於自然本性的，富貴權豪之人應該引以爲戒。

六八、處世忘世，超物樂天。

魚得水逝❶，而相忘乎水；鳥乘風飛，而不知有風。識此可以超物累❷，可以樂天機❸。

【注釋】

❶逝：過去之意。❷物累：爲外界事所累。❸天機：天然的機妙。

【語譯】

魚得水而游，但是忘記自己是在水中；鳥乘風飛翔，但是不知自己是在風裡。人如果能夠體會出這個道理，而能忘卻一切就不爲外物所繫累，超脫於物外，常得享天然的妙趣。

【講話】

魚在水中游泳，牠本身並沒有在水中的感覺；鳥在空中飛翔，而牠本身也不知道四週有風。人處在世間受外物的羈絆，而自己並不知道要超脫於物外，所以終生苦惱憂愁，不能得天然的妙機，不能享自然的樂趣。宏智禪師曾說：「水清澈地魚行遲，空闊透天鳥飛杳。」道元禪師也說：「鳥雖飛去飛回，但不忘其道路。」人果能超脫物外不爲外物所繫累，就能如鳶飛魚躍享受那天然妙機的樂趣。

六九、人生本無常，盛衰何可恃。

狐眠敗砌❶，兔走荒臺❷，盡是當年歌舞之地❸。露冷黃花❹，煙迷❺衰草❻，悉屬舊時爭戰之場❼。盛衰何常，強弱安在，念此，令人心灰❽。

【注釋】

❶敗砌：敗壞的階臺。❷荒臺：荒廢的宮殿高臺。❸歌舞之地：美人歌舞的地方。❹黃花：菊花的異名。❺迷：迷惑擾亂，爲其所迷。❻衰草：枯黃衰落的草木。❼爭戰之場：英雄爭逐的古戰場。❽灰：如死灰的冷涼。

【語譯】

狐狸所住的敗瓦頹垣和鼠兎所走的荒臺野塚，這都是當年的金闕玉樓，曾容納美人歌姬在那裡輕歌漫舞之地；冷露所滴落的黃花和濛濛細雨所浸的衰草，這都是舊時英雄激烈爭戰的場所。當年無論如何強盛，一旦運盡時窮也不能不走向敗亡之路。所以說世事無常，人念及此，則心念俱灰，一切富貴功名之念也就全消了。

【講話】

在桃花扇傳奇裡的「哀江南」裡說：「俺曾見金陵玉闕鶯啼曉，秦淮水榭花開早，誰知道容易冰消，眼見他，起朱樓，眼見他，宴賓客，眼見他，樓塌了。這青苔碧瓦堆，俺曾睡風流覺，將五十年和興亡看飽，烏衣巷，不姓王，莫愁湖，鬼夜哭，鳳凰臺，棲梟鳥，不信這輿圖換稿……謅一套哀江南，放悲歌，唱到老。」這一段彈詞和以上所說的是一般無二。絕代豪富，千古英雄，只逞一時的榮華，弄一朝的權勢，想不到如春夢一場。人若能悟透了盛衰不常，強弱皆空的道理，自然就不爲野心所困，不爲物欲所縛，心中常存這個念頭，則渴望功名富貴的心理，自然而然就消失了。

七〇、寵(ㄔㄨㄥˇ)辱(ㄖㄨˋ)不(ㄅㄨˋ)驚(ㄐㄧㄥ)，去(ㄑㄩˋ)留(ㄌㄧㄡˊ)無(ㄨˊ)意(ㄧˋ)。

寵辱不驚❶，閒看庭前花開花落❷。
去留❸無意❹，漫隨天外雲卷雲舒❺。

【注釋】

❶寵辱：榮寵與屈辱。❷閒：閒靜與靜意相同。❸去留：出處的進退。❹無意：一向未曾留意。❺漫：不留心。

【語譯】

達觀的人，無論享得多大的寵榮或是蒙受多大的屈辱，決不心驚而又非常的坦然，好像無事的時候在悠閒地看庭前的花草一樣，所謂寵辱不驚；無論居於高官或沈淪在下位，在他是決不掛意，好像是天外的浮雲，任它卷舒自在，一任命運的推移，而不執著與留戀。

【講話】

世人都喜好榮華，而厭惡蒙受屈辱，可是這都是個人的運命與際遇，不是人力之所能強爲。所以人對於得失應淡而處之，所謂寵辱不驚。人看見庭前的花開花謝，也正如人間的榮辱是同樣的光景，所以應當絕不對於得失榮辱動心。一旦致仕或居官，對於去留升降應當毫不介意，把他看作天外的雲彩一般，任他風向去留，卻沒有一絲一毫的固執與掛礙，這樣的人生才能夠算是完滿達成。

七一、苦海茫茫，回頭是岸。

晴空朗月，何處不可翱翔❶，而飛蛾獨投夜燭❷；清泉綠草❸，何物不可飲啄❹，而鴟鴞❺偏嗜腐鼠❻。噫，世之不爲飛蛾鴟鴞者，幾何人哉。

【注釋】

❶翱翔：徘徊飛翔。❷飛蛾：夏日之夜，飛蛾集於燈下，被火燒燃了身體，比喻人的自投死地。❸綠草：青青的草色。❹飲啄：飲是喝水，啄是鳥的啄物而食。❺鴟鴞：梟鳥，鳥中之惡者，喜啄食腐鼠死物。莊子秋子篇：「夫鵷雛（鳳凰之雛）發南海，飛北海，非梧桐不止，非練實之竹實不食，非醴水不飲，於是鴟得腐鼠，鵷過之，仰視之曰嚇……。」❻腐鼠：腐敗的死鼠。

【語譯】

在晴空朗月之下，什麼地方不可飛翔？所謂海闊憑魚躍，天高任鳥飛，然造物弄人，飛蛾偏要奔投夜間的燈火而自燒其身。又如在清泉綠草之中何處不可尋覓飲食，所謂飢食松下實，渴飲澗泉水，但是那梟鳥偏要喜嗜腐爛的老鼠而不知污穢。

唉！世間之人受利欲的奴役，只圖富貴榮達，得意時行同鴟鴞，失敗時如同飛蛾，眞使人不勝驚心浩嘆！

【講話】

在晴朗的月光下，蟲鳥都可以自由飛翔，祇有飛蛾偏要撲向夜間的燈火，活活地被燒死。在山林綠草之中，很多的東西都可以作爲自由的飲食，至於鴟鴞偏偏喜歡吃那些已死的腐敗老鼠，這比之人是說天地是廣闊的，飲食是自在的。當一般世人只顧貪圖高官厚祿，認爲不如此就不足以保全他的身家，終而貪婪事敗而亡身破家，恰如飛蛾鴟鴞是一樣的不知死活，可是世間有幾個人不去做飛蛾與鴟鴞的呢？這實在是很可慨嘆而沒有價值的事啊！

七二、求心內之佛，卻心外之法。

纔就筏便思舍筏❶，方是無事道人❷；若騎驢又復覓驢❸，終爲不了禪師❹。

【注釋】

❶就筏：使用木筏爲渡河的用具。❷無事道人：不爲物事勞心悟道的達人。❸騎驢覓驢：騎驢而覓驢，比喻爲向心外求法。❹不了禪師：不能悟道，不能解脫的和尚。

【語譯】

乘著船筏渡河過海，上岸了以後，就不須用船筏了。同樣的道理，我們讀佛祖的經論和聖賢的典籍，只不過是爲探討立身之道，切不可執著於經論典籍，耽緬於字句的解釋，遺誤了終身，所以說纔就筏便思舍筏，方是無事道人，也就是說我心不爲事務所煩擾，才是悟道的達人。禪宗的心外無別法，應知即心即佛的道理，倘若心外去求法，那麼修行是很難達到徹悟的地步，所以說「若騎驢又復覓驢」，終成爲不了禪師。

【講　話】

船筏都是渡河的工具，渡過了河海就一文不値了，然而只說船筏而不渡河海，或者渡過了河海還不肯捨棄船筏，這都是執著不化的人，實在是多愚蠢的行爲呀！佛祖聖賢的經論，大都叫人讀了之後給與人轉迷開悟的方便。經論好像是渡海的船筏，人能夠借著他，渡過了煩惱生死的苦海！然後就把他捨棄，這才是一個無事的道人，進一步更能因此轉迷開悟，用悟來轉迷，等到迷沒有了，開悟也就成爲無用之物。在煩惱生死之外，菩提涅槃也可以說是烏有了，既能斷盡了煩惱生死，則無別求菩提涅槃的必要。修道的若是不明此理，而自稱大徹大悟，得了菩提涅槃，這仍然和執著於船筏之理是同樣的不通。傳燈錄上說：「如不了解心即是佛，那眞是等於騎驢而覓驢。」又說：「參禪有兩個病，一個是騎驢而覓驢，一個是騎驢而不肯下驢。」涅槃經上說：「一切衆生皆有佛性。」馬祖禪師也說：「即心即佛」佛不可在自己之外去求。人人自心即佛而不自知，心向外去求佛，就好像騎驢而更向他方去找驢。又有一種禪病，那便是無論怎樣坐禪始終不能了悟，這叫做不了的禪師。以前所說的不能捨去船筏，而執著於船筏，這和騎驢不肯下驢，是同樣病態的啊！不僅參禪的道理是如此，世上任何道理都是如此，我們應當好好加以注意！

七三、以冷情當事，如湯之消雪。

權貴❶龍驤❷，英雄虎戰❸，以冷眼視之，如蟻聚羶❹，如蠅競血。是非蜂起❺，得失蝟興❻，以冷情當之❼，如冶❽化金❾，如湯消雪。

【注釋】

❶權貴：有權勢顯貴的人。❷龍驤：如龍之跳躍上下。❸虎戰：和虎的互相搏鬥。❹羶：獸肉都有腥羶的氣味。❺是非蜂起：是非善惡的議論就像群蜂亂起。❻得失蝟興：利害得失的批評。像刺蝟張開刺。❼冷情：冷靜的心情。❽冶：鑄型，鍛冶。❾化金：金鎔解鎔化。

【語譯】

達官貴人好像龍的舞躍，互相爭逞權勢；英雄豪傑好像虎的搏鬥，互相角逐勝敗。

其勢的猛烈在他們看來，認爲是驚天動地的大事，可是局外人冷眼旁觀，則功名的爭奪，好像螞蟻聚集在腥羶上面競逐食物一般，又好像是蠅子飛奔在血腥上面爭吮腐穢，說起來是不堪入目和嗅聞的。

世間種種是非得失，一如蜂子的湧起，又如蝟鼠的張刺，本來天天在那裡，不斷地發生，很難有一個決斷與了結，如以熱情衝動來處理事物，那就更形增加了物欲的誘惑。我們必須以冷靜的心理去應付，就像烘爐冶金，熱湯消雪一樣，把得失與是非消滅於無形。

【講話】

古來權貴英雄的動功偉業固然顯赫一時，但以冷眼人在當時站在旁觀的立場，就已經認爲他們不過是如蟻聚羶，如蠅競血，何況千百年後，早已事過境遷，只不過是電光石火的倏然一現而已。其次對於是非得失，在當時亦不過是蜂起蝟興的故事，像莊子所說的蝸牛角較雌論雄的許大世界了。榮華易逝，好景不常，人能深深體會個中的道理，自然可以打消了爭逐是非得失的念頭。

七四、徹見眞性，自達聖境。

羈鎖❶於物欲❷，覺吾生之可哀；夷猶❸於性眞❹，覺吾生之可樂。知其可哀，則塵❺情立破❻；知其可樂，則聖境❼自臻❽。

【注釋】

❶羈鎖：束縛而不得解脫之意。❷物欲：對外物的欲望。❸夷猶：優游自適。❹性眞：自己的眞性。❺塵情：世俗之情欲，亦即俗情。❻破：消失。❼聖境：聖人的境地。❽臻：到達之意。

【語譯】

把貪欲的煩惱束縛住。想一想世間的一切事，實在是可悲的。反之，若能徹見自己的眞性，鎭靜地把持住此心，則感到世間的一切事自有微妙的樂趣。

唯其能想到是可悲哀的，就認爲世間是轉變無常，一切都是靠不住的，這貪戀外物的妄念也就一掃而空了。假如能更進一步覺悟到眞性是恆常不變的，就能悟得眞如的妙理，而達到聖人的境界了。聖人凡夫不能說是天壤地別的差異，只在於見解的如何而不有所同罷了。

【講話】

人被外物的欲念所囚繫，自然感到人生是可悲的。反過來如果能徹見了自己的眞性，則心不爲外物所累而優游自適，這時候就會感到人生是快樂無比。孟子所說：「役物而不役於物」。老子說：「人之大患在吾有身，及吾無身則吾有何患。」道理在此。

佛陀的精義，在於袪除煩惱，圓證無生。怎樣能夠袪除煩惱呢？那就要從徹見了自己的眞性上用工夫。眞性就是天理，人能去人欲存天理，即能照見了眞性，即見如來，然後達到圓證無生的地步。佛陀嘗說人生無常，又說人身難得。佛陀是在人中成佛，且在人中說教，足見佛並未否定人生，佛所以這樣做，乃是欲在人生當中以圓覺來證道，使人生達於無生的地步而已。我們切不可以無生爲否定人生。再者，人受了物欲的束縛，認爲人生是可悲，唯其能悟得人生的可悲，便可以消除妄想與我執；唯其知道人生的可樂，聖人的境地自然就可以現前。

七五、心月開朗，水月無礙。

胸中❶即無半點物欲❷，已如雪消爐焰冰消日❸。
眼前自有一段❹空明❺，時見月在青天影在波。

【注釋】

❶胸中：心中之意。❷半點：些許。❸爐焰：爐中所燃的火焰。❹一段：一段過程，一段時間。❺空明：月在水中之光，這裡解釋作光明透徹。

【語譯】

心胸中不存一點物質欲念，那麼愛憎好惡之念不起，如同那雪被爐中火焰所化，冰被太陽熱氣融解。

其次，自己放開眼界，心就開朗光明，好像那明月高懸在天空，而月影照在水中一樣。自己的心月光明，則映照的宇宙一切也都現出光明了。

【講話】

我們接觸任何事物的時候，心中如果不起一點物欲的私念，就好像冰雪遇到了日光和火氣，一切的障礙也就都融化於無形了，因此，不爲物動自然不受物害。其次，被事物所轉動的人，都是因爲他心中存有物欲，如果是物欲不起，決不會受物轉動。這時候眼前自有一段的空明，也就是說不起塵念，心境豁然開朗，一切煩惱都雲消霧散，而心眼的光明對於任何地方都可透過。達到這樣的境界就恰似明月懸在青天之上，月影映照在河海之中，而無礙自在，天地萬物莫不被無量潛發的光明所照破了。

七六、野趣豐處，詩興自湧。

詩思❶在灞陵橋上❷，微吟就❸，林岫❹便已浩然❺；

野興❻在鏡湖曲邊❼，獨往時❽，山川自相映發❾。

【注釋】

❶詩思：可以成詩句的思想。❷灞陵橋：在長安城東七十里架橋於灞水之上，故謂之灞陵橋。❸微吟就：詩方作成，低聲吟誦之時。❹林岫：林是林谷，岫是山洞。❺浩然：廣大之貌。孟子曰：「吾善養吾浩然之氣。」❻野興：山野的興趣，超俗的清興。❼鏡湖曲：鏡湖在今浙江省紹興縣南，一名鑑湖，又名長湖。❽「獨往」：獨自曳杖逍遙往來。❾映發：映照明光煥發。

【語譯】

「詩思在灞陵橋上」這是唐朝鄭綮的話。詩的思興不在大廈高樓的四周，而在寂靜的村舍傍邊，在這地方的一點有了詩意，則其四周的廣闊林野，都渲染上詩的景色，說到了一點則其他各點不言而喻了。

超塵出俗的清興，不在於金殿玉樓之中，而是在於田舍的湖水面上。鏡湖曲乃是唐明皇賜與賀知章的歌曲。一個人在閒暇無事的時候，獨自前往湖邊散步，則山川相映，增加無限的樂趣。

【講話】

潤水是在陝西省西安府藍田縣，北到咸寧縣和渭水會合的一條河。唐朝的相國鄭綮，字蘊武，在唐昭宗乾寧年間官拜相國，他善於作詩。有人問他說：「相國最近可有新詩嗎？」他說：「詩興在潤橋的風雪之中，這裡怎能得到？」又唐朝有一位賀知章叫季眞是永興人，官拜秘書監，在開元年間官拜侍郎兼集賦殿學士，天寶初年他做夢夢到仙宮去遊玩，因而有所感悟，自己請求作了道士，告老還鄉，在鄉間蓋了一座廟叫千秋觀。又請求朝廷把周宮湖數萬頃方圓的水塘作爲放生池，於是唐明皇下詔賜給他鏡湖、剡川兩個歌曲。誠如鄭綮方的林岫廣闊浩然，有不可言喻的壯麗景色。因此風流清興，不在珠簾畫棟，酒池肉林之中，而在唐明皇賜給賀知章的鏡湖一曲。在這種地方一個人獨行，眺望欣賞不完的天然美景，再也沒有比這更美的事了。總之，詩思雅興不在於富貴顯榮之處，而在於脫塵超世之地。

七七、見微知著，守正待時。

伏久者飛必高，開先者謝獨早❶；知此，可以免蹭蹬之憂❷，可以消躁急之念❸。

【注釋】

❶謝：花謝，凋落。❷蹭蹬：疲倦失勢之意。❸躁急：著急之意。

【語譯】

鳥能長久幽伏林下，必定飛得很高。花在最先開放茂盛，凋謝的時間也一定很早，這是因果的道理。不但花鳥是這樣，人事亦何嘗不是這樣？我們如明白這個道理，就可以明瞭那些很早立身出世的人，因爲進出得太快，就容易招致了蹭蹬傾躓之憂，而遺誤了終身的事業。道理想通了，也可以打消躁急求取功名的念頭。

【講話】

秦朝末年陳涉起兵於農家，反抗秦朝的暴政，雖然後來事敗被殺，卻是留名千古，萬世流芳了。他在少年的時候和其他少年一同在鋤地，大家都笑話他，他說了一句大語「燕雀安知鴻鵠志。」後來果然他起兵抗秦而成功。以鳥來比人，所謂伏久者飛必高；以花來比人，所謂開先者謝獨早，陳涉起兵最先，亦是先行失敗的一人，漢高祖劉邦起兵最遲，年齡亦晚，可是成功最大，先滅秦而後滅楚，造成漢朝四百年的基業。以人比物雖不盡恰當，但參之人事，窺以天道，離道就不遠了。是以成功的遲早，凋謝的先後，雖是人事的努力，其中卻有天道的存在，又何必斤斤於蹭蹬之憂呢？

七八、森羅萬象，夢幻泡影。

樹木至歸根❶，而後知華萼❷枝葉之徒榮❸。

人事至蓋棺❹，而後知子女❺玉帛之無益❻。

【注　釋】

❶歸根：秋天來了木葉落到樹的根幹下面。❷華萼：花的托葉叫做花萼。❸徒榮：徒勞無功的繁榮。❹蓋棺：人死入殮之後即行蓋上棺蓋。❺子女：即是後代子孫之意。❻玉帛：中國古代時候諸侯朝見天子時執玉以爲禮。諸侯的屬國則持帛以爲貢物。此處是財寶爵位之意。

【語　譯】

樹木到了秋天，遭逢寒霜的吹打，花枝都漸漸的凋落，只剩下了根幹。於是春夏一段的花葉的茂盛繁榮，都歸於烏有了。

猶如人間富貴榮華，生前有子女有錢財，可是等到人一死，都帶不到陰間去。人能常存這種觀念，決不會起任何貪欲的心情。故此人在生前拚命地爭功名富貴，實在是愚痴的舉動哩。

【講　話】

天有四時是春夏秋冬，人也有四時是生旺衰亡。古時以秋氣肅殺白帝行權，樹木花草到了秋天，被寒霜所踐，枝葉凋落花萼枯萎。這比之於人一如中年已過，漸漸邁入衰老。俗語說：「月過十五光明少，人到中年無後成。」人世的榮華富貴屢不過短短的幾十年光陰，等到死後蓋棺，則一切子女錢財都於我無用。所以有人主張：「兒孫自有兒孫福，不與兒孫作馬牛。」這是看破了世事的說法。人能夠常作此想，就可以減少貪欲的私情，也不致起爭名奪利的念頭了。

七九、在世出世，眞空不空。

眞空不空❶，執相❷非眞❸，破相亦非眞❹，問世尊如何發付❺？在世出世❻，徇欲是苦❼，絕欲亦是苦。聽吾儕❽善自修持❾。

【注釋】

❶眞空：佛教謂諸法皆無實體是謂之空。眞空者乃是對非有的妙有，而所謂之非空之空，換言之，空乃宇宙的現象，眞空乃萬物的實體。❷執相：執是執著，相是形相，即是執著於差別的形相。❸非眞：不是眞理。❹破相：破除一切形相，以一切諸法如夢幻觀之。❺世尊：釋迦牟尼佛，佛是萬德具備，爲世所尊重，故稱世尊。❻在世出世：居於世間而超脫世俗。❼徇：尊從。❽吾儕：與吾等之意同，儕即是同伴。❾修持：修心持身，亦即身心的修養。

【語譯】

天地間的萬物如果從單方面來觀察，都是生滅無常的現象，然而在現象之中還有超越現象的本體存在。現象雖然是空的，但其本體則決不空，這個本體也決不是存於現象之外。宇宙的妙用是現象就是本體，本體就是現象，現象不離本體，本體不離現象，這就是佛家所說：「色即是空，空即是色。」執著於形相，即是執著於現象的一方面，如果把他看做是實在，那決不是眞理。又看破了形相即是看破了現象，認爲一切都是空無也決不是眞理，如以這些道理去問釋迦應作如何解釋。

人生在世上而又超脫世俗，如果縱欲與世俗爲伍固然是苦，但超出現世斷絕欲望也是苦，然而我們究竟如何修養身心？那就是不執亦不破，不即亦不離，體得其中實相之理，即所謂在世即出世了。

【講　話】

佛教說眞空而妙有。《般若心經》說：「色即是空，空即是色。」天地萬物各種形相的歷歷然顯現，實在是因爲諸種因緣而現顯的色相，原來本無實體。比方說一間房屋是用土木竹石等等物質構合而成。本來沒有所謂這「家」的實體，既無實體就不能不說是空了。我們的身體也是如此，人類的肉體本由地、水、火、風和合而成了五尺軀，地、水、火、風一經分散，就會立刻滅亡，這豈不是空的跡象麼？所以說「色即是空。」然而另一方面，雖然說是空的，但明明白白的眼前顯現了自身，怎能說他是空而無有呢？又所以說「空即是色」如此萬有莫不是空，空也即是萬有。明白這「色即是空，空即是色。」的道理，就不可不應用空有圓融無礙。然而「空」「有」很容易偏於一端，所謂眞空並非離開有的「空」，而是色即是空的「空」，而不是像偏空是什麼也沒有的虛無。執著於萬物的形相，而認爲有其實體，這當然與眞理不相契合，但是如果破形相而墮入虛無的偏空，也是違背了眞理。要是偏於空與有任何一方面，都是違反眞理的邪見，然則世尊怎樣解釋這個問題？那就是「在世而超世」，這就是佛教最上乘的教義。其次，放縱人欲是一件大苦惱，但完全絕棄人欲也未嘗不是苦惱。比方說觸著火焰會被燒死，但背棄了火也會因致凍死，因此最好是不觸不背而善爲運用。同樣的道理，縱人欲陷入於著相，絕棄人欲墮入到破相，都不免於苦惱，最好不執著也不破壞，善自修持，由微入漸而悟得其中的妙處。

八〇、欲望雖有尊卑，貪爭並無二致。

烈士❶讓❷千乘❸，貪夫爭一文❹，人品❺星淵也❻，而好名不殊好利。天子營家國❼，乞人號饔飧❽，分位❾霄壤也❿，而焦思何異焦聲⓫。

【注釋】

❶烈士：尊尚名譽義烈之士。❷讓：辭退。❸千乘：古時諸侯在戰時得出兵車千乘之國謂之大國。❹一文：一文錢的利益。❺人品：人的品格。❻星淵：天上之星與地上之淵，即上下有非常的差別。❼營家國：經營國家。❽號饔飧：饔是朝飯，飧是晚飯，指乞討食物而言。❾分位：身分與地位。❿霄壤：霄者天，壤者地，即上下有非常之差。⓫焦聲：焦愁的聲音，表示憂慮悲哀。

【語譯】

崇尚節義的烈士，縱使貴爲諸侯，有千乘之尊，他都辭讓而不受。貪婪的人，就是一文之差也要爭執，其間人格的差別，實有天地的區別。但烈士讓國的好名，與貪夫爭財的好利，其間並沒有多大的差別。

天子爲經營他的國家而苦心焦慮，乞食爲獲得食物而沿門叫化，天子與乞丐身分地位是天地之差，但其苦心焦慮所發出悲鳴是沒有什麼兩樣。

【講話】

古時候戰爭用兵車，大國有千輛以上稱爲千乘之國。崇尚節義的烈士，縱然把千乘之國給與也，他可以讓之而不受，因爲他重的是名。貪利的人雖然是一文的錢，他也在所必爭，因爲他重的是利。人類的品格，竟有天上和地下的區別，祇是他們原始俱來好名與好利的心則別無二致。天子經營國家每日焦思苦惱，乞丐爲一碗殘菜剩飯竭聲呼號，他們的身份地位有著貴賤霄壤的懸殊，而他們的焦思苦惱是一點也沒有兩樣。在天子之位當然不必親自奔走於事物，旁人看見他是很快樂的，但是以貴爲天子之身，夜夜不得入夢的苦心焦慮，又有何人知道呢？人能達觀一點，自然一切就少有掛礙，就沒有什麼絕對的是和非的分別心了。

八一、毀譽褒貶，一任世情。

飽諳❶世味❷，一任覆雨翻雲❸，總慵開眼❹。會盡人情，隨教❺呼牛喚馬❻，只是點頭❼。

【注　釋】

❶諳：諳記，熟悉。❷世味：世間甘苦的味道。❸覆雨翻雲：杜甫詩：「翻手作雲覆手雨，紛紛輕薄何須數。」謂人情輕薄反覆無常。❹慵：無能懶惰。此處是心中明瞭不願開眼之意。❺隨教：任其呼喚而不計較。❻呼牛喚馬：任人呼喚爲牛馬，毀譽褒貶不問是非之意。❼點頭：點首，認可。

【語　譯】

古語說：「覆手爲雲，翻手爲雨」，形容世事轉變的無常。飽經世故嗜盡鹹酸味道的人，完全看透了其中的道理。所以一任其翻雲覆雨，他連眼睛都懶得去睜開，一切都不參加。通達人情的人，任他人呼爲牛馬，呼喚打罵，也一點都不動氣，只是點頭稱是，於是才能愉快的渡世啊！

【講　話】

俗語說：「看破世事驚破膽，識透人情冷透心」飽經世故的人嚐盡了人間的酸甜苦辣，一任世態炎涼，人情變幻，他已經把世事看破人情識透，所以不管世事人情的翻雲覆雨，他都無動於中，認爲是不值一顧。體會到人情深處的人，對於世間一切毀譽褒貶都不動心，任憑人呼牛喚馬揮之使來驅之使去，一點也不加以反抗了。

春秋戰國時代，有一位名叫蘇秦，號季子的人，他曾在鬼谷子處學習到辯術。周遊列國，想把他所學的發揮出來。沒想到各國的諸侯都不賞識他，致使他把車馬僮僕都賣了，垂頭喪氣的回到家中，家裡的人便都看他不起。連他的妻子在機架上織布都不下來接他。蘇秦就在家中埋頭讀書揣摸辯術，後來又到各國游說成功。當他衣錦榮歸的時候，他的父母都親迎到門外，他的嫂嫂並且跪在地上迎接他，蘇秦嘆惜著說：「當年我失敗回家均不把我當人看待，現在我榮耀還鄉，嫂嫂都跪著接我，人情如此寒薄，眞使人慨嘆哪！」這一個例子可知家庭尚且如此，何況一般的世道人心呢！

八二、不爲念想囚繫，凡事皆要隨緣。

今人專求無念❶，而終不可無。只是前念❷不滯❸，後念❹不迎❺，但將現在的隨緣❻打發得去❼，自然漸漸入無。

【注釋】

❶無念：無念無想。❷前念：以前所起的念頭。❸不滯：不留，不存於心。❹後念：將起

未來的念想。❺不迎：不去迎接。❻隨緣：佛教以外界事物之來，與自體以感觸，此謂之緣。應其緣而生的動作謂之隨緣，亦即是隨緣而作事。❼打發：處理之意。

【語　譯】

現在的人專求無有念頭和無有意想，然而越不想起念頭，而念頭反而越要起來，終於還是達不到無念無想的境界。人本來是有念有想的動物，而一心要作木石畢竟是作不到的。就算你成了木石又有什麼效用呢？所以欲求得無念無想，則不如前念已成過去就任他過去而不要滯留於心頭，後念的將要到來的也不必去迎他前來，前念與後念已無關。只要隨著現在的緣自由活動，自然就漸漸達到無念無欲的境界了。

【講　話】

人想卻除妄念，偏偏不去，越盡力想求無有念頭和無有意想，而念頭和意想反而愈來愈多，總是不能達到無念無想的境地。因此斷除妄念決不是勉強可得的，必須要自然而然的達到了無念無想，那才算是眞正的斷除妄念了。怎樣才能作到自然的無念無想呢？不外是前念不滯和後念不迎。所謂前念不滯就是凡事要過而不留。所謂後念不迎，就是不動未來的妄念。人生好像行路與登山，所謂「登高必自卑，行遠必自邇。」只要一步一步按步就班的走去，自然能水到渠成，切忌瞻前顧後徘徊停留。總之我人求其無念如登山行路，是要隨緣作現在的事，漸漸地就入於無念之中了。

八三、自然得眞機，造作減趣味。

意所偶會❶便成佳境❷，物出天然纔見眞機❸，若加一分調停❹布置❺，趣意便減矣。白氏云❻：「意隨無事適，風逐自然清。」有味哉，其言之也。

【注釋】

❶偶會：偶然遇於心的事。❷佳境：美好的境界。❸眞機：眞正的機用。❹調停：整頓，修繕。❺布置：擺佈，裝置，即是人爲的裝飾。❻白氏：唐之白樂天，名居易，號香山居士，幼諳聲律，敏悟超人，貞元十四年擢進士爲翰林學士。後經諸官至刑部尙書，大中元年卒，年七十五，著有《白氏長慶集》七十五卷。

【語譯】

事情如果是偶然間契合了自己的意思，立刻就可以變成佳境。物品如果是出於天然的，隨時都可以顯露出眞機。要是其中故意加上少許人爲的調停與佈置，那就要減低了趣味。

白樂天說：「意隨無事適，風逐自然清。」就是說有意的去作種種的事，倒不如無事的好。風雖然有種種的香氣，還不如自然刮來的風爲妙。所有的事物越是出於天然，則越有妙味。如果加上人工的造作，則無論手工如何精巧。反而損失了天眞的妙趣。一切詩歌文章書畫彫刻等藝術，莫不如此。

【講話】

俗語說：「巧奪天工」，這句話是形容人爲的技巧可以比得上天然的造化。但還不能說是勝過天然，以自然造物之妙誠然是不可思議，到底人爲的力量是勝不過天然的。凡事不用人爲成份在內，只要適合於自己的心意，那他自己就認爲是很滿意的。所謂順其自然，不必勉強。凡物由天然而成長的，總要比施以人工的要玄妙的多。若其中加上少許人爲的成份在內，加以人工的調停與佈置，倒反而失掉物的眞趣了。唐朝白樂天詩：「意隨無事適，風逐自然清。」是值得回味啊！

八四、徹見自性，不必談禪。

性天❶澄徹❷，即飢餐渴飲，無非康濟身心❸。
心地沉迷❹，縱談禪❺演偈❻，總是播弄❼精魂❽。

【注釋】

❶性天：天性，本性。❷澄澈：澄清澈底。❸康濟：安全的幫助。❹沉迷：沉迷物欲而不

悟。❺談禪：梵語禪那之略，又可以譯作「思惟修」或靜慮。離去世間的戲樂俗緣，斷除心中的一切繫累，審愼思慮自己的本來面目，名之曰禪定。❻演偈：偈在梵語是伽陀，又可譯爲頌。有一定字數四句爲一結。乃演法義讚嘆佛德的一種詩句。演偈即是解釋偈語。❽精魂：精神與魂魄。❼播弄：翻弄，玩弄。

【語　譯】

人能夠徹見了自己的眞性，則滿天澄明，沒有一點曇暈。雖然沒有美酒佳肴，僅僅是餓了便吃渴了便喝，這樣保持溫飽，身心正常，也是健康快樂的事。反過來說如果心地沉迷不悟，縱令談禪論理演習偈頌，也終不能得到安心立命之道。不過是白費自己的精力神思而已。

【講　話】

顏子說：「一簞食，一瓢飲，居陋巷，人不堪其憂，而回也不改其樂。」這是他的本性澄澈，顯露眞如。就是餐嚼粗飯渴飲清泉，他心中也是快樂無比的。又如南北朝的梁武帝蕭衍，他平日食素談禪，信道禮佛，但因心地沉迷，因惑於聲色利欲，最後仍不免困於侯景之亂，而渴死於寺中。

八五、心境恬澹，絕慮忘憂。

人心有個眞境❶，非絲非竹❷而自恬愉❸，不煙❹不茗❺而自清芬❻。須念淨境空❼，慮忘❽形釋❾，纔得以游衍其中❿。

【注釋】

❶眞境：眞實的境界，亦即覺悟的妙境。❷絲竹：絲是絃樂器，竹是笙笛之類。❸恬愉：恬淡愉快。❹煙：香的煙。❺茗：茶的味。❻清芬：清香。❼境空：境遇空亡。❽慮忘：無思慮，忘卻思慮。❾形釋：忘形骸，釋是廢止之意。解脫之意，❿游衍：逍遙游樂。

【語譯】

人的心中有一個眞境，即所謂眞實的妙境，並不是絲竹琴笛的音樂，而是自己內心有一種恬澹愉快的眞樂境界。他既不是香的煙味，也不是茶的濃味，而另有一種芬芳之味。

這是因爲自己的心念清淨，忘卻思慮，身心形體都無拘束才能夠入於妙境。然一般世俗之人不用此心，只假借絲竹煙茗等等的外物而想得其中妙境之樂，是極大的錯誤。「我」本是「主」而「物」本是「客」。雖然有時客觀影響主觀，如果不夠清靜安穩，而僅憑客觀而欲得其眞境的妙味，這是辦不到的。

【講話】

佛家說：「萬物均有佛性。」萬物之性與天性是合一的。人的心都有一個眞境，這也是由人心是本乎天道的。這一眞境，不是由琴瑟絲竹的音樂中求得，而是從恬澹愉快中自然得來的一種境界。不是由煙香茶味中得來，而是從清靜芬芳中自然發生的。如果想要游於這種妙境，先要使本身的心念清淨。斷絕了被現在的境遇所左右的機緣，忘卻一切的思慮與分別，放寬了身心，不固執於形體，就可以悠游於這一玄妙的境界。老莊所謂清淨無爲，古人所謂放蕩形骸之外，都是悠游這一妙境的法門啊！

八六、眞不離幻，雅不離俗。

金自礦出❶，玉從石生❷，非幻❸怎以求眞❹。

道得酒中❺，仙遇花裡❻，雖雅不能離俗❼。

【注釋】

❶礦：礦石。❷玉：寶玉。❸幻：幼化，以無爲有而觀其變化。❹眞：眞如實相，唯識論：「眞謂眞實，顯非虛妄，如謂如常，表無變易」又往生論註：「眞如是諸法之正體。」❺道得酒中：道者道教之道，即所說老子的常道。道得酒中，晉代竹林之七賢人遁世飲酒，曾謂在醉中會得老子的道。❻仙遇花裡：仙是仙人，晉陶淵明桃花源記，有漁夫在武陵桃源花開芬芳的仙境，曾遭遇仙人之說。❼雅：風雅。

【語譯】

人間最貴重的莫過於黃金，但黃金不是擺在地上任人拾取的，它必須由礦石之中千錘百煉得來。美玉是珍奇至極的東西，而美玉絕不是生成美觀，乃是經過細心琢磨方作上品。所以說世間的眞如實相，不是離開這夢幻泡影的世界之外，而是要和夢幻泡影的世間共存的。也即是眞幻一體，貴賤不二。像那遁出世俗而飲酒作樂的竹林七賢，和入武陵桃源求仙的漁人事跡，雖說是高尚的行爲，但究其實際仍然不能免俗。

【講話】

黃金是由礦裡挖出來的，白玉是由石頭裡面生出來的。離開了幻化的世法，就沒有眞如的實相可言。除開了生死也就沒有涅槃。永嘉大師說：「幻化之空身，亦即是法身。」如此說來眞即是幻，貴賤不二，決不是什麼另外的東西。晉朝的竹林七賢，飲酒遁世。每天都在醉鄉，自稱體會了老子之道，又有人入武陵桃花源去求仙。雖說是風雅高潔，到底不免免俗。人能在世俗，才眞是有風雅高潔的妙趣。如果想要斷絕世俗去求風雅，結果仍不免墜入俗道之中。

八七、凡俗差別觀，道心一體觀。

天地中萬物、人倫❶中萬情❷、世界中萬事、以俗眼觀❸：紛紛各異❹；以道眼觀❺：種種是常❻。
何須分別❼，何須取捨❽。

【注釋】

❶人倫：君臣父子夫婦等道德的關係。❷萬情：喜怒哀樂種種的感情。❸俗眼：世俗的看法。❹紛紛：紛亂，紛歧。❺道眼：悟道之人的眼。❻常：常往不變。❼何須分別：不必有所分別。❽何用取捨：不必有所取捨與選擇。

【語譯】

天地間存在的萬物，和人倫中所表現的人情，乃至於世界之中所發生的一切事物。從世俗的眼光看來，覺得千差萬別何其之多，並且還不知道他們的歸著於何處。但是從開悟了的人來觀察，則萬物悉皆平等，而是常住的實相。既沒有是非善惡的區別，亦不必有所取捨與選擇。

【講話】

天地間山河草木等等的萬物，和人世家庭間引起的喜怒哀樂等等的情感，乃至於世間裡一切事物的利害得失。如果用普通人的眼光來觀察，確實是千頭萬緒紛亂不堪。但若以悟道者的眼光來觀察，則千差萬別的事物都是常住的實相。萬物是一律平等，並無彼此的分別。並且也不必對他們有什麼取捨或憎愛。古書說：「人心惟危，道心惟微，惟精惟一，允厥執中。」人對於萬物有差別心是人爲物欲所役使，是一條危險的道路。而明道之心是觀察入微，得天地的妙理，不爲幻相之物欲所迷惑；天地之道是在於精一，我人在虛實眞幻之間，亦惟有明其精一執其中道，才不至有過猶不及之虞。

八八、布茅蔬淡，頤養天和。

神酣❶布被窩中❷，得天地沖和之氣❸。味足❹藜羹❺飯後❻，識人生澹泊❼之眞❽。

【注釋】

❶神酣：精神旺盛而睡眠充足。❷布被窩中：用布製作的被，窩中即是在布夜具之中。❸沖和：溫柔中和之意。沖和之氣是天地間調和的元氣。❹味足：滿足，滋味充足。❺藜羹：用藜草所作的湯汁，極爲粗陋的食物。❻飯後：吃完飯以後。❼澹泊：淸白恬澹。❽眞：眞正的趣味。

【語譯】

人在精神旺盛的時候，就是睡在布作被窩當中，也能得到天地間中正調和的元氣。心中優遊自在，可以無憂無慮的安睡。所吃的東西縱令不是美味美食，只要能使腹中不餓，雖然吃的是藜藿之羹，而心中也不會有不滿。這樣才是認識了人生淡泊的眞趣。

【講話】

人間的苦樂不在於物質，而在於自己的心中。自己的精神衰弱，即使是在綺羅錦繡中起居睡臥，也感到不安逸暖和。反之，精神充沛就是睡在那布被窩中，也能得到天地沖和之氣而心情愉快。吃的方面不一定吃了美酒佳肴就有滋味，如果眞正了解飲食之道，即使是粗陋簡單的食物，吃後，也能覺得出淡泊的滋味無窮。然而一般人，衣服要穿綾羅錦繡，飲食要吃山珍海味，得不到就不快樂，貪求多而欲海難塡，永久不能滿足，這樣是錯誤和痛苦的人生。

八九、了心悟性，俗即是僧。

纏脫只在自心❶，了❷則屠肆❸糟纏❹，居然❺淨土❻。不然，縱一琴一鶴❼，一花一卉，嗜好雖淸，魔障終在❽。

語云：「能休❾塵境❿爲眞境⓫，未了僧家⓬是俗家⑬。」信夫⑭。

【注　釋】

❶纏脫：纏是纏縛，脫是解脫，即不爲俗事所纏縛，逃脫苦惱。❷心了：心中悟了。❸屠肆：殺牛宰馬賣肉的店鋪。❹糟纏：賣酒糟的店，亦即酒店。❺居然：仍然。❻淨土：極樂淨土，聖者的所在地，無五濁的垢染，故曰淨土。❼一琴一鶴：以一張琴一羽鶴爲伴侶，表現高士的風格。❽魔障：惡魔的障礙，亦即是悟道的魔障。❾休：休止一切的邪念妄想。❿塵境：與塵寰之意相同，此是世俗間的境界。⓫眞境：眞實眞理之境界。亦即悟者的境界。⓬僧家：寺院，僧侶的社會。⓭俗家：俗人之家，俗人的社會。⓮信夫：信是信實，夫是感嘆詞。

【語　譯】

能不能夠由世俗的糾纏苦痛裡面逃脫了出來，這要看自己心念如何。如果了悟，就是在牛馬屠肆之中，或處於酒肆店鋪之內，也可以當做極樂世界一般的生活。如果未能了悟，那縱然與琴鶴爲伴侶，以種植花草爲快樂，不論在外表上嗜好是如何的高尚淡泊，但種種纏身的魔障仍然是悟道的大障礙。

古人說：「能休塵境爲眞境，未了僧家是俗家。」意思是說，如能斷除了一切煩惱邪念，俗塵的境界也就成爲眞實的境界。如果未能悟了，身上雖是穿著僧衣居住寺裡，仍然和俗家的人沒有什麼分別。

【講　話】

無論是受世間塵累的纏縛而苦惱或是由苦惱解脫而得到安樂，這都在於人的自心。如果眞心能徹底了悟，那麼身體出入於屠牛之場，糟粕之肆，也無異是處在極樂淨土一樣的。從前文殊菩薩，曾在酒肆妓院裡宣揚大乘佛法，教化眾生，卻沒有絲毫的不淨或破戒的行爲。反之如果內心不能了悟，縱令嗜好是如何的清淨，以高尚的琴鶴爲友或以欣賞花草爲樂，但是內心邪惡的魔障仍然不得掃除。古語說的好：「能夠休止了自己的妄念雜慮，徹底了悟了以後，就是塵俗的境界也變成了眞淨的境界。反之，不能了悟，就是和尚也和俗人一樣。」

九〇、斷絕思慮，光風霽月。

斗室中❶，萬慮❷都捐❸，說甚❹畫棟飛雲❺，珠簾捲雨❻。三杯後❼，一眞自得❽，唯知素琴橫月❾，短笛吟風。

【注釋】

❶斗室：一斗見方的屋室，極言房屋的狹小。❷萬慮：種種的思慮。❸捐：放棄，捐除。❹甚：什麼。❺畫棟飛雲：塗美麗顏色的棟樑，其高可接入雲表。❻珠簾捲雨：用珠寶嵌飾的簾子，其狀如雨珠。畫棟飛雲，珠簾捲雨，極言殿閣的宏壯華麗。❼三杯：三杯的酒後，

興味陶然。❽一眞自得：自心對眞理有所得。❾素琴：無裝飾的琴。

【語　譯】

雖然住在一狹小的房屋中，捐棄了一切的雜念憂慮。說甚麼畫棟飛雲，說甚麼珠簾捲雨，也不值得我去羨慕。

喝了三杯酒之後，在自己心中有一片眞理的自得，就是那美酒佳肴也不需要了。只有彈素琴以對明月，弄短笛吟誦清風，此時才感到無限的趣味。

【講　話】

唐朝王勃詩：「珠簾暮捲西山雨，畫棟朝飛南浦雲。」形容高樓大廈的雄偉。斗室是狹小的屋子。身體雖然住在一間狹小的屋子裡，可是自己的雜念妄想都能捐除的話，心中開闊就成了瀟洒自如的境界。至於那些富麗堂皇的高樓大廈，都可以不必去享受。又在飲酒三杯之後，能夠自得其樂，這時候對明月彈素琴，臨清風吹短笛就感覺有無限的趣味。

九一、機神觸事，應物而發。

萬籟❶寂寥中❷，忽聞一鳥弄聲❸，便喚起許許多多幽趣❹。萬卉摧剝後❺，忽見一枝擢秀❻，便觸動❼無限生機❽。可見性天❾未常枯槁❿，機神⓫最宜觸發⓬。

【注釋】

❶萬籟：所有的音響。❷寂寥：安靜寂寞。❸弄聲：鳥的鳴聲。❹幽趣：幽深的趣味。❺摧剝：摧殘剝落。❻擢秀：百花開放中突有一枝擢然挺秀。❼觸動：感動，觸發。❽生機：生活的機用。❾性天：天性，本性。❿枯槁：乾枯萎縮。⓫機神：活動的精神，機動的精神。⓬觸發：與觸動之意同。

【語譯】

天地靜寂四週沒有一點音響的時候，這時忽然聽到了一兩聲鳥的唱鳴，便可以喚起人們許多幽雅的情趣。深秋九月之後，萬花凋落，這時候僅剩有一枝花草，擢然獨自開放，便使人感覺到天地尚有無限生動之機。由此可見人間的天性尚且沒有完全枯萎和失掉它的機用。而它的活動精神常常是一觸即發，待機而動的。

【講話】

在一切噪雜的聲音停止而現出寂靜的時候，忽然聽到鳥的叫聲。在靜悄悄的當中添上了許多幽趣。古人說：「鳥鳴山更幽。」是何等有趣的景象呀。其次，秋天時，在滿地荒涼，無絲毫可觀之處，忽然看見了一枝花草，擢然獨秀在那兒挺放著。我們就可看出來天地有蓬勃的生機存在著。可見有性之天，還沒有枯槁，一經觸動他的生機，就自然地發泄出來。

九二、操持身心，收放自如。

白氏云❶：不如放身心❷，冥然❸任天造❹。晁氏云❺：不如收身心❻，凝然❼歸寂定❽。放者❾流❿爲猖狂⓫，收者⓬入於枯寂⓭。唯善操身心者⓮，欛柄在手⓯，收放自如⓰。

【注釋】

❶白氏：白居易。❷放身心：放身放心，任其自然不加束縛。❸冥然：閉目任其所爲而不加注意。❹天造：天開始製造萬物之意，猶言天運。❺晁氏：宋之晁補之，字無咎，濟北的人，以詩賦爲蘇東坡所知，官至禮部郎中兼知泗州，自號歸來子。慕陶淵明的爲人，又善畫

畫，大觀四年卒年五十八。著文雞肋集七十卷。❻收：收拾，纏繞收卷。❼凝然：不動之貌。❽寂定：斷除妄心雜慮而入於禪定。❾放者：放任身心。❿流：自然而然的歸入。⓫猖狂：不合理的狂氣。⓬收者：收拾身心。⓭枯寂：如枯木一般了無生氣。⓮操：操縱，處理。⓯欛柄：器物之柄。⓰自如：自由自在。

【語　譯】

唐朝詩人白樂天說：「不如放身心，冥然任天造。」是指身心應當無拘無束，一任其自然發展。

宋朝的晁補之卻說了相反的話：「不如收身心，凝然歸寂定。」這是說身心應當收得緊緊的，使他歸於寂定無爲。如果放任太過就流爲放蕩不羈了。如果緊緊的收住而不活動，卻又流爲枯寂而成爲枯木頑石了。兩者都不免有弊害。只有善能操持身心，才能自由自在的收放，這權柄全是操在自己的手裡，不偏不倚，才是理想的處世的途徑。

【講　話】

白樂天的身心任天造，是宿命論的主張，反之，晁氏的收身心，是爲寂定，頗有佛家的風趣，放身心的如果能作到摩頂放踵而造福天下的地步，那就可以救人救世。但是收身心的如果能作到徹見自性，體得眞如，未始不可覺人覺世。最怕的是趨於兩極而失去中道。不是流爲放任猖狂像西晉的阮藉嵇康之輩的玩世不恭，就是枯寂厭世如小乘聲聞學的學者們遁跡山林了。所以惟有致中和之道保持身心，如器物的把柄在我手，收放自如則可免去偏於一端的弊病啊！

九三、自然人心，融和一體。（天人合一）

當雪夜月天，心境❶便爾❷澄徹❸；遇春風和氣❹，意界❺亦自沖融❻。造化❼，人心，混合❽無間❾。

【注釋】

❶心境：心的境界。❷爾：那樣，如此。❸澄徹：澄清徹底。❹和氣：溫和的氣候。❺意界：與心境相同。❻沖融：一融和。❼造化：天然。自然。❽混合：混合在一起。❾間：間隙空隙。

【語譯】

當下雪的天氣，一輪明月皎潔的照在大地上，蔚成了一片白銀世界。這時候人的心境是通明澄徹，當春風徐來一團和氣靄靄，在這悠閑安靜的環境中，人的意界也自然的沖淡而融化，一點滯凝也不存留。

天地和人心融和到一起，其中無隙無間可分，終成了天人合一的世界。

【講話】

人在春風和氣的雪夜裡，心境當然是澄徹的意界，自然是沖融無比，這時候天地造化與人的心也可以說混合無間。古人只有賞雪而不喜雨的，雨雪同是由水所化何以雪潔白而雨水泥濘呢？這些可以窺見天心。雪是冷天的產物性寒無比，說明清淨潔白的性格都是寒冷的。所以古人賞雪是愛它清淨潔白啊！詩人大都是喜歡春天而詩厭秋天。因爲春風和暖而秋氣蕭條。其實春秋都列在四季之內。人之所以喜春而怕秋，喜其化育與滋生而懼其肅殺與摧殘，所以往往恭維人家都說滿面春風一團和氣。總之雨雪都是天降，而對人的喜忌不同，春秋都是季節而爲人的好惡各異。足證世間的萬事萬物，都只是天心一時短暫的變化罷了。

九四、不弄技巧，以拙爲進。

文❶以拙進❷，道以拙成❸，一拙字有無限意味。如桃源犬吠，桑間雞鳴❹，何等淳龐❺。至於寒潭之月❻，古木之鴉❼，工巧❽中便覺有衰颯氣象矣❾。

【注釋】

❶文：文章。❷拙：拙誠，雖不高明但甚誠實。❸道：道德。❹桃源犬吠，桑間雞鳴：此

二句出自陶淵明作的「桃花源記」，是說淳樸田園的光景。❺淳龐：淳樸質實。龐者厚重之意。❻寒潭之月：深寒的潭水中所映出的月影。❼古木之鴉：落於枯木上的烏鴉。❽工巧：人工的巧琢，而不是天然風格。❾衰颯：衰老淒涼。

【語譯】

作文章不要玩弄技巧，能守著樸拙，自然會進步。道德也是如此，能老誠淳厚，自然有所成就。這樣看來，拙之一字誠有無限的意味。像那超塵脫俗的武陵桃源的犬吠和桑間柳下的雞鳴，是何等淳樸質實的景色。

若是像那月映寒鴉棲落到枯木之上，就不免帶些天然的工巧。在樸拙者是悠然自得，而工巧者便有了衰瑟的氣象。

【講話】

老子說：「巧爲拙之奴」。焦氏易林中有：「文巧舌敝，將返大質」。所謂大質就返巧爲拙。這都是物極必反之理。文章作到了極致，反而沒有話可說了。禪宗說：「悟了等於未悟」就是這個道理。人對人對事，總應出於眞摯的態度，和拙樸的言詞才好。古人的哲學認爲巧者不堅而拙者永固，一件東西要是過巧過妙了，反而容易受外物破壞了。

九五、以我轉物，逍遙自在。

以我轉物者❶，得固不喜，失亦不憂，大地❷盡屬逍遙❸。以物役我者❹，逆固生憎❺，順亦生愛❻，一毛❼便生纏縛❽。

【注　釋】

❶以我轉物：以我爲生可以自由使役外物，即我爲萬物自在的主宰。❷大地：土地之意。❸逍遙：很自在的樣子。❹以物役我：身受外物的自由使役。❺逆：逆境。❻順：順境。❼一毛：一根毛髮極爲微細之物。❽纏縛：佛教有十纏四縛，爲一切煩惱所纏繞不得解脫。

【語　譯】

我爲一切外物的主宰，則可以自由的役使外物。功名的得與失，對我也不會發生影響的。無邊的天地，任我心自在逍遙，以天地爲我的一大樂園，無往而不自得。反之，我如成爲外物的奴隸，則外物可以任意的驅使我身。在逆境當中則心中憎惡想以全力脫出。在順境的當中，則心中愛戀惟恐一旦失去。僅僅是一毛的些細小事，而把自己的全身都束縛了起來，終於脫離不了煩惱的境界。

【講　話】

若以我爲天地萬物的主宰，就可以把萬物自由的改變使用。這樣得了富貴功名，實在不必太高興。倘一旦失掉了榮華功利，也不必沮喪憂傷。無論得失窮通，都應秉心不動，而立於天地之間，是逍遙自在了。這樣的人生，是以天地爲廣大的遊戲場所。相反地我爲萬物而勞累我身，我就是身爲物轉，人變成了富貴功名的奴隸。處於逆境，心裡憎恨恐懼，處於順境，就因愛戀而忘卻憂慮。一根毛的事都可以把身心纏縛而成爲苦痛的根源。可見迷與悟，苦與樂都在於役物和役於物的一念之間。六祖慧能禪師：「心迷法華轉，心悟轉法華」。實是至理名言。

九六、形影皆去，心境皆空。

理❶寂則事寂❷，遣事❸執理者❹，似去影留形。心空則境空❺，去境存心者，如聚羶❻卻蚋❼。

【注釋】

❶理：萬物的道理。❷事：宇宙的現象。❸遣事：捨棄事物。❹執理：執著於道理。❺境：境遇環境。❻聚羶：聚集腥羶的肉。❼卻蚋：蚋即是蚊。此處是設法逐去蚊蠅之意。

【語譯】

世間的道理與事物，恰如影之隨形，不可分離。因此道理若是歸於空寂了，則事物也就空寂了。然而捨棄了事實而執著於道理，這就和去了影而仍然留著形是一樣的錯誤想法。

如果自己的心空寂了，那麼境遇也就空寂了。然而世人往往受境遇的支配，容易動心，這不外是精神修養不夠的結果。如果心能確切把持使心不爲所動，縱令身體投入於任何的境遇，也決不會有一點憂慮。再說到雖然捨去了境遇而仍然存著心，那就如同放置著腥羶的肉類而認爲不招致蚊蠅來聚吮，幾乎是不可能的事。

【講　話】

理論和事實，是形影不離的。如果是理論空虛，事實也就站不住了。這好像無形也就無影了。然而捨掉了事實而固執於道理。這好像是去影留形，結果是一無所成。古人說：「執著事物原是迷，楔理不捨亦非悟」。執著事物的多是俗人，執理不捨的多是學者。治療執著事物的病容易，而治療執著道理的病就難了。心若空虛。比方說心如不起酒色的念頭，即使出入酒肆妓院，也決不爲酒色而迷惑。從前有兩個禪僧，在途中約定遇見女人時不開口。但是他們走到河邊，正遇到漲水，一個女人想要過河没有辦法，其中一個和尚很同情這個女人，遂扶著她的肩，幫助她過了河。然後，兩個和尚走了一里多路，另外那一個和尚便指責他，說：「你違反了對女人不開口說話的約束了。」但是扶著女人過河的和尚回答說：「你是不是没有背著女人而不願意了？」這個故事就是心空即是境空。幫助女人過河的和尚，不是爲了色欲，而是爲了救人。他心裡並没有女色的觀念，他只是想幫助一個有困難的人。但是另外責備人的和尚，走了一里之後，仍然没有忘掉對方是一個女人，這就是說聚集腥羶，而還要趕走蚊子是同樣的道理。

九七、任其自然，萬事安樂。

幽人❶清事❷總在自適❸。故：酒以不勸爲歡❹、棋❺以不爭爲勝❻、笛以無腔爲適❼、琴以無弦爲高❽、會❾以不期約❿爲眞率⓫、客以不迎送爲坦夷⓬。若一牽⓭文泥跡⓮便落塵世⓯苦海⓰矣。

【注　釋】

❶幽人：避世的人，即隱遁者。❷清事：清興的事。❸自適：適於自己的事。❹歡：歡樂。❺棋：圍碁。❻以不爭爲勝：勝時則招怨於對方，負則怨懟於對方，故以不爭爲勝。❼以無腔無適：腔即笛的中空之節，亦即有孔之處。這是說不問音律曲調的如何，只以適於心處爲主。❽琴以無絃爲高：此亦不問音律之好惡之意。❾會：會見知己的友人。❿「期約」：約束期日。⓫眞率：率直而無粉飾，即是天眞爛漫。⓬坦夷：坦與夷的意同，即平坦之意。此處是安樂之意。⓭牽文：牽繫於繁文縟節。⓮泥迹：拘泥於形迹。⓯塵世：即塵俗的世界。⓰苦海：苦痛多的世界。所謂苦海無邊。法華經的壽量品：「我見諸衆生沒在苦海」。

【語　譯】

樂道遁世的幽人，凡事都是以自適其性隨自心的主意。

因此：飲酒的時候互不相勸各盡其量各得其歡；下棋的時候，不爭勝負，也就適當；吹弄笛子，不論聲律曲調，自樂其音也就可以；彈琴不論絃的有無，只以自樂其趣也就高尚了；與友人不定約會日期，偶然兩下相遇，常盡一日之歡，倒也眞誠率直；客人來去以不相迎送，倒也坦然相見。只要心上快樂，倒也不必拘泥於繁文縟節。否則心就墜落世俗的苦海之中了。

【講話】

高人隱士，超然卓立於世外。他所做的事，也都很清高。凡事總以自適其性而不違反自然。當喝酒時，總以不強勸他人才是快樂。飲酒本來爲盡歡，然而被人勸酒而不飲，就是失禮，因而有時就得勉強的喝下去。但勉強的飲酒是很痛苦的，這樣一來反而與當初飲酒取樂的目的不合了。所以無論是主人和賓客雙方都要適度，千萬不可勉強。下圍棋固然是樂事，但互爭勝負，親友之間也就變成了仇敵。所以與人相處總要以不爭爲先。吹笛子是不在其聲律曲調的巧拙，而在乎怡情自樂，所以說笛以無腔爲適。琴有絃才能發音，也和笛子一樣，若論聲音好壞，那趣味就薄了。陶淵明撫無絃之琴，說：「要知琴中趣，何弄絃上音。」所以說琴以無弦爲高。和知己的朋友相會，如約定了日期反而不如偶然相遇來的眞誠和率直。賓客來往，則更不必計較於迎送的禮儀，以平淡來往才顯得大方。若一經拘泥於形迹，注重那些繁文縟節，彼此心中也就陷到塵世的苦海之中，不能得到什麼愉快了。

九八、思及生死，萬念灰冷。

試思未生之前有何象貌❶，又思既死之後作何景色❷，則萬念灰冷❸。一性寂然❹，自可超物外❺，遊象先❻。

【注釋】

❶象貌：形象狀貌。❷景色：光景。❸萬念灰冷：種種妄念均消，性如冷灰。❹一性寂然：一片木然之性，寂然存在。❺物外：萬物之外。❻象先：天地萬象未生以前的無差別平等的絕對界。

【語譯】

此身在未生之前是怎樣一種相貌？當然無法斷定。然而死後又當是如何的一種景色？我們也無法推測。這艷醜美惡，貴賤貧富也只在一生五十到七十年之間，未生之前與既死之後是毫無何等的區別。想到這裡，則滿腔妄念如冷灰一樣的消失了。只有一片眞性寂然獨存。人到此境界，就應當超然卓立於事物之外，才能悠游於天地之間。如莊子所說的天地萬象尚未發生的世界。

【講話】

生死是人間的大事，但我人對於在我未生前是怎樣的相貌和死後是如何景色，當然是不得而知的。然而，天地雖然是毀滅了，可是天地間的眞理卻常存而恆久不滅。同樣的道理，人雖然是死了，但人的眞性卻是寂然獨存始終不變的。人了悟此中的道理，則不論在未生之前或是既死之後，不論來的地方與去的地方都是相同。只有眞性不泯，超然於事物之外，自可悠遊於天地之間。莊子所謂遊於象先，是說天地萬象尚未發生之前。人在此時雖然還沒有發生，但這寂然獨存的天性，卻早已存在。所以人能了悟此理，善自修持，自以游於象先與天地參一了。

九九、卓智之人，洞燭機先。

遇病而後思強❶之爲寶❷，處亂❸而後思平❹之爲福❺，非蚤智也❻。倖福而先知其爲禍之本❼，貪生而先知其爲死之因❽，其卓見乎❾！

【注釋】

❶強：強健。無病之謂。❷寶：至寶。❸處亂：遇亂世之意。❹平：平和，治平。❺福：

幸福。❻蚤智：蚤與早同，先見之明。❼倖：僥倖。僥致。❽因：原因。❾卓見：卓越的見識。

【語譯】

得到疾病感覺痛苦，才知道身體比什麼都寶貴。處於亂世遭遇到各種的困難，才知道太平無事是比什麼都幸福。這都不是先見之明。僥倖的得到了幸福而能預料得到它是蒙受災禍的根本。貪圖生命而能知這是早死的原因，這可以說是有卓見眞知。

【講話】

一個人如有強健碩壯的身體，就能夠寒暑不侵百病永移。此外，動極思靜亂極思治都是人之常情。俗語說：「寧作太平犬，不爲亂世人。」可見處亂而後思平才算是福。僅僅明白了這種道理還不能算是先見之明。易經上說：「知機其神乎」。古語說：「一葉落知天下秋」。我人如能預先知機，才能防患未然。所以說幸福而先知其爲禍，貪生而先知其爲死之因，這並非是先知先覺，乃是易經上所說的知機啊！

一〇〇、雌雄妍醜，一時假相。

優人❶傅粉❷調朱❸，效❹妍醜❺於毫端❻，俄而歌殘場罷❼，妍醜何存？

奕者❽爭先競後❾，較雌雄❿於著子⓫，俄而局盡子收⓬，雌雄安在⓭？

【注釋】

❶優人：伶人，藝者。❷傅粉：擦粉也。❸調朱：朱，赤色的染料，亦即抹口紅塗朱顏之意。❹效：倣效作出。❺妍醜：妍是姣妍美麗，醜是醜惡難看，妍醜就是美醜。❻毫端：毫是筆毛，即是用筆塗顏以示妍醜。❼歌殘場罷：歌曲終了舞臺閉幕。❽奕者：下棋的人。❾爭先競後：競爭先手後手。❿雌雄：勝敗也。⓫較於著子：較勝負於所下的碁子。⓬局盡子收：一局終了碁子收拾。⓭安在：在什麼地方呢？是反問語。

【語譯】

演戲的伶人，調和硃紫，塗脂敷粉，對於美醜的微末毫端，都要仔細打扮。無論是作美人或充惡漢，不過是暫時的角色。等到曲終人散以後，則一切的美醜都不存在了。

下棋的時候，力爭先手後手，分著黑白雌雄，這也不過是很短的時間，等到棋收子亂，又那裡再有勝負可言？戲劇與圍棋是如此，人間的富貴貧賤勝敗窮通又何嘗不是如此。

【講話】

人生不過數十年的光景，一切的興衰勝敗，都不過是短短的一個時期，彈指之間便逍遙無踪了。人生好比是作戰，當優伶在臺上演劇的時候，劇中的喜怒哀樂離合悲歡，的是唯妙唯肖逼眞得很。等到了劇目變換了，舞臺上卻又換了新的角色，而前一幕的人物也就從舞臺上消失了。人生又好比在下圍棋，在圍攻酣戰中，則爭先手與後手，爭勝負與雌雄，等到棋子大亂，則盤上所佈的妙陣奇謀，雙方所用的精神心血，轉眼成爲枉費了。所以人間的富貴貧賤成敗窮通與是非得失，眞是微不足道的啊！

一〇一、風月木石之眞趣，惟靜與閒者得之。

風花之瀟灑❶，雪月之空清❷，唯靜者❸爲之主❹。水木之榮枯❺，竹石之消長，獨閒者❻操其權❼。

【注　釋】

❶瀟灑：風流瀟灑，美麗動人之狀。❷空清：明朗清新之意。❸靜者：喜靜寂的悟道者。❹主：主人之意。❺榮枯：發榮枯槁，即盛衰消長之意。❻閒者：喜好清閒的哲人達士。❼操權：操縱權勢爲所欲爲。

【語譯】

風花的瀟灑美麗，雪月的清靜皎潔，無論何人都能夠自由的欣賞。但是這些景色只有心靜的人，才能領略其中眞實的情趣。而奔馳名利的人是無暇過問了。水木的榮枯和竹石的消長，四時之內到處都存在著這種景色。只有閒散的人，恣情眺望彷彿是他的特有權利。貪名逐利的人，終日奔忙，就沒有賞玩的資格了。

【講話】

春夏秋冬四時景色是任何人都能夠自由自在的欣賞，可是奔走於名利場中的人們，他們是沒有空餘的時間來欣賞的。又在水邊的樹木和窗前的竹石，春夏之際，分外的茂盛繁榮。秋冬之時卻凋落衰颯，這些大好的景色，在煩忙的人們看來是不會感覺什麼興趣的。唐詩說：「鐵甲將軍夜渡關，朝臣待漏五更寒，山寺日高僧未起，算來名利不如閒」。所以說忙者是迷於富貴功名，閒者是戀於風花雪月，同是一個人生，情趣便各有不同。

一〇二、天全欲淡，雖凡亦仙。

田父野叟❶，語以黃雞❷白酒❸則欣然喜❹，問以鼎食不知❺；語以縕袍❻袖褐❼則油然樂❽，問以袞服則不識❾。其天全❿，故其欲淡⓫，此是人生第一個境界⓬。

【注釋】

❶田父野叟：田舍翁。❷黃雞：茶色毛的雞，其肉肥而味美。❸白酒：白濁的米酒。❹欣然：喜悅之貌。❺鼎食：美味珍饈的食味，鼎是中國古代乘食物的鍋，和現代的火鍋相似。❻縕袍：即棉袍。❼裋褐：用粗毛所織之短衫。貧賤人的衣服。❽油然：盛大湧起之貌。❾袞服：天子的衣服，上有日月星辰龍等的刺繡。❿天全：得天獨厚之意。⓫欲淡：欲望淡泊，清心而寡欲。⓬第一個：第一等之意。

【語譯】

對於田舍老農，談論粗食濁飲，最好也不過是黃雞白酒之類，他們就欣然頗有喜色，很願意和你來談論。但是你要問他侯門王公的鼎食貴饈和美味珍饈之品，他們就一點也不知道了。如果你同他們談到穿衣服的問題，談到穿短襖和布袍，或是穿粗布衣衫，他們就很願意同你來談。但是你如果和他們談什麼高官顯宦所穿的貴重服裝，他們就一點都不知道了。

他們的質樸天眞是因爲沒有失掉本性，他們的欲情澹泊是因爲保住了安全之性，所以這實在是人間第一等的好境界。

【講話】

鄉間農村的耕種老人，生性純樸未被世俗所習染，他們每日三餐的飲食簡單。一旦和他談論起黃雞喝白酒來，他就感覺著非常的滿足了。如再同他談論起達官貴人的美味食品，他反而貧乏無知。他們春秋四季所穿的衣服只是些粗布的袍襖，如果和他們談論起縕袍布衣，他們都懂得怎樣的穿著製作，如果再同他談論起大人王公的朝服衣冠，他反而認爲是台上作戲人穿的服裝了。由此看來鄉間的農人得天獨厚，不失本眞，所以他的欲念淡泊，心性純良，而人生本是苦樂相半的世界，惟有農人樂多而苦少，這誠然是在人生境界中的第一等境界啊！

一〇三、本眞即佛，何待觀心。

心無其心❶，何有於觀❷，釋氏曰觀心者❸，重增其障❹。物本一物，何待於齊，莊生曰❺齊物者❻，自剖其同❼。

【注釋】

❶其心：指邪念妄念之心。❷觀：觀心，觀察自己的心性如何之意。即自己反省，心乃萬法之主，無一事能漏出於心。即爲觀察所有的一切。因此對於凡事究理皆稱爲觀心。❸釋氏：釋迦世尊者，釋是他的姓。❹障：障礙，魔障。❺莊生：周代之莊周，莊周當梁惠王之世，與孟子同時承老子之學。❻齊物：莊子著作中有齊物論的一篇，一切萬物皆爲齊一之論。❼剖其同：分割同一之物。

【語 譯】

人因起了種種的妄念分別，執著一切的事物，佛家爲了卻除這執著妄念，叫人觀心。但是我人心如不起妄念分別，也就沒有觀心之必要了。因爲心本來沒有什麼固有的妄念。就是起了妄念分別，那也不是實體而是幻象，同樣的在本心也就沒有實體，何必又去觀心，這反而心中增加了一層障礙。

其次，天地間的萬物，其外形雖然有千差萬別，而其本來則是一體一物的存在。然而莊子的齊物論裡面說天地是一馬，萬物是一指，這反而是多餘了。因爲莊子這種的說法是分開了天地一體一物的本性。

【講 話】

在自己心中如果沒有種種妄念和分別，則觀心與觀念的事，全無必要。所謂觀心與觀念是因爲有了種種的妄念。以一切都是無常觀與不淨觀者，也是因爲執著到一切物是具無常性，一切的物不是清淨潔白，爲了除去這些錯誤觀念而必須要修持。人如果連這種妄念分別都沒有，那就沒有修持的必要了。然而人的心，原來是否有此妄念分別，可以說本來是沒有的。但因人時時起這些妄念，而這種妄念也並不是眞正的存在。不但妄念雜心不是實體，就是人的本心實在也是虛幻的。至於佛家所說的觀念，不但是多餘的事，同時反而增加了無數的煩惱與障礙。其次，以萬物而論，他的外相雖然有種種的不同，而實際本來是一物一體。莊子齊物我之說指天地爲一馬，認萬物爲一指，這不但也是多餘，而其結果反而把本來同一之物給剖析分解了。天地本是同根，萬物是一體，你應當任其自然，勿須用手去觸他，現在你要去齊他，就是開始發生出來異同了。拾得說：「拿著篠帚不掃地，深泊掃起心上塵」意思是說我們人的本心本是清淨無有一點塵埃的。然而用篠帚，目的是在掃除塵埃，這樣反而把心中的塵土掃起來了。佛家的觀心，莊子的齊物，原來本爲說明心空物一的道理，可是後來的人拘泥在觀心齊物上面，更進一步來解說，反而起了障礙，發生矛盾了。

一〇四、勿待興盡，適可而止。

笙歌正濃處❶，便自拂衣長往❷，羨達人❸撒手懸崖❹。更漏已殘時❺，猶然❻夜行不休❼，咲❽俗士沈身苦海❾。

【注釋】

❶笙歌：吹笙，唱歌。酒宴酣醉之時。❷拂衣長往：分袂遠立而去。❸達人：通達大道的人。❹撒手懸崖：於懸崖絕壁之處放手而行，撒即放開之意，此語爲禪僧語錄中時常引用的話。❺更漏：更是夜間的時刻，一夜分五節，謂之五更。漏是用水計時之器。❻猶然：徘徊，跋涉。❼夜行：夜間走路。❽唉：與笑字同。❾俗士：俗人，俗界的人。

【語譯】

當著笙歌正濃酒宴方酣之時，能夠起身不顧而去，這是難能可貴的事。達觀的人，處於危險的境遇而能撒手引身而退，一樣的使人羨慕。反之，在漏盡更殘的深夜，還要往各處奔走不休的忙人俗士，在旁觀的人看來，是自討苦吃，自沈苦海。

【講話】

唐朝白樂天的長恨歌中有下面幾句詩：「緩歌慢舞凝絲竹，盡日君王看不足。魚陽鞞鼓動起來，驚破霓裳羽衣曲。正因爲唐明皇不能在笙歌正濃酒宴方酣的時候，起身拂衣離座而去。所以才招來安史一場大亂。達觀的人處於平安的境地，時常想到危險的時期並且遭遇了危難，能懸崖撒手，急流勇退。這與那盡日歡樂不足的唐明皇來比較，眞有天地的差別了。歷史上像郭子儀和曾國藩都可以說功成身退明哲保身的達人。此外爲了個人的名利，在夜闌人靜還在各處奔忙不休的忙人俗士，實際上是自討苦吃自尋煩惱了。

一〇五、修行宜絕跡於塵寰，悟道當涉足於世俗。

把握未定❶，宜絕跡❷塵囂❸，使此心不見可欲❹而不亂❺，以澄❻悟吾靜體❼。操持既堅❽，又當混❾跡風塵❿，使此心見可欲而亦不亂，以養吾圓機⓫。

【注釋】

❶把握：把持此心之意。❷跡：足跡。❸塵囂：擾攘於鬧亂的世間。❹可欲：心中貪戀思念的欲望。❺亂：擾亂。❻澄：清而不濁。❼靜體：寂靜之心的本體。❽操持：與把握之意相同。❾混：混進，混入。❿風塵：濁流的世間。⓫圓機：圓頓的機根，一念開悟即得佛果的根性。

【語譯】

心中不定，沒有十分把握的時候，就應當離去繁華的地方移到山林靜處，於是所思想的欲念之物不入到我的眼中，心體就不動搖而得到澄靜。等到工夫一深心中把持得定，這時候就可以混跡到繁華風塵當中，以試驗心體雖然看見了有欲念之物，而亦不動心，養成了圓通無礙的機能。

【講話】

把握就是用手把物握住，把握未定是手尚沒有力量握住東西。在此處是指心還不落體，在紅塵萬丈喧鬧的都市，如果感到心不落體，那就要不留一點痕跡，而到山林清潔閒靜地方去修身養性爲妙。因爲心不落體，看見東西聽見東西心就容易動亂，因此要找到一個清潔閒靜的環境，不亂心思就不起任何欲念，心體就可以充分的澄靜下來了。然而等到心體堅定之後，就不必再住山林裡，而需要混入紅塵世俗之中。雖然看見了動心起欲的事物，一點也不爲他所動，並且還可以達到善自養我的圓轉活機。世俗人，若最初不想避世，最後便陷入了苦海而不悟。更有一般被稱爲高人隱士的人，無論入山林或出世間，都不作利人濟世的事，說起來就是錯誤的行爲。

一〇六、人我一視，動靜兩忘。

喜寂厭喧者❶，往往避人以求靜。不知意在無人❷便成我相❸，心著❹於青便是動根❺。如何到得人我一視❻，動靜兩忘的境界❼。

【注　釋】

❶喜寂厭喧：喜歡寂靜，而嫌厭喧噪。❷意在無人：其意在居於人所不居之處。❸我相：佛教四相之一，五蘊法中有實我，此即是執著於自我。是無我相的反對，金剛經：「若菩薩有我相、人相、眾生相、壽者相，即非菩薩」。❹著：執著。❺動根：動亂的根源。❻人我一視：將他人與自己看作是無何差別。❼動靜兩忘：動與靜兩者俱忘。

【語　譯】

喜歡靜厭棄鬧的人們，爲了避世而遁跡到山林。他們以爲山林是無人居住的地方，心中可以寂靜了。殊不知心體執著於寂靜，反而是動的根本。人我本是一體，動中有靜，靜中有動。

不能了悟這個道理，就不能夠達到人我一視動靜兩忘的境界。

【講　話】

喜歡寂寞而厭煩喧囂的人，往往厭煩世間的噪聲，而遠離世人，獨居深山幽谷以求寂靜。他的心中存在著無人煩擾是最好的念頭。這煩擾的念頭便有「我」存在其中，便成了我相。又有心求寂靜卻執著於寂靜當中，便成了動亂的根本。要知「我」是對人而成的，靜是對動而起的。如果執著於任何一方，他方必定不能不有所起。避人求靜的人不知此理，所以他終久不能得到人我一體動靜兩忘的境界。也就得不到眞實安樂的境域。

一〇七、山居清灑，入都俗氣。

山居❶胸次❷清灑❸，觸物皆有佳思❹：見孤雲野鶴❺，而起超絕之想❻；遇石澗流泉❼，而動澡雪之思❽；撫❾老檜寒梅❿，而勁節⓫挺立⓬；侶⓭沙鷗⓮麋鹿⓯，而機心⓰頓忘⓱。若一走入塵寰⓲，無論物不相關，即此身亦屬贅旒矣⓳。

【注釋】

❶山居：躲避風塵居住山中。❷胸次：胸中之意。❸清灑：清新瀟灑，即一塵不染之意。❹佳思：佳妙的思想。❺孤雲野鶴：一片孤獨的雲。與山野鶴鳥。皆是自由自在不受束縛之物。❻超絕之想：超越世俗之想。❼石澗流泉：石多的山谷與水流的清泉。澗指溪流。❽澡雪之思：澡是洗濯，雪是濺雪，澡雪是將一切煩惱妄想都盡的意思。❾撫：撫摸。❿老檜寒梅：年老的檜木，與寒天所開放的梅花。前者表現亭亭聳立於碧空的崇高氣象，後者表現傲霜寒雪的堅固節操。⓫勁節：指不拔不屈的強勁節操。⓬挺立：挺出直立。⓭侶：伴侶。⓮沙鷗：沙汀之鷗。⓯麋鹿：比較大的鹿。⓰機心：有目的與企圖的心機。⓱頓忘：忽然忘記，是無心的狀態。⓲塵寰：污俗的世界。寰是世界之意。⓳贅旒：贅是附屬，旒是旗下所垂之

纏。臣下之屬執旗者可自由擺動。這裡作無用的長物解。

【語　譯】

在山中隱居心胸逐漸的擴清了。凡是與耳目能接觸到的東西，使我不起惡念反轉爲構成佳思的原因了。看見了閒雲野鶴便引起了超世的思想，遇見了石澗流泉，便動了澡雪出塵之念。手裡撫摸著老檜與寒梅，不禁的對他那不屈於風雨霜雪的勁節，清操挺然氣概，發生敬慕心情，再和那沙鷗麋鹿爲伴侶同遊在一處，則看見他一團天眞，而使自己也頓忘是身在人間。

然而當你一走入了世俗紅塵之內，縱令你與外物不發生關係，而你的身體，也彷彿顯得累贅多餘了。

【講　話】

爲什麼說在山中獨居，心胸就逐漸的清靜幽雅了呢？因爲他所接觸的環境處處都有很好的佳興。看見了孤雲野鶴就起了超俗絕塵之想，遇見了石澗流泉，就動了洗浴滌除庸俗的思念。觀賞老檜寒梅，而自己也有了挺立的不屈不撓的氣慨。與沙鷗麋鹿作朋友而返回到天眞。這些奇思佳興之所以發生，乃是由於高尚的境界所造成。孟子說：「居移氣，養移體」。也就是這個道理。如果由山居再走入塵世來看，便覺得一切事物都和我毫不相關，就是連本身也顯得累贅多餘的了。

一〇八、人我合一之時，則雲留而鳥伴。

興逐時來❶，芳草❷中撒履❸閒行❹，野鳥❺忘機❻時作伴❼。景與心會❽，落花下披襟❾兀坐❿，白雲無語漫相留。

【注釋】

❶逐時：隨時間而來。❷芳草：芳香的草。❸撒履：撇履而跣足。❹閒行：散步閒遊。❺野鳥：田野間的隻鳥。❻忘機：忘卻機心，成爲無心。❼作伴：作爲友伴。❽景與心會：自然的景色與我心融合。❾披襟：展襟披於肩上。❿兀坐：兀然不動之貌。

【語譯】

興味是隨著四時而有不同的變化。在夏天脫了鞋，光了脚，在青草高高的地上來往的散步。這時機心沈寂而成了無心，就是那田間的野鳥也都忘記了你要捕捉牠的危險，很溫馴的接近到你身旁而不飛走。

當我心能與四邊的景色融合成了一體，則在片片的落花之下，袒胸披衣默然獨坐眺望著大自然的景色。這時候白雲也停留在我的頭上，而不願散去，此情此景正是人物融爲一體，人生至樂的時候。

【講話】

古人說：「道高龍虎伏，德重鬼神欽。」當我心與天地之心互相連繫的時候，則天人合一萬物與我一體。此時不但猛獸可以馴伏，就是野鳥也與人來親近。陶淵明詩：「山光照鑑水繞廊，舞雩歸詠春風香，好鳥枝頭亦朋友，落花水面皆文章」。當人心能與天地的景色相融合，則落花片片白雲朵朵都是我的伴侶。此時是山光照耀春風吹送，使人如醉如痴鳥雀不驚景物宜人，人生就感到萬分的快樂啊！

一〇九、禍福苦樂，一念之差。

人生福境禍區❶，皆念想❷造成❸。故釋氏云❹：利欲熾然❺即是火坑❻，貪愛❼沈溺便爲苦海❽；一念清淨烈焰成池❾，一念驚覺❿船登彼岸⓫。念頭稍異，境界頓殊，可不愼哉。

【注釋】

❶福境禍區：幸福的境界與災禍的區域。❷念想：心念。❸造成：造出。❹釋氏：釋迦，又解釋爲佛教之意。❺熾然：火勢盛燃之貌。❻火坑：火之坑穴。譬喻五欲可畏。雜阿含經：「多聞之弟子見五欲如火坑」。❼貪愛：貪著愛戀五欲之境而不能離捨。法華經方便品：「深著五欲如愛犛牛之尾，以貪愛自蔽。」❽沈溺：沈淪陷溺。❾烈焰成池：烈焰與火坑的意思相同，法華經普門品：「假使興害息，推落大火坑，念彼觀音力，火坑變成池。」❿驚覺：翻然覺悟。⓫船登彼岸：以生死的境界譬喻是此岸，以業煩惱譬喻爲中流，以涅槃譬喻爲彼岸。船登彼岸即是到達了悟的境界。

【語　譯】

人生的幸福境界與災禍區域，並不是個別存在的，都是由人的心念造出來的。佛家所說利欲之念過於熾熱，所謂欲火燒身，馬上就出現了火坑一般的無間地獄。人如果是慳貪愛戀之情沈溺太深，立刻就陷落到苦海而不能自拔。我人自己一念的清淨，則燃燒的烈焰立即變成清涼的水池。八熱地獄也就成爲八功德水了。人如果能從無明的長夜迷夢中醒覺，即在煩惱生死的苦海裡面漂著的船，也立即可登到常樂涅槃的彼岸。

這只是基於自己的一念差異，而境界馬上就不同了。佛經上說：「魔佛不二」「佛魔之間不容髮。」就是這個道理。

【講　話】

一切萬物由於人心的反映而表現出善惡來。人生的幸與不幸，都不外是由人心所造成。佛家說的「相由心生，相隨心滅」也就是這個道理。人一起了利欲之念，馬上現出火一般的熾熱之心，不知不覺間就墜入到火熱的地獄中去了。人一沈溺於貪愛之中，心中就起了痴情妄念，於是就沈淪到無邊的苦海中去了。所以我人只要心能清淨，那麼熾烈燃燒的火焰也就化爲清涼的池水。所以祇緣一念之不同，境界就大大的差異。我人由於此心的把持不定，而使境遇有所改變，這是應當怎樣去愼審明辨才是啊！

一一〇、若要工夫深，鐵杵磨成針。

繩鋸木斷❶，水滴石穿❷，學道者須加力索❸。

水到渠成❹，瓜熟蒂落❺，得道者一任天機❻。

【注釋】

❶繩鋸：以繩代鋸爲用。❷水滴：水之滴。❸力索：努力勉勵。❹水到渠成：水流到自然成溝渠。學問修積，自可成大道。❺蒂：秧苗。❻天機：天然的妙機。

【語譯】

以繩子作鋸，時間久了就可以斷切堅硬的木頭。水滴在石頭上，多年之後，就可以鑿穿石頭而出了凹洞。

學道的人，不能一朝一夕期望成功。必須早晚努力用功，自然水到渠成瓜熟自落。

眞正領悟大道的人，決不焦急一任天然的機運。

【講　話】

俗語說：「若要工夫深，鐵杵磨成針。」我們無論對任何事情只要是不倦不怠，努力不輟，最後一定能達到目的。用繩子代替鋸，可以伐斷木頭，這是比喻的話，就是努力不懈，工夫久了自然可以伐斷了木頭。屋簷前的滴水，一滴滴地，經常不絕的滴落，時間久了也可以穿過石頭。有志學道的人也是一樣，孜孜不息，好學不倦，終會有大的成就。所以凡事切勿操之過急，如同孟子所說的「揠苗助長」終致一無所成。

一一一、機息心清，月到風來。

機息時❶，便有月到風來❷，不必苦海人世❸。
心遠處❹，自無車塵馬跡❺，何須痼疾丘山❻。

【注　釋】

❶機息：機心即是匠意，是人爲的造作，若一任自然則機心自止。❷月到風來：胸中自有清風明月往來。❸苦海人世：苦惱繁多的人世。❹心遠：心境遠離塵世之外逍遙自如。❺車

塵馬跡：車馬往來的煩累。❻痼疾：所謂煙霞之痼疾。酷愛山水之意。

【語　譯】

人有機心便不純潔，此機心一息，胸中自然明白。則無論何時都是光風霽月奇趣橫生。人世未必一定是苦海，是因爲自己胸中機心不息的緣故。車起塵土馬起煙灰，這種車塵馬跡你要不認爲是煩惱，把自己的心放在高遠的地方，車塵馬跡的煩累就沒有了。不一定好像是得了不治的痼疾一般，非要找一個偏僻的山丘去休養不可。

【講　話】

心應外物而活動，此時的存心就不純潔。心念的活動一休息，這好像水在靜止不流，心自然就會澄清，於是，心體也就清淨潔白。心能常久保持清淨潔白，人生是苦海的觀念就不會存在了。只要這心遠離塵世，悠遊於天地之間，就是處於繁華都市，也不會感覺煩擾，而不必爲了排除心中障礙，特地入山休養。

心是諸法之源，只要心不起念，則外相就不發生。一般人說妄費心機，是心不可以有機，如一有心機，心就不純潔了。說也奇怪，倘如無心則善事常會發生不可思議的奇趣，惡事亦能得到周圍環境的解脫。心機的有無，對於因果的關係是很大。處世不必妄費心機，盡心任其自然就好。

一一三、落葉蘊育萌芽，生機藏於肅殺。

草木纔零落❶，便露萌穎於根底❷；時序❸雖凝寒❹，終回陽氣❺於飛灰❻。肅殺之中❼，生生之意常爲之主❽，即是可以見天地之心❾。

【注釋】

❶零落：枯落，凋落。❷萌穎：萌芽，穎芽的尖端。❸時序：四時推移的順序，此處是時候之意。❹凝寒：酷寒嚴寒。❺陽氣：一陽來復之氣。所謂春氣。❻飛灰：中國古時置葭木灰於竹筒中，至冬至之時一陽來復，其炎自然的飛出。以之來定時序。❼肅殺：秋冬之氣萬木枯寒。❽生生之意：天地以生生發育爲主。❾天地之心：天地的大精神。

【語譯】

草木在枝葉零落時，在根子底下便顯露出新的萌芽。寒暑四季是輾轉的推移。當寒氣凝集的時節，而陽和之氣早已蘊釀在等待著回復出來。在積雪嚴寒當中，又有了一陽來復的徵兆。

【講話】

在肅殺蕭索之中，又含有蘊育萬物的生生之機。由此可見生育萬物是天地的本心。

古往今來萬物的新陳代謝都是生生不已息息相關的。在草木凋零的時候，也正是他生實結果蘊育著新萌芽的生機。在冬天最寒冷的氣候當中，也正是一陽來復生生發育的開始契機。邵堯夫詩：「冬至子之半，天心無改移，一陽初動處，萬物未生時。」萬物雖然還未發生，但是已有生生之機蘊育在內了。在凋零枯落當中，尚有生生發育之氣。所以我人研究事物的道理，不應當只看外表，應該更進一步探求深遠的內容。

一一三、雨後山色鮮，靜夜鐘聲清。

雨餘觀山色❶，景象❷便覺新妍❸。
夜靜聽鐘聲，音響尤爲清越❹。

【注釋】

❶雨餘：雨後。❷景象：景色。❸新妍：清新美麗，妍是新妍。❹清越：音調清高。

【語譯】

下了雨之後，看四方的山色，感覺上便耳目一新，一切都充滿了清新氣象。

萬籟無聲的夜晚，聽見寺內鐘聲，那音響清越而沁身透體。這就是同一件東西，但因環境的差別而感覺不同。

【講話】

同是一座山在晴天日照之下和陰天下雨的時候，看法就有不同了。在雨過天晴之後，山被雨洗潔，更平添一番澄清悅目的氣息。同一個鐘的聲音，白晝與夜間的感覺就大不相同。在白天人馬喧囂鐘聲不如夜闌人靜時的清晰響亮。所以要因時而觀物聽物，就可使心神清明，精神修養上才有所裨益。

一一四、雪夜讀書神清，登山眺望心曠。

登高❶使人心曠❷，臨流❸使人意遠❹；讀書於雨雪之夜，使人神清❺；舒嘯❻於丘阜之巔❼，使人興邁❽。

【注釋】

❶高：高山。❷曠：曠大。❸臨流：對長流之意。❹遠：高遠之想。❺神清：精神清淨。❻舒嘯：舒嘯慢噓氣也。❼丘阜：岡與小山。❽邁：高邁，高過。

【語譯】

登到高山之上，則人心自然曠大。身在流水之旁，則人意自然深遠。在雨雪的夜晚讀書，精神自然清澄。在小的山頂上長嘯，則使人興緻高邁。這都是人因境界的不同，心念也因之有異。

【講話】

人依據著居處的不同而改變了原有的氣度。站在高山峯頂上俯瞰大地則胸襟自然闊廣，坐在清流河畔聽水流聲和觀魚，則心情自有超越俗世的感覺。在雪雨的夜間讀書，四週沒有嘈雜之音來妨礙，精神自然清靜。在高阜丘岡的上面舒情長嘯，就使人高邁豪放。這都是說明了如何修養人的胸襟風度的方法。

一一五、萬鍾一髮，存乎一心。

心曠，則萬鐘❶如瓦缶❷；心隘，則一髮似車輪❸。

【注釋】

❶萬鍾：鍾，中國古時容量名，一鍾等於六斛四斗。一說等於八斛亦有謂十斛爲一鍾。萬鍾是大量之意。❷瓦缶：土製盛酒之缶。此處比喻是無價值之物。❸一髮似車輪：心性狹窄

量小不能容物，則一髮之細微亦視作車輪的重大。

【語譯】

心胸廣大的人，對於萬鍾之祿，也看成如破磚瓦罐那樣的沒有什麼價值。因此他就不被物欲所制，不致迷入邪道。反之，心胸狹隘的人，把一髮的細小之物也當作如車輪之大。因此他就會驚愕狼狽，精神不得安靜。

【講話】

心胸廣大的人，對於萬鍾的俸祿也像瓦缶一般。古時一鍾之量等於六斛四斗之量。十萬石的大祿叫做食祿萬鍾。古德說：「百萬石之祿不過是世上的露水罷了」。這就是心胸曠大以萬鍾的厚祿，不過看成如石類瓦塊一樣的輕微而不足道，這是達人的境界。至於一髮似車輪的典故是：從前有一個木工，因他作細小的事物太久了，他的精神集中把一根頭髮也看做和車輪一般大小。這裡是形容人心的狹小。要知物的大小是因人的心情而異，世間有一擲千金毫無吝色的人，也有把一分一角視同性命的人。

一一六、要以我轉物，勿以物役我。

無風月花柳，不成造化❶；無情欲嗜好，不成心體❷。只以我轉物❸，不以物役我❹，則嗜欲❺莫非天機❻，塵情❼即是理境矣❽。

【注　釋】

❶不成造化：造物者的技巧也不完全。❷不成心體：不能構成心的本體。❸以我轉物：以我爲主，將一切外物自由自在的運用。❹以物役我：以外物爲主，而自由自在的追使。❺嗜欲：情欲嗜好。❻天機：天然的妙機。❼塵情：世俗之情。❽理境：理想的境地。

【語　譯】

天地間如果沒有四季循環，沒有風花雪月，那就不成造化而大煞風景。人如果沒有情欲和嗜好，那就淡泊無味與木石一樣而不成其心體了。所以說有情欲嗜好之念也不一定就是壞事。只不過應當注意的是由我作主宰來支配外物，而不要被外物所左右。情欲嗜好雖然是心的魔障，卻能增加人生一段趣味，如此才能得到了悟的境地與自然的妙機。

【講　話】

天地間如果沒有春天的萬紫千紅，沒有夏天的清風明月，天地就變成了寂寞不堪，也顯不出造化之妙了。人間如無七情六欲，和一切嗜好的話，人也就乾燥而無味，一如枯木頑石，不成爲人的心體了。如果我人能善爲轉物，不使物來轉我，則一切情欲嗜好也莫非不是天機，塵世之情也可以化爲理想的妙境了。

一一七、就身了身，以物付物。

就一身了一身者❶，方能以萬物付萬物❷。還天下於天下者❸，方能出世間於世間❹。

【注釋】

❶了：了悟。❷付：付與。❸還：歸還。❹出：超出。

【語譯】

能夠徹底了悟的人，並不是把天地萬物都照他自己的自由行事，而是對於萬物順其自然，使他們各盡其用。天下乃是天下人的天下，並不是一個人的天下，所以對於天下也應當任著天下的意思。這樣作才能夠出世間，也就是能夠入世了，佛家以這一世界是惡濁的世界，所以就尋求出世的修法。然而脫離了世間並沒有可去之處。與其出世則莫如入世。能斷絕了世間的情愛之念，則在此苦惱的世界之中，也可以成爲安住的極樂世界。

【講話】

因著自己一身而能澈悟了自己一身的，這才能以萬物對付萬物。才不致於把萬物用於自己手中任意的使用。能放棄這一私念，讓萬物各得其所，就可使自己有享用不盡的自然好境。比方說，高山儘管讓他高，滄海儘管任他深，乃至於松樹的堅直荆棘的彎曲，各盡其物的本分，這樣就足供自己之用了。把世間所有的一切，恨不得都歸他自己所有。這種無限的欲念，使他終身不得安閒及滿足。所以我們要一切澈底看透悟透，決不對萬物再起強求的思想。於是以萬物付給萬物，還天下於天下人。佛家認爲世間是轉變無常，煩惱不絕的一個火窟。如果不早跳出，就決不能得到安樂，所以才遁出世間去修行。但是遁出世間究竟又往那裡去呢？在此間之外，別無可住之處。古語說：「生死不可厭，涅槃不可欣，此時與此地，生死兩離分」總之，世間是生死的苦境，涅槃是常樂的淨土。但這也不是各有分別，只要把厭棄欣喜之念離開，就是在生死的世間常住，也有其涅槃享受的妙樂。這就是在世而出世。以天下還天下的英雄豪傑，他們也是在世間而又能超出世間，得以享受到自由自在的妙樂。

一一八、不(ㄅㄨˋ)可(ㄎㄜˇ)徒(ㄊㄨˊ)勞(ㄌㄠˊ)身(ㄕㄣ)心(ㄒㄧㄣ)，當(ㄉㄤ)樂(ㄌㄜˋ)風(ㄈㄥ)月(ㄩㄝˋ)之(ㄓ)趣(ㄑㄩˋ)。

人生太閒❶，則別念竊生❷，太忙❸，則眞性不現❹。故士君子不可不抱身心之憂❺，亦不可不耽❻風月之趣❼。

【注　釋】

❶閒：悠閒，閒暇。❷別念：本心以外的念頭，即是妄念雜慮。❸忙：煩忙，忙碌。❹眞性：心的眞實本性。❺身心之憂：就身心有種種的憂慮。❻耽：傾注深心於其中。❼風月之趣：流覽花鳥風月的趣味。

【語　譯】

人生太過閒暇的話，種種的妄念分別的在暗中慢慢的都發出來了。古人說：「小人閒居爲不善。」就是這個道理。反之，人生也不可過於忙碌，一點閒暇都沒有，把眞性埋沒不現，這也是有害的。

君子應當對自己的身心，不可不加注意，即使在百忙之中也不可不有吟風賞月的趣味。

【講　話】

人生不可太過於閒暇，過份閒暇就沒有精神修養，在他閒居無事或是窮極無聊的時候，自然生起了種種妄念，昏亂了本心，不知不覺就做出壞事來。反之，人生也不可過於忙碌，過於忙碌了，由早晨到晚間忙的連休息的時間都沒有。心被繁忙所障礙，做起事來是「過猶不及。」因此君子應常使本性堅定不失，並且又要對自己的身心多抱憂慮，多加注意。務使身心兩方面都得到平衡。這樣一來，就沒有過與不及之憂了。

一一九、何處無妙境，何處無淨土。

人心多從動處❶失眞❷。若一念不生，澄然靜坐❸，雲興而悠然共逝❹，雨滴而冷然俱清❺，鳥啼而欣然❻有會❼，花落而瀟然❽自得❾。何地非眞境❿，何物無眞機⓫。

【注釋】

❶動處：動搖之處。❷失眞：失卻眞正的本體。❸澄：心中澄澈。❹悠然：悠然自得，閒靜的樣子。❺冷然：冷靜，冷酷。❻欣然：喜歡的樣子。❼有會：心有會得領會之處。❽瀟然：瀟灑出塵之貌。❾自得：自心有所悟得。❿眞境：適合於道的眞實境界。⓫眞機：接觸眞理的妙機。

【語譯】

人心多半是因爲一念的動搖而失去了心的眞正本體。如果善惡邪正之念，一種的念頭都不發生，心就像澄清了的水一樣。這時候一個人靜心獨坐，則本性自然而起。看見白雲浮動，而心也就隨白雲悠然而消逝了。聽見了雨滴的聲音，而心也就冷然如雨水洗過了的東西一般而全都清淨了。聽到了鳥的啼聲而心就能會得自然的妙理。看見花落而心就能以自悟自得。

只要心體得到了靜的修養圓熟以後，則任何地方都是適合於大道的眞境，任何東西都是接觸宇宙眞理的妙機。

【講話】

人心的眞體，凡夫與聖人是一致的。並沒有什麼相異的地方。當一念不生之時，則善惡邪正的利害關係，都不產生，好像水澄清的時候一樣。能夠這樣澄然靜坐，則見物聽物，全都能夠顯露出自然的妙用。見到天邊雲彩的飄浮就悠然興起離塵出俗之感，聽見雨聲淅瀝，而萬念寂靜，心地清醒。聞到鳥啼則欣然而心有領會之處。看花落則瀟然而心有自得。無論在任何什麼地方，都無往而不是眞知的境界。

一二〇、順逆一視，欣戚兩忘。

子生而母危，鏹積而盜窺❶，何喜非憂也；貧可以節用❷，病可以保身❸，何憂非喜也。故達人❹當順逆一視❺，而欣戚兩忘❻。

【注釋】

❶鏹：錢的貫串物，古時用藁繩製作。貫穿錢孔以束之，鏹積金錢大量蓄積。❷節用：節約費用。❸保身：保全身命。❹達人：達道的人。❺順逆：順境與逆境。❻欣戚：欣是欣喜，戚是憂戚。

【語譯】

生小孩誠然是一件可喜的事。但是母親生產過程的痛苦，九死一生的關頭，實在是既危險又可怕。積蓄大量的金銀財寶也是一件可喜的事。但是如果爲盜賊看中了目標乘隙而入，竊劫一空，就成爲可悲。因此喜與憂往往是相伴而生，在一面是喜則另面必有憂來相伴。

貧窮固然令人討厭。但如果事事能節省費用，則日積月累反而可以成家立計。得病也是人人都討厭的。但如果能對於養生之道加以用心，也一定能保全身命。所以在一面是憂同時也必有喜來相伴。因此禍福憂喜宛如繩索相接。是循環不已的。

達人處於順境不喜，處於逆境不憂，因爲他們把順逆都看成一樣。

【講話】

生小孩時，母親可能遭遇到危難。存積了大量金錢，盜賊可能乘隙窺伺。生子可喜而母難可憂。堆金可喜而盜賊堪慮。所以說在歡喜的當中就含藏著憂慮的種子。貧窮雖然是可憂，但是如果能夠節儉用度，反可以積蓄興家。病雖然可憂，但如果能夠謹慎養生，就可以保全住自己的身命。如此說來，憂的裡面又種了喜的種子。所以說喜與憂是相伴而來，決不是個別單獨存在的東西。所以喜亦未必是喜，而憂未必是憂。人無論遭遇到順境和逆境，都能同樣視之。結果他能把喜與厭，樂與憂都可一同忘掉。能夠如此，才算得到了眞正的安樂境界。

一二一、風迹月影，過而不留。

耳根❶似飆谷投響❷，過而不留，則是非俱謝❸。
心境❹如月池❺浸色❻，空而不著❼，則物我兩忘❽。

【注釋】

❶耳根：六根之一，根如草木之根，能繁茂枝葉。耳根亦是六識發生的根源，故名六根。
❷飆谷：飆是大風，飆谷乃大風吹捲之谷。❸謝：辭去不留。❹心境：心的攀緣，此處則專指心而言。❺月池：池水所映的月影。❻浸色：表現出顏色來。❼空而不著：空寂而不執著。
❽物我：即外物與自我。

【語譯】

耳朵聽見了很響的聲音，像是風吹谷響，過去就算完了，那響聲也就不再留住。人間的是非善惡也應當不留於心而任他自行謝去。

心境對物也好像月色浸映池水，雖然月光映照了池水，但它實在是不著於水。月光不被水所浸潤，而水也未被月光打破。明白了這個道理，則我與物相對，物我兩者都能夠互相忘卻了。

【講話】

處世的道理應如風吹山谷，風過而山谷呈出一片寂靜。總要過而不留，那麼是非就不會存在了。養心的方法應如月色映照池水，總要空而不著。物我兩忘，佛家所說六根清淨，不但是耳不聞惡聲，心不想惡事。就是眼耳鼻舌身意六者都要不留任何的印象才好。換而言之，要做到物與我的相對關係不復存在，那麼絕對的境界就可以出現了。

一二三、世間皆樂，苦自心生。

世人爲榮利❶纏縛❷，動曰塵世苦海。不知雲白山青，川行❸石立❹，花迎❺鳥咲❻，谷答❼樵謳❽。世亦不塵，海亦不苦，彼自塵苦其心爾❾。

【注釋】

❶榮利：榮華名利。❷纏縛：束縛之意。❸川行：如川水的流行。❹石立：亂石峙立。❺花迎：花開似迎人。❻鳥咲：鳥啼聲像在笑。❼谷答：山谷的回音，就像是人的對答。❽樵謳：樵夫的吟答歌唱。❾塵苦：如塵世的苦惱。亦即塵世的苦海。

【語譯】

世間的人往往被榮華利欲纏住了心體。認爲世間是多苦的。動不動就說塵世是苦海。但是他們似乎沒有看到另一面塵世中，尚有雲白山青的景色，川流石立的景象。其間花迎鳥鳴的情趣，樵歌谷答的回響，是怎樣的悅目怡神令人歡愉啊！所以說世間不一定是塵，海也不一定是苦。只因爲自己陷在了塵苦之中而不能自拔，那才是苦。

【講話】

利欲心過重的人，一旦達不到目的或者他的一切失敗了，於是就抱怨世間是多苦與多憂。對於利欲心恬淡的人，他們的眼中所看到世界，處處都是快樂，所謂知足常樂就是這種道理。大自然的風景確實值得欣賞。像那白雲青山溪流泉石，花迎鳥鳴等大自然的景色，卻是忙於功名利欲的人，他不曾去注意欣賞也沒有工夫流連的。在他們心中就不感覺到自然環境的快樂。世間本來就沒有苦樂的說法，苦樂不過是人心所生而已。至於萬物的相生相殺，也不過是由於因果循環造出來的幻象。我人如能去掉榮華名利的觀念，以苦爲樂，則天地山河將都成爲樂境。

一二三、月盈則虧，履滿者戒。

花看半開❶，酒飲微醉❷，此中大有佳趣❸。苦至爛漫❹酕醄❺，便成惡境矣❻。履❼盈滿者❽，宜思之。

【注釋】

❶半開：花開至七八分。❷微醉：微有醉意，即是微薰。❸佳趣：非常有趣。❹爛漫：花盛開之貌。❺酕醄：酕是醉之極。醄是亂醉。又可謂爲酩酊，泥醉。❻惡境：有害的境界。❽盈滿：一切物質享受十分滿足。❼履：履於其地居於其位。

【語譯】

花要在半開的時候去看，酒飲到微醉之處即止。這半開微醉之中，有微妙的趣味存在。花開絢爛，酒醉如泥，這就變成了惡境魔障了。

因此有幸福而又盈滿充足的人，應當仔細思考這個道理。

【講話】

天道忌盈，人事懼滿。所以月盈則虧，花開則謝。這是天理循環。有福氣享受榮華富貴的人，應當深思這道理，便該抱著誠懇心情去待人處世。惟如此才可以持盈保泰，得到悠久幸福。凡事作到七八分處才有佳趣。太過則易衰，不及則易餒，正如酒止微醉，花在半開，那麼瞻前大有希望，顧後也未絕生機。我們能夠這樣常常善自保持下去，自然而然能夠悠久存在於天地的範疇之中了。

一二四、體任自然，不染世法。

山肴❶不受世間灌溉❷，野禽❸不受世間豢養❹，其味皆香而且冽❺。吾人能不爲世法❻所點染❼，其臭味❽不迥然別乎❾。

【注釋】

❶山肴：山野自然所生的食物。❷灌溉：用水灌溉傾注，即是培養之意。❸野禽：山野中

棲息的鳥類。❹豢養：飼養，豢是以穀物養飼動物。❺冽：味之強烈者。❻世法：世間的名聞利欲。❼點染：染污。❽臭味：發生惡味，此處指人格腐惡而言。❾迥然：特別不同之意。

【語譯】

山肴是指竹筍等菜屬之類，這些東西都是自然的生長，不受世間灌溉與施肥。山雉野鳥之類，也不受世間所飼養。但是吃到了竹筍以及山雉野雞之類的東西，其味道是香冽無比。

人也此如，如不能不被世間利欲薰染了身心，那麼人的品格定與常人不同，自成有一種高尚的風韻了。

【講話】

野外生長的蔬菜，並未受到世間人們的灌溉或者施肥培植，完全靠自己的力量生長起來。至於野生的鳥類，也沒有受到人們的飼養，牠也是天然壯大的。一般人喜歡獵取野鳥與蔬菜，作爲山珍美味，就是因爲它味美香甜。十分可口。由此可見自然生長的東西還是比較人爲的可貴。以人的品格來說，如果我心不被世俗所污染，品格自然高尚，不就沒有世俗的穢氣了嗎？

一二五、觀物須有自得，勿徒留連光景。

栽花種竹，玩鶴觀魚❶，亦要有段自得處❷。若徒留連光景❸，玩弄物華❹，亦吾儒之口耳❺，釋氏之頑空而已❻，有何佳趣。

【注釋】

❶栽花種竹，玩鶴觀魚：這二句是說隱者之風貌。❷有段自得：自行悟得，段是一段。❸留連光景：對眼前的光景耽溺於心。留連是滯留之意。❹玩弄物華：物華是物的光華，賞玩外界的景色之意。❺口耳：口與耳之學，即是徒聞徒說，無止心利身之學問。❻頑空：以前所說小乘的學者見解，以萬物一切爲空的觀念，僅知逃避人生而不知作有益於人生之事。

【語譯】

栽花種竹和飼養魚鶴之類，這都是快樂的事情。但是只是爲了娛樂就不可以。我人作這些事不僅是觀賞他人的外形，同時還要觀察到他們的氣概，得到了內部的風韻而有所悟解。如果只是耽溺於眼前的光景，只知賞玩表面的華美，那就是儒家所說口耳的學問，不過是皮毛而已。佛家所說的頑空乃是小乘的聲聞。

【講話】

栽種花竹，養鶴觀魚，這些都是風雅的事情。但是必須領會其中的妙趣，然後內心始有怡然自得之感。如果只是留連眼前的光景，玩賞物品外形的話，這也不過是像從耳朵進去嘴裡出來了而已，比方小人聽聞了聖賢的道理，並不自己去身體力行，只是用嘴說說吧了。一切不過是做做君子的動作，佛家叫做頑空。佛家有些小乘的學者，並未悟得眞空妙有的妙理。而大乘的學者不同，他們所說的空，並不就是虛無之義，而是空即是有，有即是空。不像小乘的空如同頑石枯木沒有一點生氣，似是而非。現在愛種植花竹，愛觀賞魚鶴，是君子的所樂，是很風雅高尚的事。這全是因爲君子能夠領會其中的超逸的情趣，心中感到眞正的樂趣。小人就不同了，他不過僅僅觀賞外形，而不了解其中的樂趣，並沒有什麼高尚趣味可言。

一二六、陷於不義，生不若死。

山林之士❶，清苦❷而逸趣❸自饒❹；農野之人❺，鄙略而天眞渾具❻。若一失身市井❼駔儈❽，不若轉死溝壑❾神骨猶清❿。

【注　釋】

❶山林之士：隱遁山林的高士。❷清苦：清廉潔白，甘於貧苦。❸逸趣：超越世間高逸之趣。❹饒：豐富。❺農野之夫：在田野工作的農夫。❻鄙略：野鄙，粗略的人。天眞：任其天然未加絲毫人爲教養的眞性，也就是天眞爛漫的性質。❼市井：街市之中。❽駔儈：市井

中到處爲惡之破落戶。❾轉溝壑：陷落溝壑中倒臥而死。❿神骨：精神與身體。

【語譯】

在山林中隱居的高士，過著清苦生活。自己富有一種高逸的情趣。在田野裡勞動的農夫，雖然從外表看來似乎野鄙粗魯，但他也具有天眞爛漫渾然質樸之風。然而一到了市井的俗不可耐的人群當中就失掉了高尚的身份，還不如倒在溝壑之中而死去的好。因爲一個人的人品蒙污，是最大的損失。

【講話】

居住在山林中的文人隱士生活雖然清苦，但是他們的高風亮節，清逸超群的風度，卻使人在尊崇敬仰之餘感覺他們神骨清高，使人可望而不可及的樣子。在田野裡勞動的農夫，外表雖然粗魯，但他們那種由衷誠摯的渾厚模樣，表現了天眞純樸的作風，使人在敬重之外，更有一種說不出的戀慕之情。這時候回想一下在市井中生活的人，不免會與利祿之輩利祿之徒爲伍，實在感覺陋劣污穢。慚愧不已了。古時候的忠臣義士，寧願爲國盡忠而死，決不肯投降失節。就是恐怕失掉了人格身份。所以宋末文天祥被元朝俘虜而不投降，並且作了兩句詩以明心志。他說：「人生自苦誰無死，留取丹心照汗青。」臨刑之前在衣帶上面寫著：「孔曰成仁，孟曰取義，惟其義盡，所以仁至，讀聖賢書，所學何事？而今而後，可以無愧。」這就是指君子寧願殺身以成仁，也不可受辱失節損失名譽。

一二七、非分之收獲，陷溺之根源。

非分之福❶，無故之獲❷，非造物❸之釣餌❹，即人世之機阱❺。此處著眼不高，鮮不墮彼術中矣❻。

【注釋】

❶非分之福：與身分不相當的幸福。❷無故之獲：無何理由的收獲。❸造物：造物者乃天地萬物創造之神。❹釣餌：釣魚的魚餌。❺機阱：機關陷阱。❻術中：計略之中。

【語譯】

與自己身份不相稱的幸福，如果無緣無故的來臨爲我所得，如果不是造物所設的釣人的香餌，恐怕就是世人所擺的陷阱來陷害我的。處在這種情況下，必須要從高處著眼去躲避災禍。否則必定難免墮入他們的術中，世人誤入阱窟者比比皆是，處世不可不多加注意啊！

【講話】

禍福本是循環相連的。孟子說：「雖曰愛之其實害之，雖曰憂之其實仇之。」這是說明了禍福循環相連的道理。因此，人無功受祿寢食不安，就是怕得非分之福，受了造化弄人之禍。所以非分之福，無故所獲，我們應該極力躲避不要使它臨到自己的身上。一般人不明此理，偏偏要去尋找意外的收獲與利欲，結果呢弄得身敗名裂，亡國破家者為數不在少數啊！達人君子凡事從遠處看，要能夠在事先了解利害關係，就能不墮其中了。

一二八、把握要點，卷舒自在。

人生原是一傀儡❶，只要根蒂❷在手❸，一線不亂，卷舒自由❹，行止在我❺，一毫不受他人提掇❻，便超出此場中矣❼。

【注釋】

❶傀儡：被操縱木偶。❷根蒂：即物之根底。根本之意。❸在手：把握在手。❹卷舒：卷舒屈伸自如。❺行止：動止。❻提掇：提是提起來，掇是拾起來，即是操縱干涉之意。❼此場中：即是舞弄傀儡戲之戲場，這裡是說人世社會。

【語譯】

人生原是在唱傀儡戲一樣，所以人必須牢牢的握住了牽扯傀儡的線索。我人要能一線不亂的提掇在手中，一切動作卷舒自由，一切行動操縱在我。如此運轉自如不受他人的撥弄，那就無異是此身雖在俗世之中，而精神則能脫出於俗世之外。

【講話】

人生就像是一個傀儡，要弄傀儡的人，牽動了線索，傀儡的手腳，便都顫動了起來。進退坐臥顯得非常逼眞了。這是傀儡受人牽動線索而生出來的動作。只要能把這個牽線的根蒂握在自己的手裡，一根線也不讓它紛亂，無論卷舒都能夠自由，權利是操縱在自己的手裡。可見我身之出處進退，全在於自己。心實可以不爲他人所左右的。假如自己的進退受旁人隨便的指揮左右，那豈不是變成戲臺上的傀儡的人所玩弄了？這就是明顯地告訴我們自己的身體應該隨自己的意思去指揮。

一二九、利害乃世之常，不若無事爲福。

一事起則一害生，故天下常以無事爲福。讀前人詩云❶：勸君❷莫話封侯事❸，一將功成❹萬骨枯❺。又云：天下常令萬事平，匣中不惜千年死❻，雖有雄心猛氣❼，不覺化爲冰霰矣❽。

【注釋】

❶前人：指唐之曹松，松字夢徵，舒州人光化中進士試驗登第，時年七十餘歲後爲校書郎，善於作詩。❷勸君：又作「憑君」。❸封侯：以戰功封爲諸侯。❹一將功成：大將一人建功立業。❺萬骨枯：大將部下成萬的兵卒死去，曝露白骨於戰場。❻天下常令萬事平，匣中不惜千年死：記刀劍以諷戰亂之世。「匣中」：箱之意。「不惜千年死」：願藏在箱中千年，而無何不平之意。❼雄心猛氣：雄糾糾的心，很勇猛之氣。❽冰霰：冰如霜一般的消失。

【語譯】

世上的事，一利一害一得一失往往是相伴而行。因此天下常常以無事爲幸福。所謂：「多一事不如少一事」。

至於古人曹松吟詩說「勸君莫話封侯事，一將功成萬骨枯」。這話實在說盡了人情世理。意思是說請你不要說什麼立功封侯的事，要知道一個大將能夠立下功名，貴爲諸侯，是經過幾萬個兵卒流血成河堆骨如山成功的。

又古人說「天下常令萬事平，匣中不惜千年死。」這就是說天下能夠常常的太平無事，沒有戰爭，即刀劍也就無用了。把名劍放在匣中一千年都不用，劍就空死於匣中。這是托劍諷世的話，我們讀了這些詩以後，則一心爲了攻城奪位戰爭立功的雄心勇氣，也就不知不覺的化爲冰霜而消失了。

【講話】

天下事利害得失常是相連一起的。俗語說：「有一利必有一害，有一得必有一失。」

這乃是世間的一定道理。所以說天下常以無事爲福，又說多一事不如少一事。老子說：「禍兮福所之。福兮禍所依。」天下事禍福的相連至明。古人所說的「太平本是將軍致，不許將軍看太平。」眞是說盡了天機，話盡了人事。將軍是立功在戰場，是由戰場上得功名。到了太平的時候，將軍就英雄無用武之地了。這就說明了天下的利害得失都是循環相接的。有了昔日的盛，才有今日之衰，明白了這種循環天理的法則，心中藏著的雄心勇氣，不覺冰散化爲烏有了。

一三〇、茫茫世間，矛盾之窟。

淫奔之婦❶，矯而爲尼❷；熱中之人❸，激❹而入道❺。清淨之門❻，常爲淫邪❼之淵藪也如此❽。

【注釋】

❶淫奔：男女淫亂而奔逃。❷矯：僞裝。❸熱中：過於熱心於功名者。❹激：憤激。❺入道：入於寺院修道。❻清淨之門：在佛教中遠離惡行的過失，速離煩惱的垢染謂之清淨，清淨之門即是清淨佛門之意。❼淫邪：淫同婬，淫蕩邪惡。❽淵藪：淵，魚之聚集所，藪，獸

之聚集所。淵藪指事物集合之地。

【語譯】

多淫多情的女人，貪戀色欲，往往走入極端，有時她竟斷絕了情義，削髮入了空門做了尼姑。還有那熱衷功名事業的人，一旦事與願違，遭遇了失敗，也會激憤的轉入佛道去做和尚。

可嘆這清淨的佛門，也因此反而成了淫邪激烈人們的潛身的淵藪了。

【講話】

喜歡同人私奔的好淫婦女，本來是很多情的，但是他的情卻容易走入了歧途，終致完全斷絕了淫欲與色情而削髮爲尼。再說，熱中於事物的人本是極富於感情的。但他往往受了意外刺激，就衝動的遁入空門去做和尚。自古以來，美色傾城的歌妓，和英勇將士們的出家入道的很多。寺院本來都是離開世欲塵情清靜之門。然而卻時常成了淫邪人們遁入的場所，竟不免成爲了犯罪者的巢窟了。這眞是不可思議的事。

一三一、身在局中，心在局外。

波浪兼天❶，舟中不知懼，而舟外者寒心❷；猖狂❸罵坐❹，席上不知警❺，而席外者咋舌❻。故君子身雖在事中❼，心要超事外也。

【注釋】

❶兼天：達於天際。❷寒心：心冷絕望。❸猖狂：狂妄無知。❹罵坐：罵倒一座之人。❺警：警戒，注意。❻咋舌：吃驚而吐出了舌。❼事中：在其事件之中。

【語譯】

波浪衝擊起來有天樣的高，坐在船裡面的人並不知道害怕。但是船外面的人卻想到船翻的危險而感覺到不寒而慄。其次是在人多廣眾之中的席上，狂妄大聲謾罵的時候，這時在座的人像作夢一樣毫不警覺，而在席外的旁觀者聽見之後，倒覺得刺耳而咋舌。這是因爲當局者迷，而旁觀者清。

君子應當身子雖在事中來辦事，而心卻要超然卓立在事外，這樣才能避禍。

【講話】

在滔滔的大海中波浪衝天，孤舟隨著大浪的起伏而不定，在這時候在船裡面的人反而不知道本身的危險，心裡並不感覺到恐懼，倒是在船外面岸上的人看到這種情景，不禁要驚心動魄了。這就是說人們處在極危險的環境當中，有時他並不覺得危險。等危險過去了之後，這時候痛定思痛，反而覺得當時危險情景的可怕。君子處身於事中，心當超然於事外，這點是非常重要的。

一三二、減繁增靜，安樂之基。

人生減省一分❶，便超脫了一分❷。如交遊減❸，便免紛擾❹；言語減，便寡愆尤❺；思慮減，則精神不耗❻；聰明減❼，則混沌❽可完❾。彼不求日減而求日增者，眞桎梏此生哉❿。

【注釋】

❶減省：減省少事。❷超脫：超越脫出世間。❸交遊：交際。❹紛擾：紛中騷擾。❺愆尤：過失罪咎。❻不耗：不消耗。❼聰明：耳目的銳敏。❽混沌：如前所說在世界成立前的原始狀態。❾完：完全。❿桎梏：犯人手腳所帶的刑具。

【語譯】

人生處事能夠少一分事就解脫了一分，也就可以超出世俗一分。交遊往還便也可免去一分紛亂的煩擾。能夠減少一句言語，便自然少了思慮分別則精神不勞，而其疲勞與消耗也就自然減少了。這樣自然保全了自己的本然之性。然而世人每日不求少事，反而求多事，這誠然是束縛自己的生命，自己害苦了自己啊！

【講話】

人在一生一世中，能把自己所作的事減少一分，省去一分就能夠超出世間一分，而得到安樂和自由。比方說和旁人減少一分交際，就可以免去許多紛擾得到清靜。言語過多難免生出過失來。思慮過多，精神損耗。能夠說話少思慮是好的。再說，如果聰明太過就有傷自己本來面目了，本身也就有危險了。所以說混沌矇朧的人反而是安全的，能夠減少一分聰明就可以完成一份混沌。這些說法在現代是誰也不會向這方面去作的。總之，事物作的十分過份，就成了禍患的根本。凡事最好是達到了八分就要回顧一下，這是老子莊子的遁世之道。然而一般卻持著相反的主張，他們不但不求交遊言語思慮聰明等等的減省，反而求其日日增加。這無疑就是桎梏了自己的生命，使它陷於不自由的痛苦之中，是極爲可哀的事呢？

一三三、滿腔和氣，隨地春風。

天運之寒暑易避❶，人世之炎涼難除❷；人世之炎涼易除，吾心之冰炭難去❸。去得此中之冰炭，則滿腔皆和氣❹，自隨地有春風矣❺。

【注釋】

❶天運：天地的運行。❷炎涼：人情的冷暖。❸冰炭：與冷熱之意同。冰炭不能相容。❹滿腔：充滿心胸之意。❺隨地：到處，隨處。

【語譯】

從天地的運行生四時的寒暑，這寒暑用人力也可以避免的。可是世間人情的冷熱變化，想要把它除去卻很困難。但這人情的冷熱的變化想要除去也並不難，只要能夠除去我人自己胸中的冰炭與冷熱變化，則自然滿腔都是和氣，隨地都是春風，無往而不利了。

【講話】

春夏秋冬四季，寒暑的變遷，以人力來躲避它不是不可能的。可是對於世態的炎涼，人情的冷暖，想把它除去那就十分困難的了。自己的心中受了人情炎涼的刺激，也就隨之而起了冷暖的變化，有時心頭如火的熾熱，有時又如結冰似的寒冷。世間人情的炎涼縱易除掉，但心中的冰炭卻很難解除。如果能夠除去心中的冰炭，則不論天然的寒暑與人世的炎涼，自己胸中時時充滿了和藹的氣氛，無論何時何處都似春風吹拂我心，則無往而不和。苦樂是主觀的。不在於外界的天氣與人情，全在於自己心中的變化。明白這個道理就先要修心。

一三四、超越口耳之嗜欲，得見人生之眞趣。

茶不求精❶而壺❷亦不燥❸，酒不求洌❹而樽亦不空。素琴無絃而常調❺，短笛無腔❻而自適❼。縱難超越羲皇❽，亦可匹儔❾嵇阮❿。

【注釋】

❶精：精良之意。❷壺：茶壺。❸燥：乾燥。❹洌：芳味。日之強烈曰洌。❺素琴：沒有裝飾的無絃琴。❻無腔：無孔之意。❼自適：適於己心。❽羲皇：上古時代的天子伏羲氏。❾匹儔：匹敵的意思。❿嵇阮：嵇是嵇康阮是阮籍。皆爲晉代竹林中之七賢。嵇康之字叔夜，資性高邁不群，與魏宗室之女爲婚，官拜中散大夫，遂不就。常彈琴，詠詩自滿足，阮籍與山濤等交遊謾罵當世，阮籍字嗣宗，性質不羈而放縱。好老莊之學。嗜酒善琴對禮俗之士以白眼睥睨。

【語譯】

飲茶不必求取格外精良的茶葉，只要是壺中不乾有得飲就好了。喝酒不用求取芳香的上品，只要樽中不空常有酒飲也夠了。素琴沒有絃，能夠常常調和音律體會出琴裡的趣味也就行了。短笛沒有孔，能夠自吹了解其中趣味也就滿足了。人生的幸福如果能夠這樣的順乎自然，雖不是上古伏羲皇帝無爲而治的時代，也可以與晉朝的竹林七賢先後媲美了。

【講話】

想要求得精製的茶，香冽的酒，不但是價錢貴而且也是極爲難得。茶不求精而壺亦不乾是說得到不斷的常飲。酒不求冽而樽亦不空，是說得到了到有酒盈樽的趣味。素琴是不加裝飾相木製作的沒有上弦的琴，只要能領會其中的趣味。也可以常常的調弄五音六律。短笛雖然沒有腔調，要自己適意的話，也可以自樂其趣。所以說無論是茶酒琴笛等等不管外表如何，如果眞能了解其中眞趣而知其中之樂的，他的人品境界自然是高尚的。晉陶淵明夏日在北窗高臥，和風飄然吹來，自稱爲羲皇上人。羲皇是上古時代的天子伏羲神農黃帝三個人。有的人把這三個人稱之爲三皇。羲皇上人是說比伏羲皇帝還要古老的時代。稽阮是晉朝代的竹林七賢其中有稽康和阮籍二人，稽康善於操琴，阮籍好酒。匹儔之意是可以和他二人匹敵的意思。陶淵明自比爲羲皇上人過著太古自由安逸的生活。現在所說的是雖然不能超越羲皇，但也可達到竹林七賢的稽康阮籍等人的高尚的境界。人能夠超越了耳目口鼻的愛好，而了解了其中的眞趣，雖然是在現世不潔的塵俗之中，其境界卻能達到古代賢人之上了。

一三五、萬事皆緣，隨遇而安。

釋氏隨緣❶，吾儒素位❷，四字是渡海的浮囊❸。

蓋世路茫茫❹，一念求全則萬緒紛起❺，隨遇❻而安則無入不得矣❼。

【注釋】

❶隨緣：所有外界事物之來與自體感應而成爲緣。自體應其緣而動作曰隨緣。❷素位：素是處素。位是處於其位。即是守自己的本分而不願顧及其他。❸浮囊：救生袋。❹世路茫茫：世間之路遙遠渺茫。❺萬緒：緒是頭緒，萬緒是種種的頭緒。❻遇：假借，寄寓之處。❼無入不得：此處是到處之意，也就是到處皆可自得。

【語譯】

佛教說人是隨著因緣的結合而行處其身的。儒教則主張每人都應當固守自己的本分，這隨緣素位四個字是渡越浮世苦海的一個最大救命浮囊。世路茫茫遠無邊際，我心若一念求全，則反而引起無數的雜念，那更是茫無際限了。但我人若能安於自己的環境，不抱不平不滿的念頭，那所行之處就都可充爲安心立命之地了。

【講話】

佛教主張一切隨緣，世間上的事莫不是因緣生因緣滅；人的貴賤吉凶或禍福，也都是因爲因緣而分成各色各樣。因此我人要隨著因緣處理自己的色身。方能達成自己的意志。其次，儒教所說的素位，是禮記上所說的「君子素其位而不外顧」。就是說君子守著自己的身分不逆著境遇。和佛家的隨緣意義相同。世間浮沉有如渡海，渡海如果持有浮囊就不會沉溺。能夠守著隨緣素位這四個字去行，則恰如渡海持有浮囊一般，就有安全渡過的可能。我人能夠渡盡那些世間的順逆苦樂的大波小波那就決不會不幸的沉没下去。世事多是茫然無盡，如果一切完全無缺，祇此求全一念，則無量的欲念都相繼紛紛產生，像絲綢一般的紛亂，千頭萬緒地使你無法整理。反過來說，如能隨遇而安，也就是能安於目前所處的地位，不抱有不足的觀念，不求非份的福利，依照隨緣素位四個字去做，就無往而不自得。無論是處於順境或是逆境都能圓滿應付，而自由自在了。

國家圖書館出版品預行編目資料

菜根譚／洪自誠原著；釋聖印譯注．－－二版．－－臺北市：五南圖書出版股份有限公司，2014.08
面；　公分
ISBN 978-957-11-7686-4（平裝）

1.修身

192.1　　103011991

8R19

菜根譚

原　　著 — 洪自誠
譯　　注 — 釋聖印
企劃主編 — 蘇美嬌
責任編輯 — 邱紫綾
封面設計 — 童安安
出 版 者 — 五南圖書出版股份有限公司
發 行 人 — 楊榮川
總 經 理 — 楊士清
總 編 輯 — 楊秀麗
地　　址：106臺北市大安區和平東路二段339號4樓
電　　話：(02)2705-5066　　傳　　真：(02)2706-6100
網　　址：https://www.wunan.com.tw
電子郵件：wunan@wunan.com.tw
劃撥帳號：01068953
戶　　名：五南圖書出版股份有限公司

法律顧問　林勝安律師

出版日期　2009年4月初版一刷
　　　　　2014年8月二版一刷
　　　　　2024年11月二版四刷
定　　價　新臺幣380元